Axel Bark

Segelführerschein BR

+Sportbootführerschein See

Axel Bark

Segelführerschein BR

Mit den neuen offiziellen Prüfungsfragen

+ Sportbootführerschein See

Delius Klasing

16. Auflage des bewährten Lehrbuches
SEGELFÜHRERSCHEIN BR

ISBN 3-7688-0652-9

Printed in Germany 1990
Graphische Gestaltung und Zeichnungen:
Françoise Pierzou
Einband: Siegfried Berning

Bildnachweis:

Peter Bark (10), Beken (1), Helmut Hofstetter (1), Günther Holler (1), F. Krügler (5), Jörg Schröder (1), Kurt Schubert (4), Seewetteramt Hamburg (6), YACHT (Archiv) (4), Yacht-Photo-Service (YPS) (4).

Ausschnitte aus der amtlichen nautischen Literatur werden mit freundlicher Genehmigung des Deutschen Hydrographischen Instituts wiedergegeben. Die Tabelle *Höhenwinkel in Minuten* wurde mit freundlicher Genehmigung dem Sammelwerk *Fulst, Nautische Tafeln* entnommen.
Druck: Kunst- und Werbedruck, Bad Oeynhausen 2

Geleitwort

Führerscheine sind für den Segler nicht nur ein „notwendiges Übel", ein Ausdruck der Reglementierung von Sport- und Freizeitbeschäftigung; sie sind vor allem ein Ausweis des seglerischen Könnens und der beste Beleg für eine gründliche Ausbildung. Wer einen Führerschein des Deutschen Segler-Verbandes (DSV) erworben hat, der darf darauf auch ein bißchen stolz sein. Der Führerschein bestätigt seinem Inhaber, daß er das Rüstzeug zum guten Segeln hat. Gutes Segeln aber heißt sicheres Segeln; und schon aus Gründen der Sicherheit auf dem Wasser ist das Führerscheinwesen ein äußerst wichtiger Faktor in der Arbeit unseres Verbandes. Mit der Führerscheinvorschrift hat der DSV die Basis für die Ausbildungsarbeit geschaffen, wie sie in den Vereinen, aber auch in den anerkannten Schulen geleistet wird. Diese Ausbildungsarbeit schließlich ist entscheidend für die weitere Entwicklung des Segelns als Sport und Freizeit-Aktivität; und gute Lehrbücher spielen dabei eine wichtige Rolle. Dieses hier, zur Vorbereitung auf die theoretische Prüfung für den Küstenfahrt-Führerschein, gehört zu dem Instrumentarium, das der Segler braucht, wenn er gründlich und dabei mit Freude lernen will.

Dr. Kurt Pochhammer
Ehrenpräsident
des Deutschen Segler-Verbandes

Vorwort

Sicheres Segeln im Küstenbereich erfordert ein erhebliches Maß an Kenntnissen der Navigation und der Wetterkunde, der Gesetze und der Seemannschaft – Kenntnisse, wie sie der Deutsche Segler-Verband (DSV) für seinen Führerschein BR (Küstenfahrt) verlangt. Das vorliegende Buch, das sich an der Führerscheinvorschrift des DSV orientiert, wurde aus einer Vielzahl von Theoriekursen entwickelt und den Erfordernissen der Theorieprüfung für den BR-Schein angepaßt. Doch kann man mit diesem Wissen auch die etwas leichtere Prüfung für den Sportbootführerschein bestehen. Allerdings empfiehlt es sich dann, den amtlichen Fragenkatalog zusätzlich durchzuarbeiten (vgl. Anhang 3).
An einigen Stellen geht das Buch bewußt über den bloßen Stoff des BR-Scheines hinaus, um die Systematik und den Zusammenhang der terrestrischen Navigation zu erhalten: bei der Horizontalwinkelmessung, dem Aufstellen einer Ablenkungstabelle und der Behandlung des Sextanten. Doch erlaubt es der Aufbau dieses Buches – nämlich die Gliederung des gesamten Stoffes in doppelseitige Lerneinheiten – ohne weiteres, diese Themen im Kurs gegebenenfalls auszulassen.

Die schriftliche Prüfung für den BR-Schein enthält Fragen sowohl aus dem neuen Fragenkatalog des DSV als auch aus dem revidierten Fragenkatalog für den Sportbootführerschein. Beide Fragenkataloge sind zur intensiven Prüfungsvorbereitung in den Anhängen 2 und 3 auf neuestem Stand wiedergegeben.
Die vorliegende Auflage berücksichtigt bereits die mit Wirkung zum 19.11.89 in Kraft tretende Änderung der Bezeichnung „Seestraßenordnung (SeeStrO)" in „Kollisionsverhütungsregeln (KVR)".
Und nun viel Spaß und Erfolg!

Axel Bark *Juli 1989*

Inhaltsverzeichnis

1 NAVIGATION

2 GEZEITEN

3 SEEMANNSCHAFT

4 WETTER

5 GESETZE

BEILAGEN 251

20 Seekartenausschnitte zu den Kartenaufgaben

Ansteuerung von Bonifacio/Korsika bei Mistral 7 bis 8 Bft.

1 Navigation

Der Schiffsort

Das Ziel jeder Navigation ist die genaue Bestimmung von
- Kurs und
- Schiffsort.

Wollen wir einen in der nautischen Literatur angegebenen Ort finden, oder wollen wir den eigenen Schiffsort angeben, so bedienen wir uns der Hilfe eines Koordinatensystems, das fast ausschließlich in der gesamten nautischen Literatur Verwendung findet: des auf die Sternwarte von Greenwich bezogenen Meridiansystems. Hierbei wird die Erde von einer Schar sogenannter *Meridiane* und einer weiteren Schar paralleler *Breitenkreise* überzogen.

Die Meridiane

Einen Meridian können wir uns als einen Halbkreis des Erdumfanges vorstellen, der über beide Pole gespannt ist. Ausgangs- oder Endpunkt jedes Meridians sind hierbei Nord- und Südpol.

Wollen wir auf kürzestem Wege von einem Pol zum anderen gelangen, so müssen wir uns genau auf einem Meridian bewegen, wobei es völlig gleichgültig ist, welchen der beliebig vielen möglichen Meridiane wir auswählen: Jeder Meridian bildet die kürzeste Verbindung von Pol zu Pol auf der Erdoberfläche. Mit anderen Worten: Alle Meridiane laufen ausgehend von einem Pol in Nord-Süd-Richtung über die Erdkugel, um sich am Gegenpol wieder zu treffen. Befinden sich also zwei Orte auf dem gleichen Meridian, so liegen sie in genau nördlicher oder südlicher Richtung zueinander.

Es ist klar, daß es für jeden beliebigen Punkt auf der Erde einen zugehörigen und genau bestimmbaren Meridian gibt. Doch müssen wir die einzelnen Meridiane noch bezeichnen. Den durch die Sternwarte von Greenwich laufenden Meridian nennt man **Nullmeridian** oder auch *Meridian von Greenwich.* Alle weiteren Meridiane werden auf diesen Nullmeridian bezogen, indem der Winkel gemessen wird, den der Nullmeridian mit jedem westlich oder östlich von ihm liegenden Meridian am Pol bildet. In Skizze A beträgt dieser Winkel 60°.

Da der dargestellte Meridian westlich von Greenwich liegt, sagt man, alle auf ihm befindlichen Orte haben die westliche Länge von 60°; oder man schreibt, da die Länge mit dem kleinen Buchstaben λ (lambda) bezeichnet wird: $\lambda = 060°$ W. Gradwerte von geographischen Längen sind dreistellig zu schreiben.

Wie B zeigt, können wir diesen Winkel einer Polaufsicht unmittelbar entnehmen. Zugleich erkennen wir, daß die größtmögliche geographische Länge 180° beträgt (= Datumsgrenze), da wir von Greenwich aus sowohl in westlicher als auch in östlicher Richtung messen.

Die Breitenkreise

Zur genauen Ortsbezeichnung benötigen wir noch die Breitenkreise. Diese verlaufen parallel zur Äquatorebene in jeweils gleichen Abständen um die Erdkugel herum. Man nennt sie deshalb auch Breitenparallele. Radius und Umfang dieser Kreise werden – im Gegensatz zu denen der Meridiane – um so kleiner, je

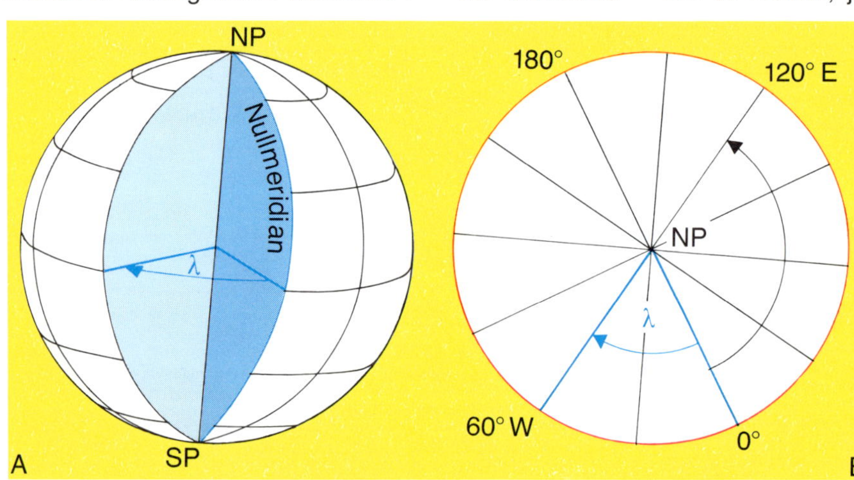

mehr sie sich den Polen nähern. Jede von einem Breitenkreis gebildete Ebene steht senkrecht auf der von Nord- und Südpol gebildeten Achse. Auch jetzt gilt, daß es für jeden beliebigen Punkt auf der Erde einen zugehörigen und genau bestimmbaren Breitenkreis gibt. Liegen zwei Orte in genau westlicher oder östlicher Richtung zueinander, so haben beide auch die gleiche geographische Breite.
Nördlich des Äquators haben wir Orte nördlicher Breite, südlich davon Orte südlicher Breite. Man bezieht also die Bezeichnung jedes Breitenparallels auf die natürliche Ebene des Äquators und mißt am Erdmittelpunkt den sich aus der Äquatorebene und der Verbindung zum jeweiligen Breitenkreis ergebenden Winkel. Die Skizze C zeigt uns beispielsweise den Breitenkreis von 50° nördlicher Breite. Für die Bezeichnung der Breite verwendet man den kleinen griechischen Buchstaben φ (phi), so daß man auch sagt: $\varphi = 50°$ N. Gradwerte von geographischen Breiten sind zweistellig zu schreiben.
Die größte Breite mißt man mit 90° an den Polen. Der Breitenkreis ist hier zu einem Punkt, dem Pol, geschrumpft.

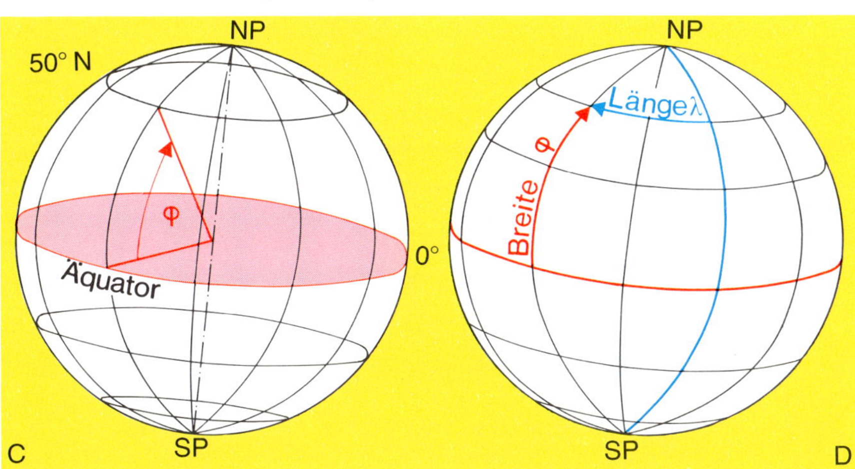

Ein Beispiel

Gibt man für einen Schiffsort sowohl die geographische Breite als auch die dazugehörige Länge an, so ist dieser Ort eindeutig bestimmt, denn wir finden auf der gesamten Erdkugel keinen anderen Ort mit den gleichen Koordinaten.
Nehmen wir – wie in Skizze D – den Ort, dessen Breite und Länge wir bisher als Beispiel verwendet haben: Er ergibt sich als Schnittpunkt des Breitenparallels mit dem Meridian und hat die Koordinaten:
$\varphi = 50°$ N, $\lambda = 060°$ W.
Oft ist eine derartige Angabe für die Navigation nicht genau genug. Deshalb unterteilt man ein Grad in 60 Minuten und eine Minute in 60 Sekunden. Es gilt dann:
1° (1 Grad) = 60′ (60 Minuten)
1′ (1 Minute) = 60″ (60 Sekunden)
Meistens verwendet man jedoch die Sekunde nicht, sondern greift zur Unterteilung der Minute auf das Dezimalsystem zurück und sagt beispielsweise: 54° 23,7′ N.

Die Seemeile

Entfernungen werden in der Küsten- und Hochseeschiffahrt in *Seemeilen* (sm) gemessen; diese auf die Größe der Erdkugel bezogene und deshalb natürliche Einheit erhalten wir folgendermaßen:
Nehmen wir zwei beliebige Breitenparallele, die sich um eine Breitenminute voneinander unterscheiden, so können wir uns vorstellen, daß der Abstand beider Kreise konstant ist. Dies ist nicht bei einem Meridianpaar der Fall, dessen Abstand ja zum Äquator hin wächst, zu den Polen hin dagegen abnimmt. Zur Definition der Seemeile greift man auf den immer gleichbleibenden Abstand zwischen zwei Breitenkreisen zurück und sagt: Eine Seemeile entspricht genau dem Abstand zweier sich um eine Minute unterscheidender Breitenparallele, der Breitenminute im Bogenmaß.
Hierbei gilt:
1 Seemeile (sm) = 1852 m
$^1/_{10}$ sm = 1 Kabellänge (kbl)
Wir können auch den Erdumfang von etwa 40 000 km durch die Anzahl der auf ihm enthaltenen Bogenminuten (= 360 · 60′ = 21 600′) dividieren und erhalten dann als 1 Seemeile: 40 000 km : 21 600 = 1,852 km.
Für die navigatorische Praxis bedeutet dies: Wir brauchen die aus der Seekarte entnommenen Distanzen nicht mit Hilfe des Kartenmaßstabes umrechnen, sondern können sie in den Zirkel nehmen und unmittelbar an den seitlichen Kartenrändern in Seemeilen ablesen. Auf keinen Fall dürfen wir – dies wäre ein grober Fehler – die Zirkeldistanz am oberen oder unteren Kartenrand ablesen, da sich der Meridianabstand mit der jeweiligen Breite ständig ändert. Der einzige Breitenkreis, an dem dieser Fehler ohne Folgen bliebe, wäre der Äquator.

Kompaß, Kurs und Peilung

Die Entdeckungsfahrten des 15./16. Jahrhunderts sind vor allem deshalb möglich gewesen, da zu dieser Zeit die Wirkungsweise des Kompasses bekannt wurde. Stellen wir uns die Erde als einen großen Magneten vor, so können wir verstehen, daß sich eine frei schwingende Magnetnadel an jedem Punkt der Erdoberfläche in Richtung der magnetischen Kraftlinien des Erdfeldes ausrichtet. Da nun die magnetischen Pole etwa den geographischen Erdpolen entsprechen und die magnetischen Kraftlinien etwa in Nord-Süd-Richtung verlaufen (über die *Mißweisung* vergl. S. 54), können wir überall mit Hilfe einer empfindlichen und möglichst frei schwingenden Magnetnadel die Nord-Süd-Richtung feststellen. Wir erhalten so eine recht genaue und von Land- und Sternsicht unabhängige Orientierungshilfe, den Kompaß.

Betrachten wir das Prinzip des Kompasses nochmals: Die Kompaßnadel oder -scheibe wird von den magnetischen Kraftlinien beherrscht; sie bleibt immer in einer bestimmten Richtung ausgerichtet, nämlich der

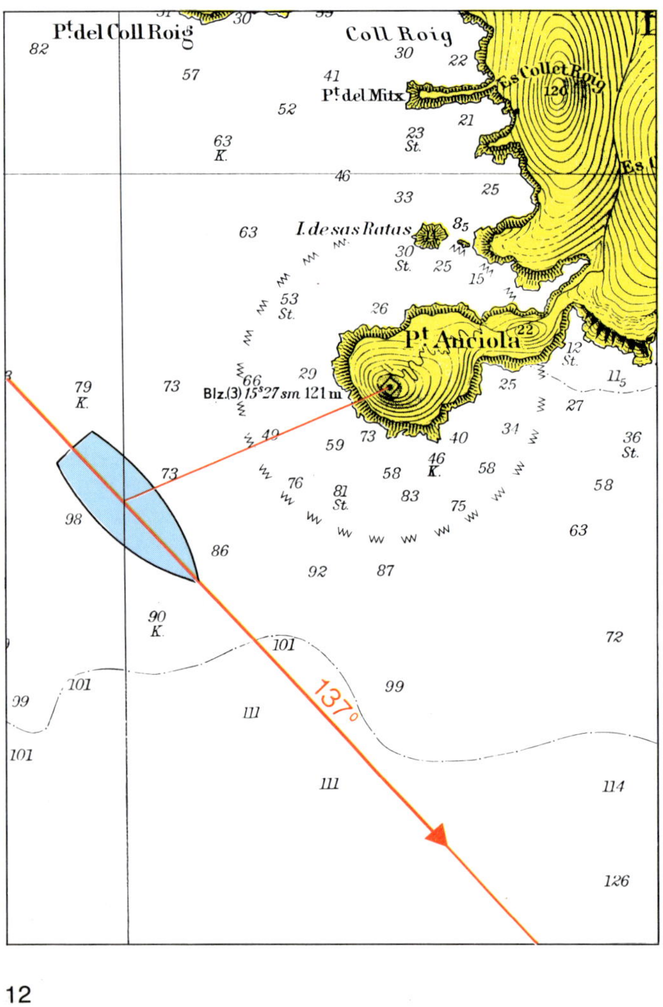

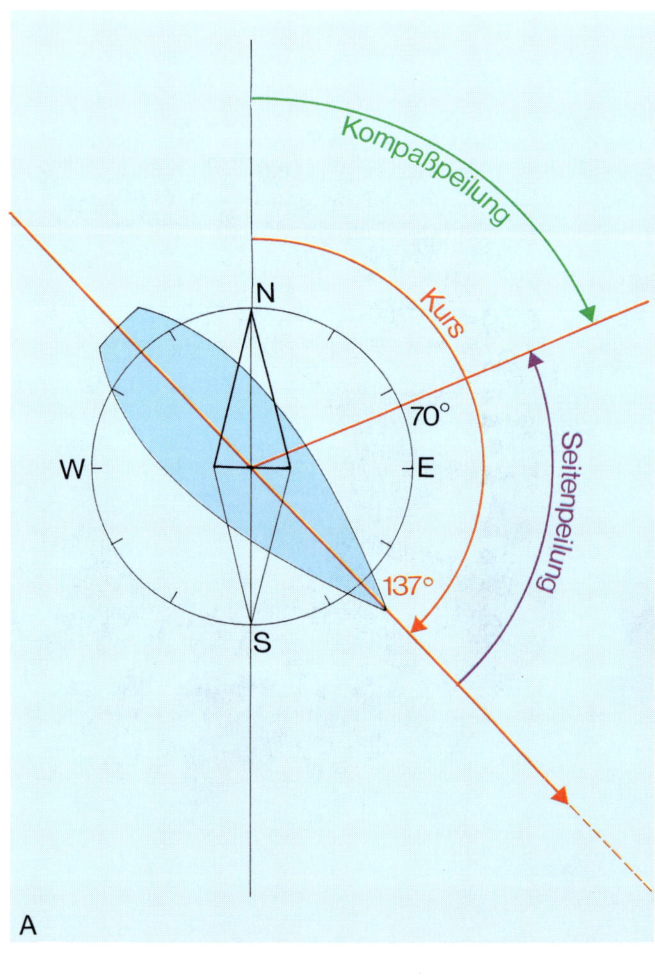

A

Nord-Süd-Richtung. Ändern wir auf unserem Schiff den Kurs, so ändert sich keinesfalls die Stellung der Kompaßnadel bezüglich der Himmelsrichtungen. Vielmehr variiert bei einer Kurskorrektur nur der Winkel zwischen der ausgerichteten Kompaßnadel und der Rechtvoraus-Richtung des Fahrzeugs. Man kann also sagen, da die Nord-Süd-Richtung der Richtung der Meridiane entspricht, daß jede **Kursangabe** nichts anderes ist als der **Winkel zwischen dem Meridian des Standortes, dem Ortsmeridian, und der Rechtvoraus-Richtung (A).** Nun muß man noch definieren, wie dieser Kurswinkel gemessen werden soll. Man zählt alle Winkel in der Navigation rechtsdrehend, beim Kurswinkel also von Nord ausgehend über Ost, Süd und West zurück nach Nord. Ein Ostkurs entspricht also dem Kurs von 090°, ein Südkurs 180°, ein Westkurs 270° und der Nordkurs 360° oder 0°.

Der Kompaß und die Gradrose werden nicht nur für Kursbezeichnungen, sondern auch für **Peilungen** verwendet. Peilt man über den Kompaß, so ist die Bezugsrichtung wie-

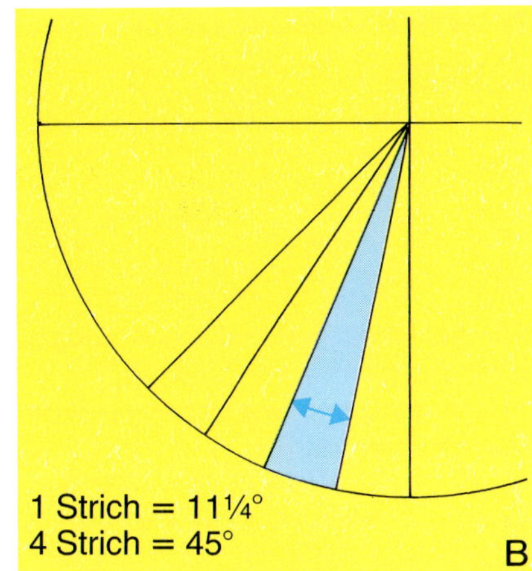

derum die uns von der Kompaßnadel vorgegebene Nord-Süd-Richtung des Meridians. Bei dieser **Kompaßpeilung** gibt man also den Winkel zwischen dem Ortsmeridian und dem vom Schiff aus angepeilten Objekt an, in Skizze A z. B. mit 070°.

Eine ältere Bezeichnungsweise ist die Angabe nach der *Strichrose.* Hier wird der von zwei Himmelsrichtungen gebildete rechte Winkel mehrmals fortlaufend halbiert (B). Ein Strich entspricht dann dem achten Teil von 090°; ein Vollkreis von 360° umfaßt also 32 Strich. Dann ist 1 Strich = $11\frac{1}{4}°$. Diesen für die Navigation recht großen Winkel unterteilt man wiederum in $\frac{1}{2}$, $\frac{1}{4}$ und $\frac{1}{8}$ Strich. Heute finden wir gelegentlich noch Angaben in Seehandbüchern nach Strich. Meistens gibt man hiermit Peilungen an, die auf die Fahrtrichtung und nicht auf Nord bezogen sind, sogenannte **Seitenpeilungen**. So sagt man beispielsweise in Skizze A, daß man bei einem Kurs von 137° einen bestimmten Leuchtturm mit etwa 6 Strich an Bb voraus peilt. Dieser Winkel von ca. 67° wird also mit der Fahrtrichtung gebildet und nach Bb gezählt.

Kursdreieck und Zirkel

Für die Arbeit in der Karte benötigen wir folgendes Handwerkszeug:

- ein mit einer Gradskala versehenes *Kursdreieck*,
- ein *Anlegedreieck* zum Parallelverschieben (statt beider Dreiekke kann auch ein Kurslineal verwendet werden),
- einen *Stechzirkel,* für die Praxis am besten den etwas abgestumpften Marinezirkel, und
- *Zeichengeräte,* also einen weichen Bleistift (keinen Kugelschreiber), Radiergummi, etc.

Die Position

Durch das Koordinatensystem der geographischen Breite und Länge ist eine Position eindeutig bestimmt. Am seitlichen Rand jeder Seekarte finden wir deshalb die Breiten, am oberen und unteren Rand die Längen abgetragen. Wollen wir die Position eines bestimmten Ortes ablesen, so müssen wir die Senkrechte sowohl auf einen seitlichen als auch auf den oberen oder unteren Kartenrand bilden und erhalten sofort die Breite und Länge des Punktes. In der Nähe des Kartenrandes können wir das Lot mit Hilfe des Dreiecks sofort fällen und die gesuchte Position ablesen. Oft ist der Ort weiter vom Kartenrand entfernt, weshalb das Anlegedreieck hilfsweise zur parallelen Verlängerung verwendet werden muß (Skizze I: Länge). Beachte, daß der rechte Winkel des Dreiecks immer am Kartenrand angelegt wird!

Statt dessen kann auch mit dem Zirkel gearbeitet werden. Man mißt den Abstand zum nächstgelegenen Meridian oder Breitenkreis – zur größeren Genauigkeit kann das Dreieck am Meridian angelegt werden – und trägt ihn am Kartenrand ab (Skizze I: Breite).

Soll eine Position in die Karte eingetragen werden, so müssen wir vom Rand ausgehen, die Senkrechte in den jeweiligen Ordinaten bilden und erhalten als Schnittpunkt beider Lote den gesuchten Ort.

Der Kurs

In der Navigation müssen wir zwei Grundaufgaben lösen: Einmal laufen wir einen bestimmten Kurs und wol-

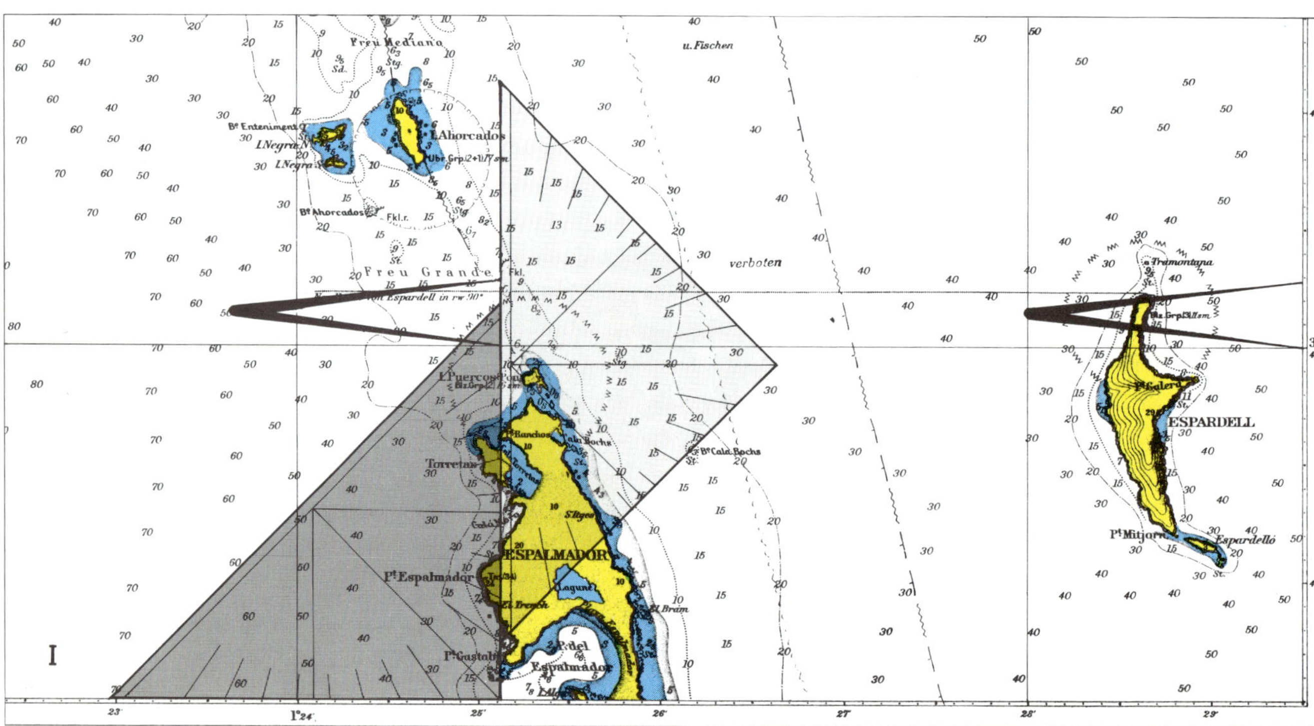

len wissen: Wohin führt dieser Kurs? Zum anderen wollen wir ein bestimmtes Ziel erreichen. Welcher Kurs führt zu diesem Ziel?
Die auf dem Kursdreieck aufgetragene Skala ist so auf den Anlegepunkt bezogen, daß er an einem Meridian angelegt werden muß. Man kann dann an dem nach Süden verlängerten Meridian den anliegenden Kurs ablesen, wobei man allerdings zwei um 180° unterschiedliche Werte erhält, je nachdem, in welcher Richtung der Kurslinie man läuft.
Nun können wir einen Kurs absetzen oder ablesen. Zunächst tragen wir den Kurs mit dem Dreieck an einem Meridian an und verschieben das Dreieck so lange parallel, bis seine lange Seite, die Hypotenuse, durch unseren Standort läuft. Dies ist die gesuchte Kurslinie.
Setzen wir umgekehrt den Kurs von einem Ausgangspunkt zu einem Zielpunkt ab – wie in Skizze II von A nach B –, so legen wir die Hypotenuse an beiden Punkten an, verschieben so weit parallel, bis der Anlegepunkt des Dreiecks an einem Meridian anliegt, und lesen dann den Kurswinkel am Meridian ab. Im Beispiel II beträgt der Kurs von A nach B 101°. Von B nach A wäre der Kurs 281°.

Die Distanz

Wir geben Distanzen in Seemeilen (sm) an und wissen bereits, daß eine Seemeile genau einer Breitenminute im Bogenmaß entspricht. Deshalb können wir jede in den Zirkel genommene Distanz am seitlichen, nie aber am oberen oder unteren Kartenrand abgreifen – außer am Äquator.

Auf großmaßstäblichen Karten müssen wir noch auf folgendes achten: Alle unsere Seekarten werden nach dem Prinzip des Mercatorentwurfes hergestellt (vgl. S. 17). In diesen Karten wird der auf der Erdkugel immer gleich große Abstand zwischen den parallel verlaufenden Breitenkreisen so verzerrt, daß er auf der Karte zu den Polen hin ständig zunimmt. In der Karte messen wir deshalb weiter südlich gelegene Breitenminuten immer kürzer als weiter nördlich gelegene. Diesen wenn auch meist recht geringen Fehler gleichen wir dadurch aus, daß wir Entfernungen möglichst auf der Mittelbreite der gemessenen Distanz abgreifen. Als Distanz zwischen den Punkten C und D entnehmen wir der Skizze II 3,6 sm. Ebenso gehen wir vor, wenn wir eine dem Kartenrand entnommene Zirkeldistanz auf eine Kurslinie abtragen.

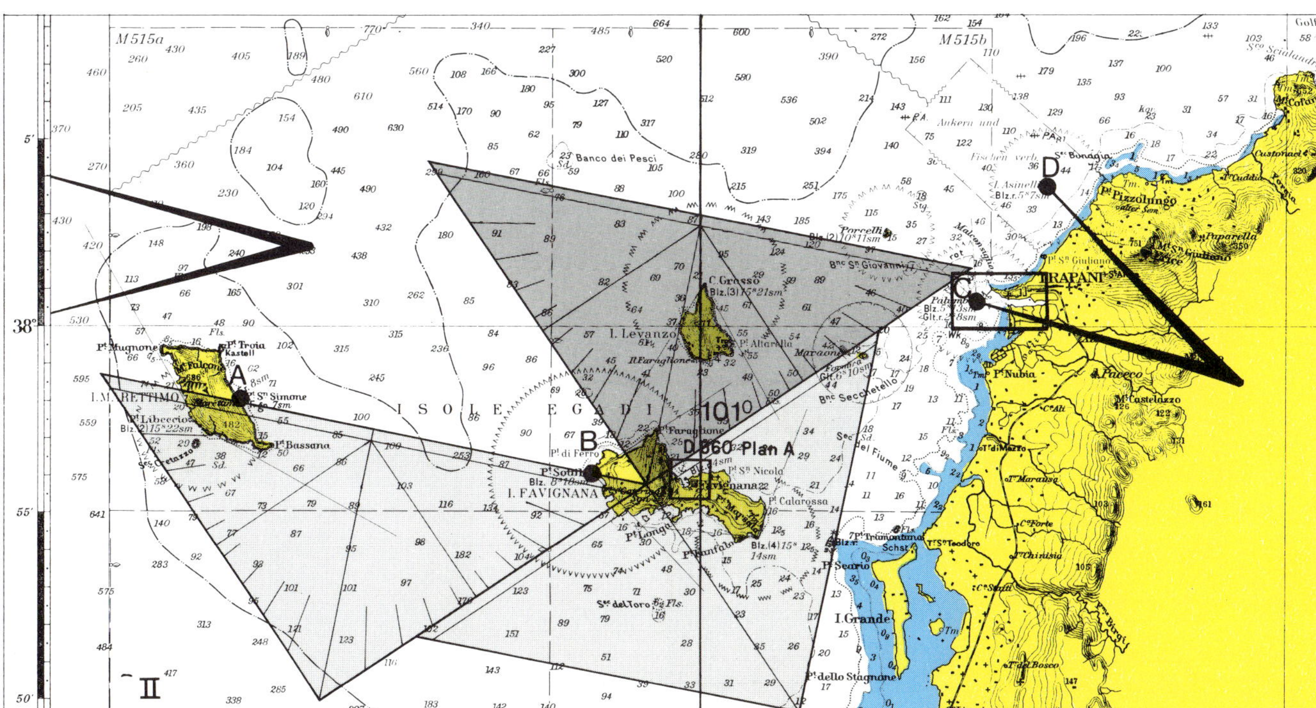

Von der Kugel zur Karte:

Die Mercatorkarte

Versucht man, die Erdoberfläche auf einer ebenen Karte abzubilden, so entstehen Schwierigkeiten. Wenn wir uns nämlich einen eng um die Erdkugel angelegten Mantel vorstellen, den wir in einer ebenen Fläche ausbreiten wollen, so müssen wir feststellen, daß dies nicht gelingt, ohne eine Menge Falten in der Ebene zu erhalten. Mit anderen Worten: Ein Kugelmantel ist nicht verzerrungsfrei in eine Ebene abrollbar. Dies ist das Problem der Kartographie, die eine Menge von Verfahren entwickelt hat, die Erdoberfläche auf eine Kartenebene zu übertragen. Doch hat jedes dieser Verfahren verschiedene Fehler: Entweder entsprechen nur die Winkel oder nur die Flächen oder die Abstände den Verhältnissen auf der Erde. Wir müssen uns deshalb überlegen, welche dieser Fehler für die Navigation von so geringer Bedeutung sind, daß wir sie in Kauf nehmen können, welche aber auf keinen Fall auftreten dürfen. Folgende drei Anforderungen muß der Navigator an seine Karte stellen:

1. Die Kurslinie muß in der Karte als Gerade, nicht als Bogen einzutragen sein, damit sie ohne große Schwierigkeiten mit dem Kursdreieck abgesetzt werden kann. Zugleich wissen wir, daß ein Kurs nichts anderes ist als der von der Kiellinie und dem Ortsmeridian gebildete Winkel. Laufen wir den gleichen Kurs, so bleibt dieser Schnittwinkel konstant. Für unsere Karte bedeutet das, daß die Meridiane parallel verlaufen müssen, damit wir bei konstantem Kurs an jedem Meridian den gleichen Kurswinkel messen können.
2. Die tatsächlich gesteuerten Kurse müssen den in der Karte angetragenen Kurswinkeln genau entsprechen. Man sagt auch, die Karte muß winkeltreu sein. Hiermit ist zugleich gesagt, daß sie nicht unbedingt flächentreu sein muß; es genügt vielmehr Flächenähnlichkeit.
3. Der Navigator muß Distanzen ohne Umrechnung mit dem Zirkel der Karte unmittelbar entnehmen können.

Die Plattkarte

Der wohl einfachste Kartenentwurf mit parallelen Meridianen ist die quadratische Plattkarte. Man zerteilt die Erdoberfläche schalenförmig den Meridianen entlang in einzelne sphärische Zweiecke und füllt die in höheren Breiten entstehenden Freiräume aus. Dies ist ein einfacher Zylinderentwurf. Die Meridiane laufen wie gefordert parallel, ebenso die Breitenkreise. Doch vergleicht man entsprechende Flächen auf der Erdkugel und der Karte, so erkennt man deutlich, daß sie nicht winkeltreu ist, da die Flächen in höheren Breiten stets in Ost-West-Richtung gedehnt sind (A). Sie müßten in gleichem Maße in der Nord-Süd-Richtung verzerrt werden, damit wir eine winkeltreue Abbildung erhalten.

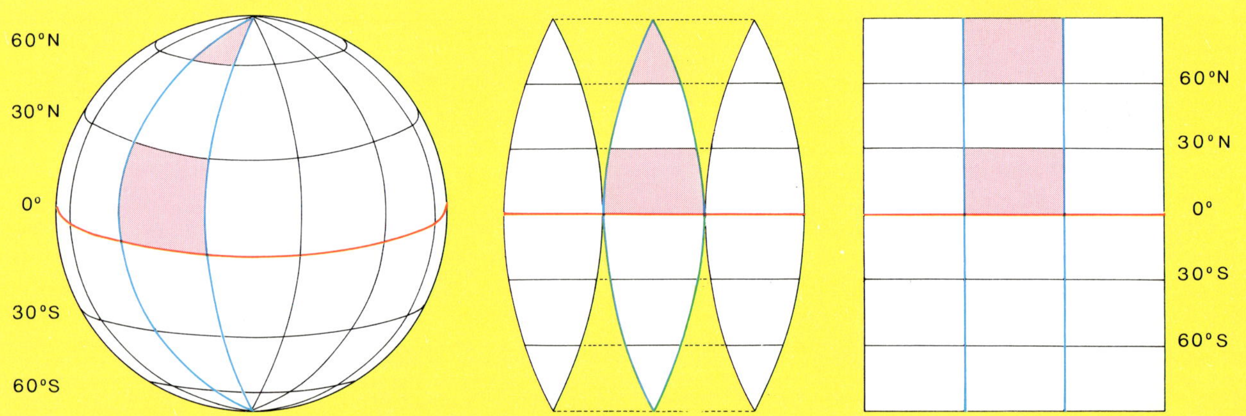

A

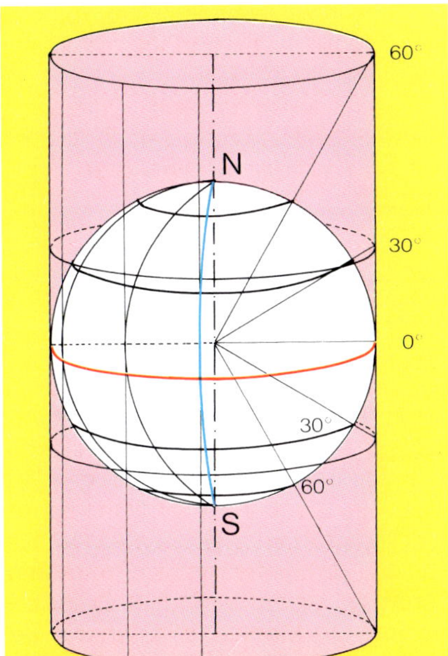

B

Der Mercatorentwurf

Bei allen Zylinderentwürfen stehen die Meridiane und Breitenparallele aufeinander senkrecht. Der Erdmantel wird vom Erdmittelpunkt aus auf einen die Erde im Äquator berührenden Zylinder projiziert (B). Doch entspricht auch bei der geradlinigen Projektion der Skizze B die Nord-Süd-Zerrung nicht genau der Ost-West-Zerrung, so daß auch diese nicht winkeltreu ist. Dies gelingt nur bei einem mathematischen Kartenentwurf, dem *Mercatorentwurf.* Obwohl es sich auch hier um einen Zylinderentwurf handelt, ist er nicht konstruktiv, sondern nur rechnerisch herstellbar. Das Zerrungsmaß für jede Breite kann den *Nautischen Tafeln (NT 5)* entnommen werden. Da die Mercatorkarte alle anfangs gestellten Forderungen erfüllt, wird sie in der terrestrischen Navigation ausschließlich verwendet. Gebiete höher als 70° werden allerdings auch auf der Mercatorkarte so stark verzerrt, daß sie dort für die Navigation nicht verwendet werden kann (vgl. Grönland auf dem Globus und der Karte in Abb. C).

Die Nord-Süd-Zerrung beim Mercatorentwurf hat noch zwei Folgen: Erstens haben wir auf unserer Karte keinen einheitlichen Maßstab; der angegebene Maßstab kann sich immer nur auf *einen* Breitenparallel beziehen. Diese Bezugsbreite ist auf jeder Karte angegeben. Zum anderen müssen wir wegen des variablen Maßstabes beim Abgreifen von Distanzen am Kartenrand vorsichtig sein. Wir können eine in der Karte abgenommene Zirkeldistanz nur auf der gleichen Breite am Kartenrand, der Mittelbreite, messen. Dies hat allerdings nur bei großmaßstäblichen Karten Bedeutung.

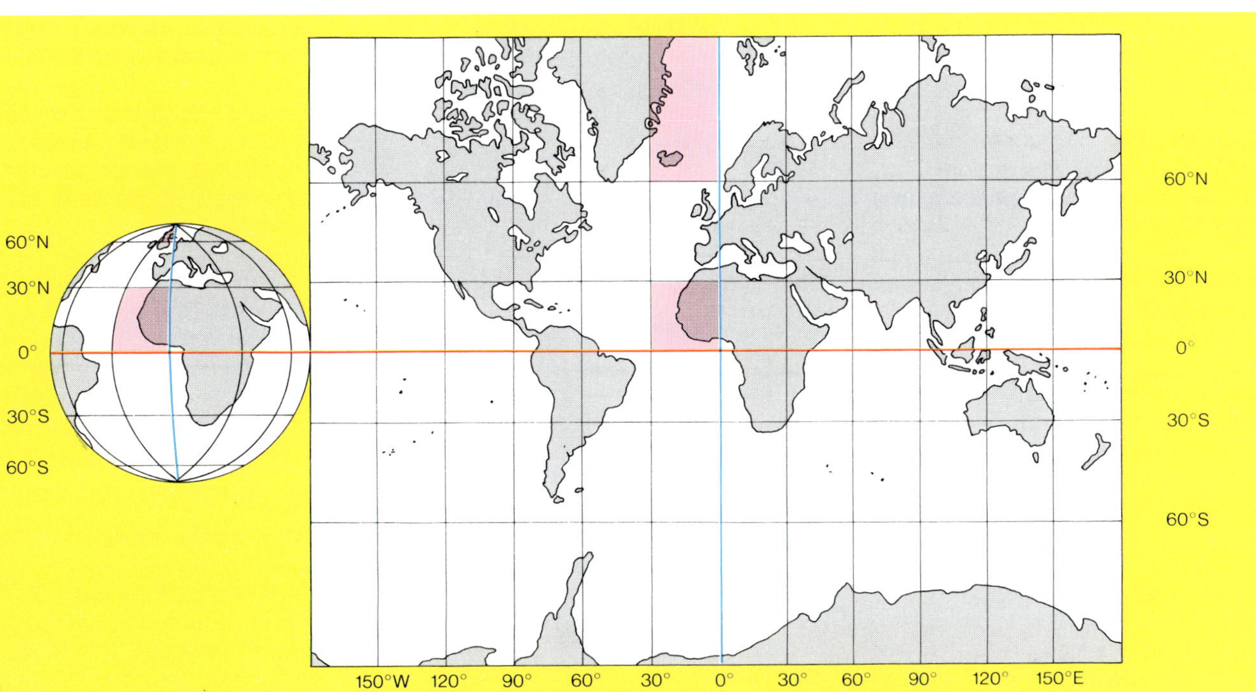

C

Die Seekarte

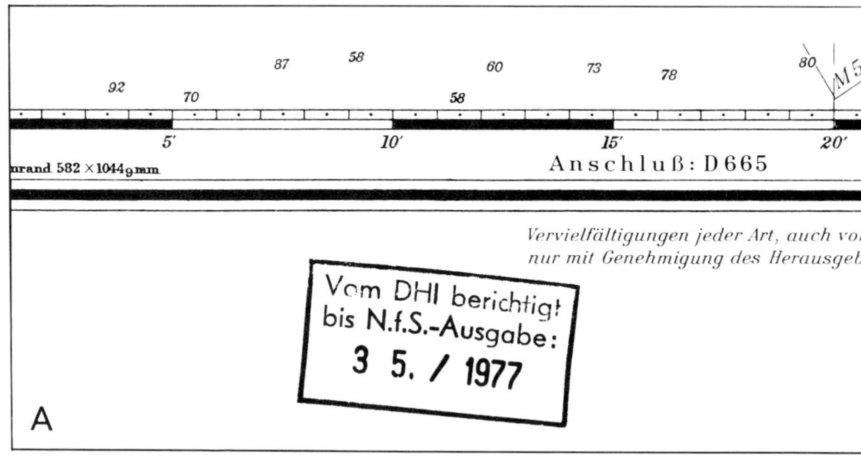

Das Deutsche Hydrographische Institut (DHI)

Als Sportsegler verwenden wir zur Navigation die gleichen nautischen Unterlagen wie die Berufsschiffahrt. Mit anderem Kartenmaterial, etwa mit Straßenkarten navigieren zu wollen, ist äußerst gefährlich, da dort die einschlägigen Informationen nicht enthalten sind. Für diese nautische Literatur – neben der großen Zahl von Seekarten für die gesamte Welt gibt es vor allem die ergänzenden Bände des Seehandbuches und des Leuchtfeuerverzeichnisses – ist eine umfangreiche und präzis arbeitende Behörde tätig, das dem Verkehrsministerium unterstellte *Deutsche Hydrographische Institut* (DHI) in Hamburg. Es ist nicht nur für die Bearbeitung, Herausgabe und Richtigstellung der offiziellen nautischen Unterlagen verantwortlich, sondern seine Tätigkeit erstreckt sich auch auf die wissenschaftliche Untersuchung relevanter geophysikalischer Phänomene, wie Strömungen und Gezeiten, Temperatur und Salzgehalt der Meere oder den Einfluß von Erdmagnetismus und Gravitationskräften. Jede seefahrende Nation hat für diese Zwecke ihr nationales hydrographisches Institut, die insgesamt in dem *Internationalen Hydrographischen Büro* (IHB) in Monaco zur Koordination ihrer Tätigkeiten zusammengefaßt sind.

Das Kartenmaterial

Sämtliche vom DHI herausgegebenen nautischen Hilfsmittel sind im **Verzeichnis der nautischen Karten und Bücher** zusammengestellt. Den größten Teil dieses Verzeichnisses bildet eine Zusammenstellung in Form von Kartenschnitten (B), aus der wir die Größe, den Maßstab und das Herausgabedatum aller Karten entnehmen können. Den unterschiedlichen Maßstäben entsprechend teilt man die Seekarten in folgender Weise ein:

Ozeankarten	**1:5000000**	**und kleiner**
Übersichtsk.	**1:1600000**	**und kleiner**
Segelkarten	**1: 300000**	**und kleiner**
Küstenkarten	**1: 30000**	**und kleiner**
Pläne	**1: 30000**	**und größer**

Für die Navigation im küstennahen Bereich verwenden wir keine Karten, die kleiner als 1:100000 sind. Je größer die Karte, desto besser! Für die Ansteuerung von Häfen oder Ankerbuchten sind Plankarten, eine Zusammenstellung mehrerer detaillierter Hafenpläne auf einer Karte, sehr nützlich.
In manchen Revieren des Mittelmeeres zum Beispiel gibt das DHI nur Segelkarten heraus, so daß wir auf das Angebot anderer Länder zurückgreifen müssen, meist auf englische oder französische Karten. Oft sind auch die landeseigenen Karten die besten, wie etwa in Jugoslawien. Doch müssen wir bei ihrer Handhabung doppelt vorsichtig sein, da wir meist mit den Symbolen und Abkürzungszeichen oder der Sprache nicht vertraut sind.

Berichtigung der Karten

Unsere nautischen Unterlagen sind natürlich nur solange wertvoll, wie die in ihnen enthaltenen Informationen dem neuesten Stand entsprechen. Das DHI bemüht sich mit Hilfe eines

umfassenden Informationssystems, zum Zeitpunkt der Drucklegung aktuell zu sein.
Woran erkennen wir, wie alt unsere Karte ist? Am linken unteren Kartenrand finden wir neben einem Hinweis auf das Datum der Erstausgabe, das manchmal mehr als 50 Jahre zurückliegt, den Zeitpunkt der zuletzt noch auf der Druckplatte vorgenommenen *Kleinen Berichtigungen.* Später eingetretene Veränderungen und neue Informationen, wie z. B. Umbetonnungen oder Änderungen von Leuchtfeuerkennungen, werden ständig in den wöchentlich erscheinenden **Nachrichten für Seefahrer** (NfS) bekanntgegeben. Die größere Berufsschiffahrt ist verpflichtet, die NfS ständig zu beziehen und ihre Unterlagen entsprechend zu korrigieren. Sobald die Literatur bereits gedruckt, jedoch noch nicht verkauft ist, werden diese Korrekturen vom DHI oder einer autorisierten *Vertriebsstelle für nautische Veröffentlichungen* handschriftlich vorgenommen. Nur bei diesen Stellen haben wir beim Einkauf die Gewähr, daß die Unterlagen bis zum Verkaufsdatum korrigiert sind. Aus einem Stempelaufdruck am linken unteren Kartenrand (A) geht die letzte für die Korrektur berücksichtigte Nummer der NfS hervor. Bis zu diesem Zeitpunkt ist die Karte also aktuell.
Veraltete Karten kann man bei den Vertriebsstellen berichtigen lassen, doch ist es nach etwa einem Jahr meist billiger, neue Karten zu kaufen. Es ist äußerst leichtsinnig, veraltete oder unkorrigierte Karten zu verwenden!

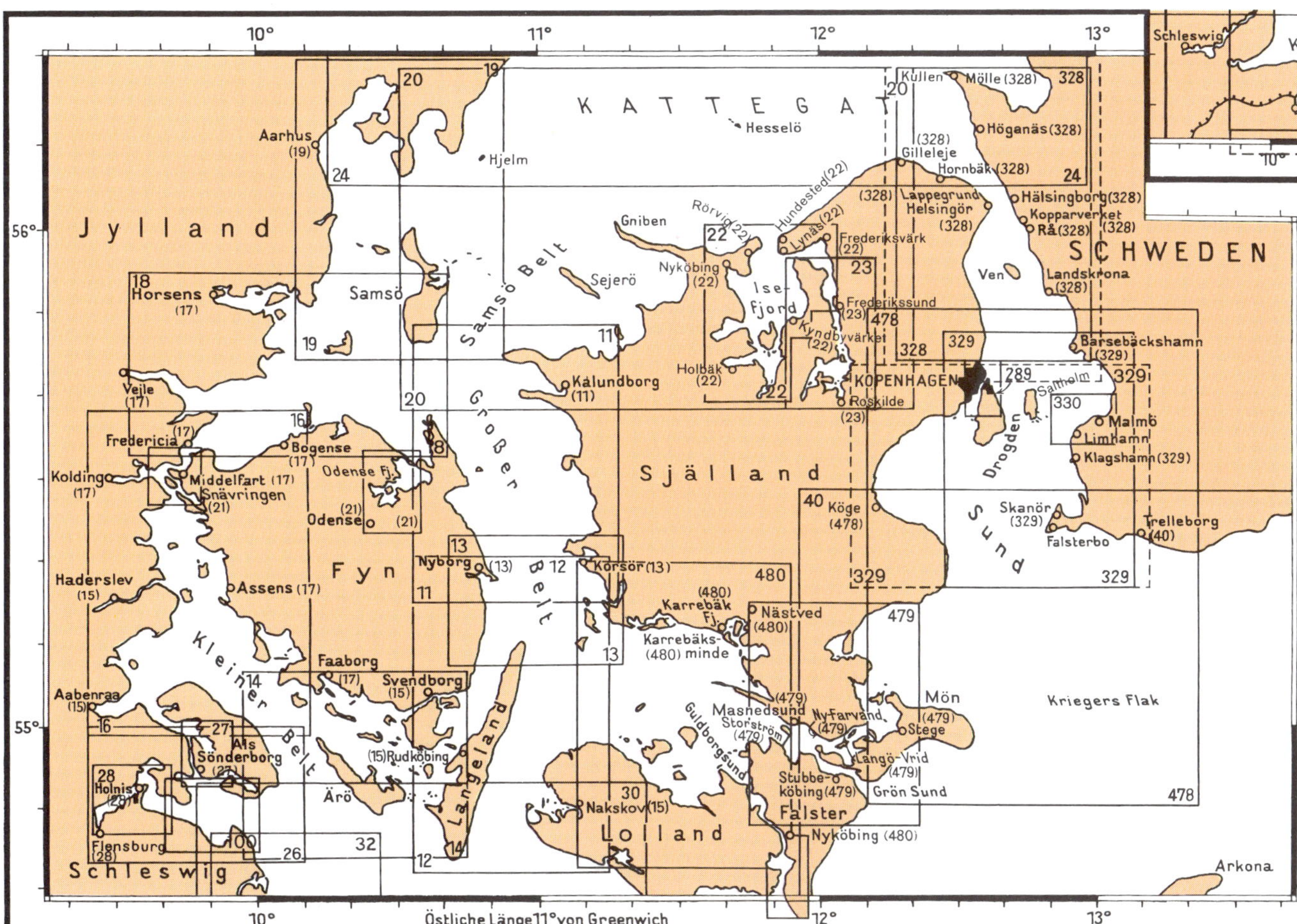

Karte und Legende

Jede Seekarte trägt einen Titel oder eine Überschrift, in deren Nähe meist einige kleingedruckte Anmerkungen zu finden sind. Wir sollten uns angewöhnen, gerade das Kleingedruckte genau zu studieren. Hier finden wir neben Angaben über den verwendeten Maßstab, die zugrunde liegende Bezugsbreite und die Projektionsart etwa den Hinweis, daß Höhen und Tiefen in Metern gemessen sind und auf welches Niveau sie bezogen sind; daß eine Karte größeren Maßstabes nur Ansteuerungsfeuer, nicht aber jedes Leuchtfeuer enthält; daß in der vorliegenden Karte besondere von der Regel abweichende Symbole Verwendung finden; oder wir finden eine kurze Zusammenstellung fremdländischer Abkürzungen, falls die Karte ausländisches Gebiet wiedergibt. Im linken unteren Kartenrand ist die Kartengröße auf zehntel Millimeter genau angegeben, um Verzerrungsfehler durch Witterungseinflüsse, vor allem durch Feuchtigkeit, erkennen zu können. Außerdem findet man mehrmals die Kartennummer angegeben.

Die durch die Küstenlinie getrennten

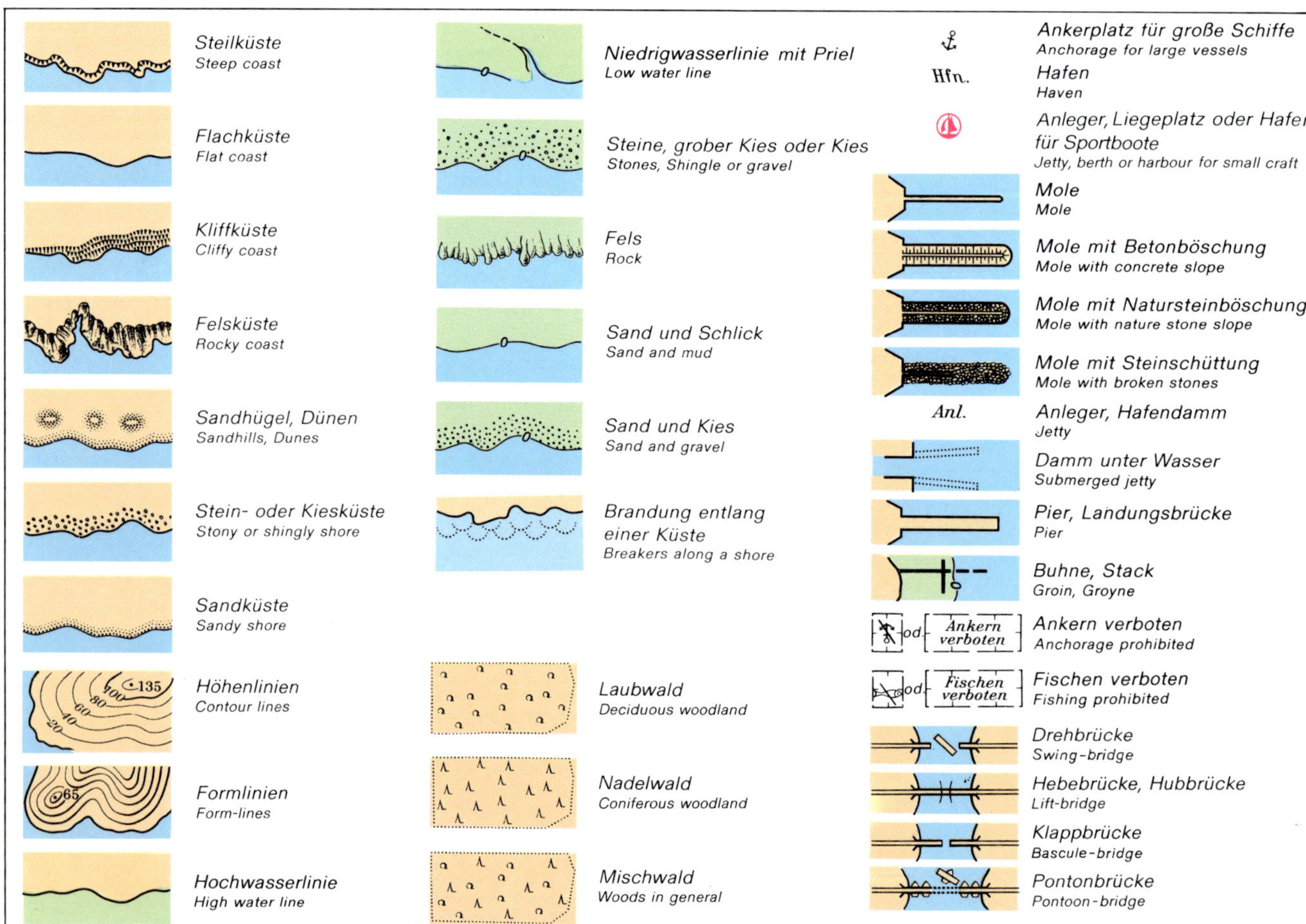

Land- und Wasserflächen der Karte sind von einer Vielzahl verschiedener Symbole und Abkürzungskombinationen übersät. Wenn wir ihre Sprache beherrschen, können wir der Karte fast alle für uns wichtigen Informationen entnehmen. Sie sind in einer vom DHI herausgegebenen Legende, der **Karte 1** (*Zeichen, Abkürzungen und Begriffe in deutschen Seekarten),* zusammengefaßt und wiedergegeben. Die wichtigsten Zeichen sollten wir uns genau merken! Alle markanten und von See her auffallenden Landmarken wie Kirchtürme, Schornsteine, Leuchttürme, große Gebäude, ja sogar einzeln stehende Bäume sind eingezeichnet, ebenso die Fahrwasser- und Untiefentonnen mit ihren Toppzeichen und Feuerschiffe. Die Leuchttonnen und -feuer fallen mit ihren farbigen Markierungen sofort auf. Für die Schiffsortbestimmung müssen wir ihre geographische Position genau kennen. Bei Tonnen ist sie mit einem kleinen Kreis an der Basis angegeben (A). Alle der Navigation dienenden Objekte sind in der Karte durch stehende Blockschrift hervorgehoben.

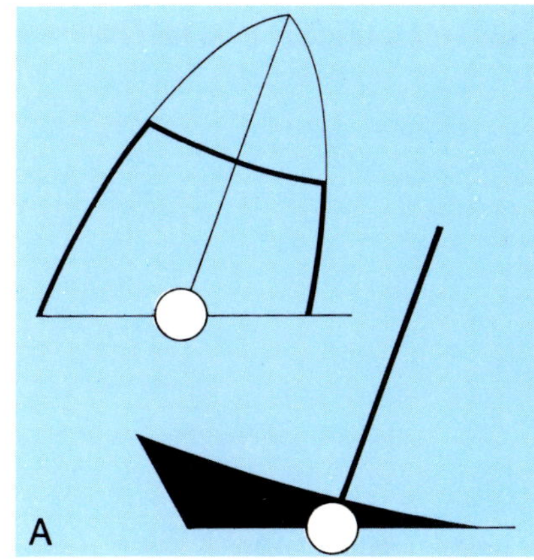
A

	Vorstadt / *Suburb*
od. o	*Dorf* / *Village*
	Bauwerke, allgemein / *Buildings, in general*
Schl.	*Schloß* / *Castle*
Hs.	*Haus* / *House*
⊡	*Plattform, Bohranlage, Förderanlage* / *Drilling platform, Oil derrick, Off-shore oil exploitation platform*
✛	*Kirche* / *Church*; *Kathedrale* / *Cathedral*; *Kirchturm, Glockenturm* / *Spire, Steeple*
	Schornstein / *Chimney*
	Wasserturm / *Water tower*
Öl-T. / ● *Öl-T.*	*Öltank* / *Oil tank*
Bhf.	*Bahnhof* / *Railway station*
	Tunnel / *Tunnel*
	Damm / *Embankment, Levee*
	Straßendamm, *Bahndamm* / *Causeway*
	Hochspannungsleitung / *Power transmission line*
∘	*Stelle aller Art* / *Any kind of station*
S.	*Stelle, Station* / *Station*
Kst-W.	*Küstenwache* / *Coast guard station*
W. / *W-Tm.*	*Wache, Wachtturm* / *Lookout station, Watch tower*
R-S.	*Rettungsbootstation* / *Lifeboat station*; *Rettungsstelle* / *Lifesaving station*; *Raketenstelle* / *Rocket station*
Z-S.	*Zufluchtsstelle für Schiffbrüchige* / *Refuge for shipwrecked mariners*
od. L-S.	*Lotsenstelle, Lotsenversetzstelle* / *Pilot station, Place where pilots board the vessels*
Sgn-S.	*Internationale Signalstelle* / *International signal station*
Je Bk. — *Bk. in Linie 270,1°*	*Richtlinie (feste Linie: Fahrwasser)* / *Leading line, Range line (continuous line: fairway)*
Hs. — *Huk und Hs. in Linie*	*Deckpeilung* / *Transit*
Tm. und Schst. in Linie 270°	*Objekte in Linie* / *Objects in line*
oder	*Sektorengrenzen* / *Limits of sectors*
90°-270°	*Fahrwasser, empfohlener Kurs (bezeichnet durch ein System fester Marken)* / *Channel, Course, Track recommended (based on a system of fixed marks)*
8₅	*Fahrwasser, zwischen den Pfeilen Angabe der geringsten Fahrwassertiefe* / *Channel with least depth between the arrows*
8₅ m	*Fahrwasser, zwischen den Pfeilen Angabe des höchstzulässigen Tiefganges*
	Unterwasserkabel (Starkstrom, Telegraf, Telefon) / *Submarine cable (power, telegraph, telephone)*
	Unterwasserkabelgebiet / *Submarine cable area*
	Fischereigrenze / *Limit of fishing zone*
	Grenze eines Fischfang- oder Fischreusengebietes / *Limit of fishing or fish trap area*
	Militärisches Übungsgebiet / *Military practice area*
	Hoheitsgrenze (äußere Grenze des Küstenmeeres) / *Limit of sovereignty (Territorial sea)*
	Zollgrenze / *Customs boundary*
	Staatsgrenze / *International boundary*
oder	*Gebiet mit Schiffahrtsbeschränkungen oder Sperrgebiet (Verbotenes Gebiet)* / *Restricted area or prohibited area*
	Verkehrstrennungsgebiet / *Traffic separation scheme*

Höhen und Tiefen

In den meisten Seekarten werden Höhen und Tiefen in Metern angegeben und durch Höhen- bzw. Tiefenlinien ergänzt. In älteren englischen Karten werden Wassertiefen allerdings noch in Faden (1 fathom = 1,828 m) und Fuß (1 foot = 30,48 cm) gemessen. Außerdem finden wir durch Abkürzungen wie *Sd.* (Sand) oder *K.* (Kies) Hinweise auf die Grundbeschaffenheit, die für die Wahl des Ankerplatzes oder des geeigneten Ankers wichtig sein können (vgl. Seite 112 ff.).

Auf welches Niveau sind nun die angegebenen Wassertiefen bezogen? Oder besser: Was versteht man unter Kartennull?

Das **Kartennull (KN)** ist in den einzelnen Ländern verschieden festgelegt. Sogar innerhalb der deutschen Gewässer unterscheidet man zwischen Ostsee und Nordsee: In der deutschen Ostsee geht man von einem nur wenig schwankenden Durchschnittswert aus, dem **mittleren Wasserstand.** In der deutschen Nordsee dagegen, wo die Wassertiefe innerhalb eines Tages erheblich schwankt, hat man aus Sicherheitsgründen einen sehr niedrigen Wasserstand als Kartennull gewählt, das **mittlere Springniedrigwasser** (S. 102). So werden nur selten die in der Karte angegebenen Tiefenwerte unterschritten; meistens finden wir mehr Wasser vor als angeführt.

In anderen Ländern ist das Kartennull auf das noch tiefer liegende niedrigstmögliche Niedrigwasser bezogen, so in Großbritannien, Frankreich, Norwegen, Spanien und Portugal. Beachte deshalb immer die entsprechenden Vermerke am Kartenrand!

Alle Tiefenwerte beziehen sich genau auf die Mitte einer Tiefenzahl. Ist es nicht möglich, eine Tiefenzahl an ihren geographischen Ort zu setzen, so wird sie in unmittelbarer Nähe in runden Klammern wiedergegeben. Ebenso verfährt man mit den Höhenangaben. Doch ist hier die Bezugshöhe nicht das Kartennull, sondern das *Normalnull* (NN) der Landesvermessung. Es entspricht in der Ostsee etwa dem Kartennull, in Gezeitenrevieren liegt es jedoch höher, nämlich zwischen der Höhe bei mittlerem Hochwasser und mittlerem Niedrigwasser. In englischen Karten sind Höhen meist in Fuß, manchmal auch in Metern angegeben.

Im Gezeitenrevier sind weite Flächen nicht ständig, sondern nur bei Hochwasser (HW) überflutet. Dieses Gebiet ist in deutschen Karten mit olivgrüner Farbe wiedergegeben. Die Höhe, mit der diese Teile über Kartennull trockenfallen, ist mit einer waagerecht unterstrichenen Ziffer angegeben. In einem felsigen Inselrevier muß man also genau darauf achten, ob mit einer Zahl eine Erhöhung über Normalnull, eine Trockenfallhöhe über Kartennull oder eine Wassertiefe unter Kartennull bezeichnet wird. Deshalb präge man sich auch die unterschiedlichen Kartensymbole für über dem KN, auf Höhe des KN oder nur geringfügig unter dem KN liegende Schiffahrtshindernisse ein! In der Praxis wird die Zeit zum Suchen in der Legende fehlen.

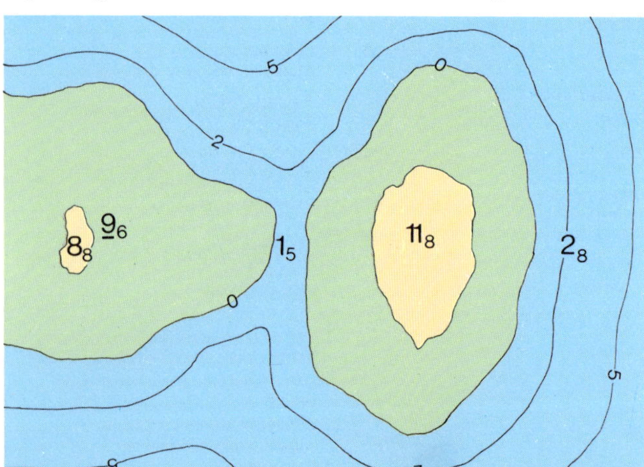

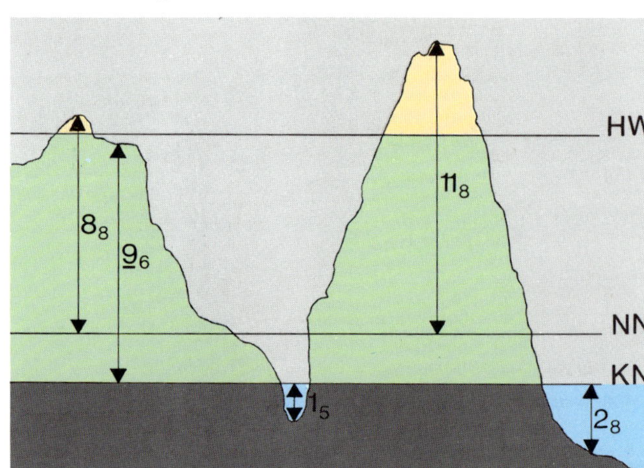

(4,1)	Fels ständig über Wasser, Höhe über Höhennull *Rock which does not cover, height above height datum*
(3_7) $*(3_7)$	Fels trockenfallend, Höhe über Kartennull *Rock which covers and uncovers, height above chart datum*
	Fels in Höhe des Kartennulls *Rock awash at the level of chart datum*
+	Gefährliche Unterwasserklippe, Tiefe unbekannt *Dangerous sunken rock, depth unknown.*

Gefährliche Unterwasserklippe, Tiefe bekannt
Dangerous sunken rock, depth known

$+(1_5)$ $+(17_1)$	im entsprechenden Tiefenbereich *in the corresponding depth area*
(1_5) (17_1)	außerhalb des entsprechenden Tiefenbereiches *outside of the corresponding depth area*

Ungefährliche Unterwasserklippe
Not dangerous sunken rock

+	Tiefe unbekannt *Depth unknown*
+(22)	Tiefe bekannt *Depth known*
5_6 Sch-H. 11_2 Sch-H.	Schiffahrtshindernis mit Tiefe, abgesucht durch Schleppgerät (in deutschen Gewässern durch Taucher) *Sunken danger with depth, cleared by wire drag (in German waters by diver)*
	Korallenriff, ständig unter Wasser *Coral reef which covers*
	Wrack mit sichtbaren Rumpfteilen oder Decksaufbauten über Kartennull *Wreck showing any portion of hull or superstructure above chart datum*
Mst.	Wrack, von dem nur ein Mast od. Masten über Kartennull sichtbar sind *Wreck of which mast or masts only are visible above chart datum*

	Wrack ständig teilweise unter Wasser *Wreck always partially submerged*
	Gefährliches Wrack, Tiefe unbekannt *Dangerous wreck, depth unknown*
5_6 Wk 25 Wk	Wrack, Tiefe bekannt *Wreck, depth known*
5_6 Wk 25 Wk	Wrack, Tiefe bekannt, abgesucht durch Schleppgerät (in deutschen Gewässern durch Taucher) *Wreck, depth known, cleared by wire drag (in German waters by diver)*
	Ungefährliches Wrack, Tiefe unbekannt *Not dangerous wreck, depth unknown*
Unr. Gd.	Unreiner Grund *foul ground*
	Sandwellen *Sandwaves*
	Stromkabbelung *Overfalls, Tide-rips*
	Stromwirbel *Eddies*
	Seetang, Seegras *Kelp, Sea-weed*
Untf.	Untiefe *Shoal*

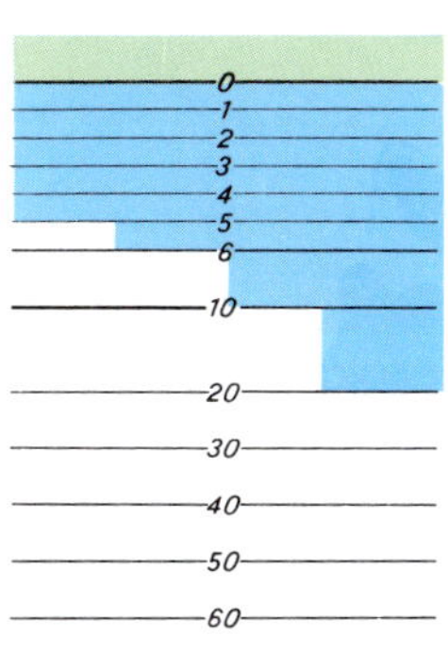

Niedrigwasserlinie
Low water line

(9) SD	Tiefenangabe zweifelhaft *Sounding of doubtful depth*
21 (gem. 1970)	Gemeldete Tiefe *Reported depth*
490	Lotung, Grund nicht erreicht *No bottom found*
(5_4)	Tiefenzahl nicht auf geographischem Ort *Sounding figure out of position*

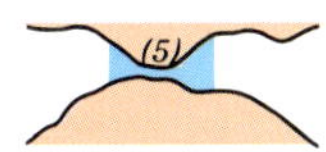

Geringste Tiefe in engem Fahrwasser
Least depth in narrow channel

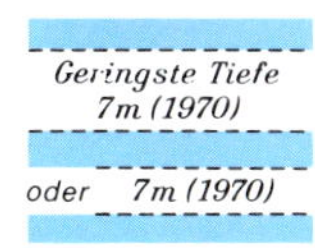

Baggerrinne mit Angabe der geringsten Tiefe und dem Jahr der Feststellung
Dredged channel with controlling depth and year

Gd.	Grund *Ground*
Rgd.	Riffgrund *Sand reef*
Sd.	Sand *Sand*
Sk.,sk.	Schlick, schlickig *Mud, muddy*
Schl.	Schlamm *Ooze*
Mgl.	Mergel *Marl*
T.	Ton *Clay*
K.	Kies *Gravel*
gb.K.	grober Kies *Shingle*
kl.St.	kleine Steine *Pebbles*
St.	Steine *Stones*
Fls.,fls.	Felsen, felsig *Rock, rocky*
gß.St.	große Steine *Boulders*
Stg.	Seetang *Fucus*
Grs.	Seegras *Mattes*
f.	fein *fine*
gb.	grob *coarse*
wch.	weich *soft*
ht.	hart *hard*

Leuchtfeuer I

Die Kennung

Die europäischen Reviere sind meist so gut befeuert, daß man nachts ebenso genau navigieren kann wie tagsüber – oft sogar besser. Deshalb legt man gern den Landfall, die Schiffsortbestimmung nach längerer Versegelung bei Annäherung an eine unbekannte Küste, in die frühen Morgenstunden, um mit Hilfe der Leuchtfeuer den Schiffsort zu ermitteln, der nach der Dämmerung evtl. schwieriger festzustellen ist. Allerdings müssen wir hierbei die einzelnen Feuer eindeutig identifizieren können.

Die Feuer sind mit unterschiedlichen *Kennungen* ausgestattet, d. h. das Verhältnis von Scheindauer zu Unterbrechungsdauer variiert ebenso wie die Farbe. So teilt man die Feuer folgendermaßen ein:
Das **Festfeuer (F.)** zeigt eine Lichterscheinung von gleichbleibender Stärke ohne Unterbrechung.
Ein **unterbrochenes Feuer (Ubr.)** zeigt einen Schein, der von Dunkelheit unterbrochen wird. Die Scheindauer ist länger als die Dauer der Dunkelheit. Das **Gleichtaktfeuer (Glt.)** ist durch eine gleichphasige Abwechslung von Schein und Unterbrechung charakterisiert.
Beim **Blinkfeuer (Blk.)** ist die Dauer der Unterbrechung merklich länger als die Blinkerscheinung. Die Blinkdauer beträgt mindestens 2 Sekunden.
Das **Blitzfeuer (Blz.)** ähnelt dem Blinkfeuer, doch ist die Blitzdauer kürzer als 2 Sekunden, in Deutschland meist sogar kürzer als 1 Sek.
Das **Funkelfeuer (Fkl.)** fällt etwas aus der Systematik heraus: Es zeigt ständig schnell aufeinander folgende Blitze, wobei 60 Blitze pro Minute erscheinen. Folgen die Blitze nicht ständig aufeinander, sondern werden sie von einer Periode der Dunkelheit unterbrochen, spricht man von einem **unterbrochenen Funkelfeuer (Fkl. unt.).**
Ein **schnelles Funkelfeuer (SFkl.)** zeigt 100 bis 120 Blitze pro Minute.

Manche Feuer sind so angeordnet, daß die Lichterscheinung innerhalb einer Phase nicht nur einmal, sondern mehrmals in Gruppen auftritt. Man spricht dann von einem **Feuer mit Gruppen von 2, 3 und mehr Funkeln, schnellen Funkeln, Blitzen, Blinken oder Unterbrechungen.**
Neben dem charakteristischen Verlauf der Lichterscheinungen eines Feuers unterscheidet man noch nach der Farbe: Man verwendet weiße, rote, grüne und gelbe Feuer, wobei weittragende Feuer meist weiß sind. Vor allem die weißen und grünen Feuer unterliegen unter bestimmten atmosphärischen Bedingungen gewissen Farbänderungen. Bei diesigem Wetter erscheinen beide manchmal etwas rötlich, grüne Feuer können aber auch ein weißes Aussehen annehmen. Manchmal werden

• ★ ☆	*Ort eines Leuchtfeuers* Position of light
	*Feuerschiff* Light vessel
Warn-F.	*Warnfeuer* Obstruction light
Flamme	*Flamme* Flare
	*Befeuerte Wracke* Lighted wrecks
	*Leuchtbake* Light beacon
7,5s	*Wiederkehr in Sekunden* Period in seconds
15sm	*Nenntragweite in Seemeilen* Nominal range in nautical miles

Ob-F.	*Oberfeuer* Upper light
U-F.	*Unterfeuer* Lower light
Rcht-F.	*Richtfeuer* Leading light
Lt-F.	*Leitfeuer* Directional light
skr.	*senkrecht* vertical
wgr.	*waagerecht* horizontal
vrst.	*verstärkt* intensified
vrd.	*verdeckt* concealed

bl.	*blau* blue
gn.	*grün* green
or.	*orange* orange
r.	*rot* red
w.	*weiß* white
g.	*gelb* yellow
vdklt.	*verdunkelt* obscured
ztws.	*zeitweise* occasional
ztwl.	*zeitweilig* temporary

gel.	*gelöscht* extinguished
schw.	*schwach* faint
Aero-	*Luftfahrtfeuer* Air light, Aeronautical light
Fi.	*Fischerfeuer* Fishing light
Gez-F.	*Gezeitenfeuer* Tidal light
priv.	*privat* private
	*beleuchtet* lighted
N-L.	*Nebelleuchte* Fog light
N-Such-F.	*Nebelsuchfeuer* Fog detector light
Mt-F.	*Mittelfeuer* Middle light

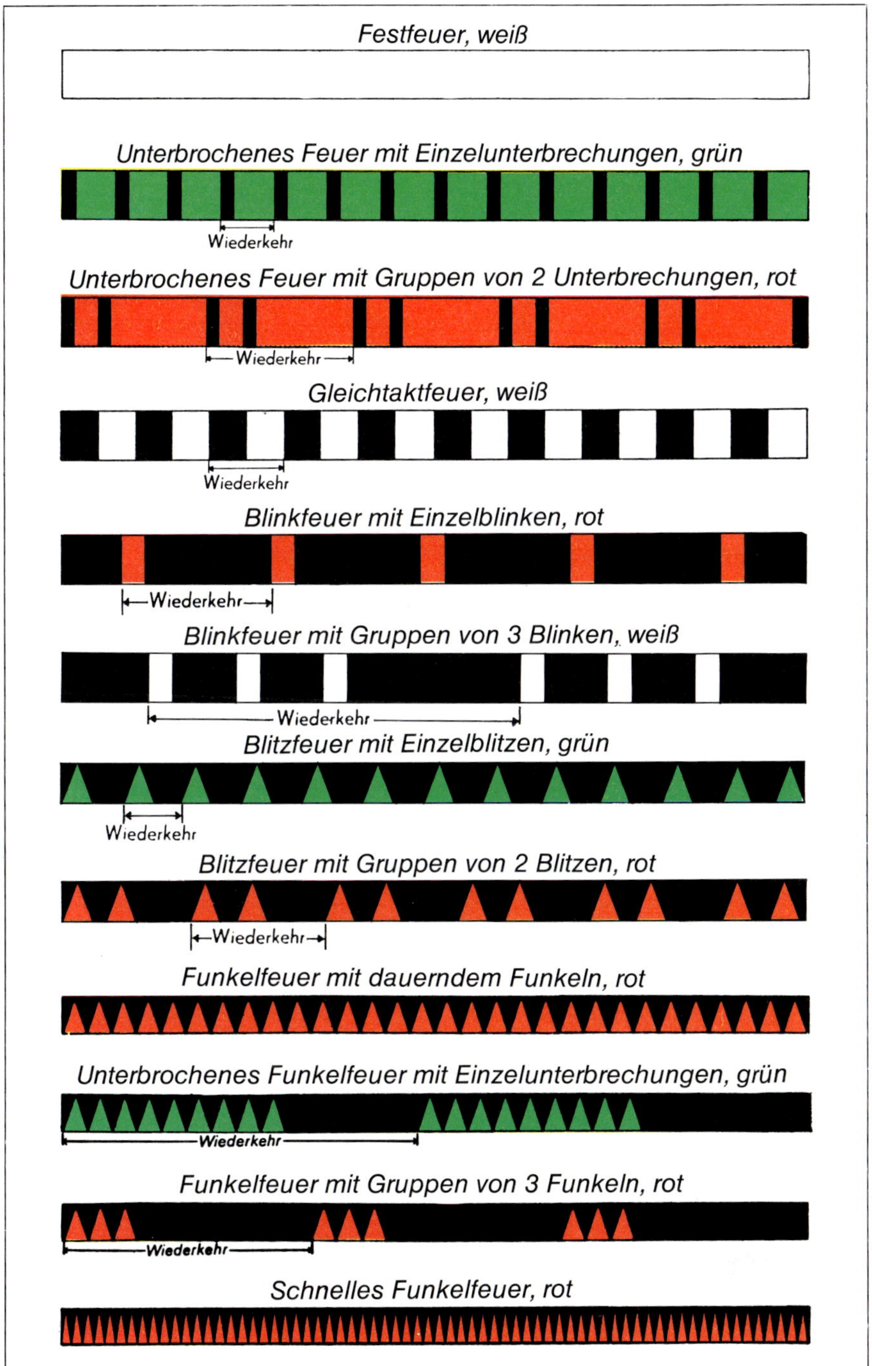

sogenannte Quecksilberdampflampen verwendet (im Leuchtfeuerverzeichnis mit QD bezeichnet), bei denen weiße Feuer eine grünliche Färbung annehmen können. Ebenso scheinen Neonlampen meist etwas grünlich, weshalb sie vom Anfänger gern mit Leuchtfeuern verwechselt werden.

Die Scheincharakteristik einschließlich der Farbe nennt man Kennung eines Feuers.

Schließlich gibt es noch einige selten gebrauchte Kennungen:

Das *Wechselfeuer (Wchs.)* zeigt weiße oder farbige Scheine, abwechselnd mit Scheinen einer anderen Farbe. Sie treten mit, aber auch ohne Verdunkelungsphase auf.

Das *Mischfeuer (Mi.)* ist eine Kombination der bisher aufgeführten Kennungen.

Das *Morsefeuer (Mo.)* zeigt Lichterscheinungen, die einem Buchstaben des Morsealphabets entsprechen.

Die Wiederkehr

Mißt man die Gesamtdauer einer Periode einschließlich Verdunkelung und Lichterscheinung von Beginn zu Beginn, so hat man die **Wiederkehr in Sekunden.** Beispielsweise kann sich ein Blitzfeuer mit Gruppen von 2 Blitzen ausschließlich durch die Wiederkehr von einem anderen mit der gleichen Kennung unterscheiden. Um sich nicht durch Auszählen der Wiederkehr täuschen zu lassen, sollte man zur Identifizierung eines Feuers immer eine Stoppuhr verwenden.

Kennung und Wiederkehr eines Leuchtfeuers benötigen wir zur Identifizierung des Feuers. Wir können sie der Karte oder dem Leuchtfeuerverzeichnis entnehmen.

Leuchtfeuer II

F.	*Festfeuer* *Fixed light*	Blz.	*Blitzfeuer, weniger als 2s* *Short flashing light, less than 2s*
Ubr.	*Unterbrochenes Feuer* *Occulting light*	Blk.(2)	*Blinkgruppenfeuer* *Group long flashing light*
Blk.	*Blinkfeuer, 2s und mehr* *Long flashing light, 2s and more*	Blz.(3)	*Blitzgruppenfeuer* *Group short flashing light*
Glt.	*Gleichtaktfeuer* *Isophase light*	Ubr.(2)	*Unterbrochenes Gruppenfeuer* *Group occulting light*
Fkl. SFkl.	*Funkelfeuer* *Schnelles Funkelfeuer*	Mi.	*Mischfeuer: Unterbrochenes Feuer und Blitzgruppen* *Occulting and group short flashing light*
Fkl.unt.	*Unterbrochenes Funkelfeuer* *Interrupted quick flashing light*	Mo.(K)	*Morsefeuer, entsprechend der Kennung* *Morse code light, according to character*

Tragweite und Sichtweite

Tragweite ist der Abstand, in dem ein Leuchtfeuer bei guter Sichtigkeit gerade noch wahrnehmbar ist. Sie hängt also von der Lichtstärke des Leuchtfeuers ab und wird für einen bestimmten Sichtigkeitsgrad der Luft in Seemeilen angegeben.

Sichtweite ist der Abstand, in dem ein Leuchtfeuer aus einer bestimmten Augenhöhe eben noch „in der Kimm" sichtbar ist, d. h. sobald es bei Annäherung erstmals über dem Horizont erscheint. Sie hängt also von der Höhe der Laterne und des Beobachterauges über dem Meeresspiegel ab und ist durch die Erdkrümmung bedingt (A).

Sehen wir ein **Feuer in der Kimm,** so sind wir genau die Sichtweite in Seemeilen gemessen vom Leuchtturm entfernt. In der Seekarte wird bei Leuchtfeuern die sog. **Nenntragweite** angegeben. Das ist die Tragweite für einen genau bestimmten Sichtwert. Im Leuchtfeuerverzeichnis finden wir außerdem die Sichtweite – allerdings auf eine Augenhöhe von 5 m bezogen. Beobachten wir von einer geringeren Höhe aus, so erscheint das Feuer natürlich erst später in der Kimm. Aus einer im Leuchtfeuerverzeichnis abgedruckten Tabelle (vgl. S. 75) können wir jedoch für unterschiedliche Feuerhöhen auch die Sichtweiten beispielsweise für 2 m, 3 m oder 4 m Beobachterhöhe ablesen.

Die Tragweite eines Feuers ist meist größer als seine Sichtweite. Deshalb kann man bei klarer Sicht den Widerschein des Leuchtfeuers am dunklen Himmel oder den Wolken oft schon außerhalb des Sichtweitenbereiches wahrnehmen, also bevor es in der Kimm auftaucht.

Die Länge der Sektorenschenkel bzw. der Radius der Kennungskreise in der Seekarte hat keine Bedeutung für die Trag- und Sichtweite. Sie ergibt sich allein aus dem Gesichtspunkt der Übersichtlichkeit.

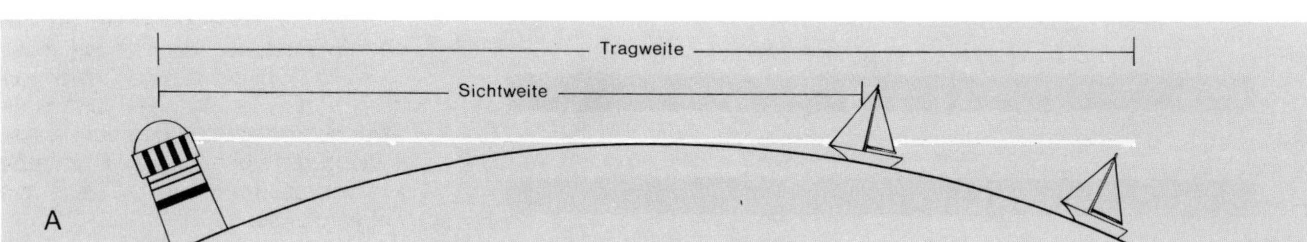

Das Leitfeuer (Lt-F.)

Um die Einsteuerung in enge Fahrwasser zu erleichtern, werden Leitfeuer installiert. Ein weißer Leitsektor (meist F.w.) wird an beiden Seiten von einem schmalen Warnsektor begrenzt. Sind diese farbig, so hat das einlaufende Schiff an Bb einen roten Sektor, an Stb einen grünen (meist F.). Sind dagegen die Warnsektoren auch weiß, so findet das einlaufende Schiff an Bb meist eine Blitzkennung mit geradzahligen Gruppen (2, 4), an Stb mit ungeradzahligen Gruppen (1, 3, 5). Bemerkt etwa ein einlaufendes Schiff, daß die Leitfeuerfarbe plötzlich rot (grün) wird, so muß es seinen Kurs nach Stb (Bb) korrigieren. Manchmal trägt ein einziges Leuchtfeuer mehrere in verschiedene Richtungen laufende Leitsektoren.

Das Richtfeuer (Richt-F.)

Zwei in einiger Entfernung hintereinander aufgestellte Feuer, ein Ober- und Unterfeuer, kennzeichnen in engen Fahrwassern die Fahrwassermitte. Sobald beide Feuer nicht mehr seitlich zueinander versetzt sind, hat man sie in Deckung. Bei einer derartigen Deckpeilung stehen die Feuer bei einem genau bestimmten und meist sogar in der Seekarte angegebenen Kurs *in Linie.* Jede Kursabweichung bemerkt man jetzt sofort am seitlichen Auswandern des Unterfeuers. Ist man zu weit nach Bb (Stb) abgekommen, so wandert das Unterfeuer nach rechts (links) aus. Im letzten Fall fährt man *links offen* – ein verkehrsgerechtes Verhalten in vielbefahrenen Fahrwassern, um das Rechtsfahrgebot zu erfüllen.

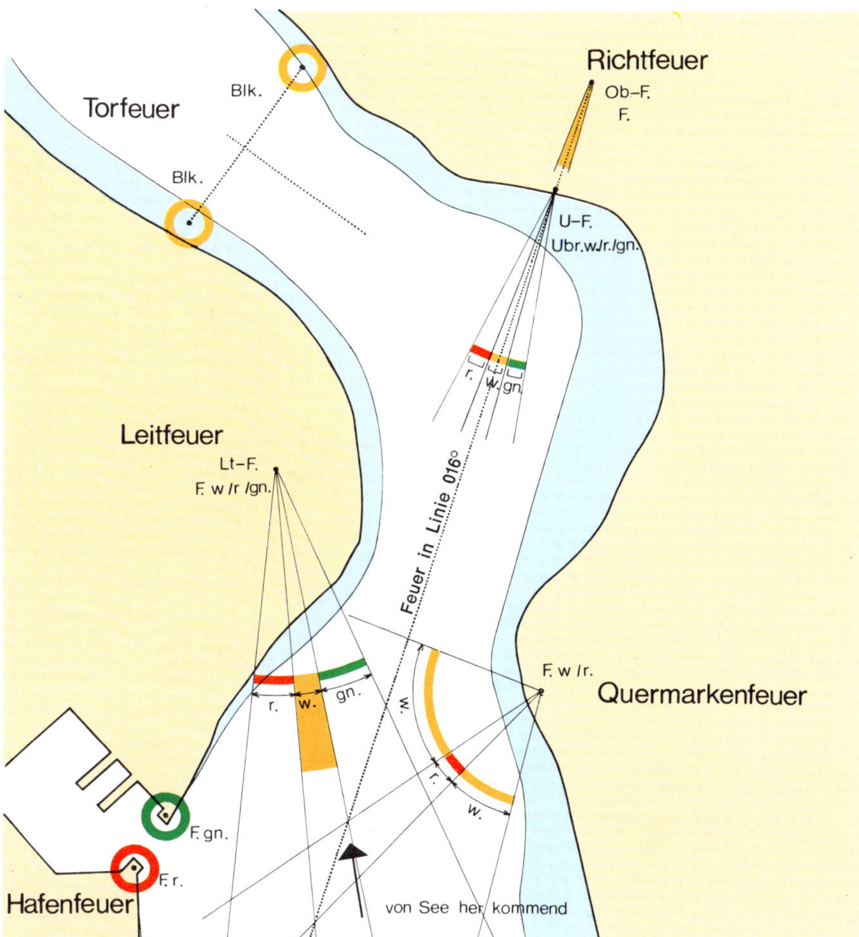

Quermarken- und Torfeuer

Das *Quermarkenfeuer* gibt mit einem quer zum Kurs verlaufenden Sektor an, daß von hier ab einem neuen Leit- oder Richtfeuer gefolgt werden soll. Dieser Kursänderungssektor zeigt in der Regel ein rotes oder grünes Festfeuer und wird meist beidseitig durch Ankündigungssektoren (F.w.) begrenzt.

Das *Torfeuer* besteht aus zwei an beiden Fahrwasserseiten gegenüberliegenden Feuern gleicher Kennung, Wiederkehr, Lichtstärke und Höhe. Sie sind als seitliche Begrenzung eines zu passierenden Tores, oft in Torfeuerketten, angebracht.

Beachte:
Die für Deckpeilungen oder Sektorengrenzen in der Seekarte oder im Leuchtfeuerverzeichnis angegebenen Gradzahlen sind von See bzw. vom Schiff, nicht vom Feuer aus vorgenommene rechtweisende Peilungen! Ist also in der Karte eine Deckpeilung mit 016° angegeben, so habe ich mit einem Kurs von 016° die Feuer in Linie.

Seezeichen

Neben den Landmarken sind die Seezeichen unsere beste Orientierungshilfe. Man unterscheidet zwischen *festen,* starr mit dem Grund oder Land verbundenen Seezeichen und *schwimmenden* Seezeichen, den Feuerschiffen und Tonnen.

Alle Seezeichen können nach ihrer Form und Farbe und nach Form und Farbe der Toppzeichen unterschieden werden. Befeuerte Tonnen, meist Bakentonnen, können wir nachts nach Kennung und Wiederkehr ihrer Feuer identifizieren.

Der Form nach unterscheidet man im wesentlichen *Baken-, Spitz-, Spieren-, Stumpf-, Faß- und Kugeltonnen.* Ihre Farbe ist meist rot, grün, gelb/schwarz- oder rot/weiß-gestreift.

Zur Begrenzung von Fischereigebieten sowie von Warn- und Sperrgebieten werden gelbe Tonnen verwendet. Die Toppzeichen sind nicht flächig, sondern meist als Rotationskörper gebaut, so daß man sie aus jeder Richtung kommend in gleicher Weise erkennen kann. Man verwendet u.a. Zylinder, Kegel, Doppelkegel, Bälle und Kreuze. Form, Farbe und Art der Streifung der Tonnen und der Toppzeichen können wir der Karte entnehmen.

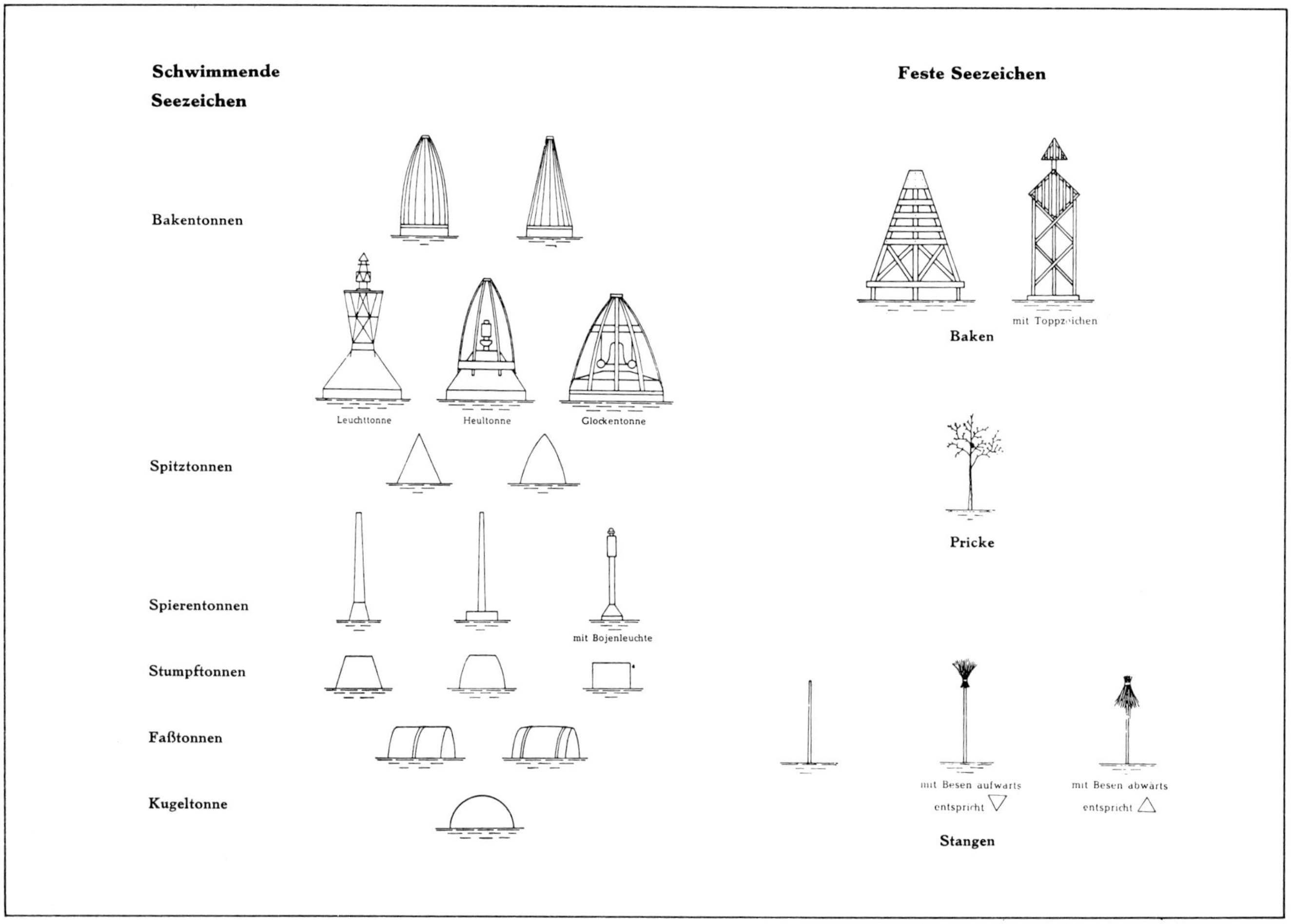

	Ort einer Tonne oder Bake *Position of buoy or beacon*
	Leuchttonne *Light buoy*
	Tonne mit Leuchte *Buoy with light*
Gl-Tn.	*Glockentonne* *Bell buoy*
Gong	*Gongtonne* *Gong buoy*
Hl-Tn.	*Heultonne* *Whistle buoy*
	Stumpftonne *Can buoy, Cylindrical buoy*
	Spitztonne *Nun buoy, Conical buoy*
	Kugeltonne *Spherical buoy*
	Spierentonne *Spar buoy*
	Bakentonne *Pillar or spindle buoy*
	Tonne mit Toppzeichen *Buoy with topmark*
	Faßtonne *Barrel buoy, Ton buoy*
	Leuchtfloß, Leuchtboot *Light-float, Light-boat*
Kb-Tn.	*Kabeltonne* *Telegraph-cable buoy*
	Festmachetonne *Mooring buoy*
Qrt-Tn.	*Quarantänetonne* *Quarantine buoy*
	Radarreflektor *Radar reflector*
Expl-Tn.	*Reedetonne für Schiffe mit Explosivstoffen* *Explosive anchorage buoy*
	Reedetonne für Wasserflugzeuge *Sea-plane anchorage buoy*
	waagerecht gestreift oder geteilt oder mit waagerechtem Band *horizontal stripes or bands*
	senkrecht gestreift *vertical stripes*
	gewürfelt *chequered*
	diagonal gestreift *diagonal bands*
	Treibbake, Spiere *Floating beacon*
Bk.	*Stangenbake* *Fixed beacon*
Bk.	*Bake, allgemein* *Beacon in general*
Tm-Bk.	*Turmbake* *Tower beacon*
Rcht-Bk.	*Richtbake* *Leading beacon*
Ml-Bk.	*Meilenbake* *Mile beacon*

Das Betonnungssystem „A“

Die Kennzeichnung der europäischen Küstengewässer erfolgt nahezu einheitlich nach dem Betonnungssystem „A“ (rot an Backbord). Man unterscheidet

- laterale Zeichen
- kardinale Zeichen
- Einzelgefahr-Zeichen
- Mitte-Fahrwasser-Zeichen
- Sonderzeichen.

Das hiervon abweichende Betonnungssystem „B“ (rot an Steuerbord) ist in Nord-, Mittel- und Südamerika sowie in Japan, Korea und den Philippinen eingeführt.

Fahrwasser

Laterale Zeichen kennzeichnen die Stb- und Bb-Seite eines Fahrwassers. Beide Seiten werden in folgender Weise festgelegt:

- Ein von See her in das Fahrwasser einlaufendes Schiff hat an seiner Stb-Seite auch die Stb-Seite des Fahrwassers und an seiner Bb-Seite die Bb-Seite des Fahrwassers (Abb. A).
- Verbindet ein Fahrwasser zwei Meeresteile, so ist nicht eindeutig, welches das von See her kommende Schiff ist, das die Seiten des Fahrwassers bestimmen könnte.
  Hier gilt als Stb-Seite des Fahrwassers die Seite, die ein aus westlicher Richtung (einschl. Nord, aber ausschl. Süd) kommendes Schiff an seiner Stb-Seite hat (Abb. B).
- Verläuft die Verbindung zweier Meeresteile so, daß beide Ansteuerungen in das Fahrwasser aus dem gleichen Halbkreis erfolgen, so bestimmt die nördlicher liegende Ansteuerung die Seiten des Fahrwassers. Ein diese nördlichere Einfahrt benutzendes Schiff hat demnach an seiner Stb-Seite wiederum die Stb-Seite des Fahrwassers und an seiner Bb-Seite auch die Bb-Seite des Fahrwassers (Abb. C).

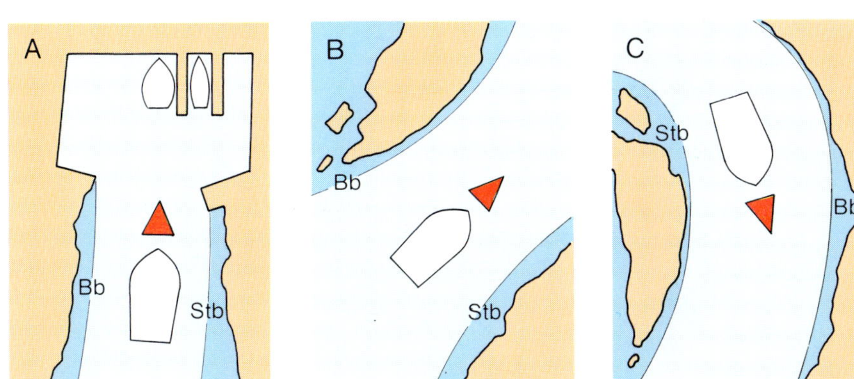

Laterale und Mitte-Fahrwasser-Zeichen

Fahrwasserseiten

Fahrwasser werden durch laterale Zeichen gekennzeichnet. Man findet **an der Bb-Seite:**

- rote Stumpf-, Leucht- oder Spierentonnen, im Watt auch Stangen mit Besen aufwärts oder Pricken,
- evtl. mit rotem Zylinder als Toppzeichen,
- von See kommend fortlaufend mit geraden Ziffern gekennzeichnet (2, 4, 4a, 6 . . .);

Toppzeichen im Fahrwasser

Seezeichen können im Fahrwasser die folgenden Toppzeichen tragen:

An der Bb-Seite:
roter Zylinder

In der Mitte:
roter Ball

An der Stb-Seite:
grüner Kegel (Spitze oben)

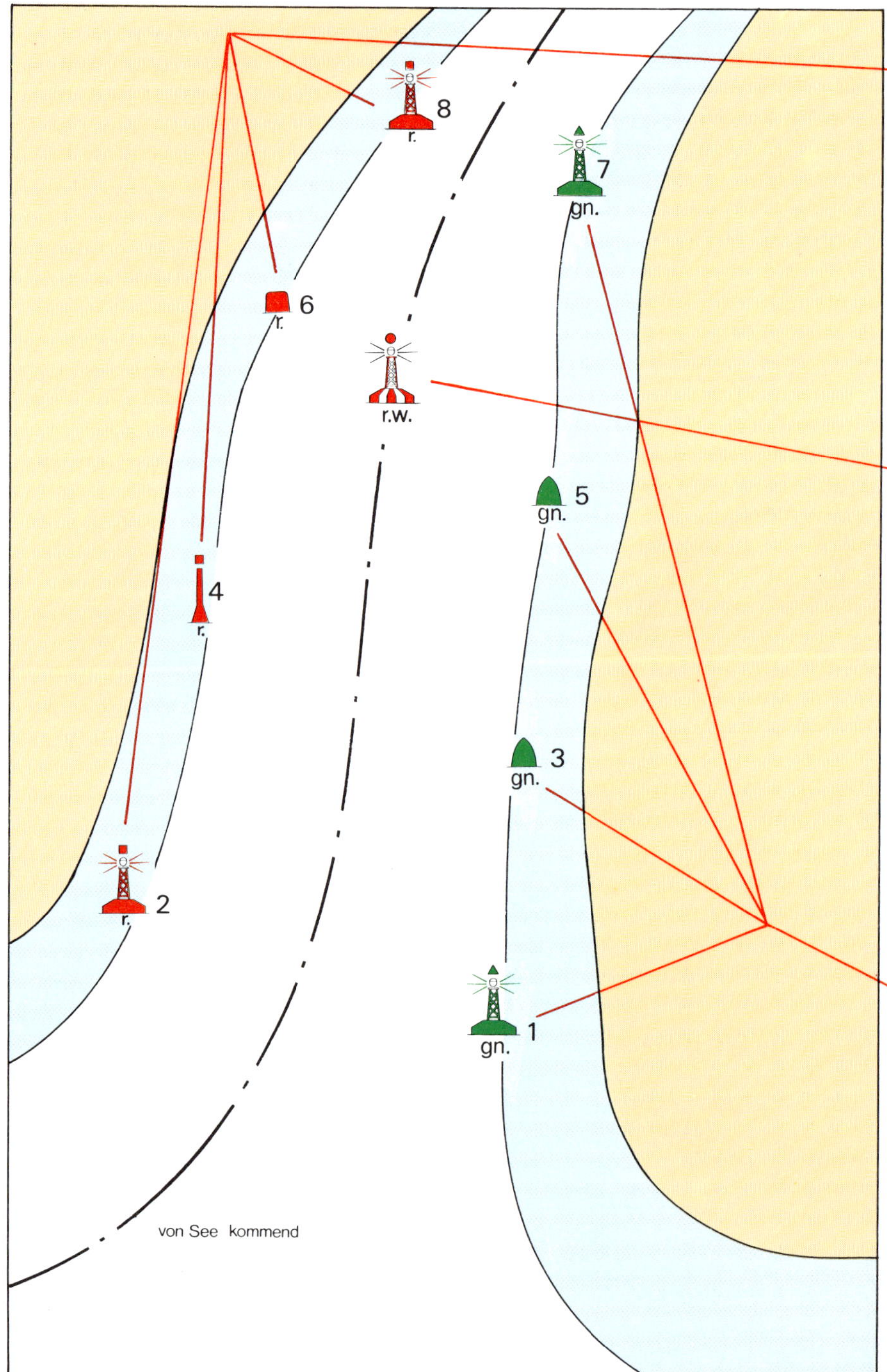

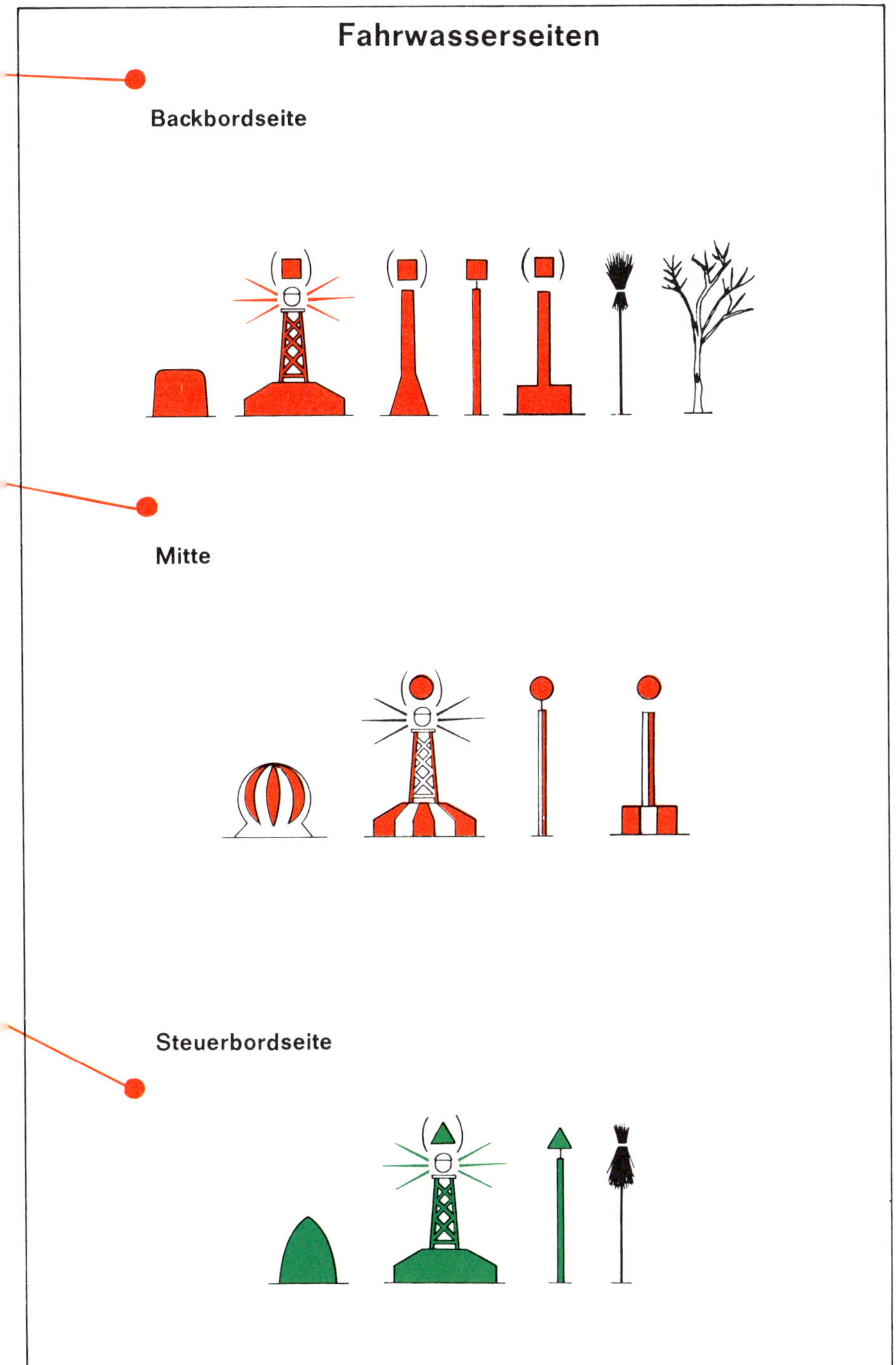

in der Mitte:

- rot-weiß senkrecht gestreifte Kugel-, Leucht- oder Spierentonnen,
- evtl. mit rotem Ball als Toppzeichen;

an der Stb-Seite:

- grüne Spitz- oder Leuchttonnen, im Watt auch Stangen mit Besen abwärts,
- evtl. mit grünem Kegel (Spitze oben) als Toppzeichen,
- von See kommend fortlaufend mit ungeraden Ziffern gekennzeichnet (1, 3, 3a, 5 . . .).

Ansteuerungstonnen

Eingänge von Fahrwassern von See aus werden, wenn sie nicht durch Feuerschiffe, Baken, Molen etc. erkennbar sind, durch laterale Zeichen gekennzeichnet.

- Sie sind immer mit dem Namen des Fahrwassers beschriftet.

Abzweigende oder einmündende Fahrwasser

Um abzweigende oder einmündende Fahrwasser zu kennzeichnen, verwendet man laterale, seltener kardinale Zeichen. Man findet

an der Bb-Seite des durchgehenden bzw. Stb-Seite des abzweigenden oder einmündenden Fahrwassers

- rote Stumpf-, Leucht- oder Spierentonnen mit waagerechtem grünem Band oder Stangen mit Besen aufwärts,
- roter Zylinder als Toppzeichen,
- evtl. gekennzeichnet mit der fortlaufenden geraden Nummer der Lateralbezeichnung des durchgehenden Fahrwassers, durch waagerechten Strich getrennt, dem Namen (ggf. abgekürzt) und der ersten Nummer des abzweigenden oder der letzten Nummer des einmündenden Fahrwassers;

an der Stb-Seite des durchgehenden bzw. Bb-Seite des abzweigenden oder einmündenden Fahrwassers

- grüne Spitz- oder Leuchttonnen mit waagerechtem rotem Band oder Stangen mit Besen abwärts,
- grüner Kegel (Spitze oben) als Toppzeichen,
- evtl. gekennzeichnet mit der fortlaufenden ungeraden Nummer der Lateralbezeichnung des durchgehenden Fahrwassers, durch waagerechten Strich getrennt, dem Namen (ggf. abgekürzt) und der ersten Nummer des abzweigenden oder der letzten Nummer des einmündenden Fahrwassers.

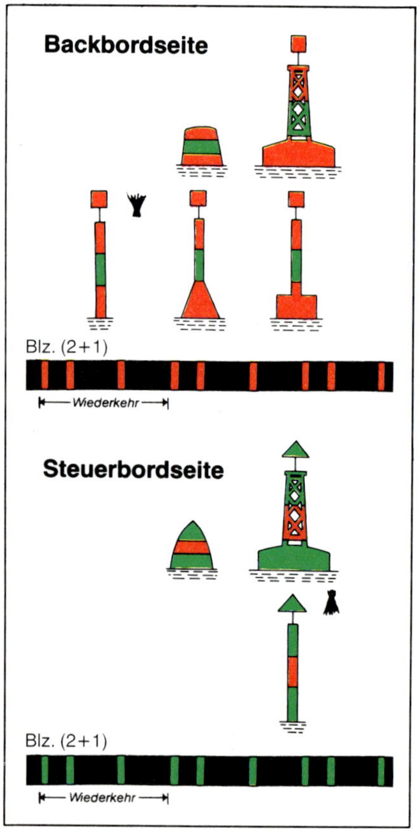

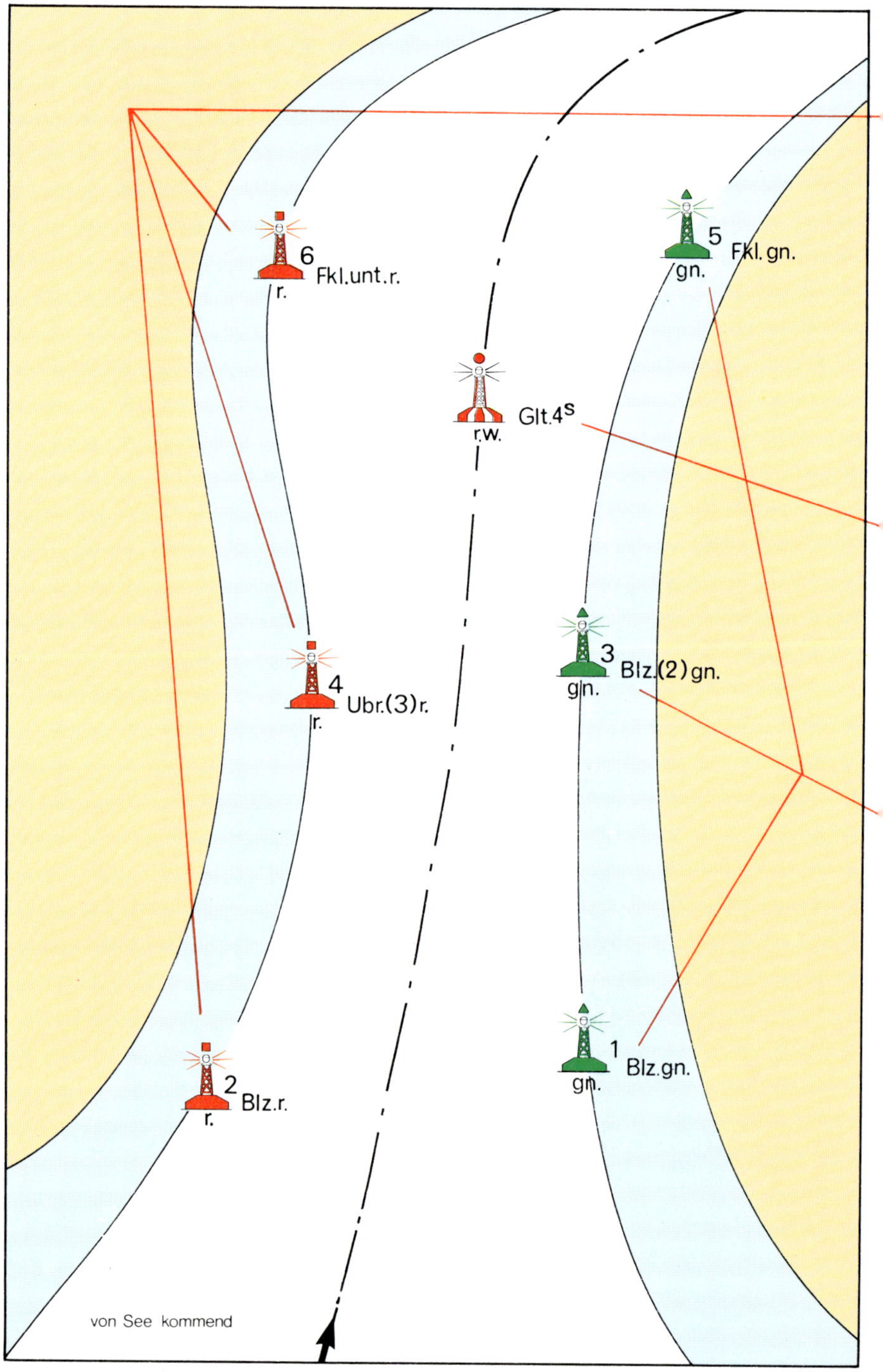

Befeuerung

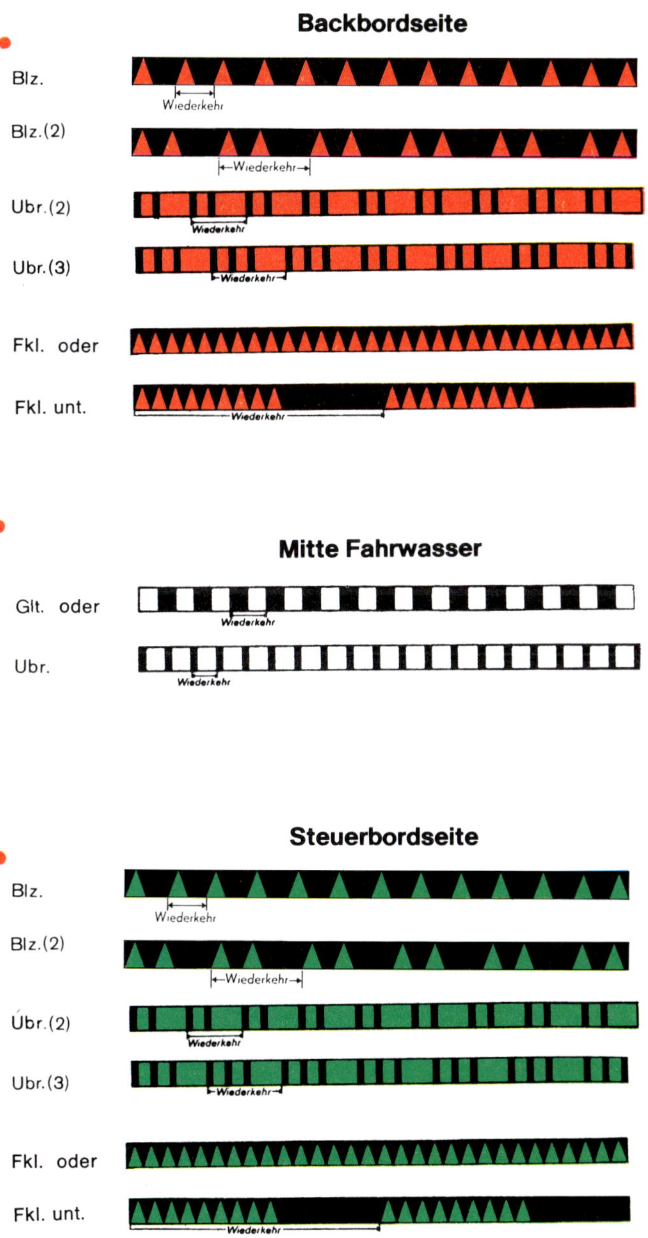

Befeuerung von lateralen und Mitte-Fahrwasser-Zeichen

Befeuerung

Befeuerte Tonnen **an der Bb-Seite des Fahrwassers** tragen folgende Kennungen:
- Blz., Blz. (2), Ubr. (2), Ubr. (3), Fkl. oder Fkl. unt.
- rot.

Befeuerte Tonnen **in der Fahrwassermitte:**
- Glt. oder Ubr.
- weiß.

Befeuerte Tonnen **an der Stb-Seite des Fahrwassers** tragen folgende Kennungen:
- Blz., Blz. (2), Ubr. (2), Ubr. (3), Fkl. oder Fkl. unt.
- grün.

Ansteuerungstonnen sind wie entsprechende laterale Zeichen befeuert.

Tonnen, die ein **abzweigendes oder einmündendes Fahrwasser** kennzeichnen, tragen, wenn vorhanden, folgende Kennungen:

an der Bb-Seite des durchgehenden bzw. Stb-Seite des abzweigenden oder einmündenden Fahrwassers:
- Blz. (2+1)
- rot

an der Stb-Seite des durchgehenden bzw. Bb-Seite des abzweigenden oder einmündenden Fahrwassers:
- Blz. (2+1)
- grün

Kardinale Zeichen

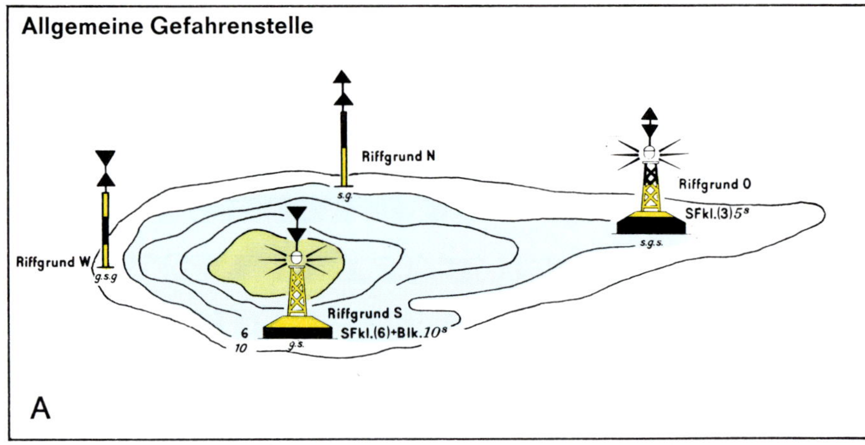

Allgemeine Gefahrenstellen

Allgemeine Gefahrenstellen (Untiefen, Wracks, Buhnen oder sonstige Schiffahrthindernisse) werden mit einem oder mehreren kardinalen Zeichen gekennzeichnet. Man verwendet sie innerhalb und außerhalb von Fahrwassern.
Kardinale Zeichen geben an, an welcher Seite eine Gefahrenstelle oder ein Hindernis am günstigsten passiert werden kann. Hierzu teilt man das Gebiet um eine Gefahrenstelle in vier Quadranten auf, in den Nord-, Ost-, Süd- und Westquadranten, in denen die kardinalen Zeichen liegen. Oft sind allerdings nicht alle Quadranten, sondern nur die für die Großschiffahrt wichtigen gekennzeichnet.

Anstrich und Toppzeichen

Kardinale Zeichen sind immer schwarz-gelb waagerecht gestreift. Sie tragen immer Toppzeichen, nämlich zwei schwarze Kegel (Abb. A):
- im N: beide Spitzen nach oben,
- im E: beide Spitzen voneinander,
- im S: beide Spitzen nach unten,
- im W: beide Spitzen zueinander.

Merkregel: Die Spitzen der Toppzeichen geben an, wo sich der schwarze Tonnenanstrich befindet, bei der N-Tonne also oben und bei der W-Tonne in der Mitte.

Kennungen

Die Kennungen befeuerter Kardinalzeichen bestehen aus weißem Funkelfeuer (Fkl.) mit 60 Lichterscheinungen pro Minute oder aus schnellem weißem Funkelfeuer (SFkl.) mit 100 bis 120 Lichterscheinungen pro Minute, und zwar:
- im N: SFkl. oder Fkl.,
- im E: SFkl. (3) oder Fkl. (3),
- im S: SFkl. (6) + Blk. oder Fkl. (6) + Blk.,
- im W: SFkl. (9) oder Fkl. (9).

Merkregel: Das Konzept der Befeuerung von 3, 6 oder 9 Funkelblitzen folgt dem Zifferblatt einer Uhr: im Ostquadranten = 3, im Südquadranten = 6 und im Westquadranten = 9 Funkelblitze.
Der zusätzliche Blink von mehr als 2 Sekunden Dauer im Südquadranten soll die Unterscheidung erleichtern und anzeigen, daß man keine Funkelgruppe von 3 oder 9 Blitzen vor sich hat.

Neue Gefahrenstellen

„Neue Gefahrenstellen" (Wracks etc.), die noch nicht in den nautischen Veröffentlichungen aufgeführt sind, werden wie Einzelgefahrstellen (vgl. S. 36) oder wie allgemeine Gefahrenstellen gekennzeichnet, jedoch wegen besonderer Umstände mindestens ein Sichtzeichen doppelt und gegebenenfalls mit einer Radarantwortbake mit der Kennung „D" versehen.

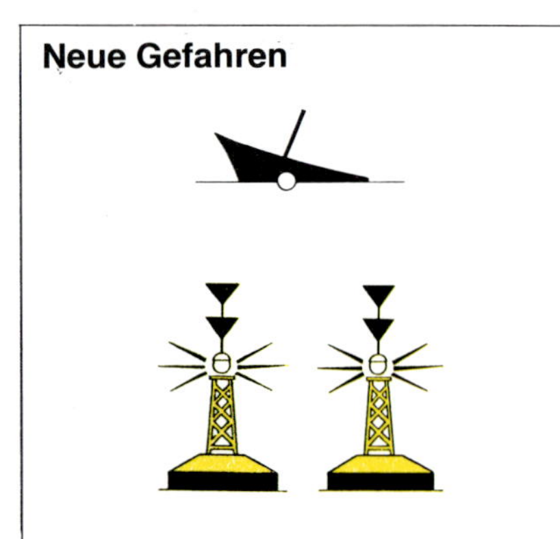

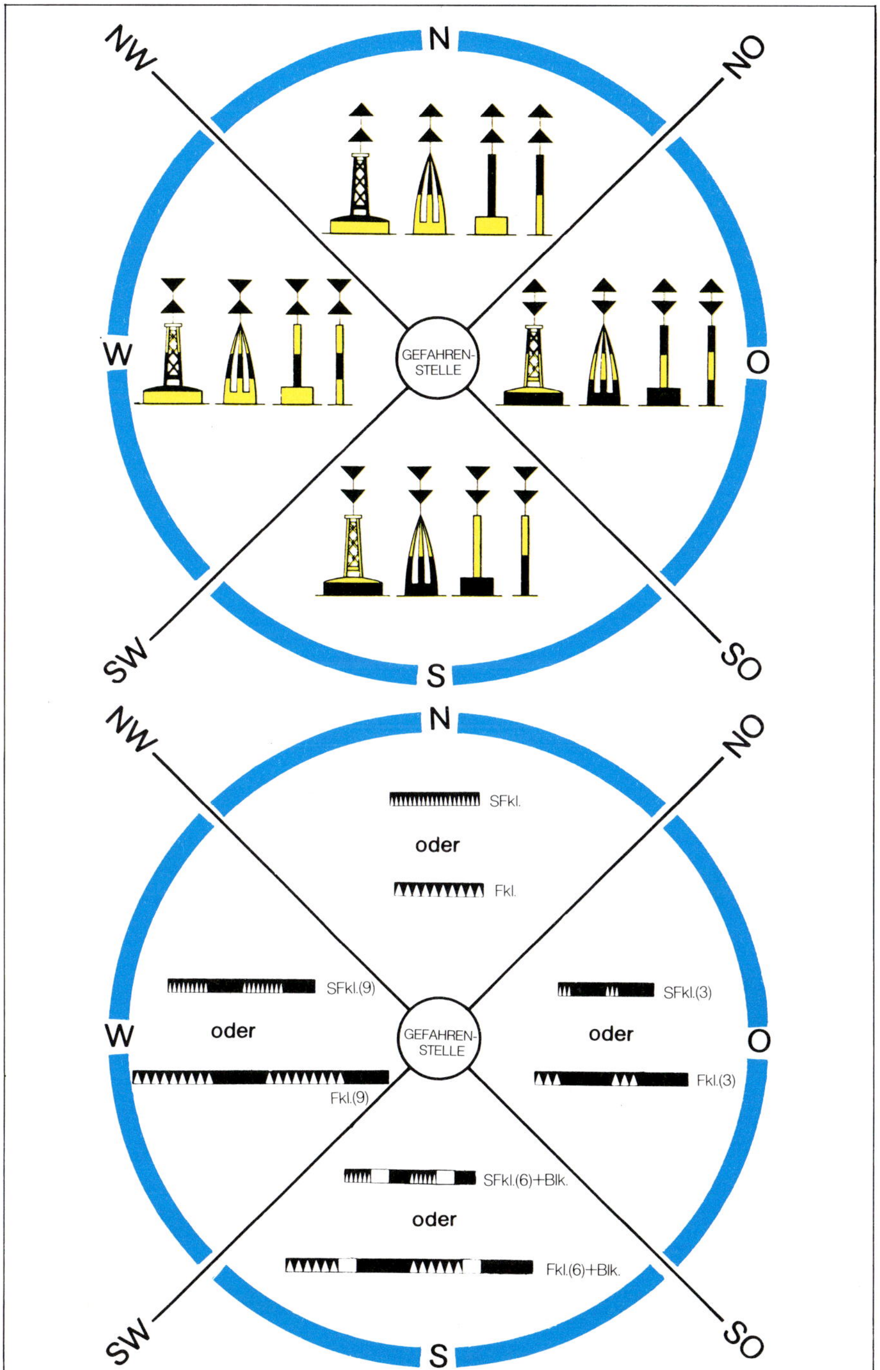

Kennzeichnung von Gefahrenstellen

Nordquadrant:

- Schwarz über gelb gestreifte Leucht-, Baken- oder Spierentonnen oder Stangen
- mit zwei schwarzen Kegeln – Spitzen oben – als Toppzeichen und
- weißem SFkl. oder Fkl.

Ostquadrant:

- Schwarze Leucht-, Baken- oder Spierentonnen oder Stangen mit einem breiten waagerechten gelben Band
- mit zwei schwarzen Kegeln – Spitzen voneinander – als Toppzeichen und
- weißem SFkl. (3) oder Fkl. (3).

Südquadrant:

- Gelb über schwarz gestreifte Leucht-, Baken- oder Spierentonnen oder Stangen
- mit zwei schwarzen Kegeln – Spitzen unten – als Toppzeichen und
- weißem SFkl. (6) + Blk. oder weißem Fkl. (6) + Blk.

Westquadrant:

- Gelbe Leucht-, Baken- oder Spierentonnen oder Stangen mit einem breiten waagerechten schwarzen Band
- mit zwei schwarzen Kegeln – Spitzen zueinander – als Toppzeichen und
- weißem SFkl. (9) oder Fkl. (9).

Beschriftung

Kardinale Zeichen können beschriftet sein mit dem Namen der Gefahrenstelle und dem Quadranten, in dem sie ausliegen, z. B. *„Stollergrund-N“.*

Einzelgefahr- und Sonderzeichen

Einzelgefahrzeichen

Einzelgefahrzeichen kennzeichnen Gefahrenstellen geringer Ausdehnung, die an allen Seiten passiert werden können.
Man verwendet
- schwarze Leuchttonnen, Bakentonnen, Spierentonnen oder Stangen mit einem breiten waagerechten roten Band und
- zwei schwarzen Bällen als Toppzeichen.
- Leuchttonnen sind mit Blz. (2) weiß befeuert.

Sie können mit dem Namen der Gefahrenstelle oder der Art der Gefahr beschriftet sein.

Sonderzeichen

Sonderzeichen dienen nicht der Navigation, sondern kennzeichnen besondere Gebiete oder Punkte wie z. B. Baggerschüttstellen, militärische Übungsgebiete, ozeanographische Meßstationen oder Kabel- und Rohrleitungen. Man verwendet
- vorzugsweise gelbe Faßtonnen, Leuchttonnen, Spierentonnen oder Stangen,
- evtl. mit einem gelben liegenden Kreuz als Toppzeichen.
- Leuchttonnen sind mit Blz., Ubr. (2) oder Ubr. (3) gelb befeuert; ozeanographische Meßstationen nur mit Blz. (5).

Einzelgefahrstellen

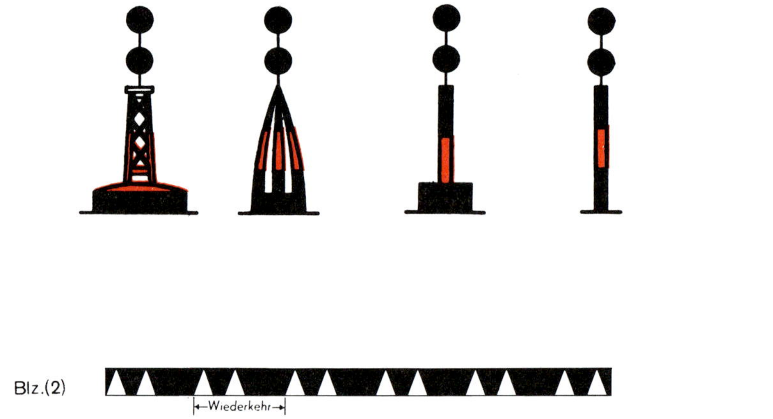

Sonderzeichen

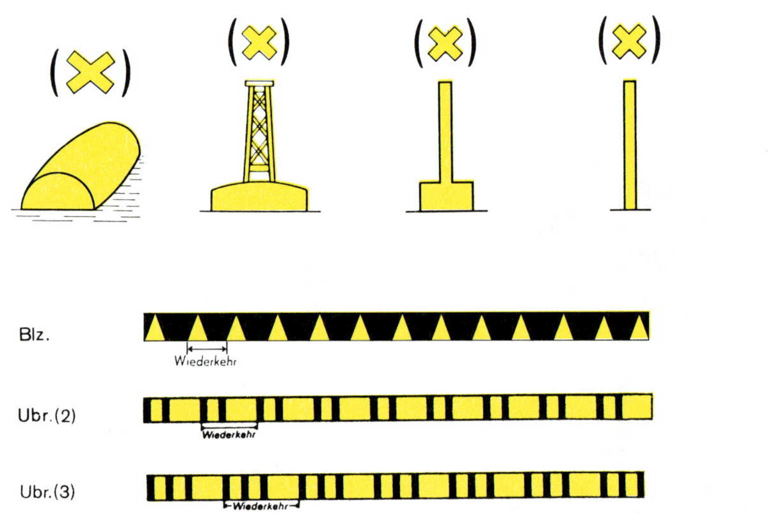

Ein Beispiel

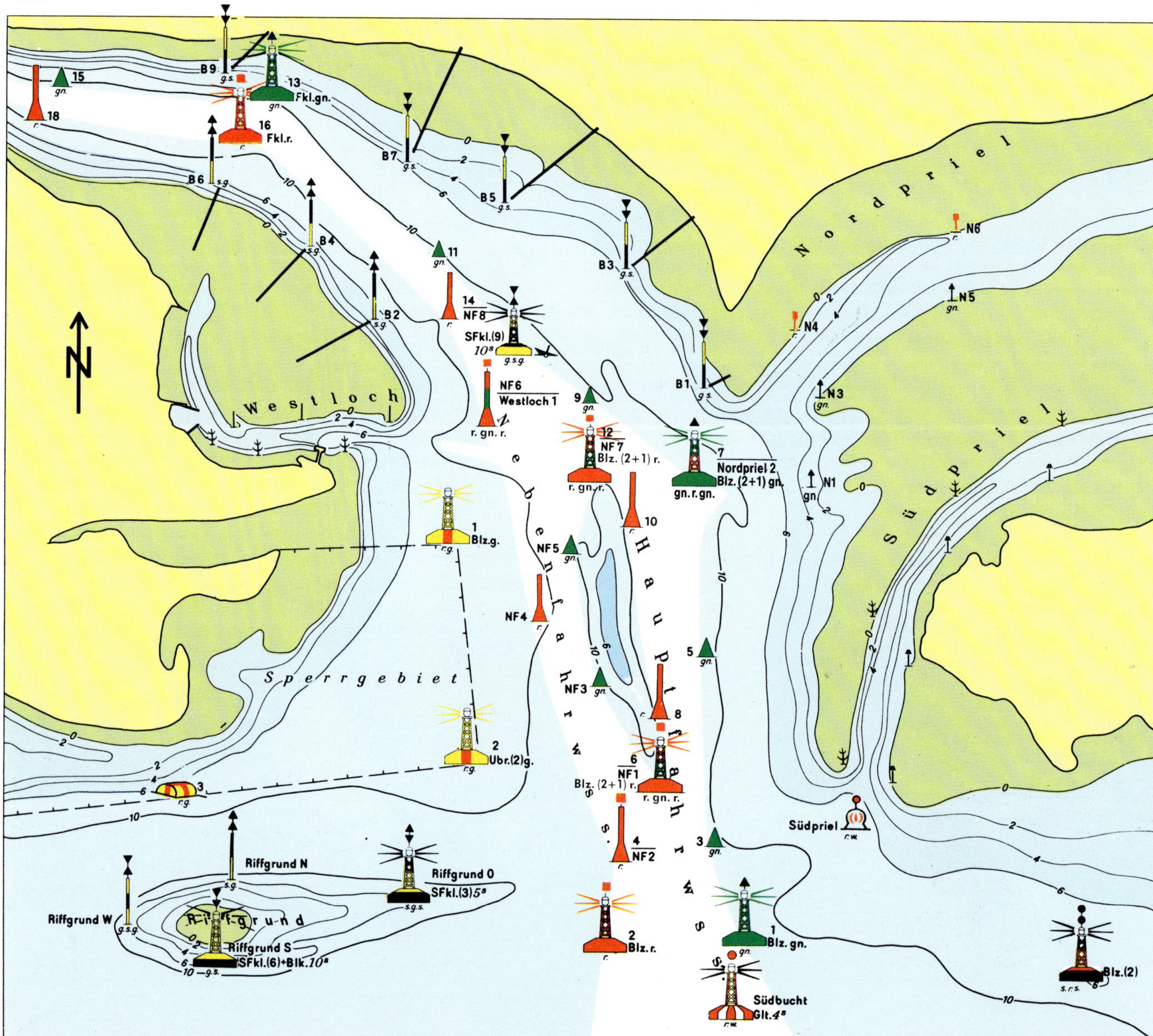

Darstellung in der Seekarte

Einmündungen Fahrwasser

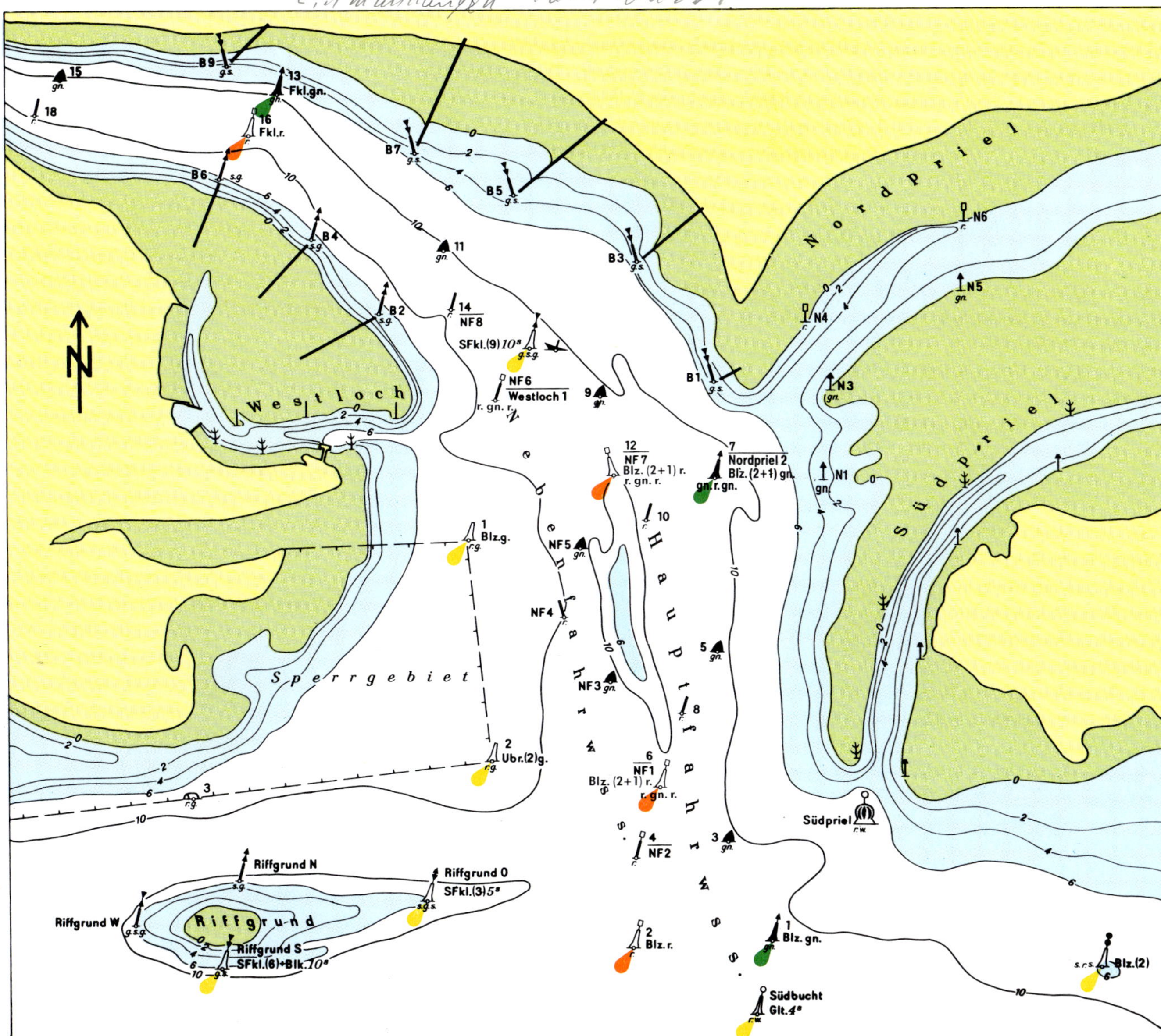

Nautische Literatur

Als Hilfsmittel für die Navigation verwenden wir einige vom DHI herausgegebene Handbücher, die neben dem gesamten Kartenmaterial im *Verzeichnis der nautischen Karten und Bücher* aufgeführt sind. Wir benötigen im einzelnen:

– **Seekarten**

– **Seehandbücher (Shb)**

Sie dienen als Ergänzung der Karten und werden in mehreren Bänden für fast die gesamte Welt herausgegeben. Zwar sind viele Hinweise, wie auf Ankermöglichkeiten, nur für die Großschiffahrt sinnvoll, doch enthalten sie auch für die Sportschiffahrt nützliche Informationen, wie z. B. die Wiedergabe von Küstenansichten. Außerdem geben sie Auskunft über Untiefen und Stromverhältnisse, über typische Wetterentwicklungen, abweichende Betonnungs- und Signalsysteme sowie über Zoll- und Hafenvorschriften. Das Seehandbuch erscheint nur in größeren Zeitabständen. Ein öfter herausgegebener Nachtrag bringt es auf den neuesten Stand.

– **Leuchtfeuerverzeichnisse (Lfv)**

Sie beschreiben in einzelnen Bänden für die gesamte Welt den Standort, die Trag- und Sichtweite, die Wiederkehr und Kennung sowie die Sektoren aller Leuchtfeuer und Leuchttonnen. Sie erscheinen in der Regel jährlich neu.

– **Gezeitentafeln (GT)**

Den Gezeitentafeln entnimmt man Höhen und Zeiten der Hoch- und Niedrigwasser bestimmter Orte, der sogenannten Bezugsorte. Für diese Bezugsorte sind Tidenkurven abgebildet, aus denen man den genauen Verlauf der Tide zwischen Hoch- und Niedrigwasser ablesen kann. Für eine große Anzahl sogenannter Anschlußorte sind Unterschiedswerte für Zeiten und Höhen zu den Bezugsorten angegeben. Die GT erscheinen jährlich in zwei Bänden für europäische und außereuropäische Gewässer. Für kleinere Gebiete, wie etwa für die Deutsche Bucht, gibt das DHI *Gezeitenkalender* heraus. Sie enthalten allerdings nur die Hoch- und Niedrigwasser*zeiten* der einzelnen Bezugs- und Anschlußorte. Für die Nordsee gibt es den *Stromatlas,* der die Gezeitenströme für die gesamte Nordsee und für jede Stunde vor und nach dem Durchgang des Mondes durch den Meridian von Greenwich darstellt.

– **Der Nautische Funkdienst (NF)**

Der Nautische Funkdienst besteht aus vier Bänden. Im **Band I** sind allgemeine Angaben über die Küstenfunkstellen und ihre Sonderdienste zusammengestellt, außerdem alle einschlägigen gesetzlichen Bestimmungen für den Funkverkehr auf See. Der **Band II** gibt die Sendezeiten, Frequenzen und Kennungen der Funkortungssender in allen Ortungsverfahren (Funkfeuer, Decca, Loran, Consol, Radar) für die gesamte Welt an. Ebenfalls für die ganze Welt sind im **Band III** die Sendezeiten und Frequenzen der von den Küstenfunkstellen ausgestrahlten Seewetterberichte sowie die Vorhersagegebiete und Verschlüsselungen dieser Sender aufgeführt. Im **Band IV** sind die Angaben des Revierfunks, die Frequenzen der Schleusen, Lotsen usw. aufgeführt. Eine praktische Zusammenstellung aus diesen vier Bänden für die gesamte Ost- und Nordsee sowie die Gewässer um England nimmt der **Sprechfunk für Küstenschiffahrt** vor. Speziell für den Yachtsport wird der **Jachtfunkdienst** herausgegeben, ebenfalls ein Auszug aus dem NF. Ein Band erfaßt die östliche Nordsee sowie die mittlere und westliche Ostsee, ein weiterer Band das gesamte Mittelmeer.

– **Hafenhandbücher**

Das DHI gibt keine eigenen Hafenhandbücher heraus. Doch findet man für fast alle Küsten Europas von privater Hand zusammengestellte Beschreibungen mit Hafenplänen und anderem Wissenswertem, z. B. in der Serie „Führer für Sportschiffer" des Verlages Delius Klasing. Die *Kreuzer-Abteilung (KA) des Deutschen Segler-Verbandes (DSV)* gibt für die Ost- und Nordsee sowie für das Mittelmeer verschiedene Hafenhandbücher heraus.

Die **Nachrichten für Seefahrer (NfS)** erscheinen wöchentlich als Amtsblatt des DHI und informieren über alle Gefahren und Veränderungen, die für die Schiffahrt von Bedeutung sein können, insbesondere über Änderungen der Befeuerung und Betonnung, der Fahrwasser, von Gefahrenzonen und Verordnungen etc. Außerdem enthalten sie genaue Angaben zur Korrektur der amtlichen nautischen Literatur.
Ein auf die Seeschiffahrtsstraßen begrenzter Auszug aus den NfS sind die **Bekanntmachungen für Seefahrer (BfS),** die aber keine Korrekturhinweise enthalten. Sie werden in Yachthäfen, Hafenämtern, Wasser- und Schiffahrtsämtern ausgehängt.

Das Seehandbuch

310 C 2.5 Von der Kieler Förde bis Fehmarn

C 2.5.6

DIE SÜDKÜSTE VON FEHMARN bildet zwischen *Flügge* und *Strukkamphuk* die Orther Bucht, die etwa 2 sm tief in das Land einschneidet. Von Strukkamphuk bis *Bergmühle* ist das Land niedrig, der Landgrund schmal, steil und steinig. Westlich der Einfahrt in den Burger See erstreckt sich die Bank *Grüner Grund* südwärts bis an die Baggerrinne.

Von *Burgtiefe,* an der Ostseite der Einfahrt in den Burger See, steigt die Küste bis *Staberhuk* wieder an und bildet dort Steilhänge. Der Landgrund wird auf dieser Küstenstrecke schmaler; er ist steil und mit Steinen bedeckt. Von Staberhuk erstreckt sich ein Riff etwa 3 Kblg SO-wärts bis zur 6-m-Linie. Unreiner Grund mit Steinen reicht von Staberhuk etwa 9 Kblg ostwärts bis zur 10-m-Linie.

Landmarken sind die Kirchen von *Petersdorf,* Burg und *Bannesdorf* (s. Abb.); außerdem ein hoher Fabrikschornstein nördlich von Burg und ein 40 m hoher grauer Silo in Petersdorf. Weithin sichtbar sind ein hoher hellgrauer Silo in Orth und die Hochhäuser von Burgtiefe. Auf der SO-Huk von Fehmarn steht der *Staberhuk-Leuchtturm* (s. Abb.)

Bodenbedeckung. Südlich von Fehmarn wechselt die Bodenbeschaffenheit sehr stark. Vor der Einfahrt nach Burgstaaken liegt ein Gebiet mit weichem Schlick. Weiter südlich besteht der Grund bis in die Nähe der Fehmarnsund-Brücke aus Mittelsand, dem einzelne Flecken mit groben Bodenarten eingelagert sind. Grobe Sande mit Kies und Steinen, sowie örtlich auch Torf bilden den Meeresboden westlich von Staberhuk.

C 2.5.7

ORTHER BUCHT ist geräumig aber flach und daher nur für kleine Fahrzeuge benutzbar. Eine Baggerrinne, die in den Hafen von Orth führt, wird durch die beiden Untiefen *Breiter Barg* und *Hoher Grund* eingeengt. Im Ostteil der Bucht liegen die *Gollendorfer Wiek* und die *Lemkenhafener Wiek.*

Staberhuk-Leuchtturm 276°, 1,1 sm

Abb. C 2.5.6d

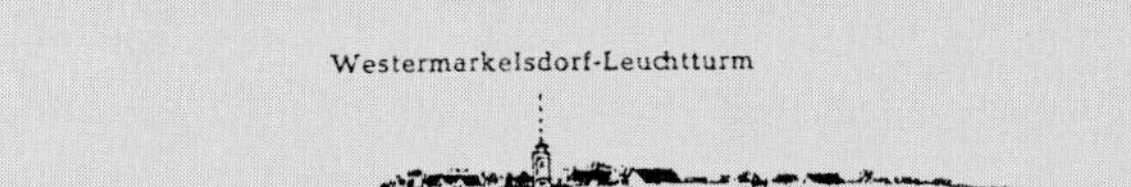

Westermarkelsdorf-Leuchtturm in 198°, 2,8 sm

Abb. C 2.5.9

Nr. 2003

DEUTSCHES HYDROGRAPHISCHES INSTITUT

Ostsee-Handbuch

IV. Teil

Von Flensburg bis Utklippan und zur polnisch-sowjetischen Grenze

Zwölfte Auflage

Abgeschlossen mit „Nachrichten für Seefahrer" Ausgabe 14 vom 8. April 1978

Ungenehmigter Nachdruck, auch auszugsweise, verboten

Mit 221 Abbildungen und Karten

HAMBURG 1978

Herstellung: Deutsches Hydrographisches Institut, Bernhard-Nocht-Straße 78, 2000 Hamburg 4

Zu beziehen durch die Vertriebsstellen für Seekarten und nautische Bücher

Das Leuchtfeuer-verzeichnis

28 **Bundesrepublik Deutschland — Fehmarnsund**

Nummer Int. Nr.	**Name** Feuerträger (Höhe über Erdboden) Breite: N Länge: E	**Kennung-Wdk.** Zeitmaße • Sektoren • Bemerkungen	**Nenn-Tw.**	**Höhe**
	Kiel-Fehmarnsund-Weg (Forts.):			
04820	— Leuchttonne 4* r-w. skr. gestreift, bakenförmig mit r. ○ 54° 25′ 10° 56′	**Glt.-4 s**		
04900 C 1292	**Flügge** r-w. wgr. gestreifter Turm (37 m), SO-lich und NW-lich je ein r. und g. Wärterhaus O-F. s. Nr. 05141 54° 26′ 11° 01′	**Ubr. (4)-20 s** (1,5)+2,5+(1,5)+2,5+(1,5)+2,5+(1,5)+6,5 s 245°–200°	**17 sm**	**38 m**
04940	Leuchttonne 2* r., bakenförmig mit r. ▯ 54° 24′ 11° 03′	**Fkl. r.** 60 Blitze in 1 min		
05000 C 1312	**Orth, U-F.** gr. Mast mit s. △ (4 m) 54° 27′ 11° 03′	**F. r.** Lichtstark in der Rcht - F - L. 348,5°	**6 sm**	**6 m**
05001 C 1314	**— Oberfeuer** gr. Mast mit s. ▽ (11 m), 310 m vom U-F.	**F. r.**	**6 sm**	**11 m**
05040	Lemkenhafen* Lcht.Tn., bakenförmig, r-w. skr. gestreift mit ○, Ansteuerungstonne für Jachthafen Lemkenhafen 54° 27′ 11° 05′	**Glt.-4 s**		
05080 C 1300	**Fehmarnsund-Brücke** Pfeiler VI, an der N-Seite der Durchfahrt 54° 24′ 11° 07′	**Ubr. w/r/gn.4 s** (1)+3 s gn. 74,5°–86, w. –94, r. –108° **N-S. Mo. (F)-20 s** Membransender 9+(11) s Tonhöhe 300	**8/6/5 sm**	**23 m**

* Siehe Heft Winterbetonnung

Nr. **2101**

DEUTSCHES HYDROGRAPHISCHES INSTITUT

Verzeichnis
der
Leuchtfeuer und Signalstellen

Teil II

Ostsee, SW-licher Teil, und Gewässer zwischen Ost- und Nordsee

Abgeschlossen mit Heft 14 der NfS vom 04. 04. 1985
Ungenehmigter Nachdruck, auch auszugsweise, verboten

HAMBURG 1985

Herstellung: Deutsches Hydrographisches Institut, Bernhard-Nocht-Straße 78, 2000 Hamburg 4
Zu beziehen durch die Vertriebsstellen und Auslieferungsstellen des DHI

Bundesrepublik Deutschland — Fehmarnsund 29

Nummer Int. Nr.	Name Feuerträger (Höhe über Erdboden) Breite: N Länge: E	Kennung-Wdk. Zeitmaße • Sektoren • Bemerkungen	Nenn-Tw.	Höhe
05100 C 1302	**Papenort-Quermarke** gr. Mast (3 m), auf der S-Rampe der Brücke 54° 24′ 11° 07′	**Ubr. (3) w/r.-12 s** (1)+2+(1)+2+(1)+5 s w. 120°−155,5, r. −184, w. −199°	**4/3 sm**	**20 m**
05140 C 1288	**Strukkamphuk, U-F.** w., runder Turm (5 m), etwa 3,3 sm vom O-F. 54° 25′ 11° 06′	**Glt. w/r.-3 s** w. 292,5°−317,5 (Tw. = 8 sm), −37 (Tw. = 3 sm), −157 (Tw. = 8 sm), r. −177° (Tw. = 6 sm) R c h t - F - L. 305°		**7 m**
05141 C 1288.1	**Flügge, O-F.** Feuerträger s. Nr. 04900	**F.** Lichtstark in der Rcht-F-L.	**25 (17) sm**	**37 m**
05200 C 1328	**Heiligenhafen** r. Turm mit Plattform, w. Laterne (13 m), daneben und dahinter r. und w. niedrige Wohnhäuser 54° 22′ 11° 01′	**Ubr. (2) w/r/gn.-9 s** (1)+2+(1)+5 s gn. 100°−202, w. −212,2, r. −250°	**13/10/9 sm**	**16 m**
05240 C 1336	**— Unterfeuer** w. Mast (11 m) mit w., r. umrandeten △, auf der O-Mole des Außenhafens 54° 22′ 11° 00′	**Ubr.-4 s** (1)+3 s Lichtstark in der R c h t - F - L. 268,5° Gleichgängig	**17 (12) sm**	**13 m**
05241 C 1338	**— Oberfeuer** w., r. umrandetes ▽ an einem gr. Silo (in 15 m Höhe), 1,7 kbl vom U-F.	**Ubr.-4 s** (1)+3 s	**17 (13) sm**	**19 m**
05280 C 1329	**Warder, U-F.** w. Mast mit r. △ (14 m) 54° 23′ 10° 59′	**Glt.-3 s** Lichtstark in der R c h t - F - L . 279,2° Gleichgängig	**17 (12) sm**	**13 m**
05281 C 1329.1	**— Oberfeuer** w. Mast mit r. ▽ (16 m), 195 m vom U-F.	**Glt.-3 s**	**17 (13) sm**	**18 m**

Die beim Namen des Feuerträgers angegebene *Höhe über dem Erdboden* ist bei Leuchttürmen die Höhe des Dachfirstes, bei Leuchtbaken die Höhe des Toppzeichens über dem Erdboden.

Die in der letzten Spalte angegebene *Höhe des Leuchtfeuers* ist die Höhe der Lichtquelle in Gezeitengewässern über mittlerem Hochwasser, in der Ostsee über mittlerem Wasserstand.

Richtungsangaben der einzelnen Sektoren eines Feuers sind stets rechtsherum zählend und von See bzw. vom Schiff aus angegeben.

Die Fahrt

Fahrt in Knoten

Da wir Distanzen in Seemeilen messen, beziehen wir auch die Geschwindigkeit oder die *Fahrt (F),* wie man in der Navigation sagt, auf die Seemeile. Legen wir in einer Stunde genau eine Seemeile zurück, so haben wir eine Fahrt von einem *Knoten (kn).* Oder 1 kn = 1 sm/h. Also:

$$\text{Fahrt F (kn)} = \frac{\text{Distanz D (sm)}}{\text{Zeitspanne t (h)}}$$

Unsere Fahrt können wir immer dann ermitteln, wenn wir die versegelte Distanz und die benötigte Zeitspanne kennen.

Beispiel: Eine Yacht hat 8 sm von 16.10 Uhr bis 17.30 Uhr zurückgelegt. Wie schnell war man?

$$F = \frac{8 \cdot 60}{80} = \underline{\underline{6\,kn}}$$

Umgekehrt können wir fragen: Wann werden wir unser Ziel erreichen? Kennen wir die Distanz vom Schiffsort zum Ziel aus der Seekarte und die Schiffsgeschwindigkeit, so können wir auch die für die Versegelung notwendige Zeitspanne errechnen:

$$\text{Zeitspanne t (h)} = \frac{\text{Distanz D (sm)}}{\text{Fahrt F (kn)}}$$

Bei der Berechnung der Zeitspanne müssen wir beachten, daß eine Stunde nicht 100, sondern 60 Minuten hat. Wir können auch unser Ergebnis in Minuten erhalten, wenn wir dies in der Rechnung mit dem Faktor 60 berücksichtigen:

$$\text{t (min)} = \frac{\text{D (sm)} \cdot 60}{\text{F (kn)}}$$

Beispiel: Für einen Törn von 22 sm rechnet man mit einer Durchschnittsfahrt von 5 kn.
Wie lange wird man brauchen?

$$t = \frac{22 \cdot 60}{5} = \underline{\underline{4\,h\;24\,min}}$$

Wollen wir wissen, welche Distanz bereits zurückgelegt ist, so gilt:

$$\text{D (sm)} = \text{F (kn)} \cdot \text{t (h)}$$

Beispiel: Man läuft seit 6 Stunden mit einer Fahrt von 5 kn.
Wieviel sm hat man zurückgelegt?

$$D = 5 \cdot 6 = \underline{\underline{30\,sm}}$$

Immer wenn uns zwei Stücke der Gleichung bekannt sind, können wir also das fehlende dritte berechnen. Eine Fahrttabelle erspart uns das Rechnen. Wir können aus ihr sofort den gesuchten dritten Wert für alle drei Gleichungen ablesen.

Fahrt durchs Wasser
Fahrt über Grund

Zur Ermittlung der durchlaufenen Distanz und oft auch der Geschwindigkeit hat man einige Meßinstrumente, das Log oder die Logge, entwickelt. Alle diese Instrumente messen immer die Bewegung des Schiffes gegenüber dem Wasser, das heißt die *Fahrt durchs Wasser (FdW).* In der Seekarte abgesetzte Kurse und Distanzen beziehen sich aber immer auf den Grund. Solange der Kurs und die Fahrt einer Yacht nicht von einem Strom beeinflußt wird, solange entspricht die FdW auch ihrer tatsächlichen Geschwindigkeit über Grund, mit der in der Karte gearbeitet werden muß. Wird unser Schiff jedoch durch einen Strom versetzt und deshalb meist beschleunigt oder abgebremst, so gibt uns das Log die FdW an, die aber nicht unserer tatsächlichen *Fahrt über Grund (FüG)* entspricht. Laufen wir beispielsweise gegen den Strom an, so mißt das Log eine größere Geschwindigkeit und auch eine längere Distanz, als wir über Grund zurücklegen. Umgekehrt sind die Verhältnisse, wenn wir mit dem Strom laufen.
Ein Beispiel soll den Unterschied von Fahrt durchs Wasser und Fahrt über Grund verdeutlichen: Ankert man in einem Fluß, so hat man keinerlei FüG, da man ja an derselben Stelle bleibt. Doch hat man eine der Stromgeschwindigkeit entsprechende FdW, die man mit einem Log auch deutlich messen könnte.
Merke: Mit einem Log messen wir immer die Fahrt durchs Wasser, nie die Fahrt über Grund!

Minuten	FAHRT IN KNOTEN																			
	0,5	**1**	**1,5**	**2**	**2,5**	**3**	**3,5**	**4**	**4,5**	**5**	**5,5**	**6**	**6,5**	**7**	**7,5**	**8**	**8,5**	**9**	**9,5**	**10**
1	0,0	0,0	0,0	0,0	0,0	0,1	0,1	0,1	0,1	0,1	0,1	0,1	0,1	0,1	0,1	0,1	0,1	0,2	0,2	0,2
2	0,0	0,0	0,1	0,1	0,1	0,1	0,1	0,1	0,1	0,2	0,2	0,2	0,2	0,2	0,3	0,3	0,3	0,3	0,3	0,3
3	0,0	0,1	0,1	0,1	0,1	0,2	0,2	0,2	0,2	0,3	0,3	0,3	0,3	0,4	0,4	0,4	0,4	0,5	0,5	0,5
4	0,0	0,1	0,1	0,1	0,2	0,2	0,2	0,3	0,3	0,3	0,4	0,4	0,4	0,5	0,5	0,5	0,6	0,6	0,6	0,7
5	0,0	0,1	0,1	0,2	0,2	0,3	0,3	0,3	0,4	0,4	0,5	0,5	0,5	0,6	0,6	0,7	0,7	0,8	0,8	0,8
6	0,1	0,1	0,2	0,2	0,3	0,3	0,4	0,4	0,5	0,5	0,6	0,6	0,7	0,7	0,8	0,8	0,9	0,9	1,0	1,0
7	0,1	0,1	0,2	0,2	0,3	0,4	0,4	0,5	0,5	0,6	0,6	0,7	0,8	0,8	0,9	0,9	1,0	1,1	1,1	1,2
8	0,1	0,1	0,2	0,3	0,3	0,4	0,5	0,5	0,6	0,7	0,7	0,8	0,9	0,9	1,0	1,1	1,1	1,2	1,3	1,3
9	0,1	0,2	0,2	0,3	0,4	0,5	0,5	0,6	0,7	0,8	0,8	0,9	1,0	1,1	1,1	1,2	1,3	1,4	1,4	1,5
10	0,1	0,2	0,3	0,3	0,4	0,5	0,6	0,7	0,8	0,8	0,9	1,0	1,1	1,2	1,3	1,3	1,4	1,5	1,6	1,7
11	0,1	0,2	0,3	0,4	0,5	0,6	0,6	0,7	0,8	0,9	1,0	1,1	1,2	1,3	1,4	1,5	1,6	1,7	1,7	1,8
12	0,1	0,2	0,3	0,4	0,5	0,6	0,7	0,8	0,9	1,0	1,1	1,2	1,3	1,4	1,5	1,6	1,7	1,8	1,9	2,0
13	0,1	0,2	0,3	0,4	0,5	0,7	0,8	0,9	1,0	1,1	1,2	1,3	1,4	1,5	1,6	1,7	1,8	2,0	2,1	2,2
14	0,1	0,2	0,4	0,5	0,6	0,7	0,8	0,9	1,1	1,2	1,3	1,4	1,5	1,6	1,8	1,9	2,0	2,1	2,2	2,3
15	0,1	0,2	0,4	0,5	0,6	0,8	0,9	1,0	1,1	1,3	1,4	1,5	1,6	1,8	1,9	2,0	2,1	2,3	2,4	2,5
16	0,1	0,3	0,4	0,5	0,7	0,8	0,9	1,1	1,2	1,3	1,5	1,6	1,7	1,9	2,0	2,1	2,3	2,4	2,5	2,7
17	0,1	0,3	0,4	0,6	0,7	0,9	1,0	1,1	1,3	1,4	1,6	1,7	1,9	2,0	2,1	2,3	2,4	2,6	2,7	2,8
18	0,2	0,3	0,5	0,6	0,8	0,9	1,1	1,2	1,4	1,5	1,7	1,8	2,0	2,1	2,3	2,4	2,6	2,7	2,8	3,0
19	0,2	0,3	0,5	0,6	0,8	1,0	1,1	1,3	1,4	1,6	1,8	1,9	2,1	2,2	2,4	2,5	2,7	2,9	3,0	3,2
20	0,2	0,3	0,5	0,7	0,8	1,0	1,2	1,3	1,5	1,7	1,8	2,0	2,2	2,3	2,5	2,7	2,8	3,0	3,2	3,3
21	0,2	0,3	0,5	0,7	0,9	1,1	1,2	1,4	1,6	1,8	1,9	2,1	2,3	2,5	2,6	2,8	3,0	3,2	3,3	3,5
22	0,2	0,4	0,6	0,7	0,9	1,1	1,3	1,5	1,7	1,9	2,0	2,2	2,4	2,6	2,8	2,9	3,1	3,3	3,5	3,7
23	0,2	0,4	0,6	0,8	1,0	1,2	1,4	1,5	1,7	1,9	2,1	2,3	2,5	2,7	2,9	3,1	3,3	3,5	3,6	3,8
24	0,2	0,4	0,6	0,8	1,0	1,2	1,4	1,6	1,8	2,0	2,2	2,4	2,6	2,8	3,0	3,2	3,4	3,6	3,8	4,0
25	0,2	0,4	0,6	0,8	1,1	1,3	1,5	1,7	1,9	2,1	2,3	2,5	2,7	2,9	3,1	3,3	3,5	3,8	3,9	4,2
26	0,2	0,4	0,7	0,9	1,1	1,3	1,5	1,7	2,0	2,2	2,4	2,6	2,8	3,1	3,3	3,5	3,7	3,9	4,1	4,3
27	0,2	0,4	0,7	0,9	1,1	1,4	1,6	1,8	2,0	2,3	2,5	2,7	2,9	3,2	3,4	3,6	3,8	4,1	4,3	4,5
28	0,2	0,5	0,7	0,9	1,2	1,4	1,6	1,9	2,1	2,4	2,6	2,8	3,1	3,3	3,5	3,7	4,0	4,2	4,4	4,7
29	0,2	0,5	0,7	1,0	1,2	1,5	1,7	1,9	2,2	2,4	2,7	2,9	3,2	3,4	3,6	3,9	4,1	4,4	4,6	4,8
30	0,3	0,5	0,8	1,0	1,3	1,5	1,8	2,0	2,3	2,5	2,8	3,0	3,3	3,5	3,8	4,0	4,3	4,5	4,8	5,0
31	0,3	0,5	0,8	1,0	1,3	1,6	1,8	2,1	2,3	2,6	2,9	3,1	3,4	3,6	3,9	4,1	4,4	4,7	4,9	5,2
32	0,3	0,5	0,8	1,1	1,3	1,6	1,9	2,2	2,4	2,7	3,0	3,2	3,5	3,8	4,0	4,3	4,5	4,8	5,1	5,3
33	0,3	0,5	0,8	1,1	1,4	1,7	1,9	2,2	2,5	2,8	3,1	3,3	3,6	3,9	4,1	4,4	4,7	5,0	5,2	5,5
34	0,3	0,6	0,9	1,1	1,4	1,7	2,0	2,3	2,6	2,9	3,1	3,4	3,7	4,0	4,3	4,5	4,8	5,1	5,4	5,7
35	0,3	0,6	0,9	1,2	1,5	1,8	2,1	2,4	2,6	2,9	3,2	3,5	3,8	4,1	4,4	4,7	5,0	5,3	5,5	5,8
36	0,3	0,6	0,9	1,2	1,5	1,8	2,1	2,4	2,7	3,0	3,3	3,6	3,9	4,2	4,5	4,8	5,1	5,4	5,7	6,0
37	0,3	0,6	0,9	1,2	1,6	1,9	2,2	2,5	2,8	3,1	3,4	3,7	4,0	4,3	4,6	4,9	5,2	5,6	5,9	6,2
38	0,3	0,6	1,0	1,3	1,6	1,9	2,2	2,6	2,9	3,2	3,5	3,8	4,1	4,5	4,8	5,1	5,4	5,7	6,0	6,3
39	0,3	0,6	1,0	1,3	1,6	2,0	2,3	2,6	3,0	3,3	3,6	3,9	4,3	4,6	4,9	5,2	5,5	5,9	6,2	6,5
40	0,3	0,7	1,0	1,3	1,7	2,0	2,4	2,7	3,0	3,4	3,7	4,0	4,4	4,7	5,0	5,3	5,7	6,0	6,3	6,7
41	0,3	0,7	1,0	1,4	1,7	2,1	2,4	2,8	3,1	3,5	3,8	4,1	4,5	4,8	5,1	5,5	5,8	6,2	6,5	6,8
42	0,4	0,7	1,1	1,4	1,8	2,1	2,5	2,8	3,2	3,5	3,9	4,2	4,6	4,9	5,3	5,6	6,0	6,3	6,6	7,0
43	0,4	0,7	1,1	1,4	1,8	2,2	2,5	2,9	3,3	3,6	4,0	4,3	4,7	5,0	5,4	5,7	6,1	6,5	6,8	7,2
44	0,4	0,7	1,1	1,5	1,9	2,2	2,6	3,0	3,3	3,7	4,1	4,4	4,8	5,2	5,5	5,9	6,2	6,6	6,9	7,3
45	0,4	0,7	1,1	1,5	1,9	2,3	2,7	3,0	3,4	3,8	4,2	4,5	4,9	5,3	5,6	6,0	6,4	6,8	7,1	7,5
46	0,4	0,8	1,2	1,6	1,9	2,3	2,7	3,1	3,5	3,9	4,3	4,6	5,0	5,4	5,8	6,1	6,5	6,9	7,3	7,7
47	0,4	0,8	1,2	1,6	2,0	2,4	2,8	3,2	3,6	4,0	4,3	4,7	5,1	5,5	5,9	6,3	6,7	7,1	7,4	7,8
48	0,4	0,8	1,2	1,6	2,0	2,4	2,8	3,2	3,6	4,0	4,4	4,8	5,2	5,6	6,0	6,4	6,8	7,2	7,6	8,0
49	0,4	0,8	1,2	1,6	2,1	2,5	2,9	3,3	3,7	4,1	4,5	4,9	5,3	5,7	6,1	6,5	6,9	7,4	7,7	8,2
50	0,4	0,8	1,3	1,7	2,1	2,5	2,9	3,4	3,8	4,2	4,6	5,0	5,5	5,9	6,3	6,7	7,1	7,5	7,9	8,3
51	0,4	0,8	1,3	1,7	2,1	2,6	3,0	3,4	3,9	4,3	4,7	5,1	5,6	6,0	6,4	6,8	7,2	7,7	8,1	8,5
52	0,4	0,9	1,3	1,8	2,2	2,6	3,1	3,5	3,9	4,4	4,8	5,2	5,7	6,1	6,5	6,9	7,4	7,8	8,2	8,7
53	0,4	0,9	1,3	1,8	2,2	2,7	3,1	3,6	4,0	4,5	4,9	5,3	5,8	6,2	6,7	7,1	7,5	8,0	8,4	8,8
54	0,5	0,9	1,4	1,8	2,3	2,7	3,2	3,6	4,1	4,5	4,9	5,4	5,9	6,3	6,8	7,2	7,7	8,1	8,5	9,0
55	0,5	0,9	1,4	1,9	2,3	2,8	3,2	3,7	4,2	4,6	5,0	5,5	6,0	6,5	6,9	7,3	7,8	8,3	8,7	9,2
56	0,5	0,9	1,4	1,9	2,4	2,8	3,3	3,8	4,2	4,7	5,1	5,6	6,1	6,6	7,0	7,4	7,9	8,4	8,8	9,3
57	0,5	0,9	1,4	1,9	2,4	2,9	3,4	3,8	4,3	4,8	5,2	5,7	6,2	6,7	7,2	7,6	8,1	8,6	9,0	9,5
58	0,5	1,0	1,5	2,0	2,4	2,9	3,4	3,9	4,4	4,9	5,3	5,8	6,3	6,8	7,3	7,7	8,2	8,7	9,2	9,7
59	0,5	1,0	1,5	2,0	2,5	3,0	3,5	4,0	4,5	5,0	5,4	5,9	6,4	6,9	7,4	7,9	8,4	8,9	9,3	9,8
60	0,5	1,0	1,5	2,0	2,5	3,0	3,5	4,0	4,5	5,0	5,5	6,0	6,5	7,0	7,5	8,0	8,5	9,0	9,5	10,0

Das Log

Das Patentlog

Der Fahrtensegler greift gerne auf das zuverlässige und technisch unkomplizierte Patentlog zurück. Man bringt am Heck eine speziell geflochtene und etwa 30 m lange Logleine aus, an der eine Schraube, der Loggenpropeller, angebracht ist. Der im Wasser nachgeschleppte Propeller überträgt über die gedrillte Leine die Umdrehungszahl auf eine am Heck installierte Zähluhr. Hier kann man die Anzahl der zurückgelegten Seemeilen ablesen. Eine am Zählwerk angebrachte Schwungscheibe sorgt für eine kontinuierliche Übertragung der Umdrehungen. In der Nähe des Propellers wird oft noch ein Senkgewicht befestigt, um zu verhindern, daß der Propeller bei größeren Geschwindigkeiten auf der Wasseroberfläche läuft und deshalb verfälschte Ergebnisse überträgt.
Es ist immer wieder überraschend, wie genau das Patentlog arbeitet. Fehlmessungen erhält man jedoch bei langsamer Fahrt und, wie *E. Hiscock* meint, auf langen Kursen vor dem Wind, wenn die See stark von achtern schiebt. In beiden Fällen mißt das Log zu kurze Distanzen. Einen weiteren Fehler erhält man, falls die Zähluhr am Heck nicht flach genug über dem Wasserspiegel angebracht ist, da die Logleine möglichst horizontal laufen sollte.
Vor Hafeneinfahrten muß die Leine rechtzeitig eingeholt werden, und unter Motor muß beachtet werden, daß sich die Logleine nicht in der Schraube vertörnt. Manchmal soll der Propeller auch von größeren Fischen weggeschnappt werden. Führe deshalb immer eine zweite Leine und einen Ersatzpropeller mit!
Die Logleine darf sich **beim Einholen** nicht übermäßig vertörnen. Deshalb geben wir das ausgehängte Ende zunächst wieder ins Wasser (Fotoreihe oben) und holen zugleich den Propeller möglichst rasch ein; denn er dreht ja weiter, solange er noch im Wasser ist. Erst dann schießen wir die Leine von der Propellerseite her auf.
Das Patentlog gibt die zurückgelegten Distanzen, nicht aber die momentane Fahrt an. Nur an einem Zusatzgerät kann die Geschwindigkeit unmittelbar abgelesen werden. Doch kann man auch die Zeit stoppen, in der das Schwungrad eine gewisse Anzahl von Umdrehungen macht, und einer mitgelieferten Tabelle sofort die jeweilige Fahrt entnehmen.

Die Yachtlogs

Da sich die nachgeschleppte Leine des Patentlogs oft als hinderlich erweist, hat man Loggen konstruiert, die unmittelbar am Schiffsrumpf angebracht sind.
Das **Sumlog** beruht auf dem gleichen mechanischen Prinzip wie das Patentlog. Ein an der Unterseite des Schiffes fest montierter Impeller überträgt die Umdrehungen ohne das Zwischenglied der Logleine auf das Zählwerk (B). Als Schutz vor Algen oder Beschädigungen ist vor dem Impeller meist ein Abweisbügel montiert.
Auch das **Elektro-Log** arbeitet mit einem fest angebrachten Impeller oder einem kleinen Schaufelrädchen. Doch mißt es die elektrische Spannung, die ein vom Impeller angetriebener Magnet in einer Spule induziert.
Das **Speedometer** schließlich mißt den sich durch die Wasserströmung ergebenden Staudruck und schließt hieraus auf die Fahrt der Yacht. Der Druck wird entweder an einem drehbar gelagerten Meßfühler (C) oder beim Ein- oder Ausströmen an einer kleinen Düse (*Venturirohr*) registriert.

Im weiteren Sinn versteht man unter einem Speedometer alle Yachtlogs, die nicht nur die Versegelung in Meilen, sondern auch die Fahrt in Knoten angeben. So kann man auf der Anzeigeskala sofort jede falsche Schotführung erkennen. Allerdings dauert es meistens einige Sekunden, bis die Nadel wegen ihrer Trägheit reagiert. Zum genaueren Ablesen – vor allem bei Trimmfahrten und Regatten – verwendet man eine *Delta-* oder *Spreizskala:* Ein bestimmter Geschwindigkeitsbereich wird hier über die gesamte Skala gespreizt wiedergegeben.
Ein gut eingebautes und genau geeichtes Yachtlog kann bis zu 2 % genau arbeiten. Der Propellerträger oder Sensor sollte im vorderen Drittel des Rumpfes möglichst nah an der Schiffsachse angebracht werden. Strömung und Druck entsprechen hier natürlich nicht den normalen Verhältnissen, weshalb das Yachtlog geeicht werden muß. Das heißt, man mißt mit der Logge eine bekannte Distanz und ermittelt aus dem Verhältnis

$$\frac{\text{wahre Distanz}}{\text{geloggte Distanz}}$$

einen **Eichfaktor.** Zeigt das Log beispielsweise auf einer Strecke von 1 Seemeile *(Ablaufmeile)* 0,8 an, so ergibt sich ein Faktor von 1,25, mit dem man alle gemessenen Werte multiplizieren muß. Man kann in diesem Fall auch jeweils 25 % addieren, um die wahre Distanz zu erhalten. Schwieriger wird die Eichung in einem Stromrevier. Hier läuft man die Ablaufstrecke in beiden Richtungen und geht von einer Durchschnittsgeschwindigkeit aus, die sich aus dem Mittel der Einzelgeschwindigkeiten ergibt.

Das Relingslog

Hat man weder ein Patentlog noch eines der Yachtlogs an Bord, so sollte ein Relingslog markiert werden, d. h. man bringt am besten an der Reling beider Schiffsseiten am Vorschiff und weiter achtern jeweils eine Markierung an. Wirft man nun an der Leeseite des Schiffes etwas voraus ein Holzstück ins Wasser und mißt mit der Stoppuhr die von ihm benötigte Durchlaufzeit von der ersten zur zweiten Relingsmarkierung, so können wir hieraus die momentane Schiffsgeschwindigkeit errechnen. In Wirklichkeit läuft natürlich nicht das Holzstück an uns, sondern wir an ihm vorbei. Zur Erhöhung der Meßgenauigkeit sollte man das Verfahren wiederholen und einen Mittelwert bilden.
Wir wollen uns noch überlegen, welchen Abstand zwischen den beiden Markierungen wir am besten abmessen, um ohne großen Rechenaufwand schnell zum Ergebnis zu kommen. Da man die Geschwindigkeit in Knoten erhalten will, geht man von der Länge einer *Meridiantertie* aus. Eine Meridiantertie ist die Strecke in Metern, die man bei einer Fahrt von einem Knoten in genau einer Sekunde zurücklegt. Da in einer Stunde 3600 Sekunden verstreichen, errechnet sich die Meridiantertie aus 1852 m : 3600 = 0,514 m.
Sie ist also etwas länger als ein halber Meter.
Läuft unser Schiff doppelt so schnell, so benötigt es für die markierte Strecke die halbe Zeit, läuft es dagegen nur halb so schnell, so benötigt es die doppelte Zeit. Allgemein kann man sagen:

$$F(\text{kn}) = \frac{\text{Anzahl der Meridiantertien}}{\text{Durchlaufzeit (s)}}$$

oder einfacher:

$$F(\text{kn}) \approx 2 \cdot \frac{\text{Meßstrecke (m)}}{\text{Durchlaufzeit (s)}}$$

Wenn wir also den Markierungsabstand so wählen, daß er ein Vielfaches der Meridiantertie bildet, so brauchen wir nur diese uns bekannte Anzahl durch die gestoppte Durchlaufzeit zu dividieren, um die Fahrt in Knoten zu erhalten. Um im Geschwindigkeitsbereich von Küstenyachten vernünftige Ergebnisse zu erhalten, sollte die Meßstrecke nicht kürzer als zehn Meridiantertien sein.

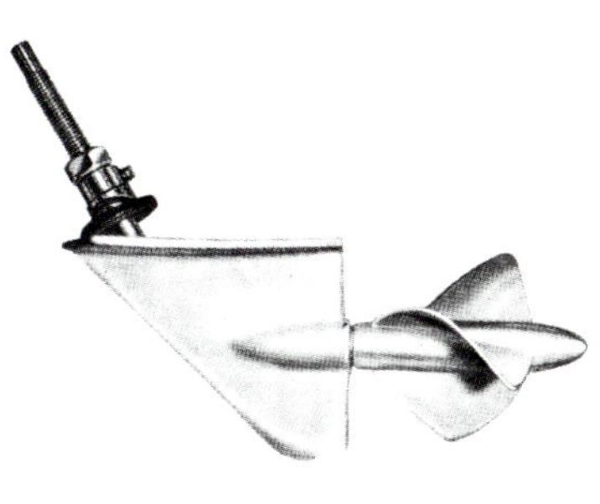

B

C

Das Lot

Handlot . . .

Das billigste Lot ist ein einfaches Handlot. Es besteht aus einer etwa 25–35 m langen Lotleine und einem an ihr befestigten, meist kegelförmigen Senkblei. Für unsere Zwecke genügt ein 3–5 kg schweres Senkgewicht, da wir kaum größere Tiefen bestimmen wollen. Die Lotleine sollte nicht zu dick sein, um einen übermäßigen Wasserwiderstand zu vermeiden.
Im deutschen Bereich verwendet man ein einheitliches Markierungssystem für die Längenkennzeichnung der Lotleine, so daß man sofort die Wassertiefe ablesen kann. Man bringt in einem Abstand von jeweils zwei Metern einen farbigen Markierungsstreifen an, und zwar:

bei 2, 12, 22 m	schwarz
bei 4, 14, 24 m	weiß
bei 6, 16, 26 m	rot
bei 8, 18, 28 m	gelb
bei 10, 20, 30 m	Lederstreifen

Der Lederstreifen ist bei 10 m mit einem Loch, bei 20 m mit zwei Löchern versehen, usw. Im unteren Bereich bis etwa 5 m ist es sinnvoll, Zwischenmarkierungen durch Knoten für jeden ganzen Meter anzubringen. Natürlich ist jedes andere Markierungssystem ebenso denkbar.
In erster Linie soll jedes Lot Wassertiefen messen, doch will man manchmal durch die Lotung auch Aufschluß über die Grundbeschaffenheit erhalten – um beispielsweise den richtigen Anker zu wählen. Hierfür ist am Boden des Senkbleies oft eine kleine Vertiefung eingelassen, in die weicher Talg als Lotspeise eingegeben wird. Bei Grundberührung durch das Senkblei bleiben einige Sandkörnchen oder kleine Steine an der Lotspeise hängen, woraus man auf die Art des Bodens schließt.

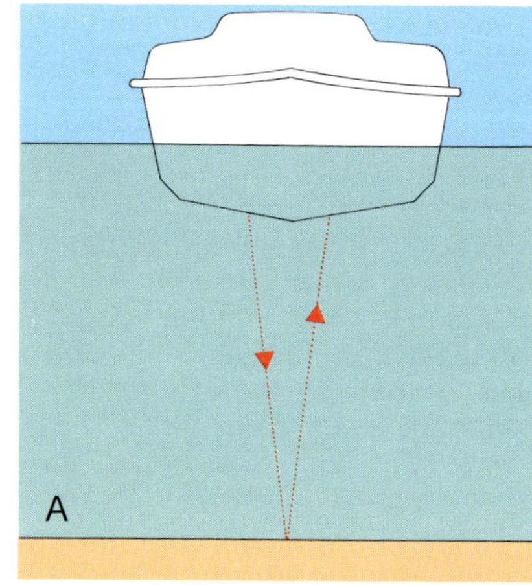

Ein Handlot können wir natürlich jederzeit selber bauen. Doch müssen wir die Lotleine, bevor wir die Markierungen anbringen, recken und vor allem befeuchten. Eine neue Naturfaserleine kann sich durch das Seewasser u. U. zusammenziehen. Wir erhalten dann – was gefährlich werden kann – eine größere Tiefenangabe, als tatsächlich Wasser unter dem Kiel ist.
Gelotet wird auf der Luvseite der Yacht. Mit einer Hand schwingen wir das Lotblei an der etwa 1,50 m langen freien Leine, der Rest der lose aufgeschossenen Lotleine wird mit der anderen Hand geführt. Das einige Male hin und her geschwungene Blei lassen wir nach vorne ausschwingen und geben entsprechend viel Leine nach, bis wir die Grundberührung spüren. In diesem Augenblick soll die Yacht genau über die Lotstelle laufen (Abb. C). Wir wiederholen das Verfahren einige Male, um einen genaueren Mittelwert zu erhalten. In tieferen Gewässern nimmt man eine Lotung nicht in Fahrt vor, sondern man dreht die Yacht bei.

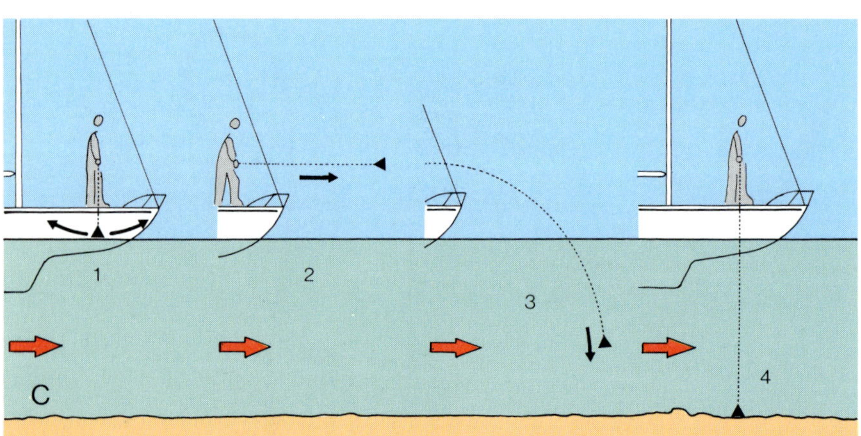

. . . und Echolot

Viele Skipper rüsten ihre Yacht mit dem sehr viel teureren, aber um so genaueren Echolot aus. Es besteht aus dem Anzeigegerät und dem Schwinger oder Geber, der durch den Schiffskörper verschraubt und außenbords am Unterwasserschiff montiert ist. Der Schwinger sendet in Richtung Meeresboden ein Ultraschallsignal (mit einer Ausbreitungsgeschwindigkeit von etwa 1484 m/s) und mißt die Dauer bis zum Empfang des vom Grund zurückgeworfenen Echos. Aus dieser Zeitspanne ergibt sich die Wassertiefe: Je länger auf das Echo gewartet werden muß, desto tiefer ist es (A).

Die genaue Zeitspanne wird auf einer Anzeigeskala umgesetzt, die mit dem Geber durch ein Kabel verbunden ist. Das Anzeigegerät wird am Navigationstisch meist so montiert, daß auch der Steuermann die Anzeige verfolgen kann.

Beim Schwingereinbau muß darauf geachtet werden, daß sich bei schneller Fahrt keine Turbulenzen oder Luftblasen bilden können, die zu Fehlmessungen führen. Da man außerdem auch bei Krängung loten möchte, ohne daß der Schallkegel von etwa 45° durch den Kiel abgelenkt wird, empfiehlt es sich, bei manchen modernen Yachten den Geber vor dem Kiel, etwa im ersten Drittel des Unterwasserschiffes, einzubauen – doch wegen Turbulenzgefahr nicht hinter dem Propeller des Sumlogs.

Abgesehen von neueren Entwicklungen, bei denen die Tiefe der Lotung mit einer Kathodenstrahlröhre oder über eine Digital-, d. h. Zifferanzeige angegeben wird, gibt es zwei unterschiedliche Systeme der Tiefenanzeige: das Zeigerinstrument und die Neonanzeige. Das Zeigerinstrument arbeitet mit einer Anzeigenadel auf einer Skala, doch reagiert die Nadel oft auf Störgeräusche unter Wasser, wie etwa Brandung, Brecher oder Schraubengeräusche. Um diese Störungen auszuschalten, müssen komplizierte Schaltungen verwendet werden. Andererseits benötigen diese Instrumente vergleichsweise wenig Strom, weshalb sie vor allem für kleine Yachten in Frage kommen.

Bei der Leuchtanzeige wird ein vor einer Rundskala laufender Zeiger von einem Motor mit konstanter Drehzahl angetrieben. Auf dem Zeiger ist ein Leuchtröhrchen montiert, das immer genau beim Senden und Empfangen des Schallimpulses aufleuchtet. Man hat also ständig an der Nullmarke eine (als Justierung geeignete) Anzeige und eine weitere, die dem Echo entsprechende Tiefenangabe. Diese kann dann auf der Rundskala abgelesen werden, die oft als Mehrbereichskala eingerichtet ist (B). Bei direkter Sonneneinstrahlung auf die Skala ist die Anzeige oft nicht mehr erkennbar. Statt der Neonanzeige kann der Impuls auch den jeweiligen Tiefenwert in einen langsam ablaufenden Papierstreifen einbrennen. Dieser Tiefenschreiber zeichnet uns ein Echogramm.

Mit etwas Erfahrung schließt man aus der Art der Leuchtanzeige auf die Grundbeschaffenheit. So weist ein schmales, aber intensiv aufleuchtendes Zeichen auf einen festen und harten Untergrund hin, ein breiteres Echo auf einen weichen Boden. Neben der deutlichen Hauptanzeige werden einige ständig umspringende Nebenanzeigen registriert. Es handelt sich hierbei um Fehlmessungen, wie etwa ein Doppelecho. So kann es vorkommen, daß wegen unterschiedlich warmer Wasserschichtungen die wahre Wassertiefe nicht angezeigt wird. Auch die Angaben des Echolotes müssen also kritisch verwertet werden! Jedes Lot kann nur Navigationshilfsmittel sein und erst im Zusammenhang mit der Karte sinnvoll ausgewertet werden.

Beachte: Der vom Echolot angegebene Tiefenwert ist oft vom Geber, nicht von der Wasserlinie aus gerechnet. Um die Wassertiefe zu erhalten, muß man dann zur angezeigten Tiefe noch die Schwingertiefe addieren!

B

Grundaufgaben (I)

Die auf den Seiten 50/51, 70/71, 88/89 und 96/97 zusammengestellten navigatorischen Grundaufgaben sind in der Seekarte D 30 zu lösen, in der „Kleine Berichtigungen" bis zum 4. X. 1980 ausgeführt wurden. Diese Karte wird im Handel als Übungskarte verkauft.

Aufgabe 1: Eine Yacht steht auf folgender Position: $\varphi = 54° \ 31{,}4'$N; $\lambda = 010° \ 21{,}7'$E. Trage den Schiffsort in die Karte ein!

Aufgabe 2: Von hier aus soll Kurs zur Tonne 3 des *Kiel-Flensburg-Weges* abgesetzt werden. Gib die Position dieser Tonne nach φ und λ an!

Aufgabe 3: Trage die Kurslinie von der Tonne *Gabelsflach-Ost* zur Tonne 3 in der Karte ein!

Aufgabe 4: Welchen Kurs muß man zur Tonne 3 laufen?

Aufgabe 5: Wieviel Seemeilen müssen hierbei zurückgelegt werden?

Aufgabe 6: Um 1435 befand man sich bei einem Loggestand von 12,4 an der Tonne *Gabelsflach-Ost.* Während man den abgesetzten Kurs läuft, ändert man um 1541 bei einem Loggestand von 19,0 den Kurs. Wieviel Seemeilen hat man bis zur Kursänderung zurückgelegt?

Aufgabe 7: Gib den Ort der Kursänderung nach φ und λ an!

Aufgabe 8: Wie lange hat man bis hier benötigt?

Aufgabe 9: Wie groß war die Fahrt der Yacht?

Aufgabe 10: Vom Ort der Kursänderung setzt man einen Kurs mit 052° ab. Trage den neuen Kurs in die Karte ein!

Aufgabe 11: Man nimmt an, daß die Fahrt nach der Kursänderung 6 kn beträgt. Wann wird man die an der Kurslinie liegende Tonne 1 (Blz. gn. 5 s) erreichen?

Aufgabe 12: Um was für eine Tonne handelt es sich hierbei?

Lösungen:

1. Unmittelbar an der Tonne *Gabelsflach-Ost.*

2. $\varphi = 54° \ 39{,}3'$N; $\lambda = 010° \ 8{,}3'$E

3. Vgl. Kartenausschnitt nebenan.

4. Als Kurs ergibt sich 315°.

Falsch ist ein Kurs von 135°, da man in entgegengesetzter Richtung läuft, nämlich zur Tonne 3 hin.

5. Mit dem Zirkel entnimmt man der Karte 11,1 sm.

6. Bilde die Differenz:

Loggestand neu	19,0
– Loggestand alt	12,4
Distanz in sm	6,6

7. Trage 6,6 sm von der Tonne *Gabelsflach-Ost* auf der angetragenen Kurslinie ab! Als Schiffsort um 1541 ergibt sich:
$\varphi = 54° \ 36{,}1'$N; $\lambda = 010° \ 13{,}8'$E

8. Bilde die Zeitdifferenz:

Kursänderung um	1541
– Gabelsflach-O um	1435
Zeitspanne	0106

9. Es gilt: $F\,(kn) = \dfrac{D\,(sm) \cdot 60}{t\,(min)}$

Also: $F = \dfrac{6{,}6 \cdot 60}{66} = 6{,}0$ kn

10. Vgl. Kartenausschnitt nebenan!

11. Es gilt: $t(min) = \dfrac{D(sm) \cdot 60}{F(kn)}$

F = 6 kn, D aus Karte = 7,6 sm

Also: $t = \dfrac{7{,}6 \cdot 60}{6} = 76$ min

Als Zeitpunkt ergibt sich dann:

Kursänderung um	1541
Fahrtdauer	0116
Tonne 1 um	1657

12. Es handelt sich um die erste Stb-Fahrwassertonne der Tiefwasserverbindung vom *Kiel-Flensburg-Weg* zum *Kiel-Ostsee-Weg.* Grüne Spitztonne, Blitzfeuer grün, Wiederkehr 5 Sekunden.

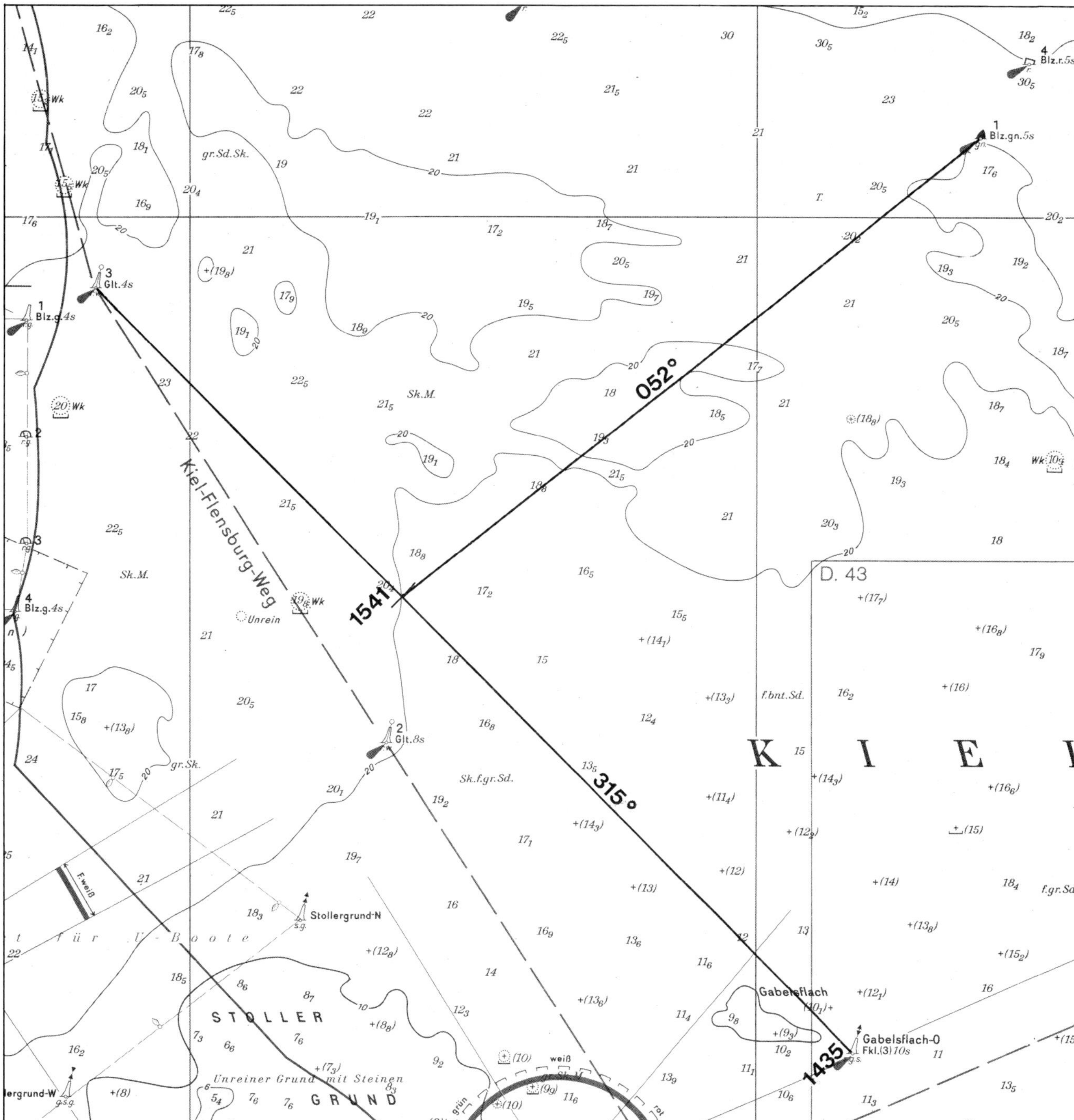
052°
315°
1541
1435
Kiel-Flensburg-Weg
3
Glt.4s
1
Blz.g.4s
4
Blz.g.4s
2
Glt.8s
1
Blz.gn.5s
4
Blz.r.5s
Stollergrund-N
Gabelsflach-O
Fkl.(3)10s
Gabelsflach
STOLLER
GRUND
Unreiner Grund mit Steinen
K I E L
D. 43
Unrein
Sk.M.
gr.Sd.Sk.
Sk.f.gr.Sd.
f.bnt.Sd.
gr.Sk.
F.weiß
weiß
grün
rot

Der Steuerkompaß

Wie ist er aufgebaut?

Auf keiner Yacht darf ein fest eingebauter Steuerkompaß fehlen. Er ist unser wichtigstes Navigationsinstrument, auf ihn müssen wir uns absolut verlassen können.

Auf Sportyachten wird nicht der aufwendige Kreiselkompaß, sondern ausschließlich der **Magnetkompaß** (Abb. A) verwendet. Er besteht aus einer Kompaßscheibe, die auf einer festen, spitzen Nadel, der Pinne, gelagert ist.

Die Spitze der Pinne ist meist aus gehärtetem Stahl, Platin oder Iridium gefertigt. Das Gegenstück, das Hütchen, enthält in der Mitte meist einen kleinen Edelstein, um die Abnutzung durch Reibung möglichst gering zu halten. An der Unterseite der Kompaßscheibe sind zwei Stab- oder Ringmagnete angebracht, die die Einstellung der Scheibe in Nord-Süd-Richtung bewirken.

Die Rose im Kompaßkessel wird nicht nur vom Magnetfeld der Erde beeinflußt, sondern der Seegang wirkt um ein vielfaches stärker. Damit der Steuermann den Kompaß ablesen kann und nicht ständig durch die mit großen Winkelausschlägen am Steuerstrich hin und her tanzende Kompaßrose irritiert wird, muß man den Schiffskompaß mit einer Flüssigkeit dämpfen. Das heißt, man lagert die im Kompaßkessel schwingende Scheibe in einer Dämpfungsflüssigkeit, dem *Kompaßöl,* einem hochraffinierten Petroleum, das nicht einfrieren kann. Ältere Ausführungen verwenden ein Wasser-Alkohol-Gemisch. Die Scheibe vollzieht nun die Schiffsbewegungen nur verzögert und etwas abgeschwächt. Ein hohler Schwimmkörper zwischen Kompaßrose und Magneten gleicht durch seinen Auftrieb das Magnetgewicht aus. Einen so konstruierten Kompaß nennt man **Schwimm- oder Fluidkompaß.**

Bei starker Krängung kann sich auch eine flüssigkeitsgedämpfte Kompaßscheibe im Kompaßkessel verklemmen, wenn man den Kompaß nicht kardanisch aufhängt. Man unterscheidet zwischen außenkardanisch aufgehängten Kompassen – wie der früher gern benutzte *Gridkompaß* (Abb. B) – und innenkardanischen. Hier befindet sich die Aufhängung innerhalb des Kessels.

Statt der kardanisch aufgehängten Kompasse findet auf Sportyachten mehr und mehr der *Kugelkompaß* (Abb. C) Verwendung. Hier ist die Glasscheibe nach oben so stark gewölbt, daß die Rose mit dem Schwimmer auch bei sehr starker Krängung frei ausschwingen kann (bis etwa 75°). Der gesamte von der Glaskugel abgedeckte Bereich ist dann mit Dämpfungsflüssigkeit gefüllt. Kugelkompasse werden entweder am Boden des Cockpits oder an der Kajütrückwand neben dem Niedergang eingelassen oder auf einer Steuersäule montiert (D).

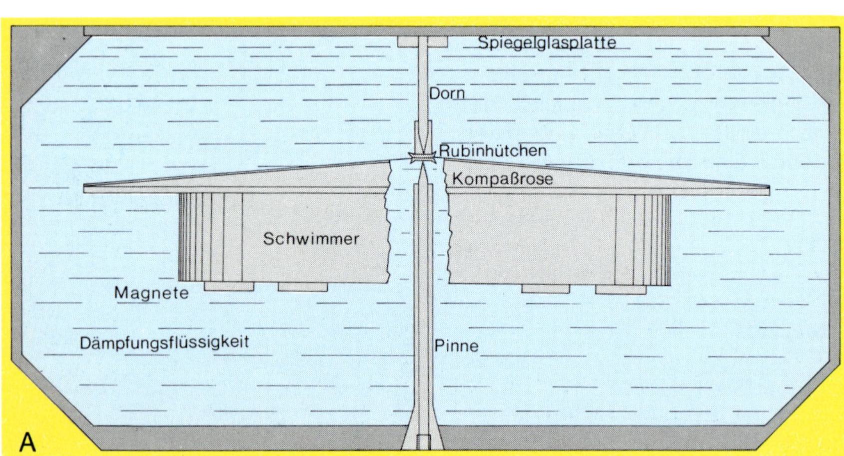

A

B

C

Wie wird er aufgestellt?

Bei der Kompaßaufstellung sind zwei Dinge zu beachten: Zum einen soll der Kompaß nicht ständig von den Beinen der Crew oder irgendwelchen Schoten traktiert werden, zum anderen sollte der Steuermann ohne Mühe den anliegenden Kurs ablesen können.

Aus dem ersten Grund ist gerade auf kleinen Yachten ein außenkardanisch aufgehängter Kompaß sehr hinderlich. Er ist ständig bei Manövern im Weg, weshalb sich auf diesen Schiffen immer mehr der Kugelkompaß durchsetzt. Der Kugelkompaß hat den weiteren Vorteil, daß er fest montiert ist, so daß man gar nicht erst auf die gefährliche Idee kommt, ihn etwa im Hafen abzumontieren und beiseite zu legen. Der Steuerkompaß unserer Yacht sollte auf jeden Fall so angebracht sein, daß er nicht für irgendwelche Zwecke abmontiert werden muß. Denn hierbei besteht die Gefahr, daß die für ihn aufgestellte Ablenkungstabelle fehlerhaft wird (vgl. S. 58), so daß wir uns nicht mehr auf die von ihm angezeigten Richtungen verlassen können.

Beim Ablesen ergeben sich für den Steuermann einige Schwierigkeiten, vor allem muß er einen etwaigen Parallaxenfehler ausgleichen. Hat man nur einen Kompaß, so baut man ihn am besten längs der Mittschiffsebene ein, wobei man beachten muß, daß der Steuerstrich parallel zur Kiellinie läuft. Bei einem derart symmetrisch eingebauten Kompaß kann der Parallaxenfehler leichter berücksichtigt werden als bei einem asymmetrisch angebrachten Kompaß, wie z. B. bei dem an einer Kajütrückwand montierten Kugelkompaß. Hier findet man auf Stb- und Bb-Bug verschiedene Parallaxenfehler. Deshalb baut man meist zwei Kugelkompasse ein – einen auf jeder Seite neben dem Niedergang –, was auch wieder Nachteile hat, da sich die Kompasse gegenseitig beeinflussen und ablenken können.

Nachts sollte der Kompaß von innen beleuchtet werden können. Es empfiehlt sich ein regelbares und gedämpftes Licht, am besten eine dunkelrote Beleuchtung, um die Anpassung des Auges an die Dunkelheit nicht zu erschweren.

D

Die Mißweisung (Mw)

Geographischer und magnetischer Pol

Auf S. 12 sind wir davon ausgegangen, daß die von der Kompaßnadel angezeigte Richtung mit der durch jeden Meridian vorgegebenen Nord-Süd-Richtung übereinstimmt. Doch fallen die magnetischen Pole, auf die sich die Kompaßnadel bezieht, nicht genau mit den geographischen Polen zusammen. So liegt der magnetische Pol der Nordhalbkugel etwa auf 78° N und 103° W, der magnetische Pol der Südhalbkugel auf 65° S und 139° E. Unsere Seekarte bezieht sich jedoch auf das Meridiansystem und somit auf die geographischen Pole.
Wir haben also zwei verschiedene Nordrichtungen: das von den Meridianen vorgegebene *rechtweisende Nord (rwN)* und das vom Magnetfeld der Erde bestimmte *mißweisende Nord (mwN)*. Das rwN finden wir in der Seekarte, das mwN gibt uns der Kompaß an. Den Winkelunterschied zwischen beiden nennt man *Mißweisung (Mw)*. Es besteht somit folgende Beziehung:

rwN + Mw = mwN

Lesen wir also auf dem Schiffskompaß einen Kurs- oder Peilungswert ab, so kann dieser nicht sofort in die Karte übertragen werden, sondern muß zuvor um die Mißweisung berichtigt werden. Ebenso müssen wir umgekehrt vorgehen: Einen der Karte entnommenen Kurs müssen wir erst mit der Mißweisung beschikken, bevor wir den entsprechenden Kurs am Kompaß steuern können.

Die Beschickung

Wir navigieren also mit zwei um den Mißweisungswinkel unterschiedenen Kursen, dem *rechtweisenden Kurs (rwK)* und dem *mißweisenden Kurs (mwK)*. **Der rwK ist der Winkel zwischen rwN und der Rechtvoraus-Richtung (rv) des Fahrzeugs, der mwK ist der Winkel zwischen mwN und der Rechtvoraus-Richtung des Fahrzeugs.** Wie wir unmittelbar den Skizzen A und B entnehmen können, gilt zwischen beiden Kursen die folgende Beziehung:

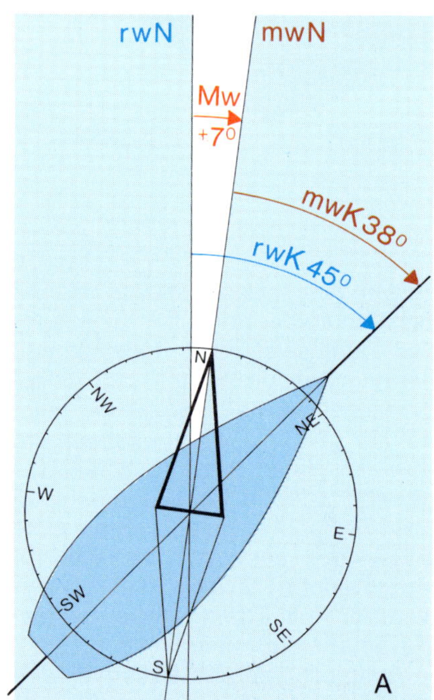

mwK
+ Mw
rwK

Hierbei hat man festgestellt, daß die Mißweisung mit **Ost oder** "+" bezeichnet wird, wenn die Kompaßnadel in östlicher Richtung abgelenkt wird, dagegen mit **West oder** "–", wenn sie in westlicher Richtung abgelenkt wird.
In der Skizze A wird die Kompaßnadel nach Osten gelenkt, die Mißweisung hat also einen positiven Wert, nämlich + 07°. In der Skizze B erfolgt dagegen die Ablenkung nach Westen, so daß sie mit einem negativen Vorzeichen versehen werden muß, also – 12° beträgt. Ist uns in beiden Fällen vom Kompaß jeweils der mwK bekannt, so erhalten wir als dazugehörigen rwK:

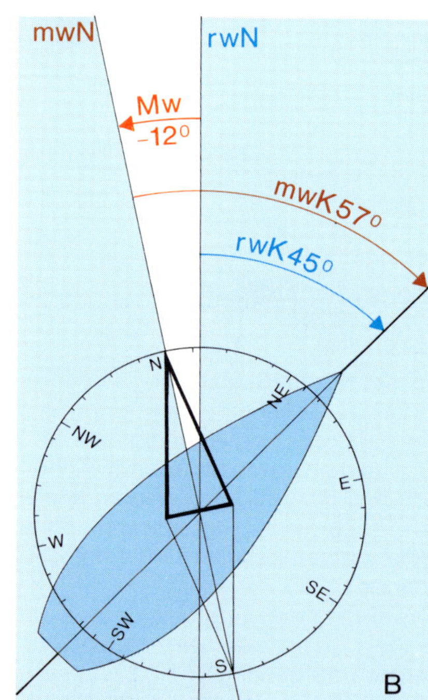

mwK	038°	↓	mwK	057°
Mw	+ 07°		Mw	− 12°
rwK	045°		rwK	045°

Gehen wir jedoch in den Beispielen vom rwK aus, so rechnen wir in unserem Schema von unten nach oben. Eigentlich arbeiten wir natürlich mit dem entgegengesetzten oder umgekehrten Vorzeichen, da man ja vom rwK die Mw abziehen muß. Also:

mwK	038°	↑	mwK	057°
Mw	+ 07°		Mw	− 12°
rwK	045°		rwK	045°

Anhand der beiden Skizzen wird dieser Zusammenhang sofort klar.

Beachte:

1. In der Karte arbeiten wir nie mit dem mwK, sondern immer mit dem rwK – es sei denn, es herrscht Abdrift oder Strom (vgl. S. 90, 92).
2. Der rechtweisende Kurs stimmt immer mit der Rechtvoraus-Richtung unserer Yacht überein!

Die Mißweisungsrose

Wie groß ist nun die Mißweisung, die wir bei der Kursbeschickung berücksichtigen müssen? Die Mw hat an verschiedenen Orten der Erde auch unterschiedliche Werte. Denn sobald wir unsere Position erheblich ändern, so ändert sich auch die Stellung des Magnetpols zum Nordpol. Außerdem beeinflussen bestimmte geologische Formationen die Mw. Welche Mw in unserem Revier herrscht, entnehmen wir einer Mißweisungsrose in der Karte. Wir beziehen uns immer auf die dem Schiffsort am nächsten liegende Rose.

Die Mw ändert sich jedoch nicht nur von Ort zu Ort, sondern auch von Jahr zu Jahr, da der Magnetpol wandert. Sie ist deshalb nur für das angegebene *Bezugsjahr* gültig, für andere Jahre müssen wir sie mit der **jährlichen Änderung** errechnen. Wir erhalten beispielsweise für das Jahr 1986 aus der wiedergegebenen Rose: + 11° − 6 · 0,15° = + 10,1°. *Gebiete unsicherer Mißweisung* sind in der Karte besonders vermerkt *(Uns. Mißw.)*. Hier muß man außergewöhnlich genau navigieren und den Schiffsort möglichst ohne Mithilfe des Kompasses bestimmen.

Verbindet man die Orte, an denen die gleiche Mißweisung herrscht, so erhält man sogenannte *Isogonen.* Sie sind in manchen Überseglern eingezeichnet. Aus *Isogonenkarten* geht die Lage des magnetischen Poles deutlich hervor (C). Kleinere Ausschnitte findet man in Seehandbüchern.

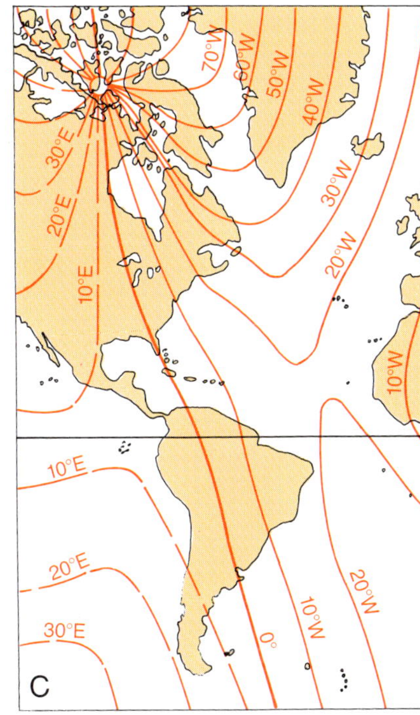

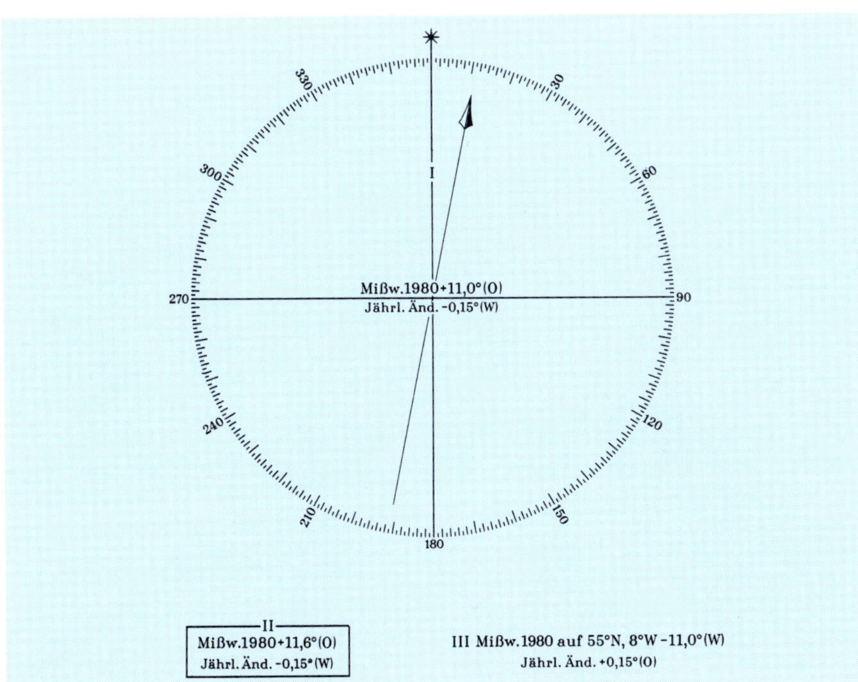

Die Magnetkompaß-Ablenkung (Abl)

Die Metallablenkung

Neben der Mißweisung müssen wir einen weiteren Kompaßfehler berücksichtigen, die Magnetkompaß-Ablenkung (Abl) oder Deviation. Eisenmetalle beeinflussen jede Magnetnadel in ihrer Stellung. Deshalb wird der Schiffskompaß vor allem auf Stahlyachten beeinflußt, doch auch auf Holzschiffen befindet sich eine Vielzahl von Metallmassen: der Motor, der Wassertank, ein Peilempfänger, das Ruderblatt usw. Auch elektrische Spulen, wie wir sie im Lautsprecher, im Kopfhörer, im Echolot oder der Lichtmaschine des Motors finden, üben Einfluß auf die Kompaßnadel aus. Aus diesem Grund sollte der Steuerkompaß möglichst weit entfernt von allen Eisengegenständen aufgestellt werden. Auch Stromkabel in Kompaßnähe sind gefährlich, da sie ablenkende Magnetfelder aufbauen, die jedoch weitgehend ausgeglichen werden können, indem man die Kabel gegenläufig verdrillt.

Sobald ein Ablenkungsfehler auf unserem Schiff vorhanden ist, richtet sich die Kompaßnadel nicht nach mißweisend Nord, sondern nach Magnetkompaß-Nord (MgN) aus. Dementsprechend gibt es einen **Magnetkompaß-Kurs (MgK),** den am Kompaß angegebenen Kurs. Er **schließt den Winkel zwischen MgN und der Rechtvoraus-Richtung des Fahrzeugs ein.** Die Magnetkompaß-Ablenkung ist somit der Winkel zwischen dem mwN und MgN.

Bei der Kursbeschickung mit der Ablenkung geht man in ähnlicher Weise vor wie bei der Mißweisung. Auch die Vorzeichen sind in gleicher Weise festgelegt, so daß ein Ablenkungseinfluß in östlicher Richtung mit „+“, ein Einfluß in westlicher Richtung mit „−“ bezeichnet wird.

Zwischen den Kursen besteht dann folgender Zusammenhang:

MgK
+ Abl
———
mwK
+ Mw
———
rwK

Es gibt eine einfache Faustregel, wie man mit den Vorzeichen umgeht: **Vom richtigen (= rechtweisenden) Kurs zum falschen Kurs (= MgK) rechne mit falschem (= umgekehrten) Vorzeichen; vom falschen Kurs zum richtigen mit richtigem Vorzeichen!**

Unter **Fehlweisung (Fw)** versteht man die algebraische Summe aus Mw und Abl, also: **Fw = Mw + Abl.** Wenn wir in den beiden Skizzen A und B vom MgK ausgehen, so ergibt sich für den rwK:

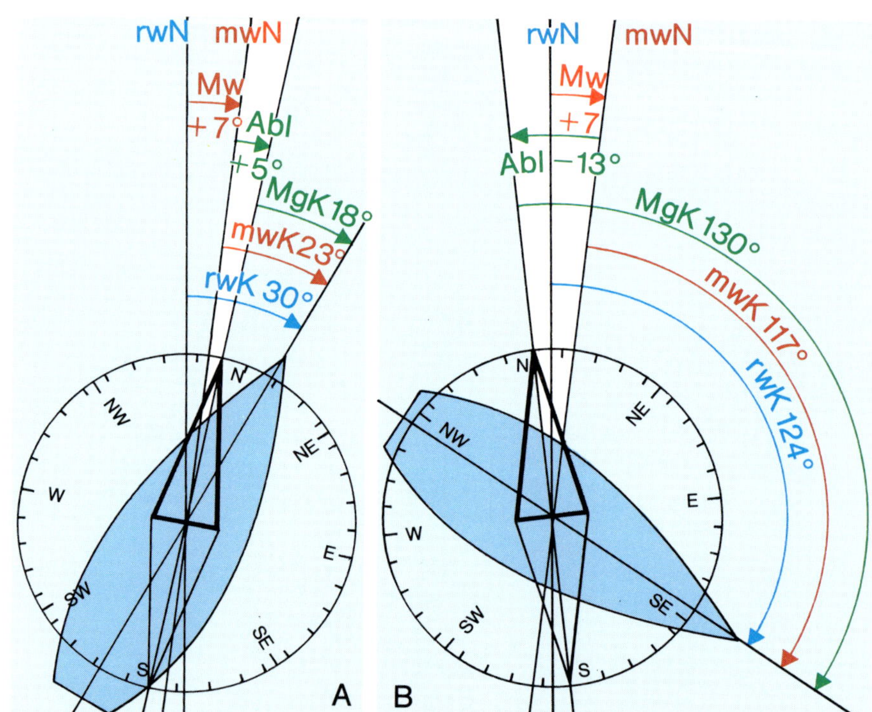

MgK	018°	MgK	130°
Abl	+ 05°	Abl	− 13°
mwK	023°	mwK	117°
Mw	+ 07°	Mw	+ 07°
rwK	030°	rwK	124°

Wir haben also von *oben* nach *unten* gerechnet und das *richtige* Vorzeichen verwendet. Gehen wir jedoch vom rwK aus, rechnen wir von *unten* nach *oben.* So rechnen wir in den Beispielen A und B, wenn wir einen in der Karte abgesetzten Kurs am Kompaß steuern wollen:

MgK	018°	MgK	130°
Abl	+ 05°	Abl	− 13°
mwK	023°	mwK	117°
Mw	+ 07°	Mw	+ 07°
rwK	030°	rwK	124°

Merke:
Gehe nie mit dem mwK oder MgK in die Karte! Steuere nie nach dem mwK oder rwK am Kompaß!

Ablenkung und Kurs

Die Ablenkung unterscheidet sich von der Mißweisung in einem wesentlichen Punkt. Während wir die Mißweisung mit einem Blick der Karte entnehmen, ist die Ablenkung vom jeweils anliegenden Kurs abhängig. Denn man kann sich die rechnerische Summe aller Ablenkungskräfte auf der Yacht als den Einfluß eines gedachten Magneten vorstellen. Dann gibt es auf dem Schiff auch zwei Punkte, die dem Nord- und Südpol dieses Schiffsmagneten entsprechen. Da der Nordpol eines Magneten (in unserem Fall die Nordspitze der Kompaßnadel) vom Südpol eines anderen Magneten (also des Schiffsmagneten) angezogen wird, ist für die Ablenkung die Lage des Schiffssüdpoles zum Kompaßstandort von Bedeutung.

Wenn wir annehmen, daß der Schiffssüdpol vor dem Kompaß liegt (Skizze C), so können wir uns die unterschiedliche Wirkung des Schiffsmagnetismus verdeutlichen: Auf dem Ostkurs wird die Nadel nach Osten abgelenkt, auf dem Westkurs dagegen nach Westen. Auf dem Nord- und Südkurs erfolgt keine Ablenkung, nur eine Änderung der Richtkraft; so wird die Richtkraft der Nadel auf Südkurs geringer sein als bei Nordkurs. Liegt der Schiffssüdpol jedoch hinter dem Kompaß, sind die Verhältnisse genau umgekehrt.

Es genügt also nicht, wie bei der Mißweisung einen einzigen Ablenkungswert zu kennen, sondern es muß für jeden anliegenden Kurs die dazugehörige Ablenkung bekannt sein, um Kurse richtig beschicken zu können.

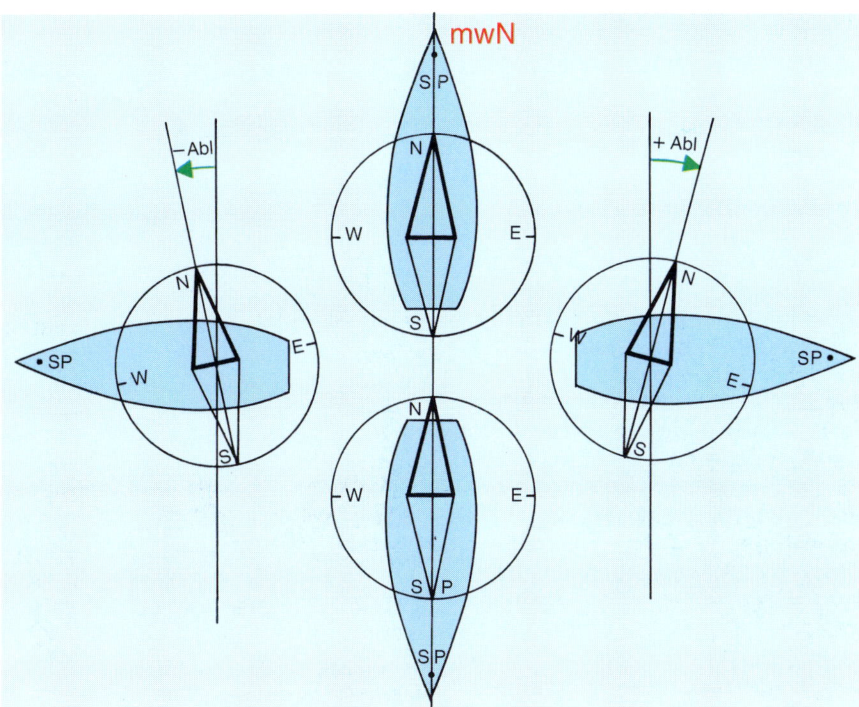

Mißweisung – Ablenkung

1. Die Mißweisung ist für alle Kurse gleich groß, die Ablenkung dagegen ändert ihre Größe von Kurs zu Kurs.
2. Die Mißweisung ist von Ort zu Ort unterschiedlich, die Ablenkung von Schiff zu Schiff.

Laufen zwei Schiffe mit gleichem Kurs nebeneinander her, so unterliegen beide Kompasse der gleichen Mißweisung, doch höchstwahrscheinlich unterschiedlichen Ablenkungseinflüssen. Beide Schiffe laufen also den gleichen rechtweisenden und auch den gleichen mißweisenden Kurs, doch am Kompaß werden zwei unterschiedliche Magnetkompaß-Kurse gesteuert.

Die Ablenkungstabelle

Steuertafel und Ablenkungstafel

Alle bei der Kursbeschickung anzubringenden Ablenkungswerte sind kursabhängig. Deshalb muß auf jeder Yacht eine Tabelle vorhanden sein, aus der die jeweilige Ablenkung hervorgeht. In der Regel sind in dieser Tabelle die Kurse mit den dazugehörigen Ablenkungen von 10° zu 10° angegeben. Setzt man die Ablenkungstabelle graphisch um, so ergibt sich meistens eine sinusförmige Kurve.

Erreicht die Ablenkung Beträge von 5° und mehr, so sollte man zwei parallele Tabellen aufstellen, die Ablenkungstafel und die Steuertafel. Aus der ersten geht die Ablenkung für den zugehörigen MgK hervor, aus der zweiten für den jeweiligen mwK. Je nachdem, welchen Rechengang man ausführt, wird die eine oder andere Tafel verwendet: Rechnen wir vom rwK zum MgK, so nehmen wir die Steuertafel; rechnen wir vom MgK zum rwK, so nehmen wir die Ablenkungstafel.

Das Kompensieren

Weist die Ablenkungstabelle zu große Maximalwerte auf, so muß der Kompaß vor dem Gebrauch kompensiert werden. Hierbei werden einzelne kleine Stabmagnete unter dem Kompaßhaus angebracht, um den Verlauf der Kurve zu dämpfen. Der Einfluß richtig angebrachter Kompensiermagnete verhindert also eine übermäßige Abweichung der Nadel von mwN.

Ein Kompaß, dessen Ablenkungswerte wesentlich mehr als 10° betragen, sollte möglichst vor der Saison kompensiert werden, so daß mit der Beschickung nur noch kleinere Restfehler berücksichtigt werden. Natürlich muß die Yacht hierbei seeklar ausgerüstet sein – Anker, Rigg, Trossen, Motor und elektrische Geräte sollten an ihrem Platz sein –, da ja gerade diese Geräte im wesentlichen die Kompaßablenkung verursachen.

In der Regel fehlen uns für das Kompensieren die notwendigen Kenntnisse und Erfahrungen. Es sollte deshalb nur von einem amtlich (DHI) autorisierten Fachmann durchgeführt werden.

Zwei Rechenbeispiele

Es gelte die nebenstehende Ablenkungstabelle.

1. Beispiel: Eine Yacht steuert am Kompaß einen Kurs von 160°, danach von 335°. Die Mißweisung in ihrem Revier beträgt −02°. Mit welchem Kurs muß in der Karte gearbeitet werden?

		↓		
MgK	160°		MgK	335°
Abl	+ 04°		Abl	− 07°
mwK	164°		mwK	328°
Mw	− 02°		Mw	− 02°
rwK	162°		rwK	326°

2. Beispiel: Auf einer Yacht setzt der Skipper in der Karte zunächst reinen SW-Kurs ab, etwas später einen Kurs von 209°. Die Mißweisung in diesem Revier beträgt +04°. Welchen Kurs muß der Steuermann halten?

		↑		
MgK	223°		MgK	205°
Abl	− 02°		Abl	00°
mwK	221°		mwK	205°
Mw	+ 04°		Mw	+ 04°
rwK	225°		rwK	209°

In diesem Beispiel haben wir von *unten* nach *oben* gerechnet.

Ablenkungstabelle

Ablenkungstafel		Steuertafel	
MgK	Abl	mwK	Abl
000	− 02	000	− 02
010	+ 01	010	+ 01
020	+ 03	020	+ 03
030	+ 05	030	+ 05
040	+ 07	040	+ 06
050	+ 08	050	+ 07
060	+ 09	060	+ 08
070	+ 10	070	+ 09
080	+ 10	080	+ 10
090	+ 10	090	+ 10
100	+ 09	100	+ 10
110	+ 08	110	+ 09
120	+ 07	120	+ 08
130	+ 06	130	+ 07
140	+ 06	140	+ 06
150	+ 05	150	+ 05
160	+ 04	160	+ 05
170	+ 03	170	+ 03
180	+ 02	180	+ 02
190	+ 02	190	+ 02
200	+ 01	200	+ 01
210	− 01	210	− 01
220	− 02	220	− 02
230	− 03	230	− 03
240	− 04	240	− 04
250	− 05	250	− 06
260	− 06	260	− 07
270	− 08	270	− 09
280	− 09	280	− 10
290	− 09	290	− 10
300	− 10	300	− 10
310	− 10	310	− 09
320	− 09	320	− 08
330	− 08	330	− 07
340	− 06	340	− 05
350	− 04	350	− 03
360	− 02	360	− 02

Beachte: Für viele Holz- und GFK-Yachten ist eine Ablenkungstabelle nicht erforderlich, wenn der Kompaß von störenden Einflüssen weit genug entfernt ist. Dann entspricht der MgK dem mwK.

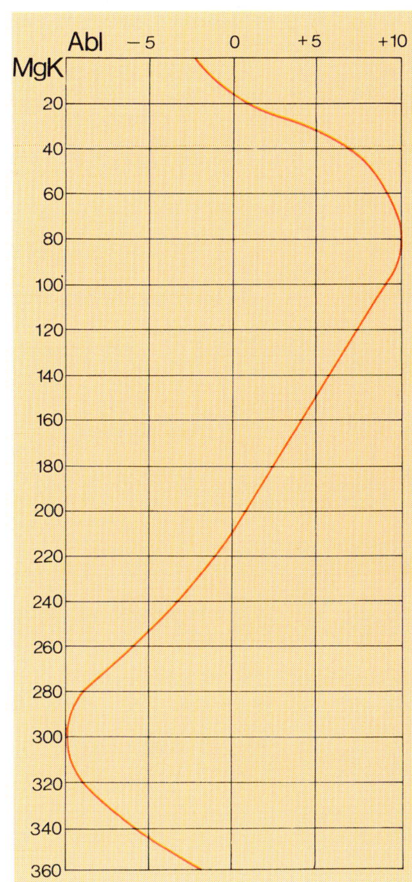

Der Peilkompaß

Mit dem Handpeilkompaß . . .

Mit dem Handpeilkompaß können wir jedes Objekt über eine am Kompaßgehäuse fest montierte Kimme anpeilen. Durch ein unterhalb der Kimme schwenkbar angebrachtes Prisma, durch das die Gradzahlen der Kompaßrose eingespiegelt werden, lesen wir den Peilungswert unmittelbar ab. Wir messen also den am Beobachtungsort gebildeten Winkel zwischen der Kompaßnadel und dem Peilobjekt. Als Verlängerung der Kimme ist im Prisma und auf dem Abdeckglas ein Ablesestrich markiert. In Abb. A lesen wir 097° ab. Beim Peilen müssen wir immer darauf achten, daß der Ablesestrich die Verlängerung der Kimme bildet; sonst ergibt sich ein Parallaxenfehler, und wir erhalten einen falschen Peilwert (Abb. B).

Für die Peilung geeignet sind alle markanten Objekte, die wir in der Seekarte finden, wie Leuchttürme, Schornsteine oder Berggipfel.
Natürlich unterliegt auch der Handpeilkompaß den Einflüssen von Mißweisung und Ablenkung. Doch können wir die Ablenkung vernachlässigen, wenn wir uns beim Peilen von allen wesentlichen Eisenteilen möglichst weit entfernen. Besser ist es, eine genaue Ablenkungstabelle für einen festen Platz aufzustellen, von dem aus alle Peilungen vorgenommen werden.

Hinweis: In diesem Buch verwenden wir zur Vereinfachung für den Peilkompaß die gleiche Tabelle wie für den Steuerkompaß!

Auf größeren Yachten bringt man auf dem Schiffskompaß einen Peilaufsatz *(Diopter)* an, so daß unmittelbar über den Schiffskompaß gepeilt wird. Statt einen Peilkompaß zu benutzen, können wir natürlich auch mit dem Schiff auf das Peilobjekt zusteuern und den in diesem Moment am Steuerkompaß anliegenden Kurs als Peilung verwenden.

A

B

. . . zur Kompaßpeilung

Mit dem Peilkompaß messen wir am Schiffsort den **Winkel zwischen MgN und dem Peilobjekt.** Diesen Winkel nennt man *Magnetkompaß-Peilung (MgP).* Sobald wir sie mit Mw und Abl beschicken, erhalten wir eine *rechtweisende Peilung (rwP),* die in der Karte vom identifizierten Peilobjekt aus angetragen wird. Wir erhalten so eine terrestrische Standlinie, auf der wir uns mit Sicherheit irgendwo befinden, sofern die Peilung fehlerfrei durchgeführt und beschickt wurde.

Die Beschickung mit der Mw bereitet keinerlei Schwierigkeiten; nicht ganz so einfach ist es mit der Ablenkung. Stellen wir uns vor, wir peilen bei einem konstanten MgK von 120° verschiedene Objekte, eines mit 150° (Skizze C), das andere mit 245°. Wir haben also zwei Kompaßpeilungen, die mit der Mw in *mißweisende Peilungen (mwP)* verwandelt werden. Welche Ablenkung muß an beiden Peilungen angebracht werden? In beiden Fällen müssen wir mit der gleichen Ablenkung arbeiten, denn:

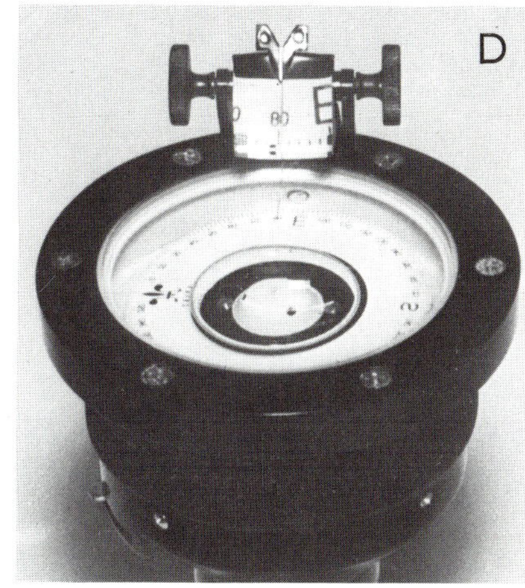
D

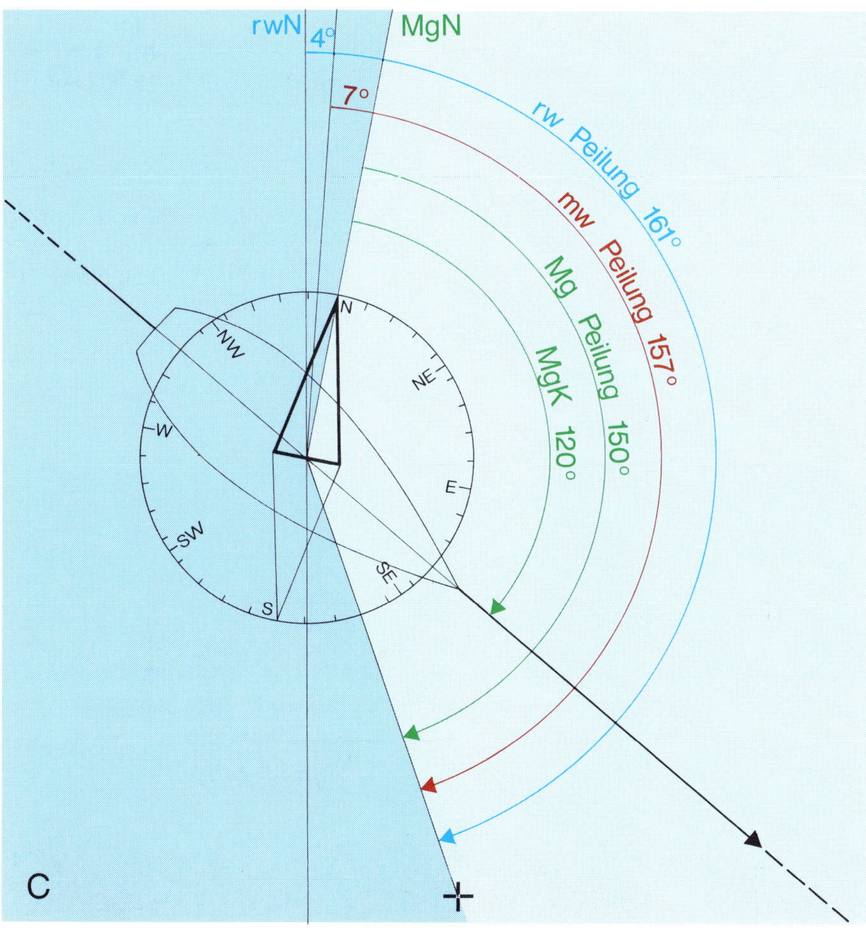

C

Die Größe der Ablenkung hängt nicht davon ab, in welcher Richtung wir über den Kompaß peilen, sondern vom anliegenden Kurs während des Peilvorganges!

Deshalb müssen wir für die richtige Auswertung einer MgP unbedingt den gesteuerten MgK kennen und können dann den dazugehörigen Ablenkungswert in der Tabelle ablesen. Rechnen wir nun die genannten Beispiele mit einer Mw von +04° durch:

MgP	150°		MgP	245°
Abl	+ 07°		Abl	+ 07°
mwP	157°		mwP	252°
Mw	+ 04°		Mw	+ 04°
rwP	161°		rwP	256°

Beachte nochmals: Die angebrachte Ablenkung bezieht sich auf den anliegenden MgK, nicht auf die Peilungen!

Beide *rwP* können nun in die Karte eingezeichnet werden. Doch haben wir beim Peilen zum Objekt hingeblickt, so daß sie in genau entgegengesetzter Richtung vom Objekt weg angetragen werden müssen.

Die Peilscheibe

Die Seitenpeilung

Ein weiteres wichtiges Navigationsinstrument ist die Peilscheibe. Mit ihr wird der **Winkel zwischen der Rechtvoraus-Richtung des Fahrzeugs und dem Peilobjekt** gemessen. Dieser Winkel heißt *Seitenpeilung (SP).*
Die Nullrichtung der Peilscheibe muß also genau in Schiffsrichtung justiert sein. Hierfür ist an Deck meist ein Metallfuß befestigt, in den man die Scheibe an einem Steckschuh einführt. Von diesem festen Platz aus – meistens ist es das Kajütdach – werden alle Seitenpeilungen durchgeführt.
Es gibt verschiedene Ausführungen von Peilscheiben. Die eine mißt den Winkel von der Rechtvoraus-Richtung aus immer rechtsherum, auch wenn das Objekt auf der Bb-Seite der Yacht liegt (A). Man erhält dann Seitenpeilungen bis zu 360°. Die andere Ausführung nimmt die Peilung entweder an Stb oder an Bb vor, so daß man nie einen Winkel über 180° erhält (B). Die Bb-Peilung von 110° entspricht dann der Rundumpeilung von 250°. Man zieht also die Bb-Peilung von 360° ab und erhält:
360° – 110° = 250°
In den folgenden Überlegungen gehen wir immer von der Vollkreisscheibe aus. Für die Halbkreisscheibe gilt zwar das gleiche, doch muß bei Bb-Peilungen immer erst die Umrechnung vorgenommen werden.

Die Auswertung

Auch die Seitenpeilung wollen wir in eine rechtweisende Peilung verwandeln, um sie in der Karte als Standlinie eintragen zu können. Genauso wie bei der Magnetkompaß-Peilung muß auch bei der Seitenpeilung der zum Peilzeitpunkt gesteuerte Kurs bekannt sein, um die richtige Ablenkung berücksichtigen zu können. Der Steuermann muß also zum Peilzeitpunkt stetigen Kurs halten, was auch für die Magnetkompaß-Peilung gilt.
Die Auswertung kann auf zwei Arten erfolgen: Entweder wir beschicken den zum Peilzeitpunkt anliegenden MgK zum rwK und erhalten dann sofort die rechtweisende Peilung aus:

Vollkreisscheibe

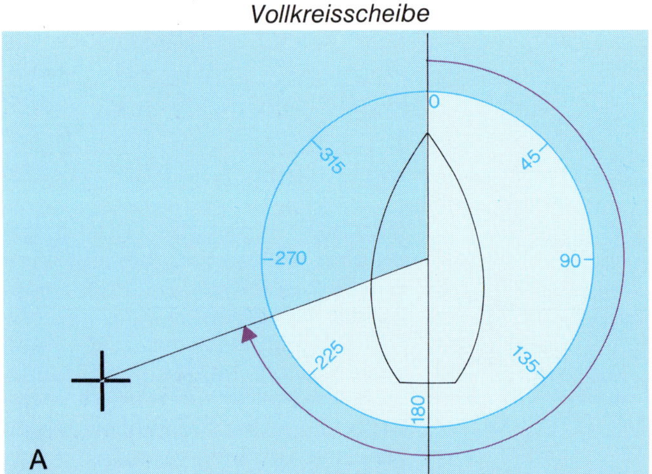

Halbkreisscheibe

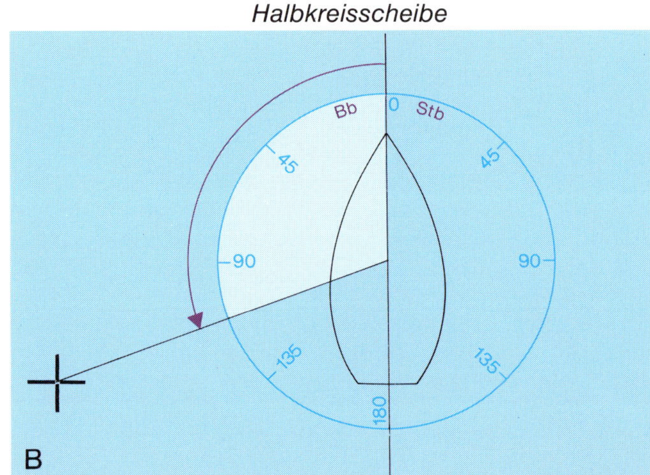

SP + rwK = rwP

Für das Beispiel der Skizze C ergibt sich dann:

SP	030°
rwK	131°
rwP	161°

Diese Methode erspart uns viel Rechenarbeit, wenn wir bei ein und demselben Kurs mehrere Seitenpeilungen vornehmen, denn wir brauchen nur einmal die Kursumwandlung durchzuführen. Außerdem besteht nicht die Gefahr, einen falschen Ablenkungswert zu verwenden, da ja der Kurs für sich beschickt wird.
Beim zweiten Verfahren kann dieser Fehler leichter gemacht werden, da man hier schrittweise vorgeht:

SP	030°
MgK	120°
MgP	150°
Abl	+ 07°
mwP	157°
Mw	+ 04°
rwP	161°

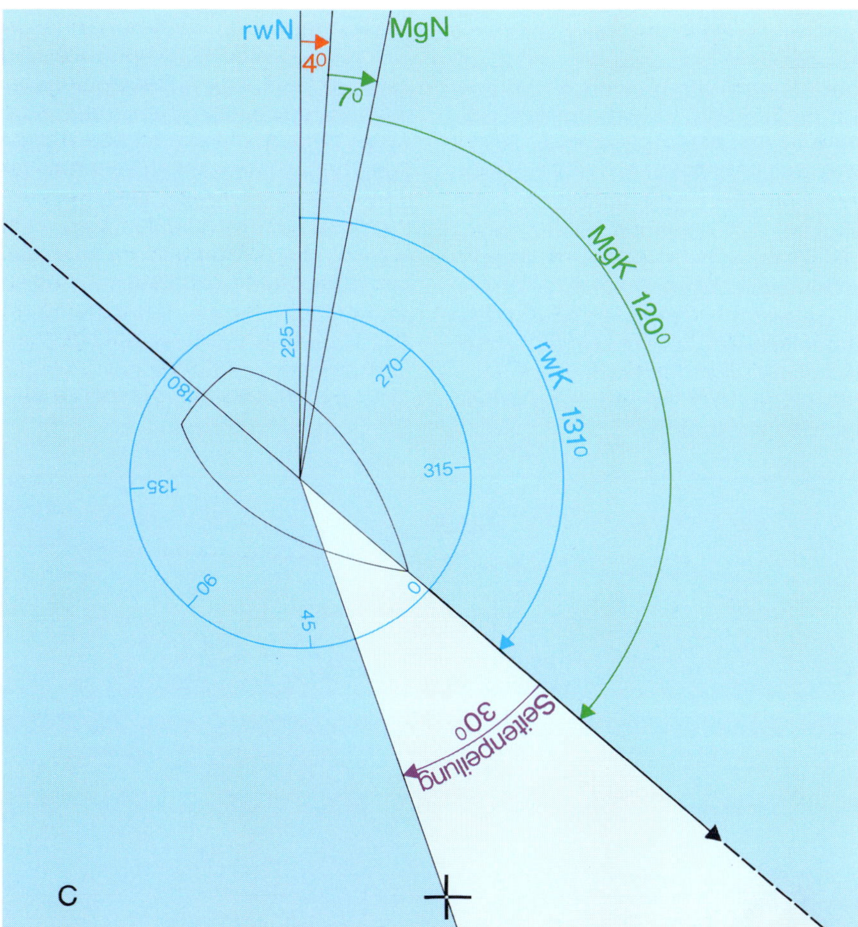

Zwei Beispiele

1. Beispiel: Eine Yacht steuert am Kompaß 190°. Hierbei wird ein Leuchtturm mit dem Kompaß unter 312° gepeilt; mit der Peilscheibe peilt man einen Kirchturm unter 179°. Verwandle die Peilungen in rechtweisende Peilungen!
(Mw = −03°).

		SP	179°
		MgK	+190°
MgP	312°	MgP	009°
Abl	+ 02°	Abl	+ 02°
mwP	314°	mwP	011°
Mw	− 03°	Mw	− 03°
rwP	311°	rwP	008°

2. Beispiel: Der Karte entnimmt man, daß der momentan anliegende Ostkurs einer Yacht geändert werden muß, sobald ein bestimmter Leuchtturm rechtweisend unter 220° gepeilt werden kann. Was muß man zum Zeitpunkt der Kursänderung am Kompaß peilen, was mit der Peilscheibe?

MgP	213°
Abl	+ 10°
mwP	223°
Mw	− 03°
rwP	220°

MgP	213°
MgK	090°
SP	123°

Beachte, daß hier zum *falschen* Kurs hin gerechnet wurde.

Das Koppeln

Das gegißte Besteck

Kennen wir den vom Ausgangspunkt gesteuerten Kurs und die hierbei versegelte Distanz, so können wir sehr einfach unseren Schiffsort bestimmen. Wir tragen am Ausgangspunkt den Kurs an und setzen auf der Kurslinie die bekannte Versegelung ab. So erhalten wir den **Koppelort** (O_k) oder *gegißten Ort* oder auch das *gegißte Besteck.* Man kennzeichnet es in der Karte mit einem kurzen Querstrich auf der Kurslinie und fügt die entsprechende Uhrzeit hinzu. Ist uns die Versegelung nicht unmittelbar von der Logge her bekannt, können wir sie natürlich auch aus der durchschnittlichen Fahrt der Yacht und der vom Ausgangspunkt benötigten Zeit errechnen.

Durch das Koppeln kann man zwar einen recht genauen Schiffsort erhalten, doch gehen gern einige Fehler ein, wenn Steuermann und Logge nicht genau arbeiten. Kommen noch eine nicht berücksichtigte Abdrift oder ein unbekannter Strom hinzu, ist auf das gegißte Besteck kaum Verlaß, da die Logge den Stromeinfluß ja nicht erfaßt. Denn die Logge mißt immer durchs Wasser, wir koppeln aber über Grund. Führen wir noch Kursänderungen durch, vergrößern sich die Ungenauigkeiten. Sinnvolles Koppeln verlangt deshalb eine präzise und genaue Logbuchführung, um möglichst bald derartige Einflüsse zu erkennen und beim weiteren Koppeln zu berücksichtigen. Deshalb sollte jede Gelegenheit zur Überprüfung des Koppelkurses durch terrestrische Standlinien wahrgenommen werden.
Also: Kurs und Versegelung ergeben den Koppelort.

Koppelort und beobachteter Ort

Bestimmt man den Schiffsort aus mehreren terrestrischen Standlinien, etwa Peilungen, so spricht man nicht vom *Koppelort (O_k),* sondern vom *beobachteten Ort (O_b).* Er wird in der Karte durch die sich kreuzenden Peillinien gekennzeichnet – umgeben von einem kleinen Kreis. Auch hier gibt man den dazugehörigen Zeitpunkt an. In unserem Beispiel ist für 0830 ein durch Peilungen erzielter O_b, für 1030 ein O_k eingetragen. Wegen vieler unüberprüfbarer Fehler kann man im allgemeinen davon ausgehen, daß ein O_k ungenauer ist als ein O_b. Doch trifft dies nicht immer zu, denn die überlegte Auswertung einer präzisen Logge kann zu einem besseren Ergebnis führen als im Seegang unsicher durchgeführte Peilungen. Der tatsächliche Standort der Yacht fällt wohl meistens weder mit dem O_b noch mit dem O_k zusammen. An Stelle des zeichnerischen Koppelns kann man den Schiffsort auch aus Kurs und Versegelung mit Hilfe des rechnerischen Koppelns ermitteln, doch führt das bereits über den BR-Schein-Stoff hinaus.

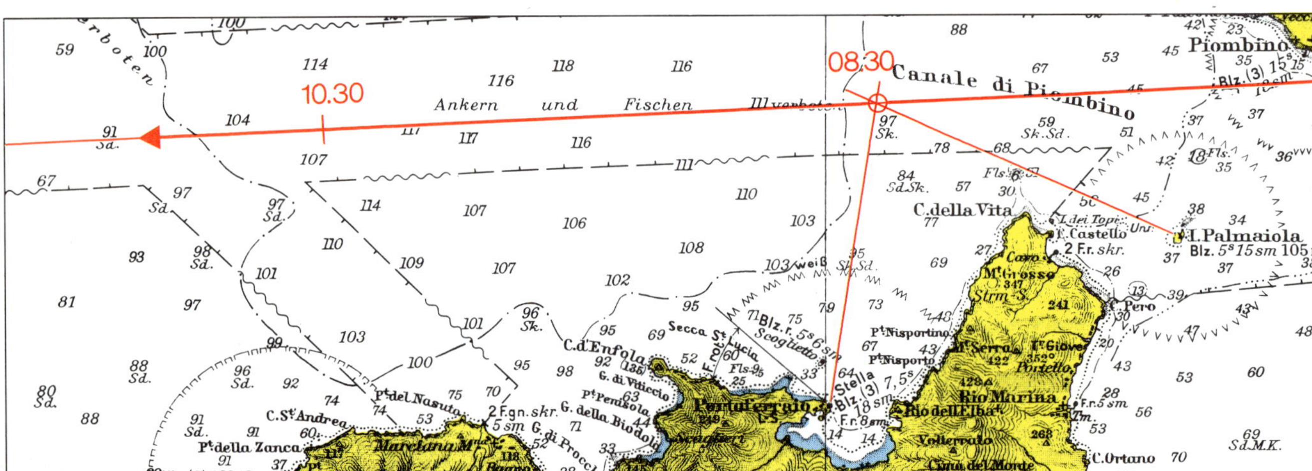

v Og 10k → Ow 106

Besteckversetzung (BV)

Wird man durch unvorhergesehene Einflüsse – meist Abdrift oder Strom – von der abgesetzten Kurslinie abgebracht, erhält man irgendwann einen O_b, der mit dem entsprechenden O_k nicht zusammenfällt. Die rechtweisende Richtung, in die man versetzt wurde, und die Distanz, um die man versetzt wurde, nennt man *Besteckversetzung (BV).* *Beachte:* Zur Angabe der BV müssen O_k und O_b auf den gleichen Zeitpunkt bezogen sein!

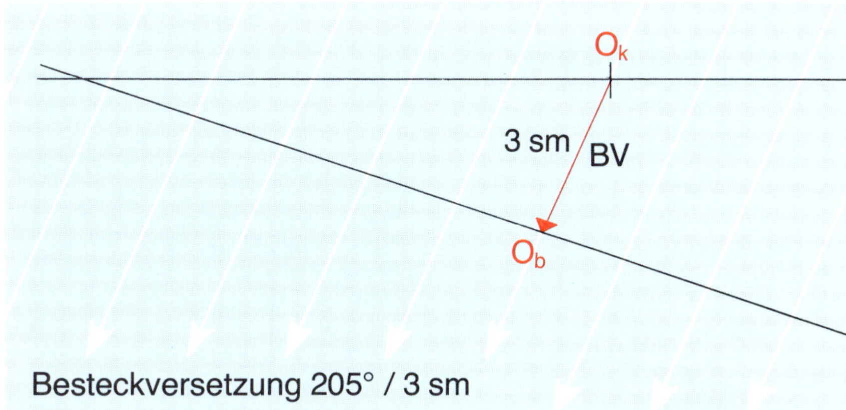

Wie man die Ablenkungstabelle kontrolliert

Kontrolle durch bekannten Kurs ...

Die Ablenkung muß bekanntlich am mwK angebracht werden, um den MgK zu erhalten – und umgekehrt, denn:

MgK + Abl = mwK

Ist uns ein vom Kompaß unabhängiger mwK zuverlässig bekannt, können wir den gerade am Kompaß gesteuerten Kurs ablesen und aus der Differenz

mwK – MgK = Abl

die Ablenkung ermitteln.
Ein Blick in die Tabelle gibt uns nun an, ob der eben berechnete Wert auch dem Tabellenwert entspricht. Der erhaltene Ablenkungswert gehört sowohl zum mwK in der Steuertafel als auch zum MgK in der Ablenkungstafel.
Woher haben wir aber den vorausgesetzten bekannten mwK? Am besten eignet sich hierfür eine Deckpeilung, auf die wir genau zuhalten. Der Kurs wird der Karte als rwK entnommen und mit der Mw zum mwK beschickt.

Beispiel A: Man entnimmt der Karte für eine Deckpeilung, auf die man genau zuhält, rechtweisend 062°. Am Kompaß liest man 052° ab, die Mw = +02°. Stimmt die Tabelle?

MgK	052°	
Abl	?°	
mwK	060°	
Mw	+ 02°	
rwK	062°	aus Karte

Als Ablenkung ergibt sich dann:
Abl = mwK – MgK
= 060° – 052° = +08°
Als Ablenkung für den mwK von 060° und den MgK von 052° erhält man also + 08°, was auch genau den Tabellenwerten entspricht.

... und durch bekannte Peilung

Ähnlich verfährt man, wenn nicht ein mwK, sondern eine mißweisende Peilung bekannt ist. Auch hier kann man eine Deckpeilung verwenden. Sobald man die Peillinie kreuzt, gilt dann entsprechend:

Abl = mwP – MgP

Doch ist zu beachten, daß nun der Ablenkungswert nicht auf die mwP oder MgP bezogen wird, sondern auf den zum Peilzeitpunkt anliegenden Kurs.

Beispiel B: Bei einem MgK von 310° peilt man eine der Karte entnommene rechtweisende Deckpeilung von 077° mit dem Peilkompaß unter 086°. Mw = –03°.
Stimmt die Tabelle?

MgP	086°	mit Kompaß
Abl	?°	gepeilt
mwP	080°	
Mw	– 03°	
rwP	077°	aus Karte

Als Ablenkung ergibt sich dann:
Abl = mwP – MgP
= 080° – 086° = –06°
Der Tabelle entnimmt man jedoch für einen MgK von 310° eine Ablenkung von –10°, die Tabelle ist also falsch.

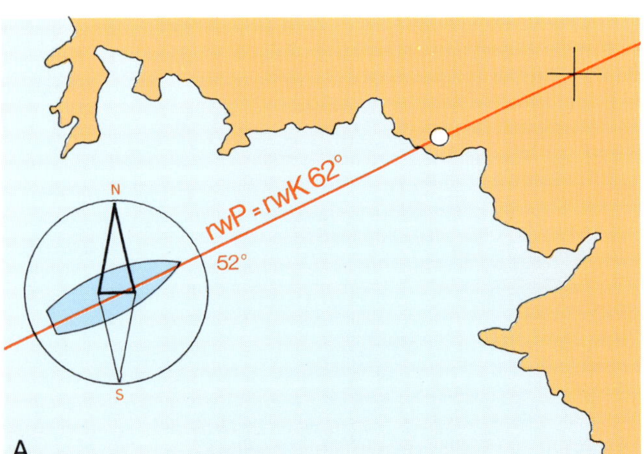

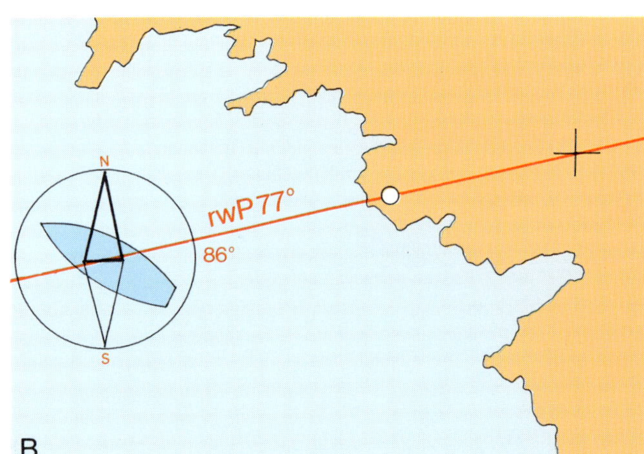

Wie man die Ablenkungstabelle aufstellt

Kein Prüfungsstoff!

Beim Aufstellen einer Ablenkungstabelle verfährt man ähnlich wie bei ihrer Überprüfung. Man geht ebenfalls von einer bekannten mißweisenden Peilung aus, die man jedoch nicht nur auf einem, sondern auf verschiedenen Kursen von 10° zu 10° kreuzt. Sobald man die Peillinie kreuzt, peilt man mit dem Kompaß den Winkel, unter dem das Objekt erscheint. Für jeden Kurs führt man dann die gleiche Rechnung aus wie bei der Ablenkungskontrolle durch eine mwP. Das heißt, es wird jeweils die Differenz aus mwP und MgP gebildet, also:

Abl (MgK) = mwP – MgP

Der so erhaltene Ablenkungswert gehört dann zum jeweils gesteuerten MgK. Alle Werte zusammen ergeben unsere Tabelle.
Anstatt die Peillinie unter unterschiedlichen Kursen zu kreuzen, was meistens sehr zeitraubend ist, kann man auch einen größeren Kreis drehen und hierbei die jeweiligen Peilwerte ablesen (Skizze C). Unter Segeln sollte man jedoch das erste Verfahren vorziehen, also die Peillinie unter verschiedenen Kursen kreuzen. Denn beim Drehen eines Vollkreises tauchen verschiedene Fehler auf. Einmal variiert die Ablenkung mit unterschiedlich starker Krängung, zum anderen wird die Drehung unter Vollzeug so rasch gehen, daß der Kompaß einen erheblichen Schleppfehler aufweisen wird. Der Schleppfehler kann weitgehend ausgeglichen werden, indem man zwei Kreise dreht, einmal nach Bb und einmal nach Stb, und die jeweiligen Mittelwerte bildet. Außerdem muß man beim Verfahren durch Drehung weit genug vom Peilobjekt entfernt sein, damit durch die Größe des Drehkreisdurchmessers kein Fehler entsteht. Auf jeden Fall sollte man mindestens das Hundertfache des Kreisdurchmessers entfernt sein, um keine größeren Fehler als 0,5° zu erhalten.
Auch beim Aufstellen der Tabelle ist natürlich eine Deckpeilung sehr günstig, doch genügt jede bekannte mißweisende Peilung, die man dadurch erhält, daß man zunächst den Schiffsort sehr genau bestimmt und diesen Ort durch eine Boje kennzeichnet. In manchen Häfen findet man sogar spezielle Deviationsdalben, die uns die jeweilige rechtweisende Peilung bereits vorgeben.
Ähnlich wie beim Kompensieren des Kompasses muß natürlich auch hier die Yacht seeklar sein. Das heißt, alle wichtigen Metallgegenstände müssen an dem Platz liegen, den sie auch während des Törns einnehmen.

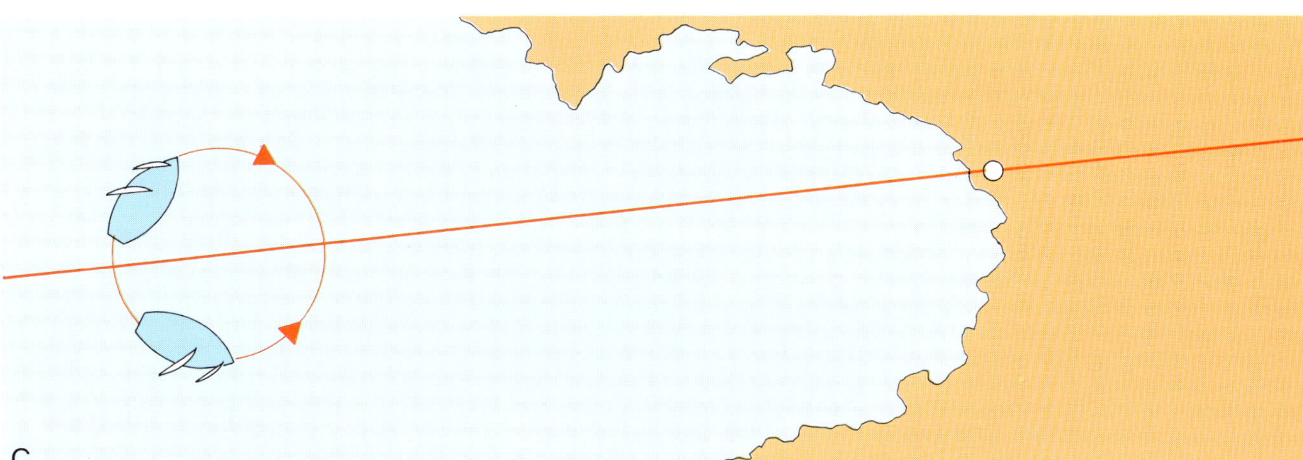

C

Der Sextant

Kein Prüfungsstoff!

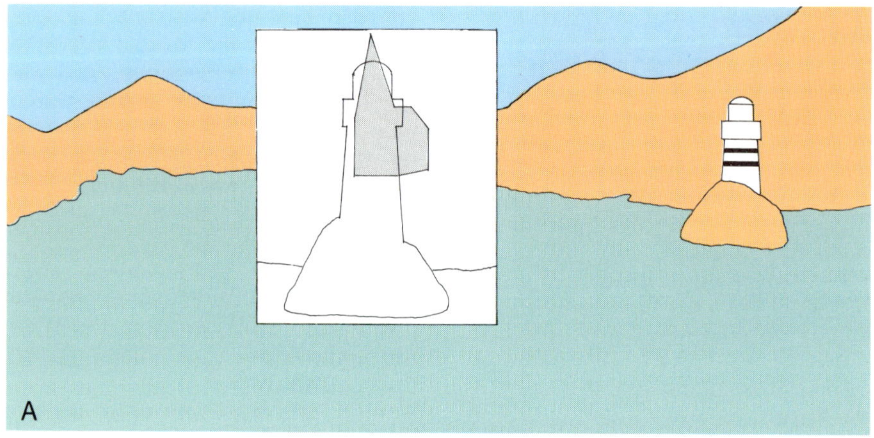

Der Sextant ist ein Winkelmeßinstrument, das sich an Genauigkeit, aber auch an Empfindlichkeit von den uns bisher bekannten Instrumenten unterscheidet. Wenn der Sextant auch im wesentlichen als Hilfsmittel für die astronomische Navigation dient und im Bereich der Küstenfahrt nicht unbedingt erforderlich ist, so erhalten wir mit seiner Hilfe oft einen genaueren Schiffsort als mit der Peilscheibe oder dem Peilkompaß. Für unsere Zwecke kommt der Sextant vor allem bei zwei Verfahren zur Anwendung: bei der Abstandsbestimmung durch Höhenwinkelmessung (S. 76) und bei der Horizontalwinkelmessung (S. 79).

Der Strahlengang

Das Prinzip des Sextanten beruht darauf, daß man durch ein meist mit einem Fernrohr versehenes Okular geradlinig ein Objekt, etwa die Kimm, anvisiert und zugleich mit Hilfe zweier Spiegel ein zweites Objekt, etwa die Sonne, auf das gleiche Niveau einspiegeln kann (Abb. B).
Der Sextant besteht deshalb aus einem kreissektorartigen Instrumentenkörper, der zugleich als Halterung dient, und einer am Kreismittelpunkt beweglich angebrachten *Alhidade,* die über den Gradbogen des Instrumentenkörpers, den *Limbus,* läuft. Der Strahlengang des eingespiegelten Bildes läuft über den großen Spiegel (*Indexspiegel*), der am Mittelpunkt des Instrumentenkörpers auf der drehbar gelagerten Alhidade liegt, zum kleinen Spiegel (*Horizontspiegel*), der fest mit dem Instrumentenkörper verbunden ist, ins Okular. Der kleine Spiegel ist nur halb belegt, so daß man einerseits durch ihn hindurch unmittelbar die Kimm oder ein

Objekt erkennen kann, andererseits aber das zweite Objekt, das über den großen Spiegel eingespiegelt wird. Im Okular kommen dann beide Bilder, das durch den Indexspiegel eingeblendete und das durch den Horizontspiegel sichtbare Bild, zur Deckung. Zwischen beiden Spiegeln und hinter dem Horizontspiegel sind noch mehrere Sonnenblendgläser angebracht. In der Skizze A erkennt man, wie bei einer Horizontalwinkelmessung ein Leuchtturm mit einem Kirchturm im kleinen Spiegel zusammenfällt.
Um die beiden Bilder zur Deckung zu bringen, wird die Alhidade langsam über den Limbus bewegt, so daß auch der große, mit der Alhidade fest verbundene Spiegel so lange gedreht wird, bis das gewünschte Objekt eingespiegelt ist. Nun kann am Limbus der Winkel, unter dem die beiden zur Deckung gebrachten Objekte erscheinen, abgelesen werden. Um die Ablesegenauigkeit zu erhöhen, ist am unteren Ende der Alhidade ein Nonius oder eine Meßtrommel angebracht.
Bringt man also ein Bild mit sich selbst zur Deckung, muß der abgelesene Winkel 0° betragen.

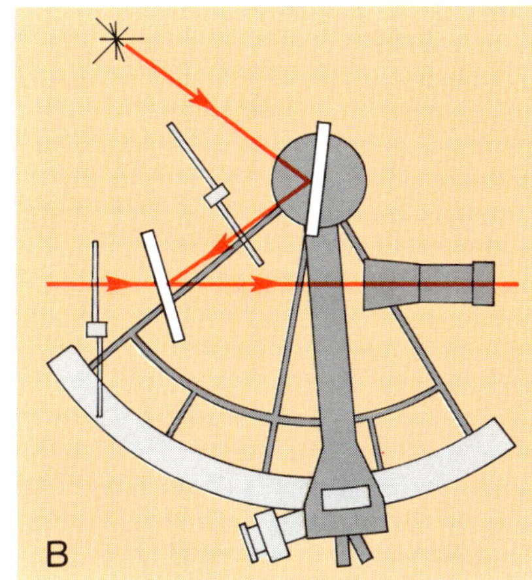

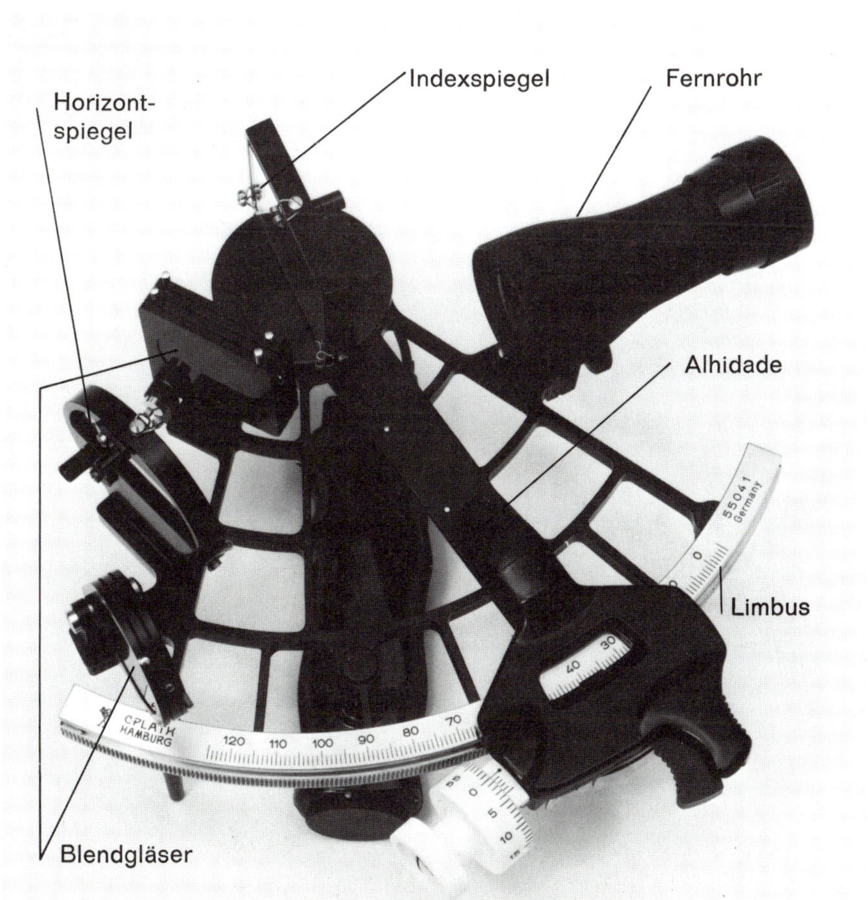

Die Fehler

Der Sextant kann eine Reihe von Fehlern haben, die wir oft nur sehr mühsam feststellen können. So muß der Drehpunkt der Alhidade genau mit dem Mittelpunkt des Gradbogens zusammenfallen, soll die Ablesung noch genaue Werte ergeben. Die Berufsschiffahrt darf deshalb nur Sextanten verwenden, die von einem vom DHI anerkannten Betrieb geprüft sind. Wir sollten deshalb beim Kauf darauf achten, daß ein solches Prüfattest beigegeben ist. Kleinere Fehler, wie die Stellung der Spiegelebenen, können wir in gewissen Grenzen selbst korrigieren. Vor jeder Messung müssen wir schließlich den sogenannten *Indexfehler* ermitteln, d. h. man stellt die Abweichung zwischen der Nullmarke des Limbus und dem Ablesestrich der Alhidade fest, indem man ein Bild, am besten die Kimm, mit seinem Spiegelbild zur Deckung bringt. Der Indexfehler ergibt sich vor allem aus der Dehnung des Limbus durch Temperaturschwankungen, selbst wenn sie relativ gering sind. Der auf diese Weise ermittelte Fehler muß als *Indexberichtigung (Ib)* an jede Messung angebracht werden.

Grundaufgaben (II)

Aufgabe 1: Der Schiffsführer einer Yacht, die am Kompaß 128° steuert, ermittelt nachts den Koppelort und stellt fest, daß man in rechtweisend 159° genau 4,9 sm vom LF *Kiel* entfernt steht. Mit welchem rwK muß in der Karte gearbeitet werden (Mw = −03°)?

Aufgabe 2: Wo steht die Yacht?

Aufgabe 3: Welche Wassertiefe gibt hier die Karte an?

Aufgabe 4: Von hier aus wird Kurs abgesetzt zur Kabeltonne etwa 1 sm südwestlich vom LT *Kiel.* Welcher Kurs muß am Kompaß gesteuert werden?

Aufgabe 5: Bald darauf bemerkt man, daß ein an Bb voraus beobachtetes weißes Gleichtaktfeuer seine Farbe in ein Glt. gn. ändert. Um welches Feuer handelt es sich?

Aufgabe 6: Zum Zeitpunkt der Kennungsänderung peilt man das Feuer mit dem Kompaß unter 149°. Wie lautet die rechtweisende Peilung?

Aufgabe 7: Stimmt der entsprechende Ablenkungswert der Tabelle?

Aufgabe 8: Zum Zeitpunkt der Kompaßpeilung zeigte die Logge 17,4. Als um 2330 die Logge 19,5 angibt, ermittelt man ein neues gegißtes Besteck. Gib den Koppelort an!

Aufgabe 9: Welche Feuer mit welcher Kennung wird man von hier aus erkennen?

Aufgabe 10: Der gegißte Ort soll durch Peilung des Leuchtfeuers *Kiel* kontrolliert werden. Es wird mit einer Seitenpeilung unter 282° gepeilt. Wie lautet die rechtweisende Peilung?

Aufgabe 11: Stimmt die Peilung mit dem Koppelort überein?

Lösungen:

1.

MgK	128°	↓
Abl	+ 06°	
mwK	134°	
Mw	− 03°	
rwK	131°	

2. An der Tonne 2 des *Kiel-Flensburg-Weges.*

3. 20 Meter.

4.

MgK	168°	↑
Abl	+ 03°	
mwK	171°	
Mw	− 03°	
rwK	168°	

5. Leuchtfeuer *Kiel.*

6.

MgP	149°	↓
Abl	+ 03°	
mwP	152°	
Mw	− 03°	
rwP	149°	

Beachte, daß der Ablenkungswert des anliegenden Kurses verwendet werden muß. Ein Wert von +05° ist deshalb falsch.

7. Als Sektorengrenze zwischen weißem und grünem Gleichtaktsektor entnimmt man der Karte rechtweisend 149°. Dieser Wert stimmt mit der ermittelten Kompaßpeilung genau überein, so daß auch die Ablenkungstabelle für einen Kompaßkurs von 168° stimmt.

8.

Loggestand neu	19,5
− Loggestand alt	17,4
Versegelung in sm	2,1

Koppelort:
$\varphi = 54° 30'$ N; $\lambda = 010° 15{,}1'$ E

9.

LF *Kiel:*	Glt. w.
LF *Bülk:*	Blz. gn.
LF *Friedrichsort:*	Ubr. w.

Bei sehr guten Sichtverhältnissen evtl. LF *Schleimünde:* Blk. (3) r. Das LF *Eckernförde* ist durch die Küste bereits abgedeckt.

10.

SP	282°
rwK	168°
rwP	450° = 090°

11. Trägt man diese Peilung ein, so fällt sie genau mit dem Koppelort zusammen.

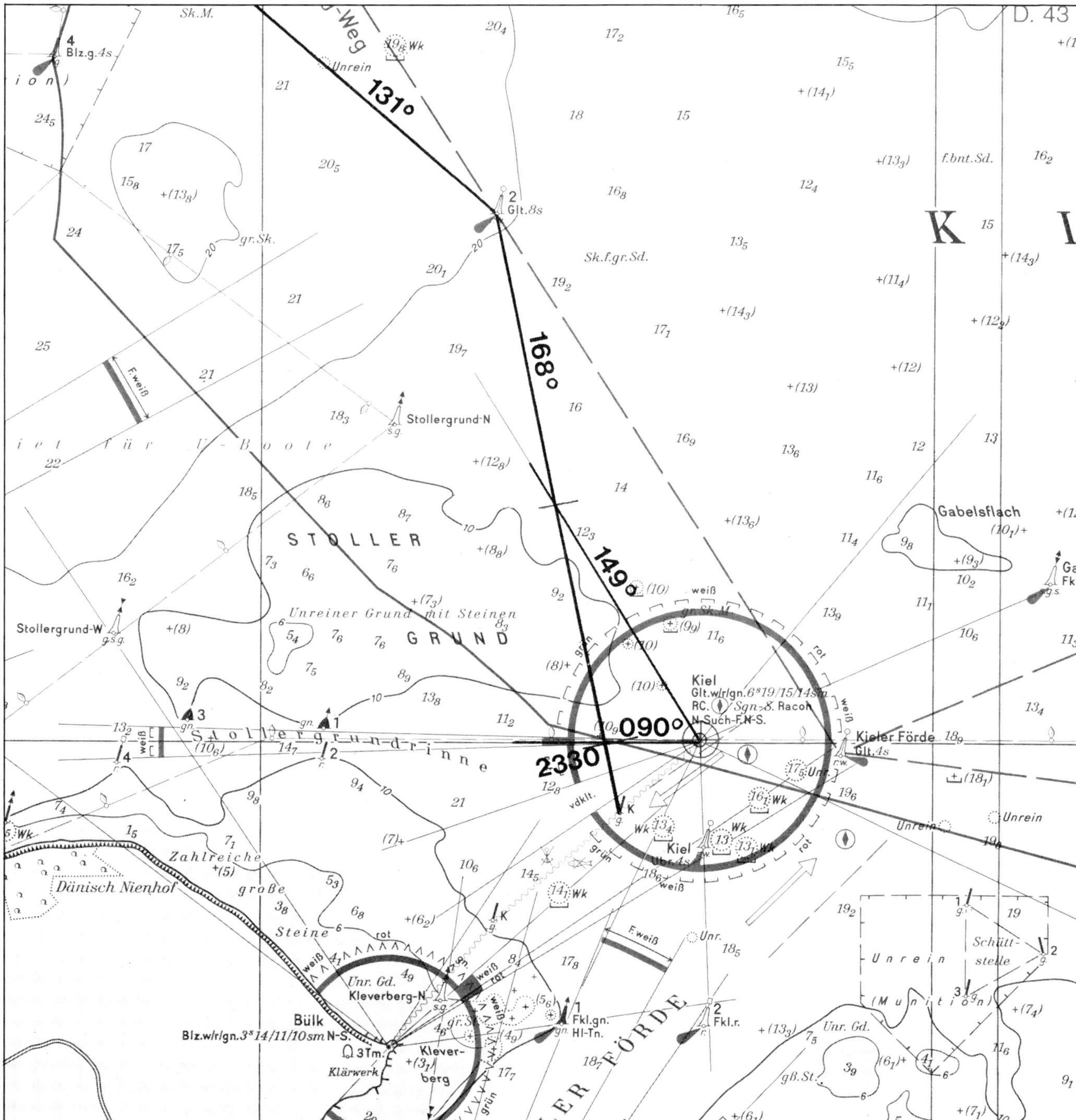
D. 43
131°
168°
149°
090°
2330
Unrein
Glt.8s
Blz.g.4s
Stollergrund-N
Stollergrund-W
STOLLER
GRUND
Unreiner Grund mit Steinen
Stollergrundrinne
F.weiß
Sk.f.gr.Sd.
Gabelsflach
Kiel
Glt.w/r/gn.6s19/15/14sm
RC.
Sgn. 8. Racon
N-Such-F.N-S.
Kieler Förde
Glt.4s
Kiel
Ubr.4s
weiß
rot
grün
vdklt.
Zahlreiche
große
Steine
Dänisch Nienhof
Unr. Gd.
Kleverberg-N
Bülk
Blz.w/r/gn.3s14/11/10sm N-S.
3Tm.
Klärwerk
Klever-
berg
Fkl.gn.
Hl-Tn.
Fkl.r.
Unreine
Schütt-
stelle
Munition
gß.St.
Strande
f.bnt.Sd.
gr.Sk.
Sk.M.

Terrestrische Standlinien

Jede Linie, auf der wir uns mit unserer Yacht befinden, nennt man **Standlinie**. Die einfachste Standlinie ist der Koppelkurs. Weitere Standlinien erhält man aus Landmarken, aus dem Einfallswinkel elektromagnetischer Wellen oder aus astronomischen Beobachtungen und spricht dann von *terrestrischen Standlinien* (BR-Schein), *Funkstandlinien* (BK-Schein) und *astronomischen Standlinien* (C-Schein).

Terrestrische Standlinien erhält man aus verschiedenen navigatorischen Beobachtungen, und zwar aus:

- **Peilungen,** die Geraden als Standlinien ergeben,
- **Abstandsbestimmungen,** durch die man einen Kreisbogen erhält,
- **Lotungen,** die zu unregelmäßig gekrümmten Linien führen, und
- **Horizontalwinkelmessungen,** die auch einen Kreisbogen ergeben.

Eine Standlinie allein ergibt noch keinen Schiffsort, mindestens zwei Standlinien sind hierfür erforderlich. Der Schiffsort ist dann genau der Punkt, der sowohl der einen als auch der anderen Standlinie angehört, also der Schnittpunkt beider.

Die Deckpeilung

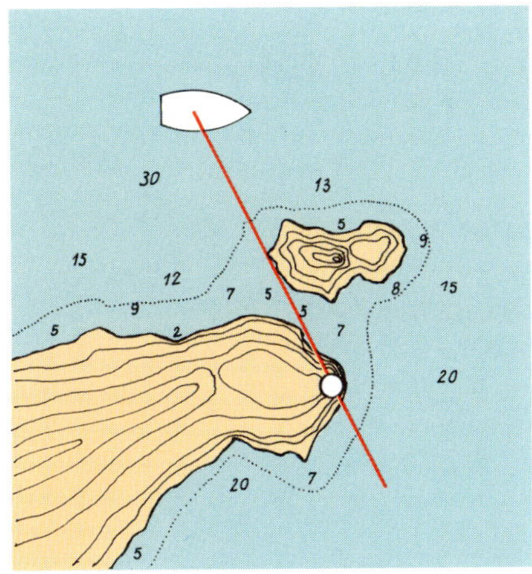

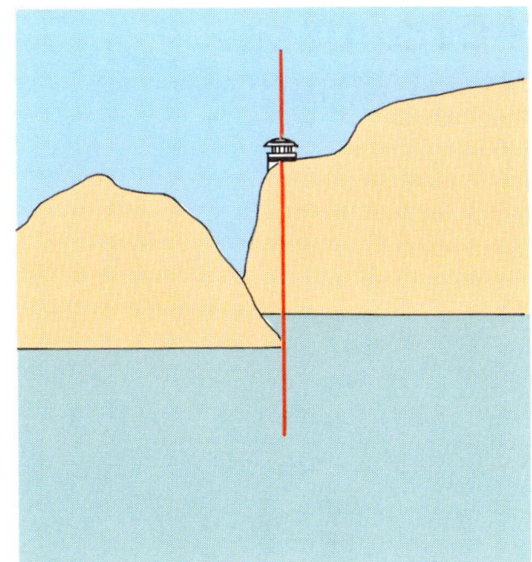

Alle Peilungen ergeben gerade Standlinien, unabhängig davon, ob es sich um eine Kompaß- oder Seitenpeilung handelt. Genauer als diese Peilungen sind sogenannte *Deckpeilungen.* Hierbei bringt man zwei markante und in der Seekarte eindeutig identifizierte Objekte, wie einen Kirchturm, Leuchtturm oder Schornstein, zur Deckung. Auch ein genau in Linie liegendes Kap ist hierfür geeignet (Skizzen oben), wenn wir nicht gerade im Gezeitenrevier segeln. Denn dort verschiebt der Tidenhub natürlich ständig die genaue Lage eines Kaps.

Die verlängerte Verbindungslinie beider Objekte gibt uns bereits die Standlinie, denn wir sehen beide Objekte nur dann genau in Deckung, wenn wir uns auf der von ihnen gebildeten Geraden befinden.

Das Verfahren ist also recht einfach, denn wir benötigen weder Peilkompaß noch Peilscheibe, und zudem äußerst genau, da Ungenauigkeiten beim Peilvorgang und Mißweisung oder Ablenkung nicht zu berücksichtigen sind.

In engen Fahrwassern werden öfter Leuchtfeuer oder Baken so in Linie aufgestellt, daß Untiefen oder andere Hindernisse gefahrlos umgangen werden können (vgl. S. 27). Wie bringt man dann Ober- und Unterfeuer zur Deckung, wenn sie nach einer Seite hin „offen" sind? Befindet sich das Unterfeuer bzw. die vordere Bake bei der Ansteuerung links vom Oberfeuer bzw. der hinteren Bake, so muß nach Bb gehalten werden – und umgekehrt. Der Kurs muß also immer in Richtung des vorderen Peilobjektes korrigiert werden (Skizzen links unten).

Ebenfalls ohne Navigationsinstrumente und somit ohne Kompaßfehler können wir eine Standlinie erhalten, wenn wir nachts die Sektorengrenze eines Leuchtfeuers durchlaufen. Dann befinden wir uns nämlich eindeutig auf der Verlängerung der in der Karte meist eingetragenen Sektorengrenze. Allerdings ist diese Standlinie nicht immer sehr genau. Denn der Übergangsbereich zwischen den Kennungen beträgt etwa 1° bis 2°, wenn es sich nicht gerade um ein Präzisionssektorenfeuer handelt, wie manche Leitfeuer in sehr engen Fahrwassern.

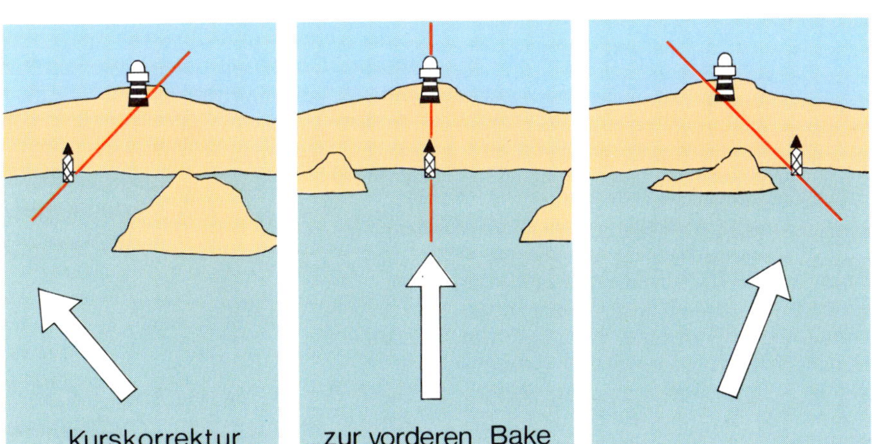

Kurskorrektur... ...zur vorderen Bake

Abstands-bestimmungen

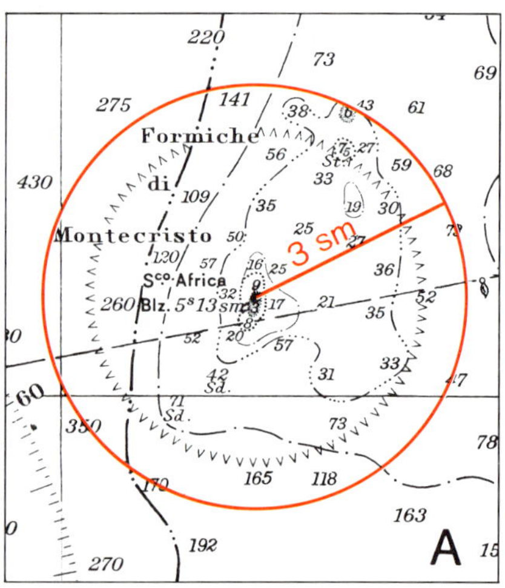

Durch eine Abstandsbestimmung erhalten wir keine gerade Standlinie wie bei den Peilungen, sondern eine kreisförmige Linie. Denn wenn wir feststellen, daß wir uns z. B. von einem Leuchtturm genau 3 sm entfernt befinden, so heißt das nichts anderes, als daß wir irgendwo auf einem Kreisbogen um den Leuchtturm mit einem Radius von 3 sm stehen (A).

Geschätzter Abstand

Abstände richtig zu schätzen ist für den Anfänger recht schwierig. Er muß mit dem jeweiligen Revier vertraut sein, um die Wirkung diesigen Wetters, plötzlichen Aufklarens, der Lufttemperatur oder des Mondscheins beurteilen zu können. Eine Schätzung allein sollte deshalb nie die Grundlage einer Schiffsortbestimmung sein; weitere Standlinien sind unbedingt erforderlich.

Eine Hilfe beim Landfall kann der Wetterbericht geben, der vielfach die Sichtigkeit in sm, manchmal auch in km, angibt, aber auch die folgenden Bezeichnungen verwendet:

25 sm außergewöhnlich gute Sicht
10 sm sehr gute Sicht
5 sm gute Sicht
2 sm mäßige Sicht
1 sm schwach diesig
0,5 sm diesig
500 m dünner Nebel
50 m starker Nebel

Einen weiteren Anhaltspunkt gibt die Entfernung der Kimm. Sieht man etwa mit dem Fernglas, daß die Kimm höher als die Brandungslinie einer Insel liegt, so befindet sie sich vor der Kimm (B). Dann erkennt man an der Küstenlinie meistens deutlich das vom Seegang oder der Dünung weiße Aufschäumen der Brecher. Aus unserer Augenhöhe über der Wasseroberfläche (Ah) ergibt sich die **Kimmentfernung** (A) allgemein:

$$\mathbf{A\ (sm) = 2{,}1 \cdot \sqrt{Ah\ (m)}}.$$

Für geringe Augenhöhen erhält man:

Ah	Kimmentfernung
1 m	2,1 sm
2 m	2,9 sm
3 m	3,6 sm
4 m	4,2 sm
5 m	4,7 sm

Auch der Schall gibt Hinweise auf die Entfernung. Außer dem Schallzeichen brauchen wir dann einen Anhalt dafür, wann das Zeichen gegeben wurde. Sehen wir beispielsweise bei einem vorbeifahrenden Schiff den aufsteigenden Dampf einer Dampfpfeife und messen den Zeitraum bis zum Eintreffen des Schalles, so müssen wir diese Zeitspanne durch etwa 5,5 dividieren, um die Entfernung in sm zu erhalten.

Also:

$$A\ (sm) = \frac{\text{Zeitspanne (s)}}{5{,}5}$$

Denn der Schall legt etwa 330 m/s zurück, benötigt also pro Seemeile ca. 5,5 Sekunden.

Feuer in der Kimm

Im Zusammenhang mit den Leuchtfeuern auf S. 26 haben wir den Unterschied zwischen Tragweite und Sichtweite eines Feuers kennengelernt und festgestellt, daß der Abstand zum Leuchtturm bei einer Augenhöhe von 5 m genau der in den Handbüchern angegebenen Sichtweite entspricht. Wir können deshalb nachts unseren Abstand von einem Leuchtfeuer daraus bestimmen, wann es in der Kimm erscheint.
Unsere Entfernung vom Leuchtturm ergibt sich, wie bei der Sichtweite, aus zwei Größen: Einmal müssen wir die Höhe (H) der Laterne über dem Wasserspiegel kennen. Zum anderen müssen wir von unserer Augenhöhe (Ah) ausgehen, die auf Segelyachten meist geringer als 5 m ist. Deshalb wird ein Leuchtfeuer erst später in der Kimm auftauchen, als es die Sichtweite im Leuchtfeuerverzeichnis angibt. Dann ergibt sich als Abstand (A):

$$A\,(sm) = 2{,}1 \cdot (\sqrt{H\,(m)} + \sqrt{Ah\,(m)})$$

Einfacher ist es jedoch, die auf den ersten Seiten jedes Lfv wiedergegebene Tabelle zu verwenden. So taucht beispielsweise ein Feuer von 46 m Höhe bei einer Augenhöhe von 2 m in einer Entfernung von 17 sm auf. Voraussetzung ist natürlich, daß überhaupt eine so gute Sicht herrscht (Tabelle rechts).

Auch eine Abstandsbestimmung aus der Sichtweite ist oft recht ungenau. Man braucht nur an etwas Seegang oder an Dünung zu denken. Aber auch manche besonderen Wetterverhältnisse, wie die Überlagerung unterschiedlich warmer Luftschichten, können zu Strahlenbrechungen und somit zu Fehlern führen.

XXVI

Abstand eines Feuers in der Kimm (Sichtweite) in Seemeilen

Feuerhöhe in Meter	Augenhöhe in Meter											
	0	1	2	3	4	5	6	7	8	9	10	11
2	2,9	5,0	5,9	6,5	7,1	**7,6**	8,0	8,4	8,8	9,1	9,5	9,8
4	4,1	6,2	7,1	7,7	8,3	**8,8**	9,2	9,6	10,0	10,4	10,7	11,0
6	5,1	7,1	8,0	8,7	9,2	**9,7**	10,1	10,5	10,9	11,3	11,6	11,9
8	5,9	7,9	8,8	9,4	10,0	**10,5**	10,9	11,3	11,7	12,1	12,4	12,7
10	6,5	8,6	9,5	10,1	10,7	**11,2**	11,6	12,0	12,4	12,8	13,1	13,4
12	7,2	9,2	10,1	10,8	11,3	**11,8**	12,2	12,6	13,0	13,4	13,7	14,0
14	7,7	9,8	10,7	11,3	11,9	**12,4**	12,8	13,2	13,6	14,0	14,3	14,6
16	8,3	10,4	11,2	11,9	12,4	**12,9**	13,3	13,8	14,1	14,5	14,8	15,1
18	8,8	10,9	11,7	12,4	12,9	**13,4**	13,9	14,3	14,6	15,0	15,3	15,6
20	9,3	11,3	12,2	12,8	13,4	**13,9**	14,3	14,7	15,1	15,5	15,8	16,1
22	9,7	11,8	12,6	13,3	13,8	**14,3**	14,8	15,2	15,6	15,9	16,3	16,6
24	10,1	12,2	13,1	13,7	14,3	**14,8**	15,2	15,6	16,0	16,4	16,7	17,0
26	10,6	12,6	13,5	14,1	14,7	**15,2**	15,6	16,0	16,4	16,8	17,1	17,4
28	11,0	13,0	13,9	14,5	15,1	**15,6**	16,0	16,4	16,8	17,2	17,5	17,8
30	11,3	13,4	14,3	14,9	15,5	**16,0**	16,4	16,8	17,2	17,5	17,9	18,2
32	11,7	13,8	14,6	15,3	15,8	**16,3**	16,8	17,2	17,6	17,9	18,3	18,6
34	12,1	14,1	15,0	15,7	16,2	**16,7**	17,1	17,5	17,9	18,3	18,6	18,9
36	12,4	14,5	15,3	16,0	16,6	**17,0**	17,5	17,9	18,3	18,6	19,0	19,3
38	12,8	14,8	15,7	16,3	16,9	**17,4**	17,8	18,2	18,6	19,0	19,3	19,6
40	13,1	15,2	16,0	16,7	17,2	**17,7**	18,2	18,6	18,9	19,3	19,6	20,0
42	13,4	15,5	16,3	17,0	17,6	**18,0**	18,5	18,9	19,3	19,6	20,0	20,3
44	13,7	15,8	16,7	17,3	17,9	**18,4**	18,8	19,2	19,6	19,9	20,3	20,6
46	14,0	16,1	17,0	17,6	18,2	**18,7**	19,1	19,5	19,9	20,2	20,6	20,9
48	14,3	16,4	17,3	17,9	18,5	**19,0**	19,4	19,8	20,2	20,6	20,9	21,2
50	14,6	16,7	17,6	18,2	18,8	**19,3**	19,7	20,1	20,5	20,8	21,2	21,5
55	15,4	17,4	18,3	18,9	19,5	**20,0**	20,4	20,8	21,2	21,6	21,9	22,2
60	16,0	18,1	19,0	19,6	20,2	**20,7**	21,1	21,5	21,9	22,2	22,6	22,9
65	16,7	18,8	19,6	20,3	20,8	**21,3**	21,8	22,2	22,5	22,9	23,2	23,6
70	17,3	19,4	20,2	20,9	21,5	**21,9**	22,4	22,8	23,2	23,5	23,9	24,2
75	17,9	20,0	20,9	21,5	22,1	**22,6**	23,0	23,4	23,8	24,1	24,5	24,8
80	18,5	20,6	21,4	22,1	22,7	**23,1**	23,6	24,0	24,4	24,7	25,1	25,4
85	19,1	21,2	22,0	22,7	23,2	**23,7**	24,2	24,6	24,9	25,3	25,6	26,0
90	19,6	21,7	22,6	23,2	23,8	**24,3**	24,7	25,1	25,5	25,8	26,2	26,5
95	20,2	22,2	23,1	23,8	24,3	**24,8**	25,2	25,7	26,0	26,4	26,7	27,0
100	20,7	22,8	23,6	24,3	24,8	**25,3**	25,8	26,2	26,6	26,9	27,2	27,6
110	21,7	23,8	24,6	25,3	25,9	**26,3**	26,8	27,2	27,6	27,9	28,3	28,6
120	22,7	24,7	25,6	26,3	26,8	**27,3**	27,7	28,2	28,5	28,9	29,2	29,5
130	23,6	25,7	26,5	27,2	27,7	**28,2**	28,7	29,1	29,5	29,8	30,1	30,5
140	24,5	26,6	27,4	28,1	28,6	**29,1**	29,6	30,0	30,3	30,7	31,0	31,4
150	25,4	27,4	28,3	28,9	29,5	**30,0**	30,4	30,8	31,2	31,6	31,9	32,2
160	26,2	28,3	29,1	29,8	30,3	**30,8**	31,3	31,7	32,0	32,4	32,7	33,0
170	27,0	29,1	29,9	30,6	31,1	**31,6**	32,1	32,5	32,8	33,2	33,5	33,9
180	27,8	29,8	30,7	31,4	31,9	**32,4**	32,8	33,2	33,6	34,0	34,3	34,6
190	28,5	30,6	31,5	32,1	32,7	**33,2**	33,6	34,0	34,4	34,7	35,1	35,4
200	29,3	31,3	32,2	32,9	33,4	**33,9**	34,3	34,8	35,1	35,5	35,8	36,1

Abstand durch Höhenwinkel

Mit dem Sextanten kann man die genaueste Abstandsbestimmung vornehmen, indem man den Winkel mißt, unter dem die Höhe eines bekannten Peilobjektes über dem Wasserspiegel erscheint. Dieser Winkel heißt **Höhen- oder Elevationswinkel.** Je näher wir uns am Peilobjekt befinden, desto größer ist dieser Winkel, je weiter wir uns entfernen, desto geringer wird er uns erscheinen. Der Höhenwinkel wird meist sehr kleine Werte annehmen, oft unter einem Grad, so daß eine verwertbare Messung nur mit dem Sextanten durchgeführt werden kann.

Ist uns die Höhe des Objektes über der Wasserlinie (H) aus der Karte oder dem Leuchtfeuerverzeichnis bekannt und haben wir den Elevationswinkel (n) in Minuten gemessen, ergibt sich als Abstand A in Seemeilen:

$$\mathbf{A\,(sm)} = \frac{\mathbf{13}}{\mathbf{7}} \cdot \frac{\mathbf{H\,(m)}}{\mathbf{n\,(min)}}$$

Zur Höhenwinkelmessung sind alle etwas größeren Objekte geeignet, deren genaue Höhe über dem Wasserspiegel wir kennen, also markante Berggipfel ebenso wie alle möglichen Türme. Für Höhen bis zu 90 m können wir den Abstand wieder unmittelbar einer Tabelle (*Fulst, Nautische Tafeln 10*) entnehmen. So erhalten wir für einen 48 m hohen Turm, der unter einem Elevationswinkel von 30 Minuten erscheint, eine Entfernung von 3 sm.

Diese Formel gilt jedoch nur, solange der Fußpunkt der Landmarke sichtbar ist, also vor der Kimm liegt. Liegt er hinter der Kimm, so müssen wir den gemessenen Höhenwinkel n mit der sogenannten Kimmtiefe k berichtigen.

In Gezeitenrevieren muß außerdem die jeweilige Wasserhöhe berücksichtigt werden. Die Objekthöhe muß dementsprechend korrigiert werden, um die Messung nicht unbrauchbar zu machen.

Es ist auch denkbar, eine Turmhöhe nicht über dem Wasserspiegel, sondern über dem Erdboden zu messen, doch führt das meistens zu Ungenauigkeiten. Nicht nur, daß der zu messende Winkel dann sehr klein wird, sondern es wird auch schwierig, den Fußpunkt des Turmes genau auszumachen.

Eine andere Methode besteht darin, zwei aufeinanderfolgende Elevationswinkelmessungen durchzuführen, während man inzwischen auf das Objekt zu versegelt. Doch muß man dann mit etwas komplizierteren Winkelfunktionen rechnen.

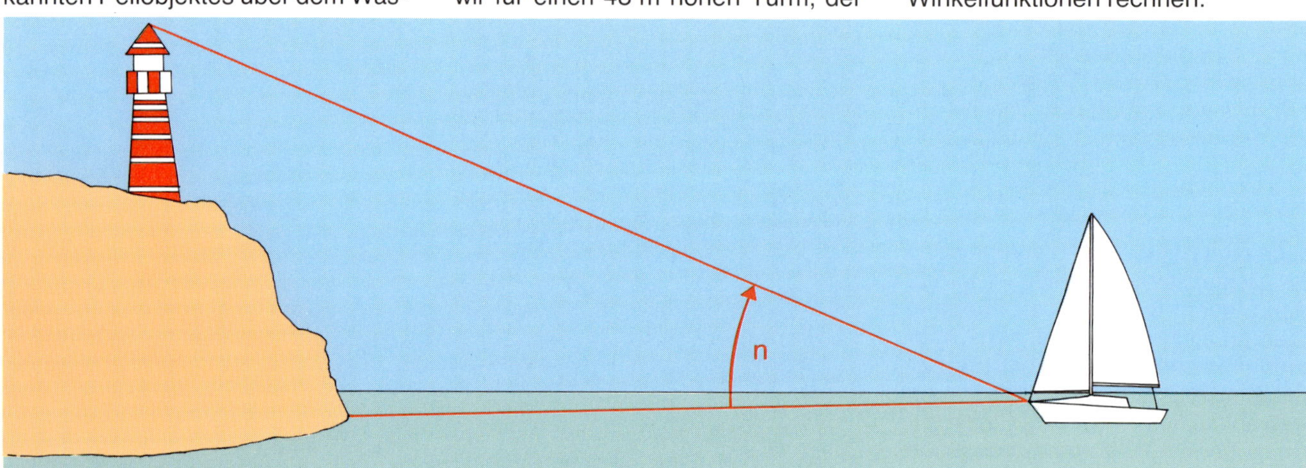

Tafel 10. Höhenwinkel in Minuten

Abstand sm	Höhe in Metern 2	4	6	8	10	12	14	16	18	20	22	24	26	28	30
0,5	7,4	14,8	22,3	29,7	37,1	44,5	52,0	59,4	66,8	74	81	89	97	104	111
1,0	3,7	7,4	11,1	14,8	18,6	22,3	26,0	29,7	33,4	37	41	45	48	52	56
1,5	2,5	4,9	7,4	9,9	12,4	14,8	17,3	19,8	22,3	25	27	30	32	35	37
2,0	1,9	3,7	5,6	7,4	9,3	11,1	13,0	14,8	16,7	19	20	22	24	26	28
2,5	1,5	3,0	4,5	5,9	7,4	8,9	10,4	11,9	13,4	14,8	16,3	17,8	19,3	20,8	22,3
3,0	1,2	2,5	3,7	4,9	6,2	7,4	8,7	9,9	11,1	12,4	13,6	14,8	16,1	17,3	18,6
3,5	1,1	2,1	3,2	4,2	5,3	6,4	7,4	8,5	9,5	10,6	11,7	12,7	13,8	14,8	15,9
4,0	0,9	1,9	2,8	3,7	4,6	5,6	6,5	7,4	8,4	9,3	10,2	11,1	12,1	13,0	13,9
4,5	0,8	1,7	2,5	3,3	4,1	5,0	5,8	6,6	7,4	8,3	9,1	9,9	10,7	11,6	12,4
5,0	0,7	1,5	2,2	3,0	3,7	4,4	5,2	5,9	6,7	7,4	8,2	8,9	9,7	10,4	11,1
5,5	0,7	1,4	2,0	2,7	3,4	4,1	4,7	5,4	6,1	6,8	7,4	8,1	8,8	9,5	10,1
6,0	0,6	1,2	1,9	2,5	3,1	3,7	4,3	4,9	5,6	6,2	6,8	7,4	8,0	8,7	9,3
6,5	0,6	1,1	1,7	2,3	2,9	3,4	4,0	4,6	5,1	5,7	6,3	6,9	7,4	8,0	8,6
7,0	0,5	1,1	1,6	2,1	2,7	3,2	3,7	4,2	4,8	5,3	5,8	6,4	6,9	7,4	8,0
7,5	0,5	1,0	1,5	2,0	2,5	3,0	3,5	4,0	4,5	5,0	5,4	5,9	6,4	6,9	7,4
8,0	0,5	0,9	1,4	1,9	2,3	2,8	3,2	3,7	4,2	4,6	5,1	5,6	6,0	6,5	7,0
9,0	0,4	0,8	1,2	1,7	2,1	2,5	2,9	3,3	3,7	4,1	4,5	5,0	5,4	5,8	6,2
10,0	0,4	0,7	1,1	1,5	1,9	2,2	2,6	3,0	3,3	3,7	4,1	4,5	4,8	5,2	5,6

Abstand sm	Höhe in Metern 32	34	36	38	40	42	44	46	48	50	52	54	56	58	60
0,5	119	126	134	141	148	156	163	171	178	186	193	200	208	215	223
1,0	59	63	67	71	74	78	82	85	89	93	97	100	104	108	111
1,5	40	42	45	47	49	52	54	57	59	62	64	67	69	72	74
2,0	30	32	33	35	37	39	41	43	45	46	48	50	52	54	56
2,5	24	25	27	28	30	31	33	34	36	37	39	40	42	43	45
3,0	20	21	22	23	25	26	27	28	30	31	32	33	35	36	37
3,5	17,0	18,0	19,1	20,2	21,2	22,3	23,3	24,4	25,5	26,5	27,6	28,6	29,7	30,8	31,8
4,0	14,8	15,8	16,7	17,6	18,6	19,5	20,4	21,3	22,3	23,2	24,1	25,1	26,0	26,9	27,8
4,5	13,2	14,0	14,9	15,7	16,5	17,3	18,2	19,0	19,8	20,6	21,5	22,3	23,1	23,9	24,8
5,0	11,9	12,6	13,4	14,1	14,9	15,6	16,3	17,1	17,8	18,6	19,3	20,0	20,8	21,5	22,3
5,5	10,8	11,5	12,2	12,8	13,5	14,2	14,9	15,5	16,2	16,9	17,6	18,2	18,9	19,6	20,3
6,0	9,9	10,5	11,1	11,8	12,4	13,0	13,6	14,3	14,8	15,5	16,1	16,7	17,3	17,9	18,6
6,5	9,1	9,7	10,3	10,9	11,4	12,0	12,6	13,1	13,7	14,3	14,9	15,4	16,0	16,6	17,1
7,0	8,5	9,0	9,5	10,1	10,6	11,1	11,7	12,2	12,7	13,3	13,8	14,3	14,9	15,4	15,9
7,5	7,9	8,4	8,9	9,4	9,9	10,4	10,9	11,4	11,9	12,4	12,9	13,4	13,9	14,4	14,9
8,0	7,4	7,9	8,4	8,8	9,3	9,7	10,2	10,7	11,1	11,6	12,1	12,5	13,0	13,5	13,9
9,0	6,6	7,0	7,4	7,8	8,3	8,7	9,1	9,5	9,9	10,3	10,7	11,1	11,6	12,0	12,4
10,0	5,9	6,3	6,7	7,1	7,4	7,8	8,2	8,5	8,9	9,3	9,7	10,0	10,4	10,8	11,1

Abstand sm	Höhe in Metern 62	64	66	68	70	72	74	76	78	80	82	84	86	88	90
0,5	230	238	245	252	260	267	275	282	290	297	304	312	319	327	334
1,0	115	119	123	126	130	134	137	141	145	148	152	156	160	163	167
1,5	77	79	82	84	87	89	92	94	97	99	101	104	106	109	111
2,0	58	59	61	63	65	67	69	71	72	74	76	78	80	82	84
2,5	46	48	49	50	52	53	55	56	58	59	61	62	64	65	67
3,0	38	40	41	42	43	44	46	47	48	49	51	52	53	54	56
3,5	33	34	35	36	37	38	39	40	41	42	43	44	46	47	48
4,0	29	30	31	32	33	33	34	35	36	37	38	39	40	41	42
4,5	26	26	27	28	29	30	30	31	32	33	34	35	36	36	37
5,0	23,0	23,8	24,5	25,2	26,0	26,7	27,5	28,2	29,0	29,7	30,4	31,2	31,9	32,7	33,4
5,5	20,9	21,6	22,3	23,0	23,6	24,3	25,0	25,7	26,3	27,0	27,7	28,4	29,0	29,7	30,4
6,0	19,2	19,8	20,4	21,0	21,7	22,3	22,9	23,5	24,1	24,7	25,4	26,0	26,6	27,2	27,8
6,5	17,7	18,3	18,8	19,4	20,0	20,6	21,1	21,7	22,3	22,8	23,4	24,0	24,6	25,1	25,7
7,0	16,4	17,0	17,5	18,0	18,6	19,1	19,6	20,2	20,7	21,2	21,7	22,3	22,8	23,3	23,9
7,5	15,3	15,8	16,3	16,8	17,3	17,8	18,3	18,8	19,3	19,8	20,3	20,8	21,3	21,8	22,3
8,0	14,4	14,8	15,3	15,8	16,2	16,7	17,2	17,6	18,1	18,6	19,0	19,5	20,0	20,4	20,9
9,0	12,8	13,2	13,6	14,0	14,4	14,9	15,3	15,7	16,1	16,5	16,9	17,3	17,7	18,2	18,6
10,0	11,5	11,9	12,3	12,6	13,0	13,4	13,7	14,1	14,5	14,8	15,2	15,6	16,0	16,3	16,7

Ausschnitt aus
Fulst, Nautische Tafeln

Lotungen

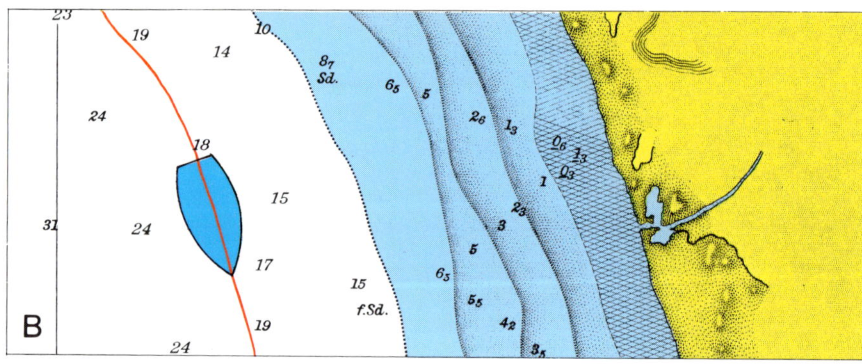

Standlinie aus Einzellotung . . .

Eine verläßliche Standlinie aus einer oder mehreren Lotungen erhalten wir nur, wenn der Meeresboden ein charakteristisches Bodenprofil aufweist. Eine Lotung auf einem nahezu ebenen Boden kann deshalb zur Schiffsortbestimmung nicht ausgewertet werden.

Sobald wir jedoch vor einer Küste einen langsam und beständig ansteigenden Boden vorfinden, gibt uns jede Einzellotung bereits eine Standlinie, nämlich die zum gemessenen Tiefenwert gehörende Tiefenlinie (A und B). Diese Standlinie hat meist einen unregelmäßigen Verlauf, doch wird sie dadurch nicht wertloser. In Verbindung mit einer etwa durch Peilung gewonnenen zweiten Standlinie können wir den Schiffsort bestimmen.

Versucht man bei unsichtigem Wetter – wo man vielfach auf das Echolot als einzige Navigationshilfe angewiesen ist –, eine unbekannte Küste anzulaufen, kann man durch ständige Kontrollotungen auf einer sicheren Tiefenlinie entlanglaufen.

. . . und Lotstreifen

Eine genauere Standlinie kann man durch eine Reihenlotung erhalten. Auf einem gerade gesteuerten Kurs werden in bestimmten kleinen Zeitabständen, etwa alle 5 Minuten, Einzellotungen vorgenommen, wobei neben dem Tiefenwert der jeweilige Zeitpunkt und Loggestand notiert werden. Aus diesen Angaben skizziert man einen sogenannten Lotstreifen: In maßstabsgetreuen Abständen werden die Einzellotungen auf einem Papierstreifen markiert und die dazugehörigen Tiefenwerte vermerkt. Mit diesem Streifen versucht man – ausgehend von einem noch sicheren Schiffsort –, die gemessenen Tiefenwerte mit den Tiefenlinien der Karte zur Deckung zu bringen. Es ergibt sich eine gerade Standlinie, die die Yacht als Kurs über Grund gelaufen ist.

Auch vor flachen Durchfahrten sucht man mit einer Art Reihenlotung eine geeignete Tiefenlinie, auf der die Engstelle passiert werden kann.

Beachte: Alle Lotungen im Gezeitenrevier müssen vor der Auswertung in der Karte auf Kartennull beschickt werden!

Der Horizontalwinkel

Kein Prüfungsstoff!

Das Prinzip

Sind zwei geeignete Landmarken zugleich auszumachen, können wir eine bogenförmige Standlinie durch eine Horizontalwinkelmessung erhalten. Das heißt, man mißt mit dem Sextanten den Winkel, unter dem vom Schiffsort aus die beiden Landmarken erscheinen. Statt des Sextanten kann man auch den Kompaß oder die Peilscheibe verwenden, indem man zwei Messungen durchführt und die Differenz bildet.
Bei der Horizontalwinkelmessung brauchen wir **keine Verfälschung durch unbekannte Kompaßfehler** zu befürchten. Dies gilt auch dann, wenn wir den Horizontalwinkel durch 2 Messungen mit dem Kompaß oder der Peilscheibe ermitteln, solange sie auf gleichem Kurs durchgeführt werden. Denn ein Kompaßfehler hebt sich bei der Differenzbildung der Meßwerte wieder auf.
Es gibt nun genau einen Kreisbogen, auf dem sowohl die beiden Landmarken als auch die beobachtende Yacht liegt. Hierbei gilt: Von jedem Punkt dieses Kreisbogens aus erscheint dem Beobachter die von beiden Objekten gebildete Strecke unter dem gleichen Winkel, dem *Peripheriewinkel* (A). Wenn wir diesen Kreisbogen konstruieren können, haben wir also eine terrestrische Standlinie gewonnen.
Nehmen wir zuvor an, der Kreisbogen sei bereits konstruiert, die beiden Landmarken miteinander verbunden und von jedem Peilobjekt aus eine Verbindungslinie zum Kreismittelpunkt gezogen (Skizze B). Wir erhalten so ein Dreieck, in dem gilt:
1. Der am Mittelpunkt MP liegende Winkel ist genau doppelt so groß wie der gemessene Peripheriewinkel.
2. Die beiden an der Verbindungslinie der Peilobjekte liegenden Winkel β sind gleich groß. Ihre Größe ergibt sich als Unterschied des gemessenen Peripheriewinkels α zu 90°.
Also entweder: $\beta = 90° - \alpha$,
oder: $\beta = \alpha - 90°$.

Die Konstruktion

Unser Ziel ist es, den Kreismittelpunkt zu finden. Ist er uns bekannt, können wir den Kreisbogen und somit die Standlinie zeichnen. Wir gehen folgendermaßen vor:
1. Wir messen den Horizontalwinkel zwischen beiden Objekten.
2. Wir bilden den Unterschied dieses Winkels zu 90° und erhalten den Winkel β.
3. Wir verbinden in der Karte beide Peilobjekte miteinander.
4. Wir tragen den Winkel β in den Objekten an der Verbindungslinie an.
5. Der Schnittpunkt der beiden angetragenen Schenkel ergibt den gesuchten Kreismittelpunkt.
6. Wir ziehen um den Mittelpunkt einen Kreis mit dem Radius Mittelpunkt-Peilobjekt und erhalten die Standlinie.
Beachte: Ist der gemessene Horizontalwinkel größer als 90°, so muß β vom Standort weg angetragen werden. Wir befinden uns dann nicht auf dem größeren Teilbogen, wie in Skizze B, sondern auf dem entgegengesetzten kleineren Teilbogen, der in der Skizze über Land läuft.

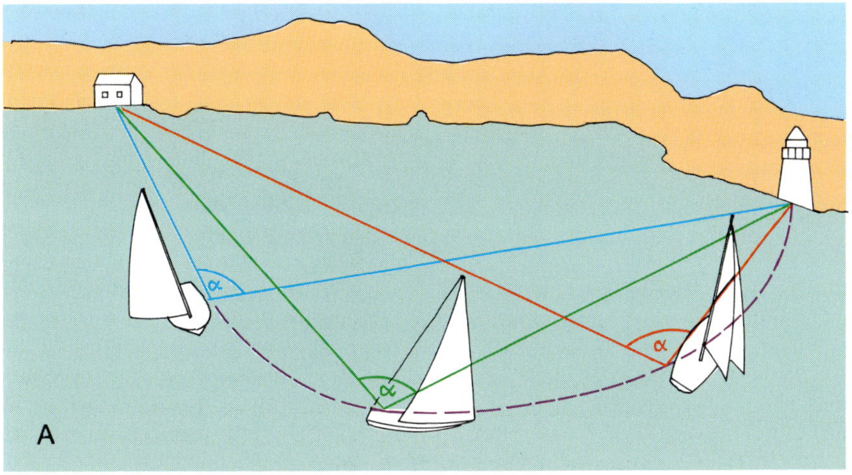

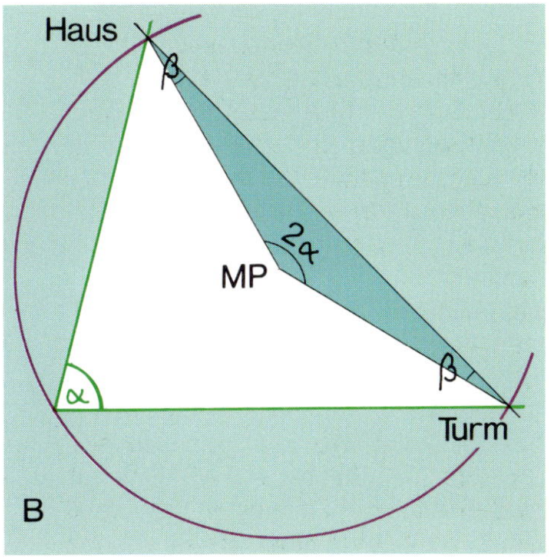

Bestimmung des Schiffsortes

Theorie . . .

Wir kennen nun alle geläufigen Verfahren, terrestrische Standlinien zu ermitteln, und wollen die verschiedenen Möglichkeiten der Ortsbestimmung zusammenstellen.

A. Ist **keine Landmarke** sichtbar, erhalten wir den Schiffsort nur mit Hilfe des Koppelns.

B. Falls **nur eine einzige Landmarke** sichtbar ist:
1. Abstandsbestimmung und Peilung der Landmarke
2. Doppelpeilungen (vgl. S. 84)

C. Sind **zwei Landmarken** sichtbar:
1. Peilung beider Objekte (Kreuzpeilung)
2. Horizontalwinkelmessung und Peilung eines der beiden Objekte
3. Horizontalwinkelmessung und Abstandsbestimmung
4. Bestimmung des Abstandes von beiden Objekten

D. Kann man **drei Landmarken** ausmachen:
1. Peilung aller drei Objekte (Kreuzpeilung)
2. Zweifache Horizontalwinkelmessung

In den Fällen C3, C4 und D2 gehen keine Kompaßfehler ein.

. . . und Praxis

Für die Praxis des Navigierens sollte immer gelten:

Jede Bestimmung des Schiffsortes ist mit einer Portion gesunder Skepsis zu beurteilen. Es gibt genügend Fehlerquellen, wie falscher Umgang mit Peilkompaß, Sextant oder Peilscheibe; wie ungünstige Arbeitsbedingungen bei grobem Seegang oder schlechter Sicht, die zu ungenauen Ergebnissen führen; oder wie eine fehlerhafte Beschickung der gemessenen Winkel. In die Navigation sollte deshalb der Fehlerbereich der Instrumente und des Steuermanns mit einfließen. Es ist auch nicht unbedingt sicher, daß der ausgemachte Leuchtturm der seit langem gesuchte ist. Dies gilt ebenso nachts. Das Auszählen einer Kennung ohne Stoppuhr führt erfahrungsgemäß zu fast jedem gewünschten Ergebnis und ist deshalb wertlos. Die Annahme: *Die haben eben die Kennung geändert,* ist, solange man die neueste Literatur verwendet, meistens falsch.

Versäume deshalb keine Gelegenheit, deine Ergebnisse zu überprüfen und – wo nötig – zu korrigieren!

Die Kreuzpeilung

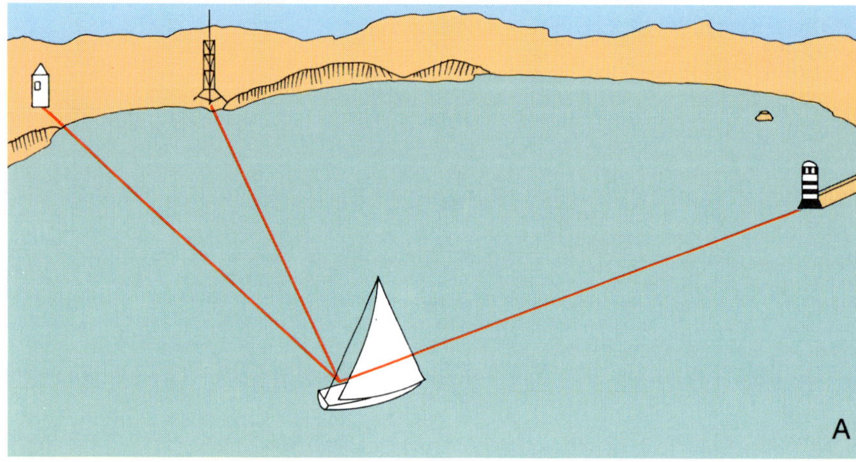

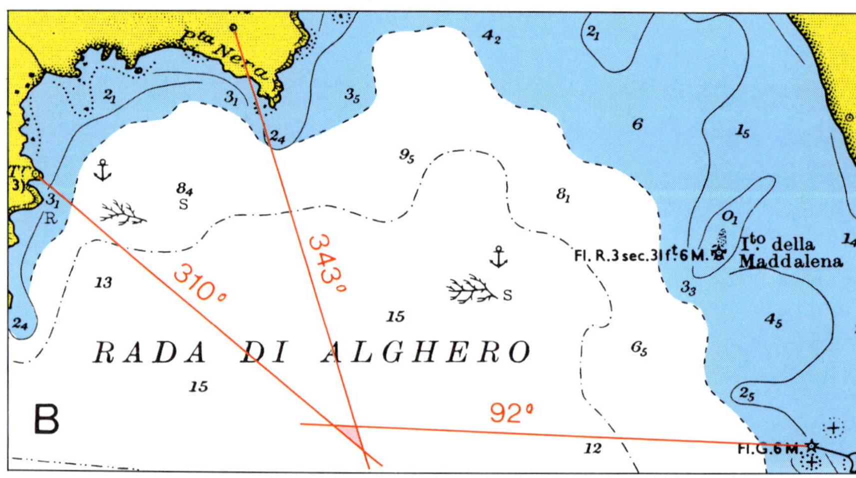

Das Verfahren

Unter einer Kreuzpeilung versteht man eine Schiffsortbestimmung aus mindestens zwei, besser aber drei nahezu **gleichzeitig durchgeführten Peilungen** – gleichgültig, ob mit dem Kompaß oder der Peilscheibe. Die Peilungen werden mit Mißweisung und Ablenkung zu rechtweisenden Peilungen beschickt und in die Karte eingetragen. Als Standort erhält man den Schnittpunkt der in der Seekarte eingezeichneten Peillinien. Im Beispiel der Skizzen A und B wurde der Turm rechtweisend unter 310°, die Flugfunkfeuerantenne unter 343° und der Feuerträger auf der Hafenmole unter 092° gepeilt. Doch schneiden sich die drei Peillinien nicht genau in einem Punkt, sondern bilden ein kleines Dreieck, das sogenannte Fehlerdreieck.

Das Fehlerdreieck

Solange wir nur zwei geeignete Landmarken in Sicht haben, werden wir uns mit dem Schnittpunkt der Peilungen als Standort zufriedengeben müssen. Doch kann eine dritte Peilung Ungenauigkeiten der beiden ersten aufdecken. In aller Regel wird diese letzte Standlinie nicht genau durch den von den beiden anderen gebildeten Schnittpunkt laufen.
Wo können wir dann unseren wahrscheinlichen Standort annehmen? Doch zunächst müssen wir uns die Auswirkung möglicher Fehlerquellen klarmachen. Denn es ist nicht einmal zwingend, daß unser Schiffsort innerhalb des Dreiecks liegt.

Keine schleifenden Schnitte

Peillinien, die sich unter einem kleineren Winkel als 30° und unter einem größeren als 150° schneiden, führen in der Karte zu zeichnerischen Ungenauigkeiten. Man erhält sogenannte schleifende Schnitte, deren wahrer Schnittpunkt nicht genau bestimmt werden kann (C). Ein Schnittwinkel von 90° bei zwei Peilungen oder von 60° bei drei Peilungen ist für die zeichnerische Auswertung am günstigsten. Können wir eine Reihe ver-

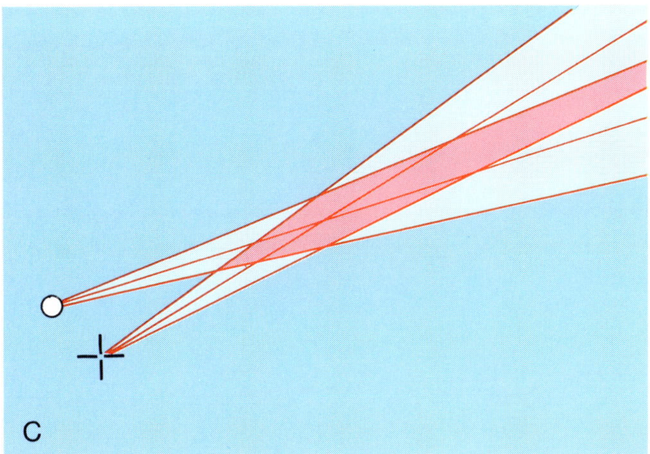

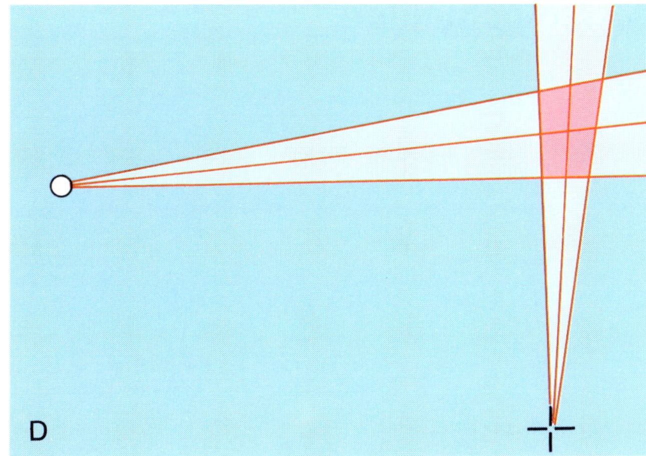

schiedener Landmarken ausmachen, sollten wir sie auch unter dem Gesichtspunkt der zeichnerischen Auswertung auswählen.
Ergibt sich ein nicht allzu großes und verhältnismäßig gleichseitiges Fehlerdreieck, können wir zunächst davon ausgehen, daß der Schiffsort etwa in der Mitte des Dreiecks liegt. Ob das Dreieck zu groß ist, hängt letztlich davon ab, wie weit entfernt wir von der Küste oder von Untiefen stehen. Weiter außerhalb werden wir eher auf jene nahezu penible Genauigkeit verzichten können, die unter der Küste unentbehrlich ist.

Je näher – desto genauer

Ist das Fehlerdreieck zu groß oder fällt eine der Standlinien weit aus der Umgebung des Koppelortes heraus, müssen wir die vermutlich ungenaueste Peilung ausscheiden. Wir überlegen uns, bei welcher Peilung wir Schwierigkeiten wegen des Seegangs oder aus anderen Gründen hatten. So wird eine Deckpeilung, die wir auch bei der Kreuzpeilung verwenden können, die genaueste Standlinie sein. Sind alle Werte recht ungenau, müssen wir die Peilungen wiederholen.

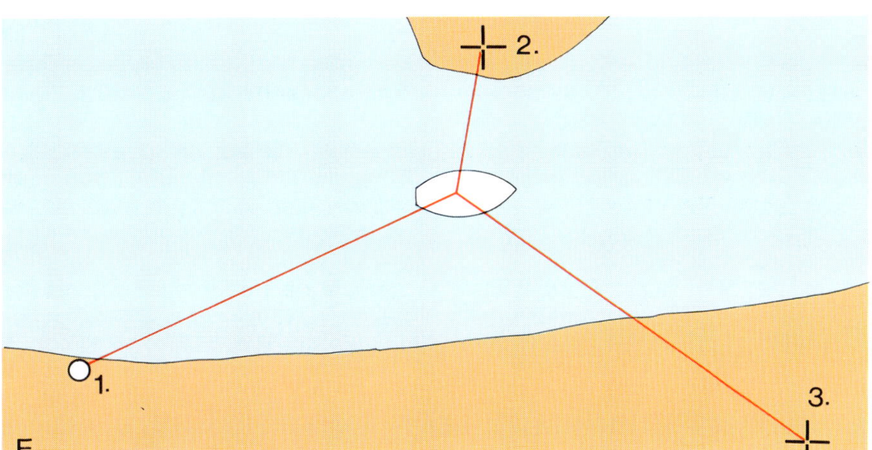

Hierbei sollten wir uns klarmachen, daß die Entfernung der angepeilten Landmarke erheblichen Einfluß auf die Genauigkeit hat. Wenn wir davon ausgehen, daß wir etwa auf $\pm$ 5° genau peilen, dann haben wir vom Peilobjekt aus gesehen einen Streusektor von insgesamt 10°, der sich mit zunehmender Entfernung von der Landmarke gleichmäßig vergrößert (Skizze D).
Also: Je näher das Peilobjekt, desto genauer auch die Peilung.

Auch die Reihenfolge ist wichtig

Weitere Ungenauigkeiten ergeben sich, wenn zwischen den einzelnen Peilungen unnötig viel Zeit verstreicht. Denn inzwischen verändern sich die Peilwinkel. Deshalb werden schnell auswandernde, also querab liegende Landmarken unmittelbar hintereinander gepeilt. Und wenn man zunächst die langsam auswandernden Marken und dann erst die sich schnell verändernden peilt – in Skizze E in der Reihenfolge 1-2-3 –, erhält man auch den aktuellsten, d. h. den jüngsten Schiffsort.

Doppelpeilungen

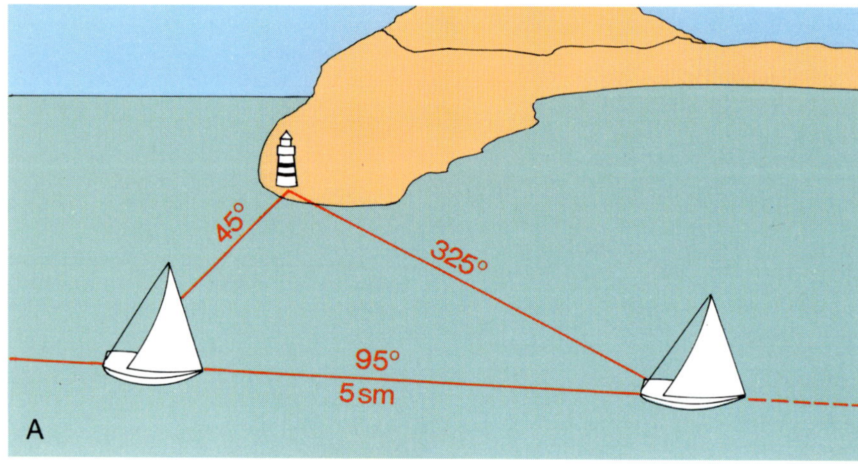

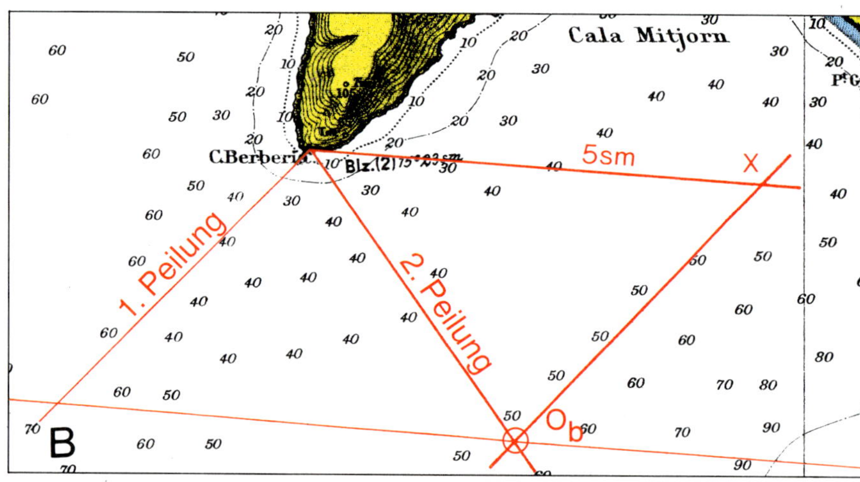

Selbst wenn wir nur eine Landmarke in Sicht haben, können wir den Schiffsort allein aus Peilungen bestimmen. Bei diesem Verfahren peilt man nicht, wie bei der Kreuzpeilung, mehrere Objekte gleichzeitig, sondern ein und dieselbe Landmarke zu verschiedenen Zeitpunkten. Zwischen beiden Peilungen wird dann bei möglichst gleichbleibendem Kurs eine gewisse Distanz versegelt, die wir der Logge entnehmen. Man nennt deshalb die Doppelpeilungen auch **Versegelungspeilungen.**

Wie wir wissen, sind zur Schiffsortbestimmung mindestens zwei Standlinien erforderlich. Bei der Doppelpeilung erhalten wir eine Standlinie durch die zweite Peilung. Die erste Peilung können wir jedoch nicht unmittelbar verwenden, denn seitdem sie vorgenommen wurde, ist die Yacht weitergesegelt. Wir müssen deshalb die erste Peilung gleichsam um die Versegelung *mitnehmen.* Das geschieht dadurch, daß wir sie in Richtung unseres Kurses um die inzwischen versegelte Distanz parallel verschieben und mit der zweiten Peillinie schneiden. Der Standort ergibt sich dann aus dem Schnittpunkt. Um auch hier keine schleifenden Schnitte zu erhalten, muß zwischen beiden Peilungen soviel versegelt worden sein, daß sich ein größerer Winkelunterschied ergibt.

Im Beispiel der Skizzen A und B wurde der Leuchtturm erst unter 045°, dann unter 325° gepeilt. Bei einem rwK von 095° versegelte man zwischen beiden Peilungen 5 sm.

In der Karte tragen wir beide Peilungen am Leuchtturm an. Wir befinden uns irgendwo auf der zweiten Peillinie und müssen die erste parallel verschieben. Hierfür tragen wir am Leuchtturm (oder auch auf unserem Koppelkurs, ausgehend von der ersten Peillinie) unsere Kurslinie an und setzen auf dieser genau 5 sm ab. Im Hilfspunkt X zeichnen wir eine Parallele zur ersten Peilung ein, die die zweite Peillinie im gesuchten Schiffsort O_b schneidet.

Beachte: Da alle Doppelpeilungen auf Versegelungen beruhen, können unbekannte Stromverhältnisse gravierende Fehler verursachen.

Abgestumpfte Doppelpeilung

Es ist natürlich völlig gleichgültig, ob für die zweite Peilung die gleiche Landmarke verwendet wird oder eine andere. So kann bald nach der ersten Peilung das Objekt (LT *El Toro*) verschwinden, dafür aber später ein neues Objekt (LT *C. de Cala Figuera*) auftauchen. Auch jetzt kann man die erste Peilung in Kursrichtung um die Versegelung mitnehmen und mit der am nun sichtbaren Leuchtturm vorgenommenen Peilung schneiden.

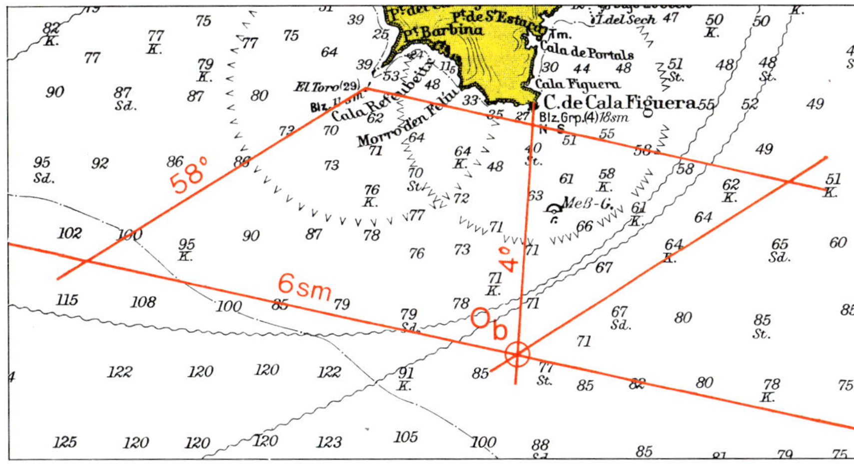

Verdoppelung der Seitenpeilung

Nimmt man die zweite Peilung genau dann vor, wenn ihr mit der Kiellinie gebildeter Winkel doppelt so groß ist wie bei der ersten Peilung, ergibt sich in der Konstruktion ein gleichschenkliges Dreieck. Die zwischen den Peilungen versegelte Distanz AB entspricht dann dem Abstand von der Landmarke C zum letzten Peilpunkt B, also: AB = BC.
Dieses Verfahren stellt oft die einzige Möglichkeit dar, die einem Leuchtturm vorgelagerten Klippen nachts zu passieren.

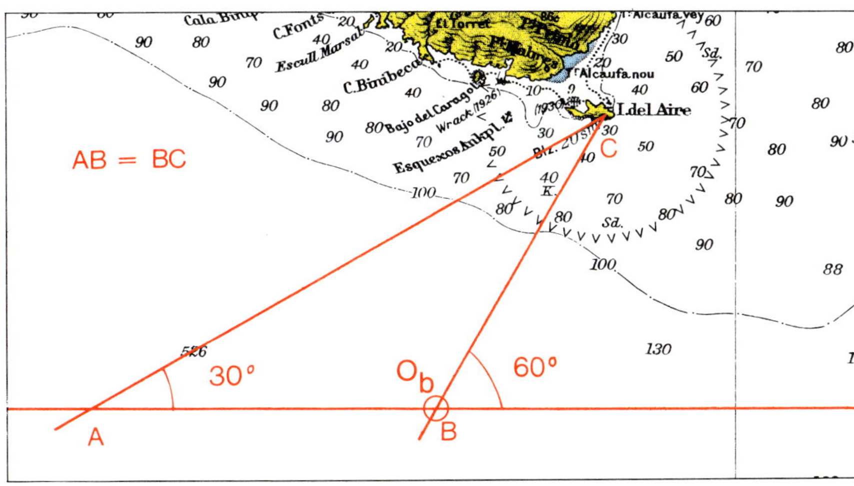

Vierstrichpeilung

Bei der Vierstrichpeilung wird die Landmarke beim ersten Mal unter 45° (= 4 Strich), beim zweiten Mal unter 90° gepeilt. Der Abstand zum Objekt entspricht der Versegelung zwischen beiden Peilungen. Man hat jetzt zwar für die zeichnerische Auswertung günstige Schnittwinkel, doch ist die Vierstrichpeilung für das sichere Passieren einer Huk ungeeignet, da der Abstand erst dann bekannt wird, wenn es zu spät sein kann.

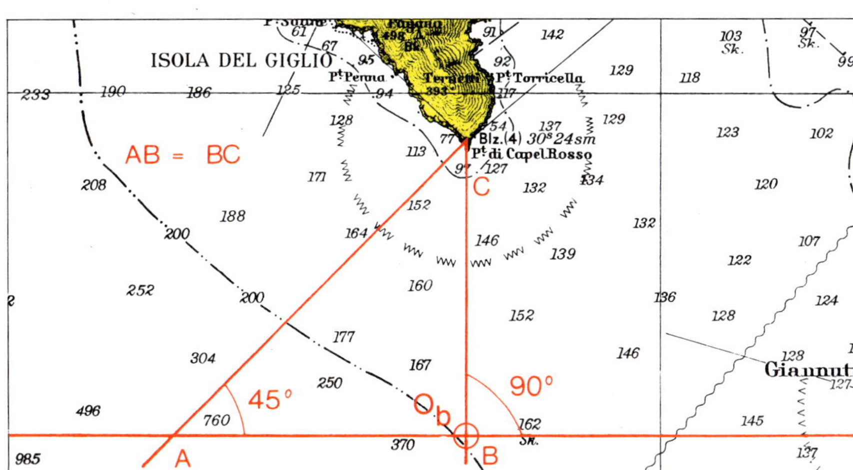

Schiffsort aus Horizontalwinkelmessung

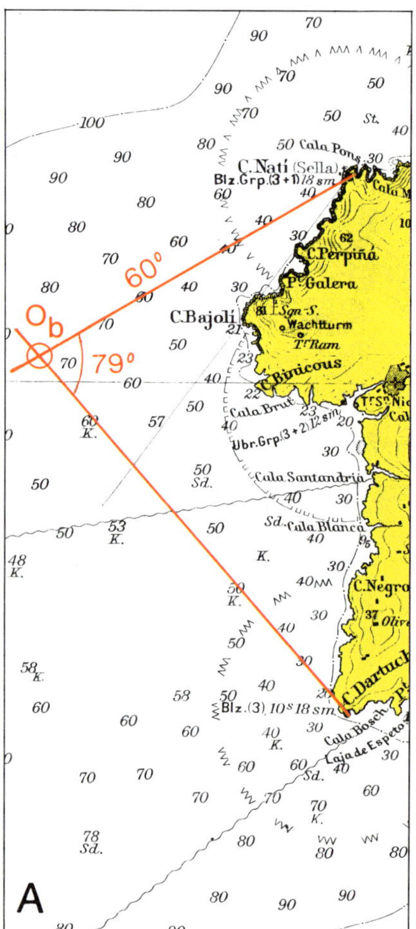

Horizontalwinkel und Peilung

Aus einer Horizontalwinkelmessung allein erhalten wir natürlich noch keinen Schiffsort, sondern nur die Standlinie des Peripheriebogens (vgl. S. 79). Die zweite notwendige Standlinie ergibt sich jedoch sofort, wenn wir eine der beiden Landmarken peilen. So können wir uns sogar die etwas komplizierte Konstruktion des Umfangwinkels sparen. Denn man trägt die Peilung in die Karte ein, bringt an einem beliebigen Punkt dieser Standlinie den ermittelten Horizontalwinkel an und verschiebt den so gewonnenen Schenkel so lange parallel, bis er durch das zweite Objekt läuft. Im Beispiel A wurde der Leuchtturm *C. Nati* unter rechtweisend 060° gepeilt und der Horizontalwinkel zum Leuchtturm *C. Dartuch* mit 79° gemessen.

Bei dieser Art von Schiffsortbestimmung fällt natürlich gerade der Vorteil der Horizontalwinkelmessung, nämlich ohne Einfluß der Kompaßfehler arbeiten zu können, weg.

Zwei Horizontalwinkel

Es ist deshalb günstiger, eine Horizontalwinkelmessung mit einer zweiten zu verbinden, falls ein weiteres Objekt sichtbar ist. Man mißt also zunächst den Peripheriewinkel zwischen A und B, dann den zwischen B und C. Im Beispiel B beträgt der Peripheriewinkel zwischen A und B 64°, zwischen B und C 29°.

Führt man jetzt zweimal die Konstruktion des Peripheriebogens durch, so erhält man zwei bogenförmige Standlinien, die sich im Schiffsort O_b schneiden. Dieses Verfahren ist zweifellos am genauesten, da einerseits die Horizontalwinkel mit dem Sextanten auf Minuten genau gemessen werden können und andererseits bei der Ermittlung beider Standlinien kein Kompaß benötigt wird, der möglicherweise Fehler mitbringt.

Die Schiffsortbestimmung aus zwei Horizontalwinkelmessungen klappt nur dann nicht, wenn alle drei Landmarken und auch der Schiffsort auf ein und demselben Kreisbogen liegen, da dann beide Standlinien zusammenfallen und sich deshalb kein Schnittpunkt ergibt.

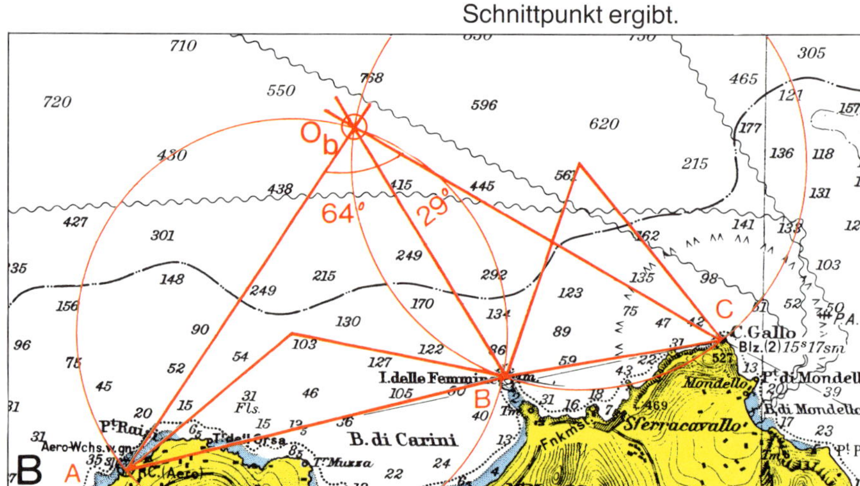

Der Gefahrenwinkel

Betrachten wir nochmals die Horizontalwinkelmessung: Befinden wir uns außerhalb des Kreisbogens, so wird der Horizontalwinkel kleiner werden als vom Bogen aus gesehen, rücken wir aber in den Kreisbogen hinein, wird der Winkel zunehmen. Diese Tatsache macht man sich zunutze, um sich von gefährlichen Untiefen in Küstennähe eindeutig freizuhalten. Die äußeren Punkte der Untiefe werden in der Karte mit zwei in der Nähe befindlichen Landmarken verbunden und der Winkel zwischen beiden Verbindungslinien gemessen. Man nennt diesen Winkel den *Gefahrenwinkel (C).* Denn ist der tatsächlich gemessene Winkel, unter dem die beiden Objekte vom Schiff aus erscheinen, größer als der Gefahrenwinkel, befindet man sich bereits innerhalb des Kreisbogens und muß sich freihalten. Ist der gemessene Winkel jedoch kleiner als der Gefahrenwinkel, kann man davon ausgehen, daß die Untiefe sicher passiert werden kann. Hält man geraden Kurs, so muß der Winkel ständig kontrolliert werden, um den Gefahrenbereich nicht doch noch zu tangieren.

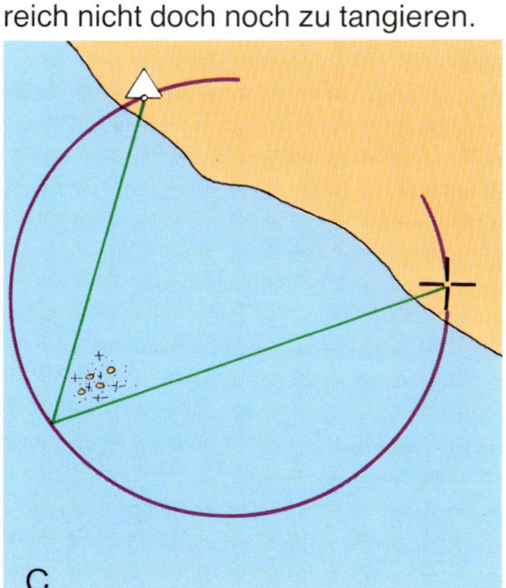

Schiffsort aus Peilung und Abstand

Haben wir nur eine Landmarke in Sicht, deren Höhe wir kennen, können wir allein aus einem Objekt den Schiffsort erhalten. Das Objekt wird zunächst gepeilt und dann mit dem Sextanten der Höhenwinkel, unter dem der Turm vom Schiff aus erscheint, bestimmt. Bei der zeichnerischen Auswertung schneidet man die Peillinie mit der durch die Höhenwinkelmessung erhaltenen kreisförmigen Standlinie. Der Schnittpunkt ist unser Schiffsort O_b.

Beispiel: Der 18 m hohe Leuchtturm *Secche di Vada* im Beispiel D wird von einer Yacht unter einem Höhenwinkel von 6,7 Minuten gemessen. Zugleich wird er mit dem Kompaß unter rechtweisend 080° gepeilt. Wo steht die Yacht?

Zunächst tragen wir die Peillinie in die Karte ein. Aus Fulst, Tafel 10 (vergl. S. 77) entnehmen wir einen Abstand vom Leuchtturm von genau 5 sm. Wir schlagen also mit dem Zirkel einen Kreis um den Turm mit einem Radius von 5 sm, der die Peillinie im Schiffsort schneidet.

Haben wir nur ein zum Peilen geeignetes Objekt ausgemacht, könnten wir zwar auch eine Doppelpeilung durchführen. Doch wird das Ergebnis meistens nicht so genau sein, da wir mit dem Sextanten eine sehr präzise Messung vornehmen können. Außerdem geht bei der Doppelpeilung die Versegelung in die Schiffsortbestimmung mit ein, die durch unbekannte Stromverhältnisse fehlerhaft sein kann.

Ebenso wie der Horizontalwinkel kann der Höhenwinkel als *Gefahrenwinkel* verwendet werden.

Merke: Manchmal wird ein Schiffsort nicht nach seiner geographischen Länge und Breite angegeben, sondern nach Peilung und Abstand. Dann gibt man die Peilung rechtweisend von See her gesehen an.

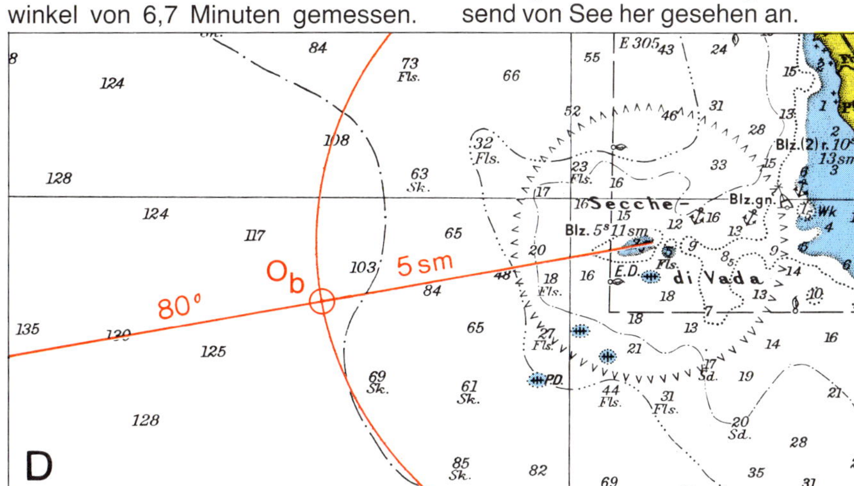

Grundaufgaben (III)

Im Bereich des westlichen *Fehmarnsundes* führt eine Yacht übungshalber mehrere Standortbestimmungen durch. Man geht von einer Mw von —02° aus.

Aufgabe 1: Während man 070° steuert, peilt man mit dem Kompaß den LT *Strukkamphuk* unter 083° und den Kirchturm *Heiligenhafen* unter 141°. Mit der Peilscheibe wird gleichzeitig der LT *Flügge* unter 341° gepeilt.

a) Wie lauten die rechtweisenden Peilungen, wie der rwK?

b) Wo steht die Yacht?

Aufgabe 2: Am Kompaß werden 027° gesteuert. Bei einem Loggestand von 12,2 peilt man mit dem Kompaß den LT *Flügge* unter 072°. Etwas später bei einem Loggestand von 15,9 wird der LT unter 117° gepeilt.

a) Wie lauten die rechtweisenden Peilungen, wie der rwK?

b) Um welche Art von Standortbestimmung handelt es sich?

c) Wie weit war man bei der zweiten Peilung vom LT entfernt?

d) Wo steht die Yacht bei der zweiten Peilung?

Aufgabe 3: Man mißt mit dem Sextanten die Höhe, unter der der LT *Flügge* über dem Wasserspiegel erscheint, mit 13,6'. Zugleich peilt man den LT am Kompaß unter 105°, während ein MgK von 320° gesteuert wird. Die Höhe des LT kann dem Lfv (S. 42) entnommen werden.

a) Wie weit ist man vom LT entfernt?

b) Wie lautet die rechtweisende Peilung?

c) Wo steht die Yacht?

Lösungen:

1a)

	Strukkamphuk	*Heiligenhafen*
MgP	083°	141°
Abl	+ 10°	+ 10°
mwP	093°	151°
Mw	— 02°	— 02°
rwP	091°	149°

LT Flügge		Kurs	
SP	341°	MgK	070°
MgK	070°	Abl	+ 10°
MgP	411° = 051°	mwK	080°
Abl	+ 10°	Mw	— 02°
mwP	061°	rwK	078°
Mw	— 02°		
rwP	059°		

1b) Die Yacht steht in unmittelbarer Nähe der Tonne 4 (Glt. 4s) des *Kiel-Fehmarnsund-Weges*.

2a)

	1. Peilung	2. Peilung
MgP	072°	117°
Abl	+ 04°	+ 04°
mwP	076°	121°
Mw	— 02°	— 02°
rwP	074°	119°

MgK	027°
Abl	+ 04°
mwK	031°
Mw	— 02°
rwK	029°

2b) Vierstrichpeilung!

2c)

Loggestand neu	15,9
— Loggestand alt	12,2
Versegelung	3,7

Abstand = Versegelung = 3,7 sm.

2d) Man steht in unmittelbarer Nähe der unbefeuerten Tonne *Flüggesand-West.*

3a) Die Höhe des LT über dem Wasserspiegel beträgt 38 m. Aus Fulst, Tafel 10 (vgl. S. 77) ergibt sich durch Interpolieren ein Abstand von 5,2 sm.

3b)

	LT *Flügge*
MgP	105°
Abl	— 09°
mwP	096°
Mw	— 02°
rwP	094°

3c) Die Yacht steht in unmittelbarer Nähe der Tonne H 9 (Blz.g.4s) westlich vom LT *Flügge.*

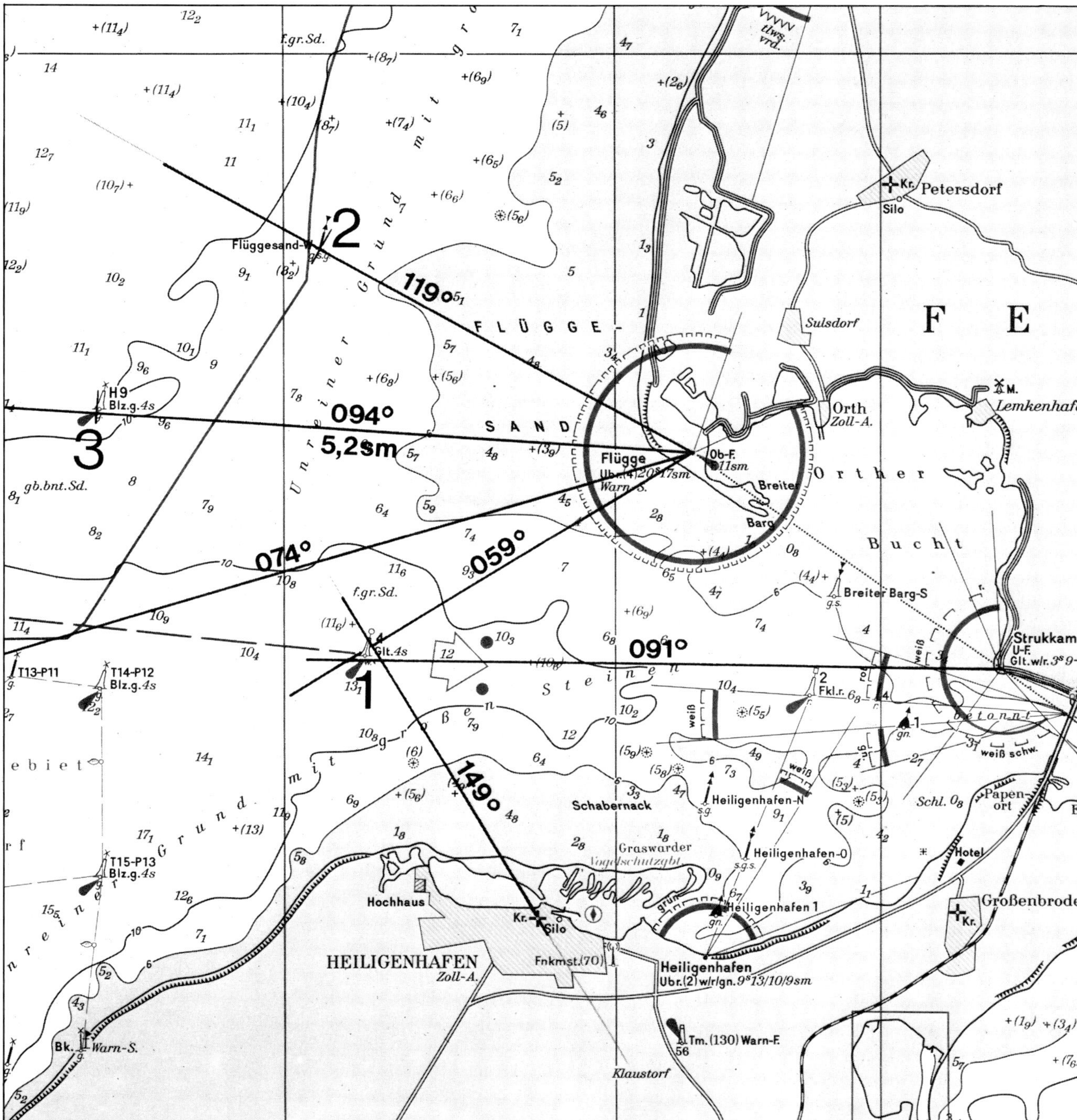

119°
094°
5,2sm
074°
059°
091°
149°
1
2
3
Flüggesand-W
FLÜGGE-
SAND
Flügge
Ob-F.
Orther
Bucht
Breiter Barg
Breiter Barg-S
Petersdorf
Sulsdorf
Orth
Zoll-A.
Lemkenhafen
Strukkamp
Steinergrund
Heiligenhafen-N
Heiligenhafen-O
Heiligenhafen 1
Heiligenhafen
Schabernack
Graswarder
Hochhaus
HEILIGENHAFEN
Zoll-A.
Fnkmst.(70)
Tm.(130) Warn-F.
Klaustorf
Großenbrode
Hotel
Papenort
H9
T13-P11
T14-P12
T15-P13
Bk.
Warn-S.

Die Abdrift

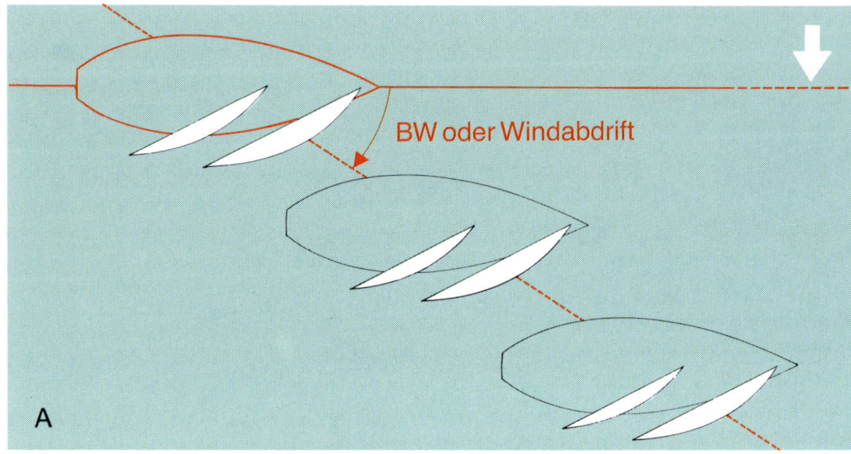

Abdrift durch Wind

Jede hoch am Wind laufende Yacht unterliegt dem mehr oder weniger starken Einfluß der Windabdrift und erfährt dabei eine Versetzung nach Lee. Der durch das Wasser tatsächlich gelaufene Kurs entspricht dann nicht mehr genau der Rechtvoraus-Richtung des Fahrzeugs, sondern unterscheidet sich von ihr um den Winkel der Abdrift (A). **Die Abdrift ist also der Winkelunterschied zwischen dem rechtweisenden Kurs und dem Kurs durchs Wasser.** Wir können die Abdrift durch einen Blick nach achtern erkennen: Die Blasenbahn des Kielwassers liegt nicht genau in der Verlängerung der Kiellinie, sondern tendiert etwas nach Luv.
Die Größe der Abdrift ist nicht konstant, sie ergibt sich vielmehr als Erfahrungswert, der meist nur geschätzt werden kann. Neben der Einfallsrichtung und Stärke des Windes hängt sie auch vom Seegang oder der Bauart des Schiffes ab. So bewirkt ein langgezogener und tiefer Lateralplan nur geringe Abdrift, halber oder raumer Wind überhaupt keine.

Vom KdW zum MgK

Sobald wir Abdrift durch Wind beobachten, müssen wir am MgK nicht nur Mißweisung und Ablenkung, sondern auch als Vorhaltewinkel die *Beschikkung für Wind (BW)* anbringen. Wir erhalten so den *Kurs durchs Wasser (KdW)*. Von unten nach oben rechnen wir, wenn ein in der Karte abgesetzter KdW zum MgK beschickt werden soll. Also:

MgK
+ Abl
mwK
+ Mw
rwK
+ BW
KdW

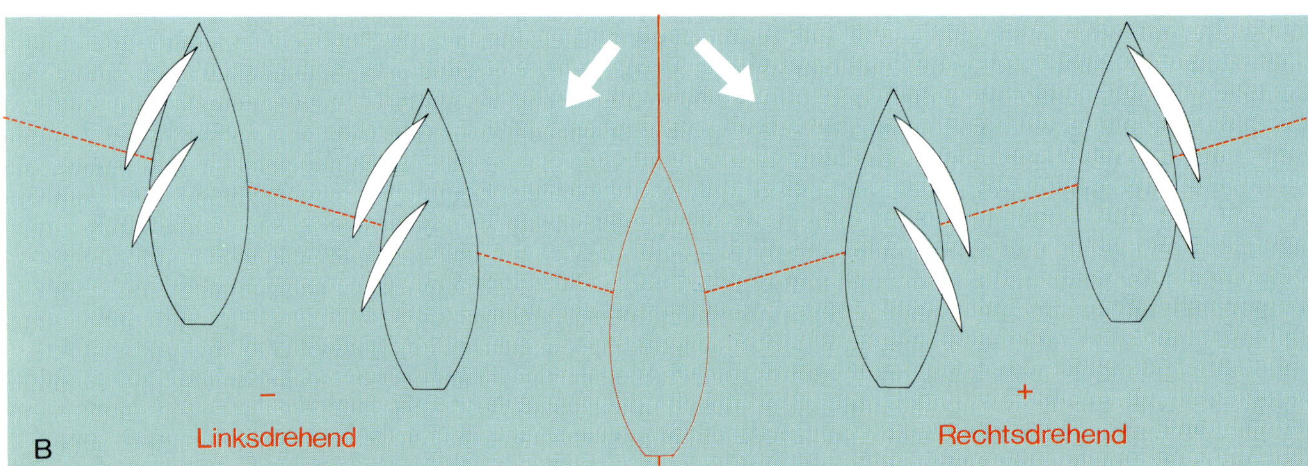

Wird eine Yacht vom Wind nach Stb versetzt, spricht man von einem *rechtsdrehenden* Einfluß. Hier muß die BW mit positivem Vorzeichen (+) versehen werden, da die BW den rwK zum KdW vergrößert. Umgekehrt ist es bei *linksdrehendem* Einfluß, wo die BW negativ (−) wird, da sie den rwK zum KdW verkleinert (Skizze B).

Also:
Rechtsdrehender Einfluß: +
Linksdrehender Einfluß: −

Der Kartenkurs

Bisher haben wir ohne BW gearbeitet, weshalb der Kartenkurs immer der rwK war. Ab jetzt müssen wir uns überlegen, mit welchem Kurs wir in die Karte gehen müssen. Man nennt denjenigen Kurs, der für die Kartenarbeit verwendet werden muß, den *Kartenkurs (KaK).* Der Kartenkurs kann der rwK sein, wenn kein Windeinfluß zu berücksichtigen ist, oder der KdW, sobald Abdrift beschickt werden muß.

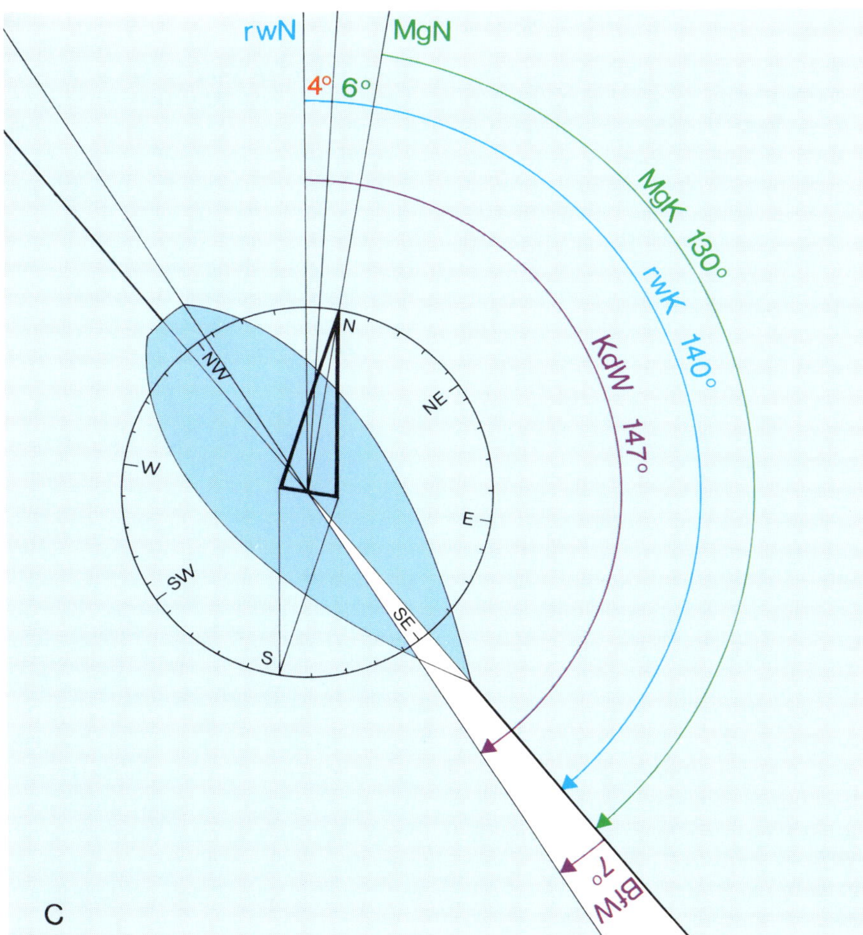

C

Zwei Beispiele

1. Aufgabe: Bei nordöstlichem Wind steuert man nach dem Kompaß 340°. Die Abdrift wird mit 5° geschätzt. Mit welchem Kurs muß bei einer Mißweisung von −02° in der Karte gearbeitet werden?

MgK	340°	
Abl	− 06°	
mwK	334°	
Mw	− 02°	
rwK	332°	
BW	− 05°	(linksdrehend)
KdW	327°	

In der Karte hat man mit einem KdW von 327° zu arbeiten.

2. Aufgabe: In der Karte wurde ein Kurs von 147° abgesetzt. Es herrschen östliche Winde vor, weshalb man 7° vorhalten will. Was muß bei einer Mißweisung von +04° am Kompaß gesteuert werden, um das Ziel zu erreichen?

MgK	130°	
Abl	+ 06°	
mwK	136°	
Mw	+ 04°	
rwK	140°	
BW	+ 07°	(rechtsdrehend)
KdW	147°	

Als Magnetkompaß-Kurs ergeben sich 130° (vgl. Skizze C).

Merke: Ist die Beschickung für Wind gleich Null, so fällt der rwK mit dem KdW zusammen. Dieser ist dann der Kartenkurs.

Stromeinfluß

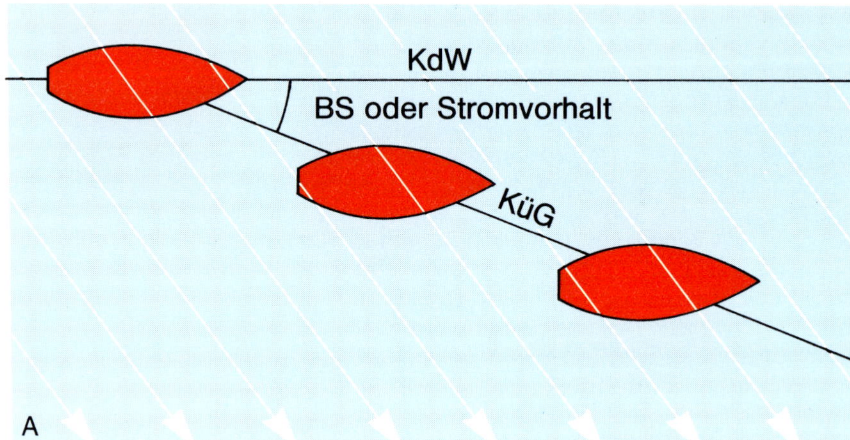

Der Strom: Richtung und Stärke

Neben der Abdrift kann auch Stromeinfluß eine Yacht von ihrer abgesetzten Kursrichtung abbringen. Der Strom ist jedoch keine schiffsspezifische Größe, sondern wirkt unabhängig vom jeweiligen Schiff. Er wird durch zwei Größen genau bestimmt: durch *Richtung* und *Stärke.* Anders als beim Wind gibt man beim Strom die Richtung an, in die er setzt. NW-Wind heißt, daß der Wind aus Nordwesten weht – NW-Strom jedoch, daß er nach Nordwesten setzt. Die Stärke bezeichnet man durch die Strömungsgeschwindigkeit in sm/h bzw. kn. Wenn also beispielsweise von S-Strom, 2 sm/h, gesprochen wird, so wissen wir, daß das Oberflächenwasser mit einer Geschwindigkeit von 2 sm/h nach Süden setzt. Im Gegensatz zur Besteckversetzung (S. 65) gibt der Strom also nicht eine Distanz, sondern eine Geschwindigkeit an. Doch sprechen beide von der gleichen Richtung.
Genaue Angaben darüber, wo und welcher Strom zu beachten ist, können wir den Seehandbüchern oder dem **Gezeitenstromatlas** entnehmen. In Gezeitenrevieren unterliegen die Stromverhältnisse dem Rhythmus der Tide, in anderen Revieren den momentanen Windverhältnissen. Gerade in engen Passagen zwischen Inseln werden häufig Strömungen beobachtet, doch setzen sie nicht immer genau mit dem Wind. Sie passen sich vielmehr den Küstenformationen an und laufen oft noch längere Zeit, nachdem der Wind bereits umgesprungen ist, in der ursprünglichen Richtung weiter.

Kurs über Grund (KüG)
Fahrt über Grund (FüG)

Der Strom beeinflußt ebenso wie die Abdrift den Kurs einer Yacht. Wir erhalten deshalb eine neue Kurslinie, die sich vom uns bereits bekannten *Kurs durchs Wasser (KdW)* unterscheidet. Diesen Kurs, der sich unter dem Einfluß von Strom ergibt, nennt man *Kurs über Grund (KüG).* Sobald Strom herrscht, ist der Kurs über Grund der Kartenkurs, mit dem wir in der Karte arbeiten. Denn der KüG ergibt diejenige Kurslinie, auf der wir uns tatsächlich bewegen.
Entsprechend müssen wir auch zwischen *Fahrt durchs Wasser (FdW)* und *Fahrt über Grund (FüG)* unterscheiden. Denn je nachdem, in welche Richtung der Strom setzt, beeinflußt er die Fahrt – sei es, daß er das Schiff bremst, sei es, daß er es beschleunigt.
Beachte: Bei der Kartenarbeit müssen wir den KüG als Kartenkurs verwenden, sofern Strom zu berücksichtigen ist. Ebenso muß beim Koppeln von der FüG ausgegangen werden, wenn auch die Logge die FdW angibt.

Beschickung für Strom

Zwischen dem KdW und dem KüG ergibt sich als Winkelunterschied die sogenannte *Beschickung für Strom (BS)* oder der Stromvorhalt. Die BS ist streng vom Strom zu unterscheiden. Während der Strom in Richtung und Stärke angegeben wird, mißt man die BS in Grad (A). Der Strom ist in seiner Größe unabhängig von Kurs und Geschwindigkeit einer Yacht, die Beschickung für Strom dagegen variiert mit unterschiedlichen Kursen und Geschwindigkeiten. Wir können sagen, die BS ist das auf unserer Yacht beobachtbare Ergebnis aus dem Zusammenwirken von Kurs, Fahrt und Strom.

Kennen wir die Beschickung für Strom (BS), so können wir folgendermaßen rechnen:

$$\begin{array}{r} \text{KdW} \\ +\ \text{BS} \\ \hline \text{KüG} \end{array}$$

Auch hier ist zu beachten, daß die BS positiv ist, falls sie das Schiff nach Steuerbord versetzt, dagegen negativ, falls sie unsere Yacht nach Backbord versetzt.

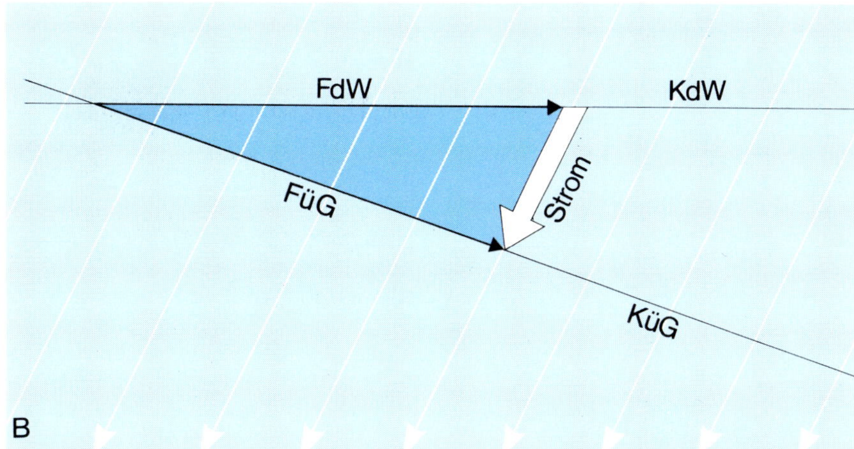

B

Das Stromdreieck

Ist uns nur der Strom in seiner Stärke und Richtung bekannt und unser Kurs durchs Wasser, können wir nicht ohne weiteres auf die Beschickung für Strom schließen. Wir müssen deshalb den für die Kartenarbeit benötigten KüG auf andere Weise finden. Hierbei behilft man sich mit einer zeichnerischen Lösung, der vektoriellen Darstellung.

Man verwendet hierfür Pfeile, deren Länge der Geschwindigkeit und deren Richtung auch der Richtung von Kurs und Strom entsprechen. Setzt man den Stromvektor an die Spitze des die FdW darstellenden Vektors an, erhält man eine Art offenes Dreieck (B). Schließt man nun das Dreieck mit der dritten Seite, erhält man unmittelbar zwei Informationen: Die Richtung dieser Seite entspricht dem gesuchten Kurs über Grund, die Länge der Seite der Fahrt über Grund.

Mit Hilfe dieses Stromdreiecks können wir immer aus zwei bekannten Seiten auf die dritte schließen: Sind uns der KdW und der Strom bekannt, erhalten wir den KüG. Wir können aber auch umgekehrt aus dem KdW und dem KüG zeichnerisch Richtung und Stärke des Stromes ermitteln.

Ein Sonderfall liegt vor, wenn Strom und KdW parallel laufen. Die BS wird dann gleich Null, KdW und KüG fallen zusammen. Der Strom bewirkt nur eine Änderung der Geschwindigkeit, nicht aber des Kurses. Setzt der Strom mit der Yacht, vergrößert sich ihre Fahrt über Grund (Skizze C), setzt er aber entgegen, so verringert sie sich (Skizze D).

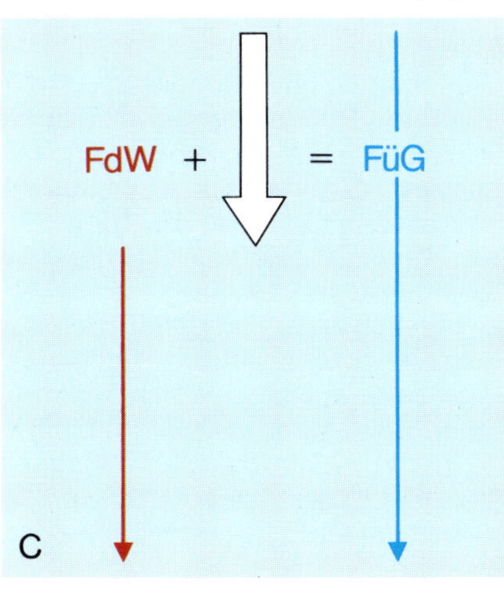

C

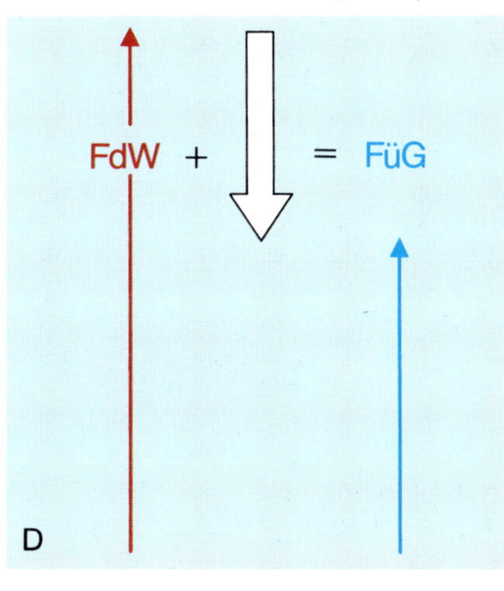

D

Stromaufgaben

In der Praxis der Stromnavigation tauchen im wesentlichen folgende Probleme auf, die wir mit Hilfe des Stromdreiecks lösen müssen:

1. Aufgabe: Wohin kommen wir?

Wir haben unseren Kurs abgesetzt, und der herrschende Strom ist bekannt. Wohin kommen wir? Wir wollen also den Zielpunkt wissen. Bekannt sind uns der KdW, der sich aus dem mit der Gesamtberichtigung beschickten MgK ergibt, die FdW von der Logge und der herrschende Strom nach Richtung und Stärke etwa aus dem Seehandbuch. Die Aufgabe haben wir bereits im Zusammenhang mit dem Stromdreieck gelöst. Am bekannten Ausgangspunkt trägt man die FdW als Vektor in Richtung des KdW an und fügt an der Spitze den Strom in Richtung und Stärke hinzu. Die dritte Dreiecksseite ergibt sowohl den KüG als auch die FüG. Da wir uns auf der KüG-Linie bewegen, liegt unser Ziel auf dieser Linie (Skizze A).

Beachte: Bei diesem konstruierten Dreieck handelt es sich um ein spezielles Stromdreieck, das sogenannte *Stundendreieck,* in dem jede Seite jeweils der Bewegung pro Stunde entspricht – also genau der FdW, der FüG und der Stromstärke.

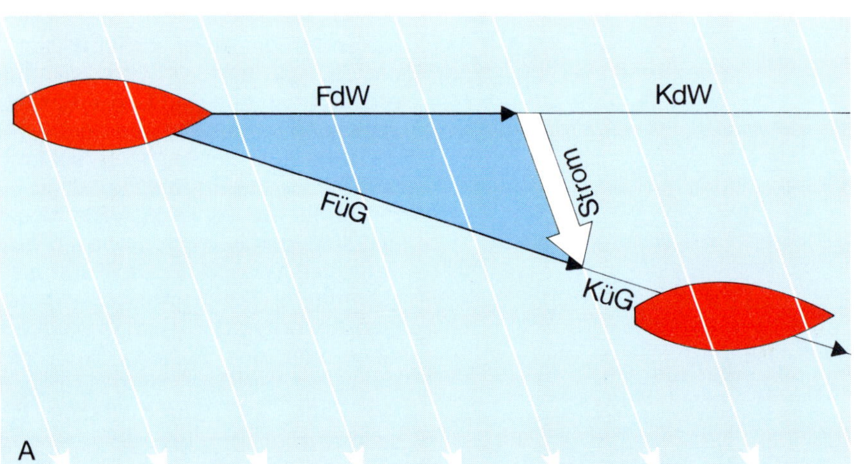

2. Aufgabe: Welcher Strom herrscht?

Nachdem unser Kurs abgesetzt ist, stellen wir fest, daß der tatsächlich gelaufene Kurs nicht dem abgesetzten Kurs entspricht. Welche Stromverhältnisse liegen vor?

Wir wollen also den Strom in Richtung und Stärke wissen, um ihn möglicherweise bei der weiteren Navigation zu berücksichtigen. Bekannt sind uns der in der Karte abgesetzte KdW, die FdW von der Logge und der beobachtete Schiffsort, der nicht auf der KdW-Linie liegt. Als Zwischenschritt ermitteln wir zunächst die Besteckversetzung (vgl. S. 65) in Richtung und Distanz. Wir verbinden den Ausgangspunkt mit dem wahren Schiffsort und erhalten so den KüG. Außerdem tragen wir vom Ausgangspunkt den KdW in die Karte ein. Der Logge entnehmen wir die Distanz durchs Wasser (DdW) und tragen sie auf der KdW-Linie ab. Wir erhalten so den Koppelort, den wir zum gleichen Zeitpunkt, zu dem wir am beobachteten Ort stehen, ohne Stromeinfluß erreicht hätten. Verbinden wir beide Orte miteinander, so können wir die Besteckversetzung in Richtung und Distanz unmittelbar aus der Karte ablesen.

Beachte: O_k und O_b müssen auf den gleichen Zeitpunkt bezogen sein! Die Richtung der Besteckversetzung fällt mit der Stromrichtung zusammen. Wir suchen nun noch die Stromstärke. Hierfür muß das bereits gezeichnete Stromdreieck durch Parallelverschiebung in ein Stundendreieck verwandelt werden: Vom Ausgangspunkt wird auf dem KdW die FdW abgetragen und im Endpunkt eine Parallele zur Linie der Besteckversetzung gezogen. Diese Parallele entspricht in der Länge der Stromstärke (Skizze B).

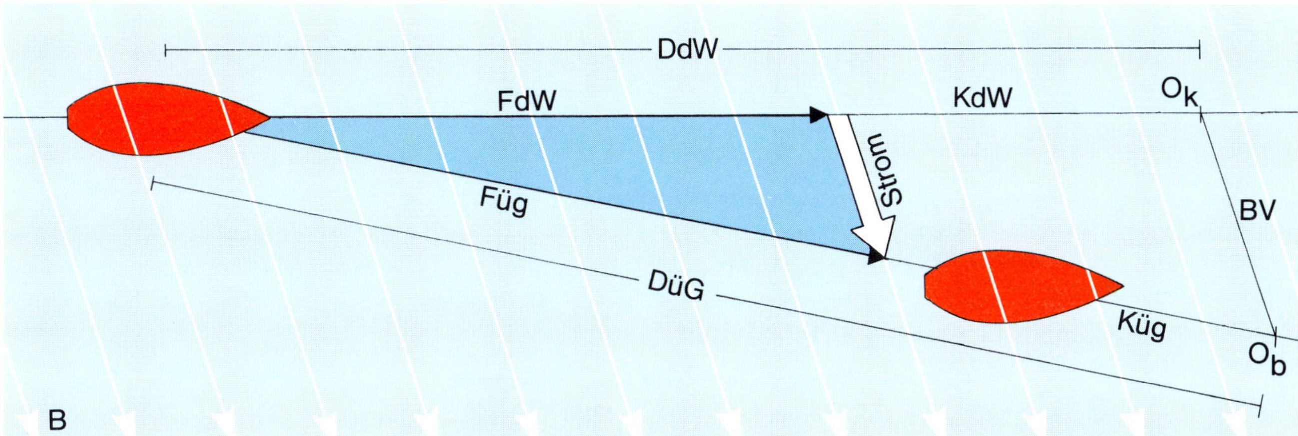

3. Aufgabe: Mit welchem Kurs kommen wir zum Ziel?

Wir kennen die herrschenden Stromverhältnisse und wollen ein bestimmtes Ziel erreichen. Welchen Kurs müssen wir steuern? Wir wollen also den zu steuernden MgK wissen, um trotz der Stromverhältnisse unser gewünschtes Ziel zu erreichen, und kennen unsere Fahrt durchs Wasser und den Strom nach Richtung und Stärke. Zunächst verbinden wir den Ausgangspunkt mit dem Zielpunkt und erhalten sofort den KüG. Im Ausgangspunkt tragen wir außerdem den Strom in Richtung und Stärke als Vektorpfeil an. Dann nehmen wir die uns bekannte oder geschätzte FdW in den Zirkel und ziehen einen Kreis um die Pfeilspitze als Mittelpunkt. Dieser Kreisbogen schneidet die KüG-Linie. Wir verbinden den eben erhaltenen Schnittpunkt mit der Pfeilspitze des Stromvektors und erhalten die gesuchte KdW-Linie (Skizze C). Wir dürfen anschließend natürlich nicht vergessen, den erhaltenen KdW mit der Gesamtberichtigung zum MgK zu beschicken.

Will man nun noch wissen, wann man das Ziel erreichen wird, muß man durch Parallelverschiebung das eben erhaltene Stundendreieck in ein Stromdreieck verwandeln, dessen eine Ecke der Zielpunkt bildet. Hieraus kann sofort die Distanz durchs Wasser entnommen werden und in Verbindung mit der Fahrt durchs Wasser leicht die gesuchte Zeitspanne t errechnet werden aus

$$t = \frac{DdW}{FdW}$$

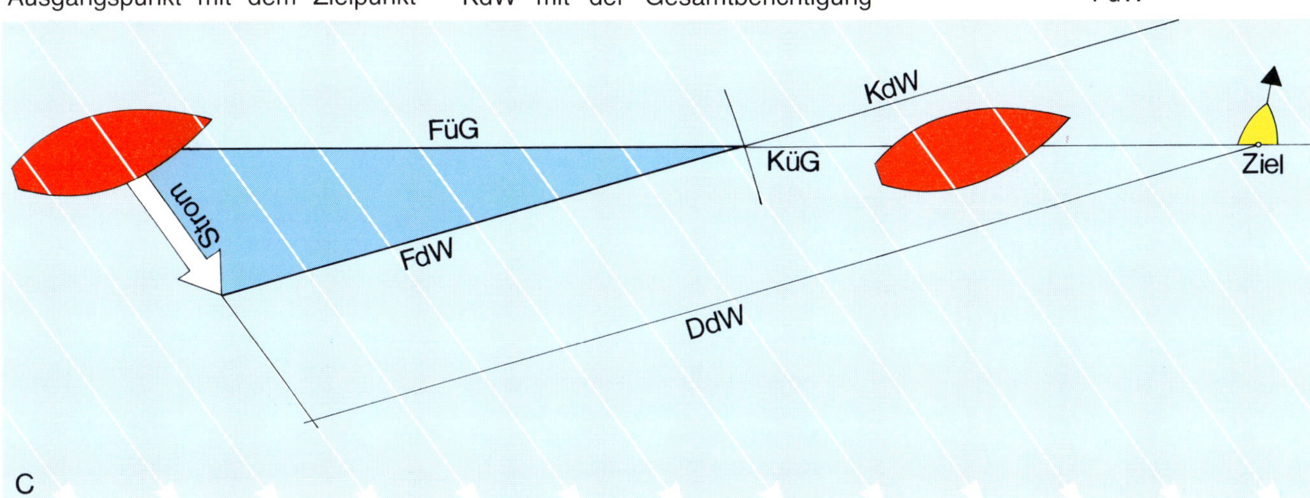

Grundaufgaben (IV)

In den folgenden Aufgaben ist mit einer Mißweisung von −02° zu rechnen.

Aufgabe 1: Eine Yacht steuert am Kompaß 080°. Bei SE-Wind rechnet man mit einer Abdrift von 04°. Wie lautet der rwK, wie der KdW?

Aufgabe 2: Mit welchem Kurs muß in der Karte gearbeitet werden?

Aufgabe 3: Um 1525 erreicht die Yacht bei einem Loggestand von 22,9 die Tonne 3 des *Kiel-Ostsee-Weges.* Von hier soll neuer Kurs abgesetzt werden zur Tonne 14 (Blz.(3)r. 15s) nordöstlich der Tonne 3. Mit Abdrift wird nach der Kursänderung nicht mehr gerechnet. Warum nicht?

Aufgabe 4: Welcher Kurs ist nun zu steuern?

Aufgabe 5: Wann muß die Tonne erreicht werden, wenn das Log eine Fahrt von 7,5 kn angibt?

Aufgabe 6: Um 1612 passiert man jedoch die Tonne 12 (Blz. (2)r. 5 s) westlich der Tonne 14. Wie lautet die Besteckversetzung?

Aufgabe 7: Was muß hier das Log zeigen?

Aufgabe 8: Man nimmt an, daß man durch Strom versetzt wurde. Richtung und Stärke des Stromes?

Aufgabe 9: Was war der KüG, wie groß die FüG?

Aufgabe 10: Man entschließt sich, von hier aus die Tonne DW 23 östlich von *Keldsnor* anzulaufen, wobei man von gleichen Stromverhältnissen ausgeht. Was muß am Kompaß gesteuert werden?

Lösungen:

1.

MgK	080°	
Abl	+ 10°	
mwK	090°	
Mw	− 02°	
rwK	088°	
BW	− 04°	(linksdrehend)
KdW	084°	

2. Der Kartenkurs ist gleich dem KdW von 084°.

3. Die Yacht segelt nun mit raumem Wind, weshalb Abdrift nicht zu bemerken ist.

4.

MgK	031°
Abl	+ 06°
mwK	037°
Mw	− 02°
rwK	035°

5. Es gilt: $t\ (\text{min}) = \dfrac{D\ (\text{sm}) \cdot 60}{F\ (\text{kn})}$

$$t = \frac{5{,}9 \cdot 60}{7{,}5} = 47\ \text{min}$$

Tonne 3	1525
Zeitspanne	0047
Tonne 14	1612

6. BV = 287°/1 sm

7. Loggestand alt	22,9
Distanz durchs Wasser	5,9
Loggestand neu	28,8

8. Die Stromrichtung entspricht der Richtung der BV = 287°.

Die Stromstärke kann man entweder durch die Konstruktion eines Stundendreiecks erhalten oder durch folgende Rechnung:

In 47 Minuten wurde die Yacht 1 sm versetzt. Wie weit würde sie in 60 Minuten versetzt? Also:

$$\text{Stärke} = \frac{1 \cdot 60}{47} = 1{,}3\ \text{sm}$$

9. KüG = 025°

Es gilt: $\text{FüG} = \dfrac{\text{DüG} \cdot 60}{t}$

$$\text{FüG} = \frac{5{,}7 \cdot 60}{47} = 7{,}3\ \text{kn}$$

10. Durch die Konstruktion eines Stromdreiecks (hier eines 47-Minuten-Dreiecks) erhält man als KdW 047°.

MgK	042°
Abl	+ 07°
mwK	049°
Mw	− 02°
rwK = KdW	047°

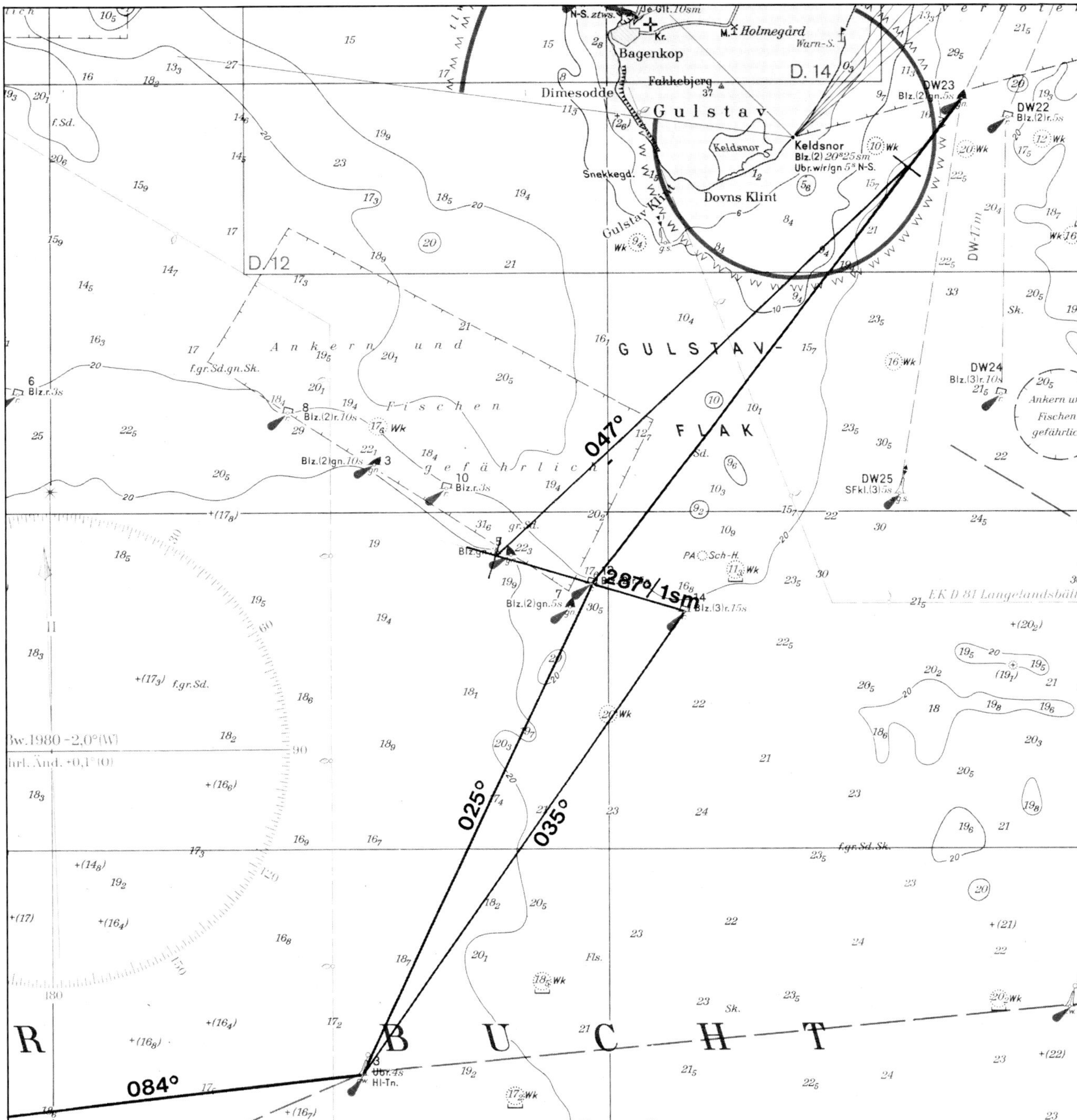
084°
025°
035°
047°
287°/1sm
Bagenkop
Holmegård
Fakkebjerg
Dimesodde
Gulstav
Keldsnor
Dovns Klint
Snekkegd.
Gulstav Klint
D. 14
D. 12
DW23
DW22
DW24
DW25
G U L S T A V -
F L A K
A n k e r n u n d F i s c h e n g e f ä h r l i c h
Ankern und Fischen gefährlich
R B U C H T
EK D 81 Langelandsbält

2

Gezeiten

Die Tidenkurve

Hochwasser und Niedrigwasser

Das Phänomen der Gezeiten ist uns allen bekannt. Wir können in unseren Revieren während eines Tages etwa zwei Hoch- und zwei Niedrigwasser beobachten. Das heißt, die Wasserhöhe steigt etwa 6 Stunden lang an und nimmt anschließend ebenso lange ab, um von neuem wieder zuzunehmen. Neben den unterschiedlichen Wasserhöhen müssen wir auch die mit den Gezeiten verbundenen Strömungen berücksichtigen, die man sogar in gezeitenfreien Revieren (Ostsee und Mittelmeer) an manchen Engstellen, wie der Straße von Messina, beobachten kann.
Sobald der höchste Wasserstand eintritt, spricht man von *Hochwasser (HW)* und beim niedrigsten Wasserstand von *Niedrigwasser (NW).* Um genauer zu sein, muß man zwischen *Hochwasserhöhe (HWH)* bzw. *Niedrigwasserhöhe (NWH)* und *Hochwasserzeit (HWZ)* bzw. *Niedrigwasserzeit (NWZ)* unterscheiden. Das erste gibt die Höhe des Wassers in Metern an, das zweite den Zeitpunkt des Eintretens.

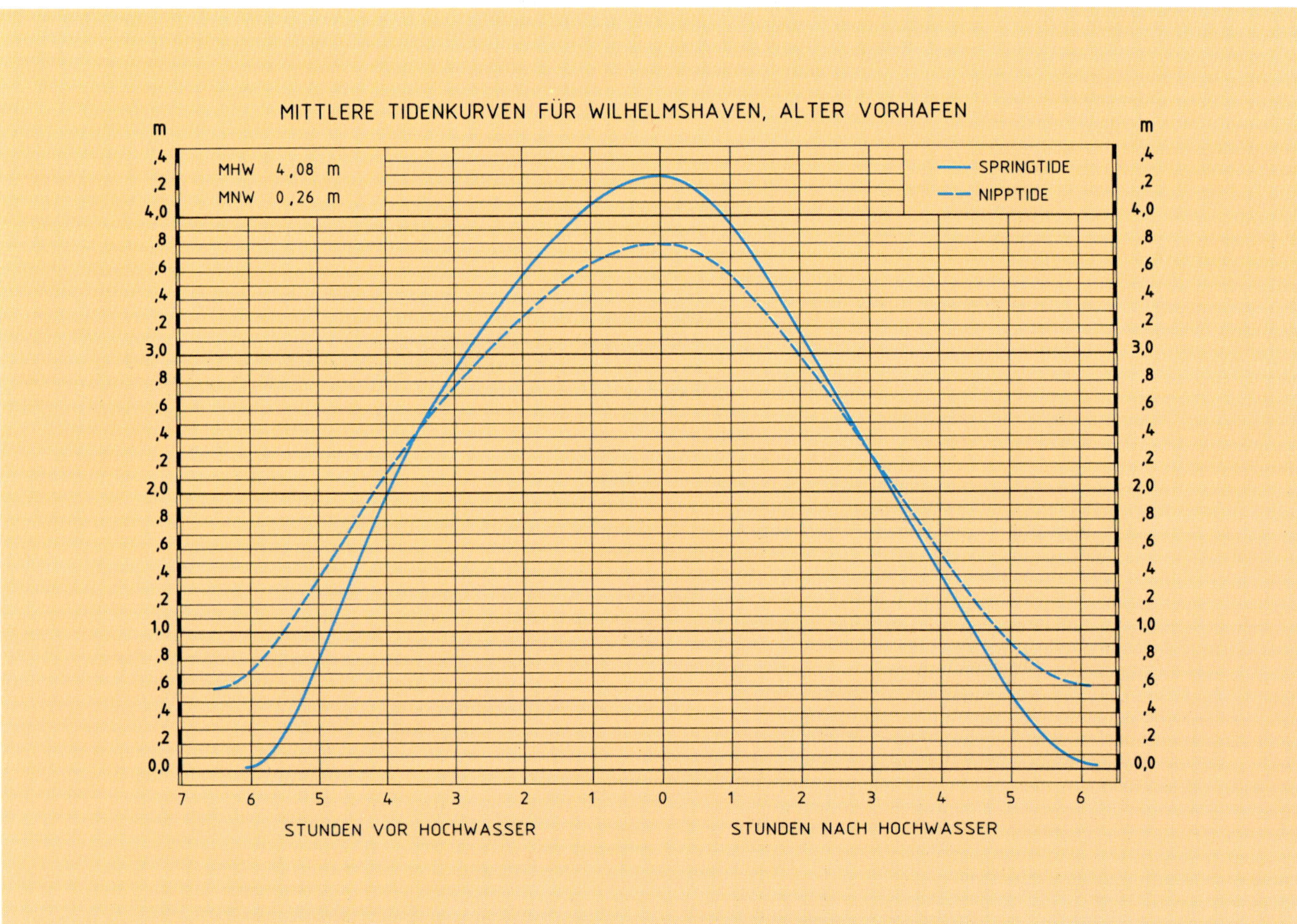

Flut + Ebbe = Tide

Den Zeitraum von einem NW zum darauffolgenden nennt man *Tide* oder *Gezeit.* Sie setzt sich zusammen aus einer *Flut* und der nachfolgenden *Ebbe,* wobei unter Flut das Steigen des Wassers von einem NW zum folgenden HW, unter Ebbe das Fallen des Wassers von einem HW zum folgenden NW verstanden wird. Die Dauer der Flut heißt *Steigdauer (SD),* die Dauer der Ebbe entsprechend *Falldauer (FD).* Die Steigdauer ist oft etwas kürzer als die Falldauer.

Tidenstieg und Tidenfall

Den Höhenunterschied zwischen einer HWH und der vorhergehenden NWH bezeichnet man mit *Tidenstieg (TS)* und den Höhenunterschied zwischen einer HWH und der folgenden NWH mit *Tidenfall (TF).* Da in aller Regel zwei aufeinander folgende NW nicht die gleiche Wasserhöhe erreichen, hat man ein Mittel aus Tidenstieg und Tidenfall, den sogenannten *Tidenhub (TH),* gebildet, also:
$TH = \frac{1}{2} \cdot (TS + TF)$.

Die Tidenkurve stellt sich uns als Cosinuskurve dar, deren ungefähren Verlauf wir auch rechnerisch durch die sogenannte *Zwölftelregel* erhalten. Gibt man den TH in Abhängigkeit von der Steig- bzw. Falldauer jeweils in Zwölfteln des gesamten TH an, so gilt:

1. Stunde: $\frac{1}{12}$ des Tidenhubs
2. Stunde: $\frac{2}{12}$ des Tidenhubs
3. Stunde: $\frac{3}{12}$ des Tidenhubs
4. Stunde: $\frac{3}{12}$ des Tidenhubs
5. Stunde: $\frac{2}{12}$ des Tidenhubs
6. Stunde: $\frac{1}{12}$ des Tidenhubs

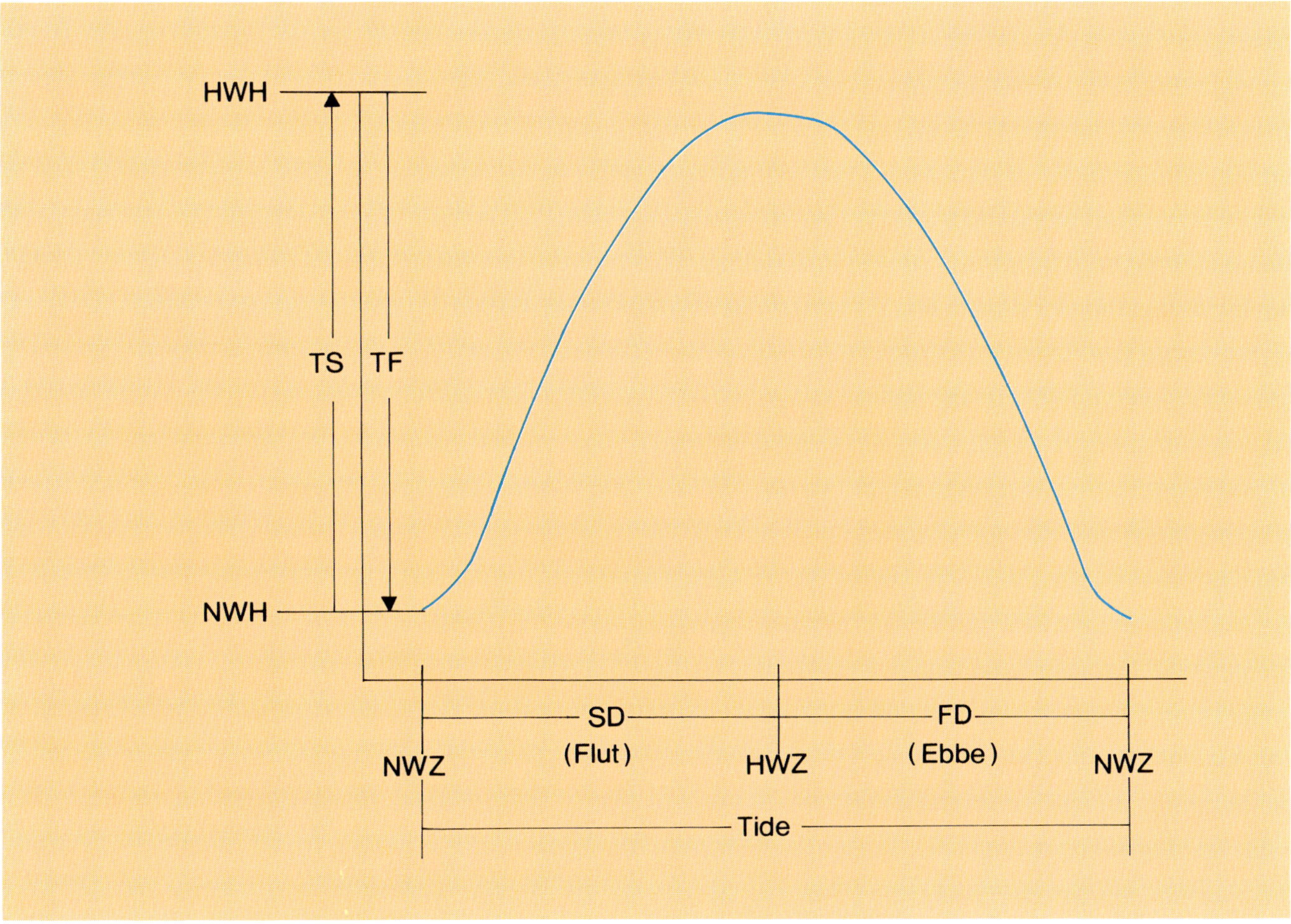

Die Gezeitenkurve

Springzeit und Nippzeit

Während die Tidenkurve den Verlauf einer Gezeit darstellt, also einen Zeitraum von etwa 12 Stunden überdeckt, gibt uns die Gezeitenkurve den Verlauf mehrerer aufeinanderfolgender Gezeitenwellen an. Wie wir in Skizze A erkennen, sind die Höhen von jeweils aufeinanderfolgenden Hochwassern bzw. Niedrigwassern nicht gleich, sondern sie nehmen im Verlauf von etwa 14 Tagen kontinuierlich ab bzw. zu. Hat man ein überdurchschnittlich hohes Hochwasser, so findet man zugleich auch eine unter dem Durchschnitt liegende Niedrigwasserhöhe vor. Man spricht dann von *Springzeitverhältnissen.* Umgekehrt ist es bei der *Nippzeit:* Hier hat man hohe Niedrigwasser- und niedrige Hochwasserhöhen. Der zwischen Springzeit und Nippzeit liegende Zeitraum mit ausgeglicheneren Wasserhöhen heißt *Mittzeit.*
Das in der Spring- bzw. Nippzeit auftretende Hochwasser nennt man dann *Springhochwasser (SpHW)* bzw. *Nipphochwasser (NpHW).*

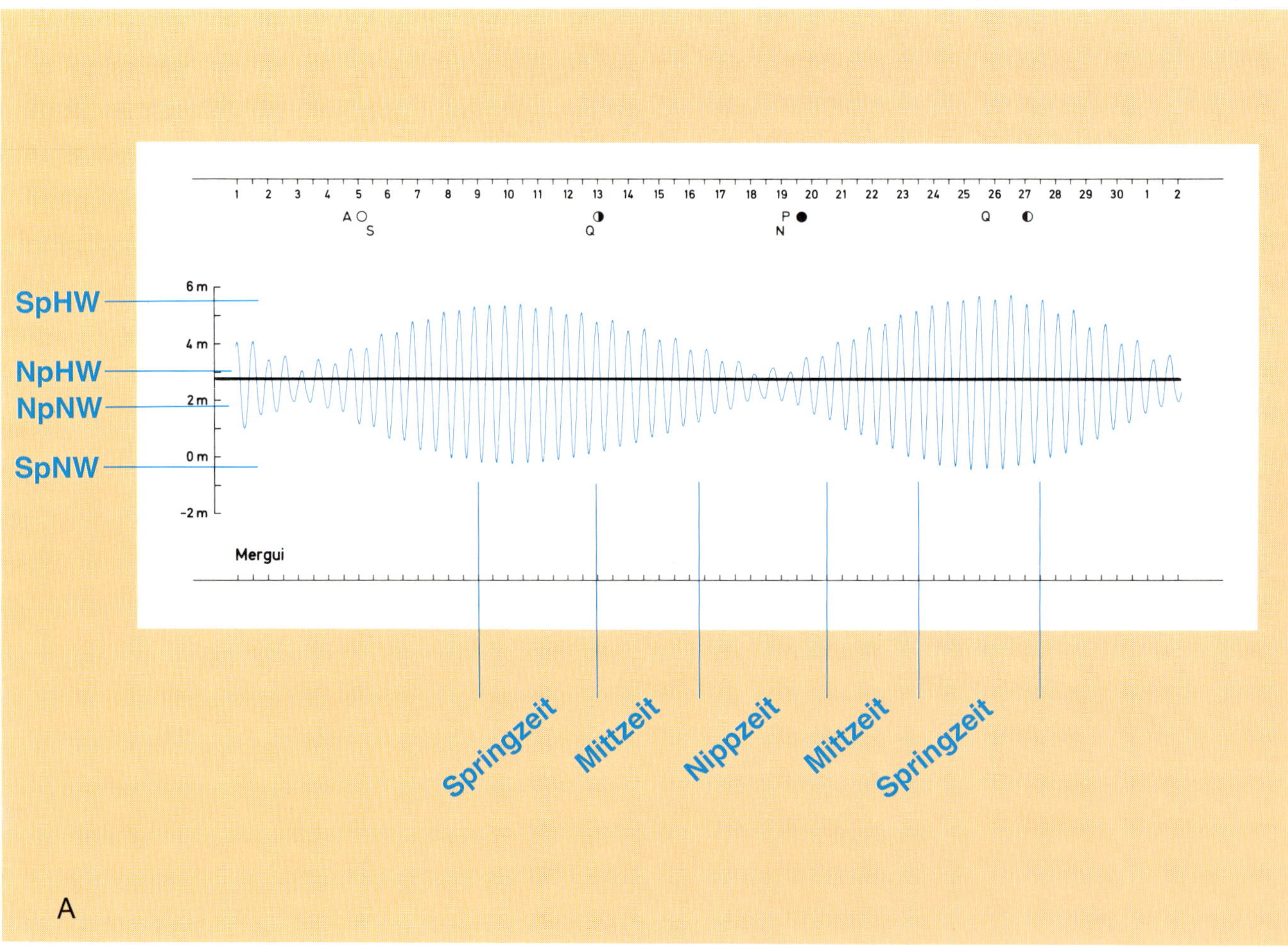

A

Springhochwasser ist also ein besonders hohes Hochwasser, Nipphochwasser ein besonders niedriges Hochwasser. Ebenso gibt es ein *Springniedrigwasser (SpNW),* also ein besonders niedriges Niedrigwasser, und ein *Nippniedrigwasser (NpNW),* ein besonders hohes Niedrigwasser.
Allgemein können wir sagen: Zur Springzeit treten große Extremwerte auf, wir haben also eine große Amplitude; zur Nippzeit dagegen treten vergleichsweise geringe Extremwerte auf, wir haben also eine kleine Amplitude (B).

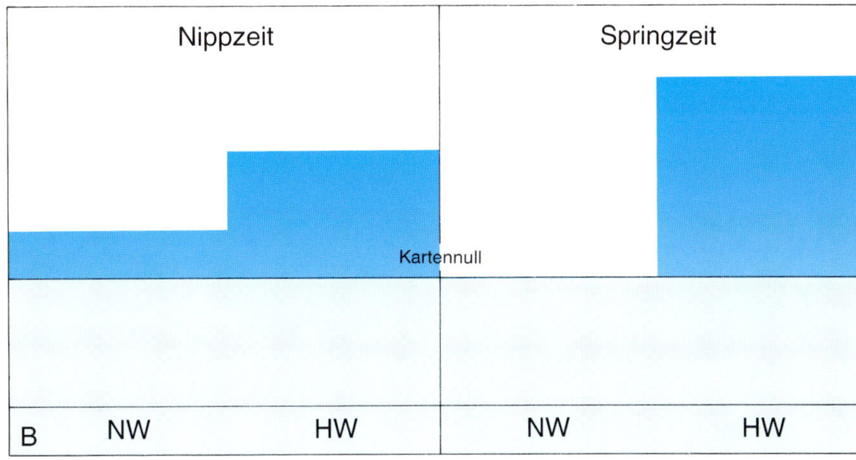

Nochmals: Das Kartennull

Da sich die Wasserhöhe nicht nur täglich ändert, sondern auch im Verlauf eines Monats nicht unerheblichen Schwankungen unterliegt, müssen wir uns erinnern, auf welches Niveau die Tiefenangaben in der Seekarte im Gezeitenrevier bezogen sind. Auf S. 22 haben wir gesagt, daß man in deutschen Gezeitengewässern vom *mittleren Springniedrigwasser* ausgeht. Das Kartennull ist hier also auf die durchschnittliche Niedrigwasserhöhe zur Springzeit bezogen, auf eine Wasserhöhe also, die im Verlauf der Gezeitenkurve meistens überschritten wird. Wir können also davon ausgehen, daß wir nur selten so wenig Wasser vorfinden, wie die Karte es uns angibt. Diese Bezugshöhe gilt aber, wie bereits erwähnt, nicht in allen Ländern, manchmal gibt es sogar revierbezogene Abweichungen innerhalb eines Landes. So finden wir in der Nordbretagne, etwa in St. Malo, daß das Kartennull etwa 1,50 m unter dem mittleren Springniedrigwasser liegt.

Wassertiefe – Kartentiefe

Die *Kartentiefe* entnehmen wir der Seekarte. Die meist über dem Kartennull liegende Wasserhöhe nennt man *Höhe der Gezeit.* Beides addiert ergibt die von uns momentan, etwa mit dem Lot, feststellbare *Wassertiefe (WT).* Also:
WT = Kartentiefe + Höhe der Gezeit
Alle den Gezeitentafeln entnommenen Wasserhöhen sind auf Kartennull bezogen, so daß jeweils die Kartentiefe addiert werden muß, um die Wassertiefe zu erhalten (C).

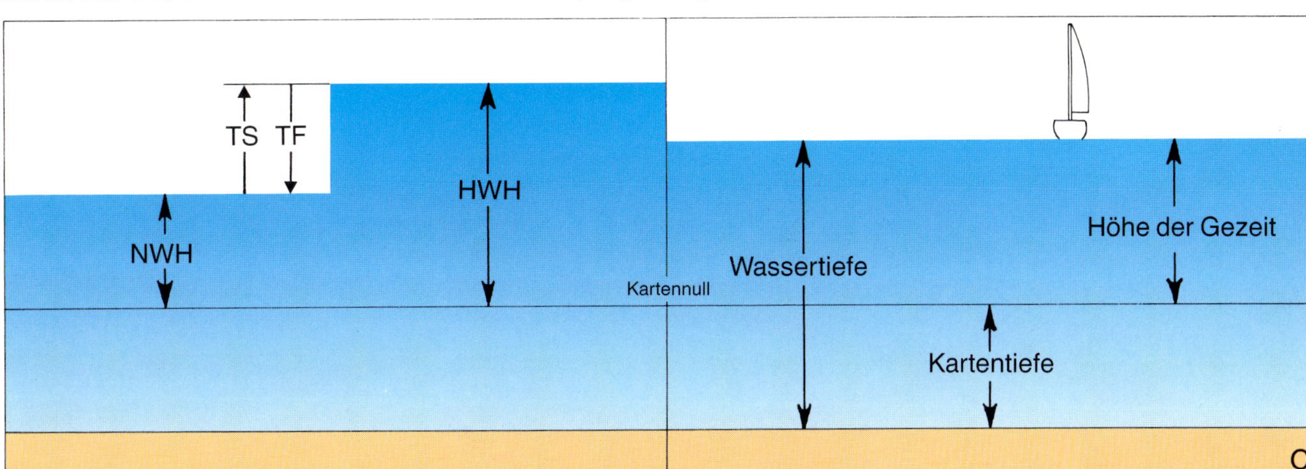

Tafel 3a
Mondphasen 1987. UTC

		Tag	Uhr		Tag	Uhr		Tag	Uhr		Tag	Uhr
Erstes Viertel	Januar	6	22.34	April	6	7.48	Juli	4	8.34	September	30	10.39
Vollmond		15	2.30		14	2.31		11	3.33	Oktober	7	4.12
Letztes Viertel		22	22.45		20	22.15		17	20.17		14	18.06
Neumond		29	13.44		28	1.34		25	20.37		22	17.28
Erstes Viertel	Februar	5	16.21	Mai	6	2.26	August	2	19.24		29	17.10
Vollmond		13	20.58		13	12.50		9	10.17	November	5	16.46
Letztes Viertel		21	8.56		20	4.02		16	8.25		13	14.38
Neumond		28	0.51		27	15.13		24	11.59		21	6.33
Erstes Viertel	März	7	11.58	Juni	4	18.53	September	1	3.48		28	0.37
Vollmond		15	13.13		11	20.49		7	18.13	Dezember	5	8.01
Letztes Viertel		22	16.22		18	11.02		14	23.44		13	11.41
Neumond		29	12.46		26	5.37		23	3.08		20	18.25
Erstes Viertel	April	6	7.48	Juli	4	8.34		30	10.39		27	10.01

Springverspätung

Wann wir mit Springverhältnissen, wann mit Nippverhältnissen zu rechnen haben, hängt von der jeweiligen Mondphase ab (vgl. S. 108). Allgemein gilt, daß Springverhältnisse zur Vollmond- und Neumondzeit, Nippverhältnisse zur Halbmondzeit auftreten. Um die herrschenden Wasserverhältnisse zu bestimmen, setzt man die Dauer von Spring- und Nippzeit mit jeweils 4 Tagen an, die Dauer der Mittzeit mit 3 Tagen. Hierbei beginnt die Springzeit jeweils zwei Tage vor der vollendeten Phase des Vollmondes bzw. des Neumondes und endet entsprechend zwei Tage danach.

Für einen halben Mondumlauf ergibt sich also folgender Rhythmus:

Springverhältnisse	4 Tage
Mittverhältnisse	3 Tage
Nippverhältnisse	4 Tage
Mittverhältnisse	3 Tage
Insgesamt	14 Tage

In europäischen Gewässern fällt jedoch die Springzeit, das heißt die Tide mit maximaler Amplitude, nicht genau mit dem Vollmond bzw. Neumond zusammen. Sie verspätet sich vielmehr gegenüber der Mondphase. Diese zeitliche Verschiebung zwischen dem Eintreten des Vollmondes oder Neumondes und der Springzeit nennt man *Springverspätung.* Natürlich verschiebt sich nicht nur der Eintritt der Springverhältnisse, sondern um die gleiche Zeit auch der der Mitt- und Nippverhältnisse (A).

In der Deutschen Bucht beträgt die Springverspätung fast durchwegs 3 Tage. Die genauen Werte können der Tafel 1a des Teiles III der Gezeitentafeln entnommen werden. Zu den Mondphasen, die wir aus der Tafel 3a erhalten, müssen wir also 3 Tage Springverspätung addieren, um die richtigen Wasserverhältnisse für die Deutsche Bucht zu erhalten.

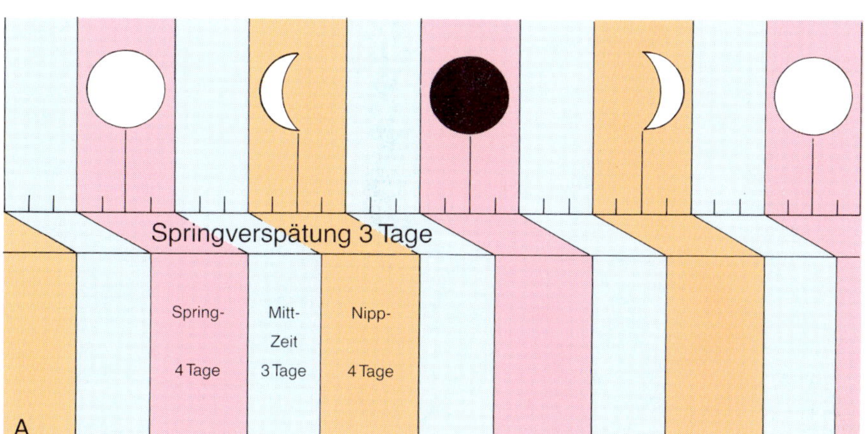

A

Beispiel

Welche Gezeitenverhältnisse herrschen am 26. 6. 87 in *Wilhelmshaven?*

Aus Tafel 3a ergibt sich:
Neumond 26. Juni 0537

In Tafel 1a finden wir als Springverspätung für *Wilhelmshaven* genau 3 Tage. Das heißt:
Springzeit (Wilhelmshaven) 29. Juni

Man rechnet praktisch mit Springzeit vom 27. Juni bis 1. Juli (jeweils 0537). Am 26. Juni herrscht also Mittzeit.

Auszug aus Tafel 1a

Gezeitengrundwerte der europäischen Bezugsorte

Seite	Bezugsort	Springverspätung	Mittlere Steig- dauer	Mittlere Fall- dauer	MSpHW
		d h	h min	h min	m
2	Ekaterininskaja	1 19	06 05	06 20	3,65
6	Narvik	2 02	06 06	06 19	3,07
9	Bergen	2 02	06 14	06 11	1,40
13	Helgoland	2 22	05 39	06 46	2,70
16	Husum	3 00	05 50	06 35	3,83
20	Büsum	3 01	06 17	06 08	3,68
23	Cuxhaven	3 00	05 38	06 47	3,38
27	Brunsbüttel	3 01	05 21	07 04	3,03
30	Hamburg	3 04	05 04	07 21	3,16
34	Bremerhaven	3 00	06 04	06 21	4,12
37	Bremen	3 03	05 13	07 12	4,11
41	Wilhelmshaven	3 00	06 15	06 10	4,29
44	Norderney	2 22	06 04	06 21	2,83
48	Borkum	2 21	06 05	06 20	2,71
51	Emden	2 23	06 06	06 19	3,52
55	Terschelling	2 14	06 19	06 06	2,23
58	Hoek van Holland	2 04	06 47	05 38	2,24
61	Vlissingen	2 03	05 55	06 30	4,89
65	Le Havre	1 23	05 25	07 00	7,90
69	St. Malo	2 02	05 30	06 55	12,25
73	Brest	1 15	06 03	06 22	7,50
77	Plymouth	1 18	06 11	06 14	5,55
81	Southampton	1 21	06 45	05 40	4,54
85	Portsmouth	2 02	07 08	05 17	4,69
89	Dover	2 03	05 07	07 18	6,68
93	London Bridge	2 17	05 56	06 29	7,10
97	Immingham	2 00	06 04	06 21	7,26
101	Leith	1 15	06 29	05 56	5,58
105	Aberdeen	1 13	06 18	06 07	4,27
109	Ullapool	1 09	06 06	06 19	5,18
112	Oban	1 11	06 10	06 15	3,99
116	Greenock	2 16	06 41	05 44	3,44
119	Liverpool	1 20	05 37	06 48	9,33
123	Avonmouth	2 10	05 35	06 50	13,23
127	Cobh	1 20	05 56	06 29	4,11
131	Pointe de Grave	1 10	06 28	05 57	5,35
135	Lissabon	1 03	06 42	05 43	3,81
139	Gibraltar	1 05	06 34	05 51	0,98

Die Gezeitentafeln

Bezugsort und Anschlußort

Im Band I *(Europäische Gewässer)* der jährlich vom DHI herausgegebenen **Gezeitentafeln (GT)** finden wir im ersten Teil ausführliche Vorausberechnungen für die sogenannten *Bezugsorte.* Es handelt sich um etwa 40 Orte, für die eine Tidenkurve sowie die täglichen Zeiten und Höhen der Hoch- und Niedrigwasser wiedergegeben sind. Da der Gezeitenablauf in der Nähe der Bezugsorte oft ähnlich und meist nur um einen Zeit- oder Höhenunterschied verschoben ist, werden im Teil II für über 2000 sogenannte *Anschlußorte* diese Gezeitenunterschiede (GU) zu den Bezugsorten angegeben. Durch eine kleine Addition oder Subtraktion ergeben sich dann auch für die Anschlußorte genaue Zeiten und Höhen der täglichen Hoch- und Niedrigwasser.

Beachte: In den GT wird mit MEZ (Mitteleuropäischer Zeit) gearbeitet, d. h. UTC (Universal Time Coordinated) + 1 h.

Beispiele

In der Gezeitennavigation haben wir folgende Aufgaben zu lösen:

- Wann haben wir HW, wann NW?
- Wie hoch wird die HWH, wie hoch die NWH sein?
- Wann haben wir auflaufendes, wann ablaufendes Wasser, um evtl. mit dem Strom laufen zu können?
- Werden wir bei NW genug Wasser unter dem Kiel haben, wenn wir hier festmachen oder ankern?

1. Beispiel: Wann hat man am 20. Juni 1987 in *Wilhelmshaven* Hochwasser, wann Niedrigwasser? Mit welchen Höhen? Wann sollte eine Yacht mit dem Strom auslaufen?

1. Hochwasser	0749	3,9 m
2. Hochwasser	2008	4,3 m
1. Niedrigwasser	0126	0,3 m
2. Niedrigwasser	1340	0,4 m

Die Yacht läuft am günstigsten bei beginnendem ablaufendem Wasser nach Hochwasser aus, also nach 0749 MEZ.

2. Beispiel: Wann hat man am 16. Mai 1987 an der *Buhne C/Minsener Oog* das 1. NW und das 2. HW? Mit welchen Höhen?

1. NW W'haven	0837	0,0 m
GU	−0018	0,0 m
1. NW Buhne C	0819	0,0 m
2. HW W'haven	1446	4,4 m
GU	−0044	−0,9 m
2. HW Buhne C	1402	3,5 m

Beachte:
1. Für HW und NW sind unterschiedliche Zeitunterschiede zu berücksichtigen!
2. Bei der Ermittlung des Höhenunterschiedes muß darauf geachtet werden, ob Spring-, Mitt- oder Nippverhältnisse herrschen. In unserem Beispiel hat man am 16. 5. 1987 Springzeit (Vollmond am 13. 5. 1987 + 3 Tage Springverspätung). Zur Mittzeit müßte zwischen den Werten für die Spring- und Nippzeit interpoliert werden.

3. Beispiel: Am 18. 5. 1987 ankert man gegen 1520 im Priel *Mittelbalje* südlich von *Ostwangerooge* an einer Stelle, für die die Karte 1,7 m angibt. Die Yacht hat einen Tiefgang von 1,5 m. Muß man damit rechnen, daß man trockenfällt?

Es gilt:
WT = KT + Höhe der Gezeit.
Wir müssen also die Höhe der Gezeit für das folgende Niedrigwasser errechnen:

2. NW Wilhelmshaven	−0,1 m
Höhenunterschied	0,0 m
2. NW Mittelbalje	−0,1 m

Also:
WT = 1,7 m −0,1 m = 1,6 m
Man sollte sich einen günstigeren Ankerplatz suchen.

4. Beispiel: Bei der Suche nach einem günstigeren Ankerplatz lotet man anschließend 6,7 m. Kann man hier unbesorgt ankern?

Gesucht wird also die Kartentiefe, für den Lotungsort, aus der man leicht die NWH erhält. Es gilt:
KT = WT − Höhe der Gezeit
Wie hoch ist die Höhe der Gezeit beim Loten? Man erhält:

2. HW Wilhelmshaven	1619
Zeitunterschied	−0056
2. HW Mittelbalje	1523

Wir hatten also beim Loten Hochwasser. Wie hoch ist das 2. HW an der *Mittelbalje?*

2. HW Wilhelmshaven	4,3 m
Höhenunterschied	−0,9 m
2. HW Mittelbalje	3,4 m

Wir erhalten also als Kartentiefe:
KT = 6,7 m − 3,4 m = 3,3 m.
Da wir aus dem 3. Beispiel wissen, daß die NWH um − 0,1 m unter der Kartentiefe liegt, ist auch die NWH am Lotungsort bekannt: NWH = 3,3 m − 0,1 m = 3,2 m. Man wird also nicht trockenfallen.

Wilhelmshaven (Alter Vorhafen) 1987

Breite: 53° 31′ N, Länge: 8° 09′ E.

Mai

	Zeit	Höhe m		Zeit	Höhe m
1	0247	4,2	16	0230	4,4
	0851	0,0		0837	0,0
Fr	1456	4,2	Sa	1446	4,4
	2102	-0,1		2102	-0,2
2	0319	4,1	17	0320	4,3
	0920	0,2		0923	0,0
Sa	1525	4,2	So	1532	4,4
	2135	0,0		2148	-0,1
3	0352	4,0	18	0410	4,2
	0947	0,3		1008	0,2
So	1557	4,2	Mo	1619	4,3
	2208	0,1		2236	-0,1
4	0426	3,8	19	0502	4,0
	1015	0,3		1056	0,3
Mo	1632	4,1	Di	1713	4,3
	2241	0,2		2331	0,1
5	0504	3,7	20	0600	3,9
	1050	0,4		1151	0,5
Di	1715	4,0	Mi	1814	4,3
	2323	0,4			
6	0553	3,6	21	0036	0,3
	1137	0,6		0708	3,9
Mi	1811	3,9	Do	1259	0,6
				1925	4,3

Juni

	Zeit	Höhe m		Zeit	Höhe m
1	0335	3,9	16	0411	4,2
	0928	0,2		1009	0,1
Mo	1541	4,3	Di	1617	4,5
	2156	0,1		2239	-0,1
2	0410	3,9	17	0501	4,1
	1000	0,3		1055	0,3
Di	1617	4,2	Mi	1708	4,5
	2231	0,2		2331	0,0
3	0448	3,8	18	0554	4,0
	1036	0,3		1144	0,4
Mi	1657	4,1	Do	1804	4,5
	2309	0,2			
4	0530	3,8	19	0028	0,2
	1118	0,4		0650	3,9
Do	1742	4,1	Fr	1239	0,4
	2354	0,3		1904	4,4
5	0621	3,7	20	0126	0,3
	1209	0,5		0749	3,9
Fr	1838	4,0	Sa	1340	0,4
				2008	4,3
6	0050	0,3	21	0225	0,2
	0723	3,7		0850	3,9
Sa	1313	0,5	So	1445	0,3
	1943	4,0		2115	4,2

Juli

	Zeit	Höhe m		Zeit	Höhe m
1	0353	4,0	16	0449	4,1
	0948	0,2		1042	0,1
Mi	1602	4,3	Do	1654	4,6
	2219	0,1		2317	-0,1
2	0428	3,9	17	0531	4,0
	1022	0,2		1122	0,2
Do	1638	4,3	Fr	1742	4,5
	2254	0,1			
3	0508	3,9	18	0002	0,1
	1100	0,3		0615	3,9
Fr	1717	4,2	Sa	1205	0,2
	2330	0,1		1830	4,3
4	0548	3,9	19	0045	0,2
	1140	0,3		0700	3,9
Sa	1758	4,2	So	1253	0,3
				1923	4,2
5	0010	0,2	20	0132	0,4
	0632	3,8		0753	3,8
So	1225	0,4	Mo	1352	0,4
	1847	4,1		2026	4,0
6	0059	0,3	21	0231	0,4
	0727	3,9		0859	3,8
Mo	1325	0,5	Di	1503	0,4
	1949	4,1		2139	3,9

August

	Zeit	Höhe m		Zeit	Höhe m
1	0440	4,0	16	0530	3,9
	1039	0,2		1125	0,2
Sa	1649	4,3	So	1749	4,2
	2304	0,1		2357	0,3
2	0514	4,0	17	0607	3,9
	1112	0,3		1204	0,3
So	1722	4,3	Mo	1834	4,0
	2334	0,2			
3	0546	4,0	18	0036	0,5
	1145	0,4		0656	3,8
Mo	1801	4,2	Di	1259	0,5
				1936	3,8
4	0011	0,5	19	0134	0,7
	0631	3,9		0806	3,8
Di	1233	0,6	Mi	1415	0,6
	1858	4,1		2057	3,7
5	0109	0,6	20	0256	0,7
	0738	3,9		0931	3,8
Mi	1348	0,7	Do	1546	0,6
	2017	4,0		2222	3,7
6	0231	0,7	21	0422	0,6
	0900	4,0		1050	4,0
Do	1517	0,6	Fr	1707	0,4
	2145	4,1		2330	3,8

Nr.	Ort	Geogr. Lage: Breite	Länge	HW	NW	Mittlere Höhen des Bezugsortes			
		° ′	° ′	h min	h min	m	m	m	m
	Bezugsort:					SpHW	NpHW	SpNW	NpNW
	WILHELMSHAVEN (Seite 41-43)					4,3	3,8	0,0	0,6
	U T C + 1 h 00 min			Zeitunterschiede		Höhenunterschiede			
	Jadegebiet								
755	Jadeplate	53 50	8 00	- 1 01	- 0 36	-1,1	-1,0	0,0	-0,1
756	Wangerooge Ost	53 46	7 58	- 0 56	- 0 31	-1,0	-0,9	0,0	-0,1
757	Blaue Balje	53 45	7 56	- 0 53	- 0 28	-1,0	-0,9	0,0	-0,1
759	Minsener Oog, Buhne C	53 45	8 02	- 0 44	- 0 18	-0,9	-0,8	0,0	-0,1
760	Mellumplate, Leuchtturm	53 46	8 06	- 0 46	- 0 19	-0,9	-0,8	0,0	-0,1
761	Schillighörn	53 42	8 03	- 0 28	- 0 11	-0,8	-0,7	0,0	-0,1
762	Alte Mellum	53 43	8 08	- 0 23	- 0 11	-0,7	-0,6	0,0	-0,1
763	Wangersiel	53 41	8 01	- 0 29		-0,8	-0,7		
765	Hooksiel	53 39	8 05	- 0 17	- 0 06	-0,5	-0,5	0,0	-0,1
766	Voslapp	53 37	8 07	- 0 09	- 0 02	-0,4	-0,3	0,0	0,0
768	Sengwarder Balje	53 36	8 11	- 0 05	- 0 01	-0,3	-0,3	0,0	-0,1
770	Wilhelmshaven, Neuer Vorhafen	53 32	8 10	- 0 03	0 00	-0,1	-0,1	0,0	0,0
771	Eckwarderhörn	53 31	8 14	+ 0 05	+ 0 05	0,0	0,0	0,0	0,0
772	Mariensiel	53 30	8 04	+ 0 09					

Theorie und Praxis der Gezeiten

Entstehung der Gezeiten: Der Mond

Die Niveauschwankungen der Meeresoberfläche beruhen im wesentlichen auf der von Mond und Erde aufeinander ausgeübten Massenanziehung. Diese Anziehung wirkt an verschiedenen Punkten der Erde unterschiedlich stark, da jeder Punkt der Erde eine andere Richtung zum Mond einnimmt. Hinzu kommt die tägliche Erddrehung, die die Wasserteilchen auf der Oberfläche ständig in eine neue Stellung zu dem von Mond und Erde gebildeten Kraftfeld bringt. Hieraus ergibt sich als horizontale Bewegungskomponente eine Art Schwingung der Wasserteilchen. Die einzelnen Teilchen beschreiben etwa im Rhythmus der Erdumdrehung langgezogene Bahnen um ihre mittlere Lage. Man erhält sogenannte Gezeitenströme, die wir in Abhängigkeit vom Gezeitenrhythmus auch auf dem Meer vorfinden. Die von uns beobachteten Gezeiten sind also nichts anderes als das Zusammenwirken dieser Ströme, durch die Wassermassen zusammengedrängt oder abgezogen werden.

Etwas vereinfachend kann man sagen, daß auf der Mondseite einer völlig mit Wasser bedeckt gedachten Erdkugel eine Art Hochwasserwelle steht, die immer dem Mond zugewandt bleibt. Der Mond zieht gleichsam diese Flutwelle um den Erdball. Eine weitere Hochwasserwelle ist auf der dem Mond entgegengesetzten Seite der Erdkugel zu beobachten (A).

Sobald also der Mond den Ortsmeridian eines Beobachters passiert, hat man Hochwasser. Dies trifft jedoch auf unserer Erde nicht genau zu, da große Landmassen, die Erdteile, den freien Lauf der Flutwelle hemmen und Verzögerungen verursachen. So ergibt sich zwischen dem Durchgang des Mondes durch den Ortsmeridian und dem darauf folgenden Hochwasser ein Zeitunterschied, das *Hochwasserintervall.*

Der Einfluß des Mondes wird noch in einem anderen Zusammenhang deutlich. Der Mond benötigt für einen vollen Umlauf um die Erde etwas länger als einen Tag, nämlich 24 h 50 min. Deshalb ist eine Tide bei uns auch länger als 12 Stunden, so daß Hoch- und Niedrigwasser nicht

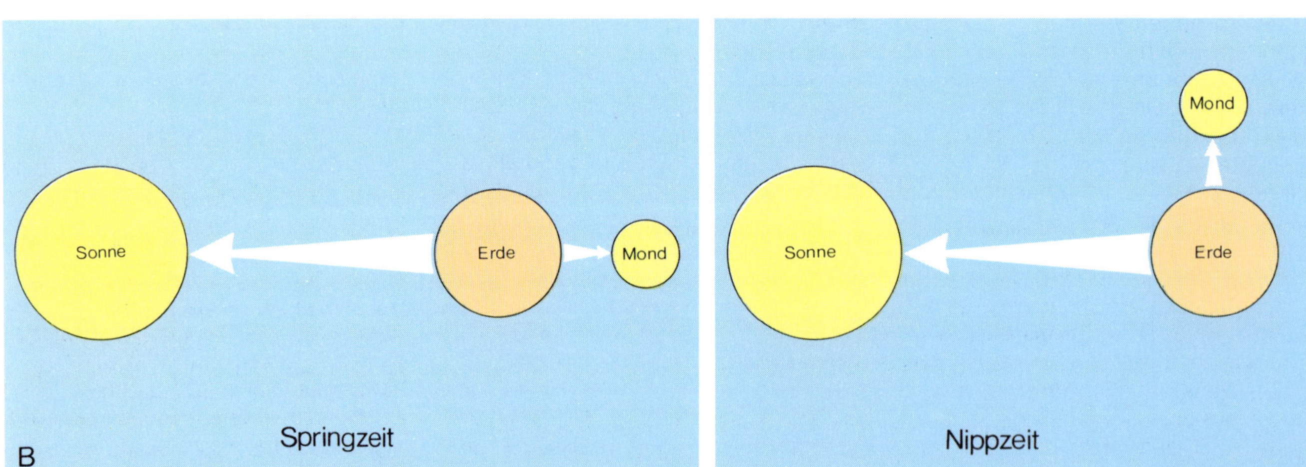

B

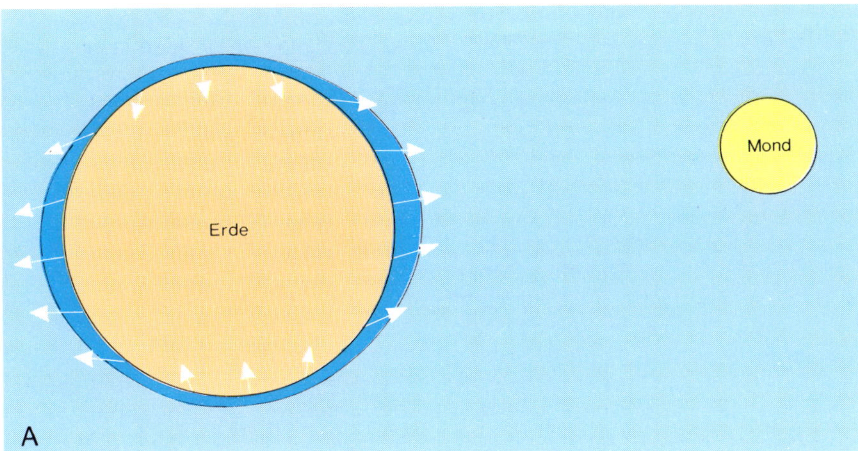

immer auf die gleiche Tageszeit fallen, sondern sich langsam verschieben.

Die Sonne

Auch die Sonne beeinflußt den Gezeitenablauf, allerdings nur etwa halb so stark wie der Mond. Sie nimmt im Verlauf eines Monats zu der von Mond und Erde gebildeten Achse unterschiedliche Stellungen ein (B). Steht sie auf der Verlängerung dieser Linie, so haben wir Neu- oder Vollmond. Hierbei verstärkt sie den Mondeinfluß, und wir haben Springverhältnisse. Umgekehrt ist es, wenn wir Halbmond haben. Jetzt steht die Sonne etwa senkrecht zu der Achse Mond–Erde und schwächt den Mondeinfluß ab. Wir haben deshalb Nippverhältnisse. Auch der Eintritt von Spring- und Nippverhältnissen verzögert sich durch die den freien Ablauf hindernden Kontinente. Neben der bei uns auftretenden halbtägigen Gezeit mit täglich zwei Hoch- und Niedrigwassern findet man auch andere Gezeitenformen: die eintägige Gezeit am Chinesischen Meer und die gemischte Gezeit im Pazifik, bei der die Höhen der beiden täglich auftretenden HW bzw. NW stark voneinander abweichen.

Windeinfluß

Alle in den Gezeitentafeln zusammengestellten Vorausberechnungen sind natürlich abstrakt, also wetterunabhängig, durchgeführt. Starkwinde können je nach ihrer Richtung die angegebenen Wasserhöhen erheblich verändern, und zwar in Seichtwassergebieten stärker als im Tiefwasser. Daneben können sich auch die vorausberechneten Zeitpunkte verschieben. Treffen auflandige Stürme mit Springverhältnissen zusammen, so treten die stärksten Erhöhungen auf. Man spricht dann von *Sturmflut.* Ablandige Winde können die Höhen verringern.

Gezeitenströme

In Inselrevieren oder in Flußmündungsgebieten läuft eine Tide unregelmäßiger ab als im offenen Seerevier. Dies gilt vor allem für die auftretenden Gezeitenströme. Hat man steigendes Wasser, so entsteht sogenannter *Flutstrom,* hat man fallendes Wasser, spricht man von *Ebbstrom.* Dazwischen tritt für einige Zeit *Stillwasser* ein, ehe der Strom kentert.

In aller Regel kentert der Strom nicht genau zur HWZ oder NWZ, sondern erst einige Zeit nach dem örtlichen Hochwasser oder Niedrigwasser. Im oberen Flußbereich wird dieser Zeitunterschied allerdings immer geringer.

Je weiter flußaufwärts ein Ort liegt, desto mehr verspätet sich der Tidenablauf gegenüber dem Mündungsgebiet, denn die „Flutwelle“ läuft gleichsam flußaufwärts. Segelt man deshalb mit auflaufendem Wasser flußaufwärts, wird man lange Strecken mit dem Strom laufen können. Bei seewärtigem Kurs dagegen wird der Strom nur kurze Zeit mitlaufen, da die Yacht der folgenden „Flutwelle“ entgegenläuft.

Ein anfangs mit dem Wind, dann aber gegenan laufender Strom kann die Seegangsverhältnisse in kürzester Zeit grundlegend verändern. Hat der Strom zunächst die Höhe der See sogar etwas gedämpft, so schiebt er nun das Wasser dem Wind entgegen. Die See wird kurz, steil und sehr hart.

Daneben kann ein weiterer Effekt auftreten: Der mit dem Wind laufende Strom versetzt die Yacht etwas vom Winde weg. Folglich wird der an Bord spürbare Wind etwas abgeschwächt. Sobald der Strom kentert, schiebt er die Yacht möglicherweise mit der gleichen Stärke gegen den Wind. Der an Bord spürbare und für die Segelführung allein entscheidende Wind wird also in kurzer Zeit verstärkt. Deshalb muß rechtzeitig vor dem Kentern des Stromes gerefft werden.

Der Tidenkalender

Statt der Gezeitentafeln ist der weitaus handlichere Tidenkalender sehr gebräuchlich. Er wird ebenfalls vom DHI für jedes Kalenderjahr herausgegeben, umfaßt jedoch nur ein kleineres Gebiet, beispielsweise die *Deutsche Bucht und deren Flußgebiete.* Er führt für alle Bezugs- und Anschlußorte die Hoch- und Niedrigwasserzeiten, nicht aber die jeweiligen Höhen der Gezeit auf. Auch die Tidenkurven sind nicht wiedergegeben. Statt dessen gibt er nur den mittleren Tidenhub (MTH) und das mittlere Hochwasser (MHW) gegen Normalnull (NN) und Seekartennull (SKN) an. Diese Höhen ergeben sich als langjähriges Mittel unter Berücksichtigung von Spring- und Nippzeiten. Natürlich kann man hieraus nicht den Tidenhub und die genauen Wasserhöhen zur Spring- oder Nippzeit entnehmen. Der Tidenhub wird zur Springzeit größer sein als angegeben und kleiner zur Nippzeit. Beim Umgang mit dem Tiden- oder Gezeitenkalender ist es deshalb wichtig zu wissen, welche Gezeitenverhältnisse gerade herrschen. Diese können unter Berücksichtigung der Springverspätung einer beigefügten Mondphasentafel entnommen werden. Im übrigen arbeitet man genauso wie mit den Gezeitentafeln.

Die Aufgaben von S. 106 können zum Teil auch mit den hier wiedergegebenen Ausschnitten aus dem Tidenkalender gelöst werden. Beachte, daß der Tidenkalender in den Sommermonaten mit Sommerzeit arbeitet.

Wilhelmshaven (Alter Vorhafen) 1987

Tag	Mai HW		Mai NW		Tag	Juni HW		Juni NW	
	Uhr	Uhr	Uhr	Uhr		Uhr	Uhr	Uhr	Uhr
1 F	3.47	15.56	9.51	22.02	1 M	4.35	16.41	10.28	22.56
2 S	4.19	16.25	10.20	22.35	2 D	5.10	17.17	11.00	23.31
3 S	4.52	16.57	10.47	23.08	3 M	5.48	17.57	11.36	
					4 D 1	6.30	18.42	0.09	12.18
4 M	5.26	17.32	11.15	23.41	5 F	7.21	19.38	0.54	13.09
5 D	6.04	18.15	11.50		6 S	8.23	20.43	1.50	14.13
6 M 1	6.53	19.11	0.23	12.37	7 S	9.31	21.51	2.56	15.26
7 D	7.58	20.23	1.20	13.44					
8 F	9.17	21.43	2.36	15.07	8 M	10.37	22.54	4.05	16.37
9 S	10.35	22.54	3.58	16.30	9 D	11.33	23.51	5.09	17.39
10 S	11.38	23.50	5.09	17.36	10 M		12.24	6.06	18.34
					11 D 2	0.44	13.12	6.59	19.25
11 M		12.27	6.05	18.30	12 F	1.36	13.58	7.49	20.14
12 D	0.38	13.10	6.53	19.16	13 S	2.29	14.46	8.38	21.04
13 M 2	1.21	13.48	7.36	19.57	14 S	3.24	15.37	9.29	21.58
14 D	2.02	14.24	8.16	20.35					
15 F	2.44	15.03	8.54	21.16	15 M	4.19	16.28	10.21	22.50
16 S	3.30	15.46	9.37	22.02	16 D	5.11	17.17	11.09	23.39
17 S	4.20	16.32	10.23	22.48	17 M	6.01	18.08	11.55	
					18 D 3	6.54	19.04	0.31	12.44
18 M	5.10	17.19	11.08	23.36	19 F	7.50	20.04	1.28	13.39
19 D	6.02	18.13	11.56		20 S	8.49	21.08	2.26	14.40
20 M 3	7.00	19.14	0.31	12.51	21 S	9.50	22.15	3.25	15.45
21 D	8.08	20.25	1.36	13.59					
22 F	9.23	21.43	2.50	15.16	22 M	10.51	23.18	4.27	16.50
23 S	10.36	22.55	4.06	16.31	23 D	11.48		5.26	17.51
24 S	11.37	23.54	5.14	17.34	24 M	0.14	12.39	6.19	18.45
					25 D	1.05	13.26	7.08	19.34
25 M		12.26	6.07	18.24	26 F 0	1.51	14.07	7.53	20.19
26 D	0.43	13.10	6.52	19.12	27 S	2.33	14.43	8.32	20.58
27 M 0	1.29	13.52	7.36	19.58	28 S	3.10	15.19	9.08	21.34
28 D	2.12	14.29	8.18	20.38					
29 F	2.50	15.02	8.53	21.11	29 M	3.46	15.54	9.44	22.10
30 S	3.25	15.33	9.24	21.43	30 D	4.20	16.28	10.17	22.45
31 S	4.00	16.06	9.56	22.19					

0 : Neumond 1 : Erstes Viertel 2 : Vollmond 3 : Letztes Viertel

Mitteleuropäische Sommerzeit

Gezeitenunterschiede gegen Wilhelmshaven

Ort	HW	NW
	h min	h min
Jadeplate	– 1 01	– 0 36
Wangerooge Ost	– 0 56	– 0 31
Blaue Balje	– 0 53	– 0 28
Minsener Oog, Buhne C	– 0 44	– 0 18
Mellumplate, Leuchtturm	– 0 46	– 0 19
Schillighörn	– 0 28	– 0 11
Alte Mellum	– 0 23	– 0 11
Wangersiel	– 0 29	
Hooksiel	– 0 17	– 0 06
Voslapp	– 0 09	– 0 02
Sengwarder Balje	– 0 05	– 0 01
Wilhelmshaven, Neuer Vorhafen	– 0 03	0 00
Eckwarderhörn	+ 0 05	+ 0 05
Mariensiel	+ 0 09	
Arngast, Leuchtturm	+ 0 06	
Schweiburger Tief	+ 0 09	
Dangastersiel	+ 0 11	
Vareler Schleuse	+ 0 13	

Mittlerer Tidenhub und mittleres Hochwasser (in Metern)

Ort	MTH	MHW gegen NN	MHW gegen KN
Jadegebiet			
Wangerooge Ost	3,0	1,4	3,2
Minsener Oog, Buhne C	3,0	1,3	3,2
Mellumplate, Leuchtturm	3,0	1,4	3,3
Hooksiel	3,4	1,5	3,6
Voslapp	3,5	1,6	3,7
Wilhelmshaven, Neuer Vorhafen	3,7	1,7	4,0
Wilhelmshaven, Alter Vorhafen	3,8	1,7	4,1

3 Seemannschaft

Der Anker

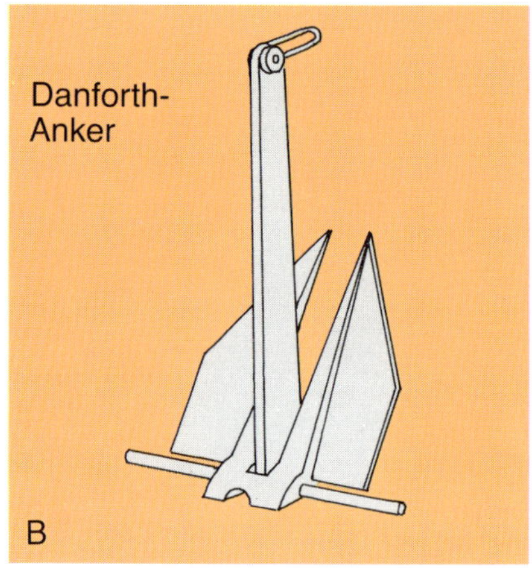

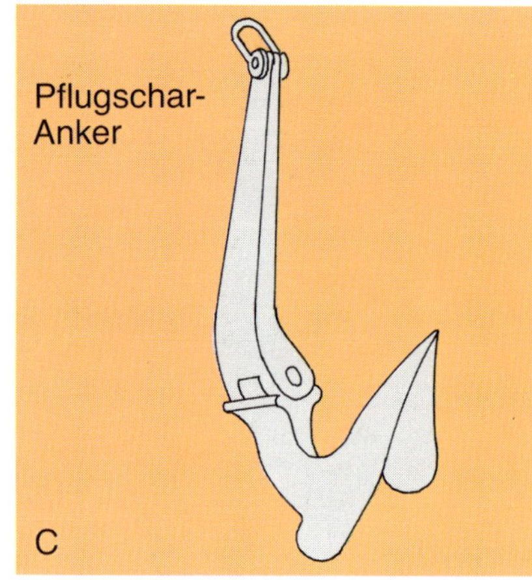

Gewichtsanker: Der Stockanker

Der beinahe schon klassische Stockanker besteht aus den die beiden *Hände* tragenden *Flunken,* dem *Schaft* und dem dazu quer liegenden *Stock (A).* Wenn der Anker nicht schon von sich aus so fällt, daß der Stock parallel zum Boden liegt, wird er durch den geringsten Zug in diese Stellung gedreht, da der Stock länger ist als die von den Flunken gebildete Sehne. Verstärkt sich jetzt der Zug, so gräbt sich eine der Flunken immer tiefer und fester in den Grund ein (Fotoreihe A, S. 113).

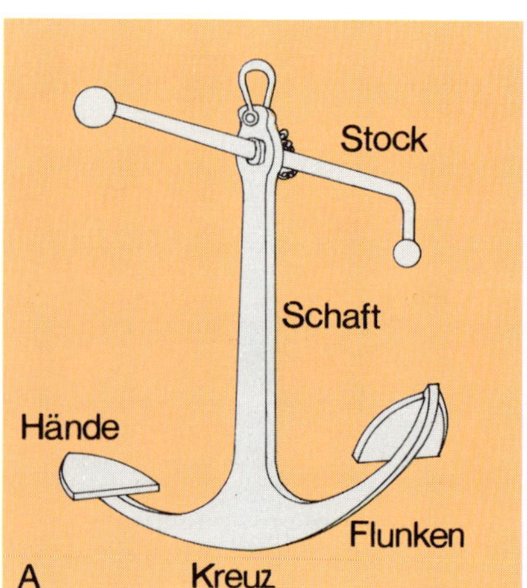

In dieser Stellung wird der Anker durch eine nahezu zum Boden parallel laufende Zugkraft kaum auszubrechen sein. Um sicher zu liegen, darf deshalb der am Anker angreifende Zug nicht zu steil wirken. Ist beispielsweise der Anker kurzstag geholt, steht also die Yacht unmittelbar über dem Anker, wird sie kaum gehalten werden können. Deshalb muß genügend Kette gesteckt werden. Der bekannte Standardwert verlangt, daß die Kettenlänge der drei- bis fünffachen Wassertiefe entspricht; dies genügt in den meisten Fällen, doch sollte im Zweifel eher mehr als zuwenig gesteckt werden.
Schließlich sollte beim Ankern nicht ausschließlich eine Trosse oder Leine, sondern möglichst eine Kette verwendet werden.
Zumindest ein längerer Vorlauf von ca. 5 m Länge ist notwendig, damit die Kette auf Grund ihres Eigengewichtes durchhängt und somit den Zug am Anker etwa horizontal angreifen läßt. Eine durchhängende Kette wirkt außerdem bei starker Belastung wie eine Feder, die das Rukken der Yacht immer wieder ausgleicht, ohne dadurch den Anker zu belasten.

Wie schwer?

Die Größe des Stockankers bestimmt sich aus dem Gewicht einer Yacht und dem vom Überwasserschiff einschl. Rigg gebildeten Windwiderstand. Die vom *Germanischen Lloyd* zusammengestellten Tabellen gehen deshalb von der Verdrängung und einer etwa dem Rauminhalt entsprechenden Ausrüstungsleitzahl A aus. Sie verlangen im einzelnen:

A (m^3)	Verdrängung	1. Anker
0–10	2 t	14 kg
10–20	4 t	17 kg
20–30	6 t	19 kg
30–40	8,5 t	22 kg

Diese Werte sind sicher recht vorsichtig kalkuliert. Eine etwa 9 bis 10 m lange Yacht dürfte mit einem Stockanker von 15 kg und einer Kette von 30 bis 50 m Länge auskommen. Der stärkste Anker nützt jedoch wenig, wenn Kette und Schäkel nicht entsprechend dimensioniert sind.
Neben diesem Stockanker sollte auf jeden Fall noch ein Zweitanker, möglichst ein Patentanker, mitgeführt werden, der jedoch bei gleichem Zugwiderstand etwas leichter sein kann.

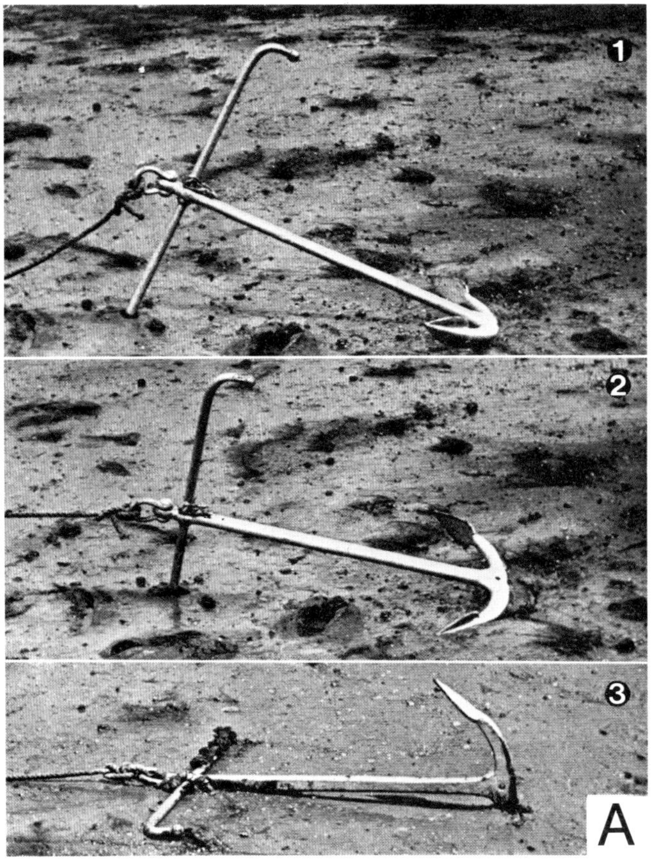

A

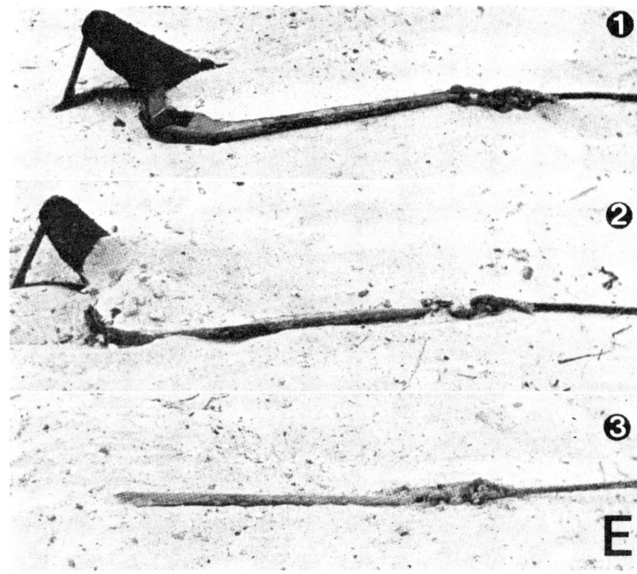

E

D

Patentanker

Von den vielen Patentankern sind der amerikanische *Danforth-Anker* (B) und der britische *Pflugscharanker* (C), auch *C.Q.R.-Anker („secure")* genannt, die wichtigsten. Sie haben keine freie Flunke wie der Stockanker, um die sich beim Fallenlassen oder beim Schwojen die Kette vertörnen kann (D); hierdurch würde der Anker natürlich sofort ausgerissen.
In Stromrevieren kommt deshalb häufig der **Pflugscharanker** zur Anwendung. Seine Flunken sind als doppelseitige Pflugschar ausgebildet, deren eine beim Fallen immer auf dem Boden zu liegen kommt und durch Zug völlig eingegraben wird (E). Allerdings slippt er meist noch ein bis zwei Meter über den Boden, bis er richtig greift.
Der **Danforth-Anker** kann auf Grund seiner Konstruktion recht einfach gestaut werden, doch ist sein Haltewiderstand meist nicht ganz so günstig wie der des C.Q.R.-Ankers. Bei allen Patentankern besteht die Gefahr, daß sie sich wegen ihres etwas geringeren Gewichtes auf bewachsenen Böden nur im Kraut verfangen, nicht aber in den Grund eingraben.

Ankermanöver

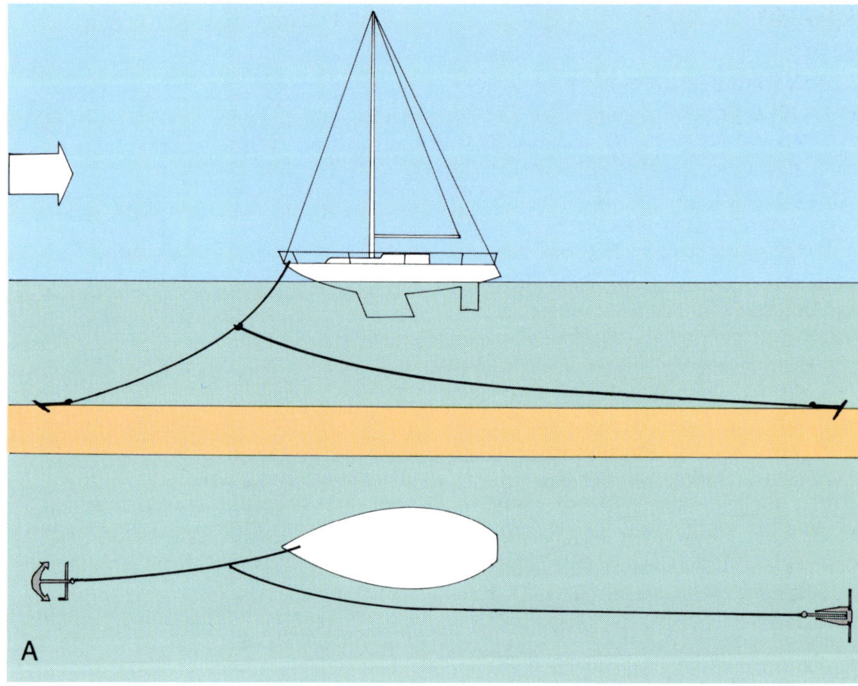

Der Ankerplatz

Vor dem Ankern müssen wir einen Blick in die Karte werfen und einen geschützten Platz suchen. Nur selten werden wir eine Bucht finden, die nach allen Richtungen vor Wind und See geschützt ist. Ein mehr oder weniger großer Bereich steht meist offen. Hierbei müssen wir die herrschende Wind- und Wetterlage und ihre vermutliche Entwicklung berücksichtigen. Denn wir dürfen beim Ankern nicht auf **Legerwall** geraten, also bei auflandigen Winden nicht Wind und See frei ausgesetzt sein. Auf jeden Fall muß auch bei Winddrehungen genügend Raum zum Schwojen vorhanden sein.

In der Karte finden wir außerdem die Grundbeschaffenheit vermerkt (S. 23). Günstig ist ein nicht zu lockerer Sandgrund oder ein Ton- und Lehmboden. Auf grobem Kies halten der Danforth- und Pflugscharanker nur sehr schlecht; auch auf weichem Schlick sollten wir den Pflugscharanker nicht verwenden. Auf verkrauteten Böden ist der Stockanker am sichersten, da er schwer genug ist, durch den Bewuchs hindurch im Grund zu greifen.

Vermuren

Rechnen wir im Gezeitenrevier damit, daß über Nacht der Strom kentert, müssen wir uns sichern, damit der plötzlich entgegengesetzt belastete Anker nicht ausbricht. Man bringt deshalb einen zweiten Anker gegen den zu erwartenden Strom aus (A).

Beide Ketten werden etwa 2 m vor dem Steven zusammengeschäkelt, um ein *Schamfilen* (Scheuern) der unbelasteten Kette am Vorschiff zu verhindern. Für beide Anker muß natürlich genug Kette gesteckt werden, denn wir hängen jeweils nur an einem Anker, der im Notfall halten muß.

Beachte: Beim Ankermanöver im Stromrevier muß gegen den Strom, nicht gegen den Wind aufgeschossen werden, da der Strom die Schwojrichtung der Yacht bestimmen wird.

Übermäßiges Schwojen auch außerhalb des Stromreviers kann durch das Ausbringen eines zweiten Ankers verhindert werden. Auf größeren Yachten liegt man gerne vor zwei Ankern (B). Kleinere Yachten jedoch werden immer wieder etwas Fahrt aufnehmen und auch vor zwei Ankern schwojen, da ihr größter Windwiderstand meist vorne liegt.

Das Ausbringen des zweiten Ankers können wir erleichtern, indem wir die Fock backhalten, so daß die Yacht einen möglichst großen Schwojwinkel erreicht. Hier läßt man den zweiten Anker fallen und steckt dann gleichmäßig viel Kette. Der zweite Anker wird allerdings nicht genauso weit wie der Hauptanker ausgebracht. Denn sollten beide Anker zu slippen anfangen, würden sie sich in der verlängerten Schiffsachse treffen und am neuerlichen Eingraben gegenseitig behindern.

Verkatten

Sind wir trotz aller Vorsichtsmaßnahmen auf Legerwall geraten, hängt alles vom Anker ab. Je stärker der Wind auffrischt, desto mehr wird die Kette gestrafft, und um so eher wird unser Anker ausgerissen. Wir müssen also erreichen, daß der Zug am Anker trotz allem horizontal angreift. Hierfür kann man ein Reitgewicht auf einem Gleitschäkel an der Ankerkette herablassen (C). Die Federwirkung der Kette wird auf diese Weise verstärkt.

Als Gewicht kann man natürlich auch den zweiten Anker verwenden. Noch besser ist es allerdings, wenn man ihn an der Kette des Hauptankers ausbringt, so daß auch er sich eingräbt. Beide Anker liegen also hintereinander an der gleichen Kette. Man spricht dann vom *Verkatten.* Da die Belastung hauptsächlich auf dem zuletzt ausgebrachten Anker liegt, nimmt man hierfür am besten den schwereren Anker (verkatteten Anker), an dessen Kreuz man den kleineren Anker (Kattanker) befestigt. Diesen läßt man als ersten fallen, dann den schwereren Hauptanker. Der Kettenabstand zwischen beiden

C

Ankern sollte größer als die Wassertiefe sein, damit man beim Aufholen des ersten Ankers noch sicher vom Kattanker gehalten wird. Den verkatteten Anker kann man zusätzlich noch durch ein Reitgewicht sichern. Liegen wir bei starkem Wind vor Anker, müssen wir Ankerwachen einteilen, die darauf achten, daß der Anker nicht zu slippen beginnt. Am besten suchen wir hierfür querab vom Schiff zwei Objekte an Land, die zueinander in Deckung liegen, also eine Deckpeilung. Sobald jetzt der Anker zu slippen beginnt, wandert die Peilung aus.

Ankerklarieren

In kleineren Häfen kommt der Anker leicht in fremden Ketten unklar. Können wir dann die fremde Kette bis zur Wasseroberfläche aufholen, stecken wir einen Tampen unter dieser Kette durch und fieren unseren Anker, bis er freikommt. Ist die Fremdkette zum Aufholen zu schwer, müssen wir sie mit unserem Zweitanker, am besten mit einem Draggen, der selbst leichter freizumachen ist, etwas aufholen, bis der Hauptanker freikommt (D). Reiße hierbei fremde Yachten nicht von ihrem Anker los!

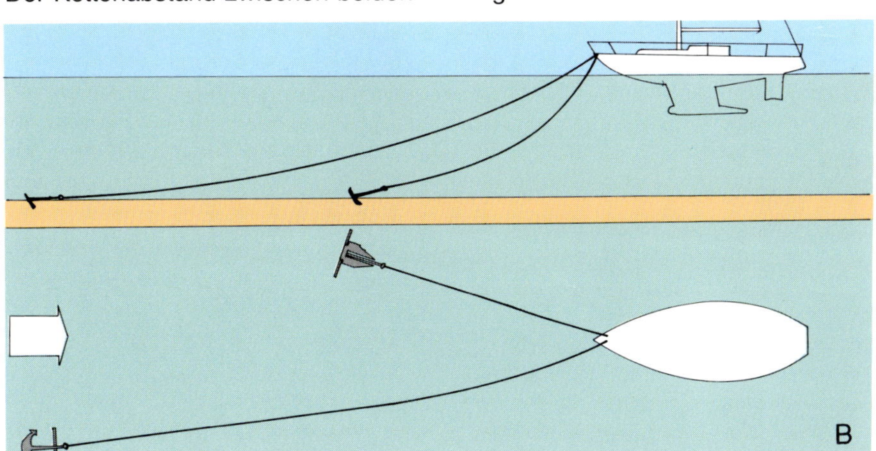

B

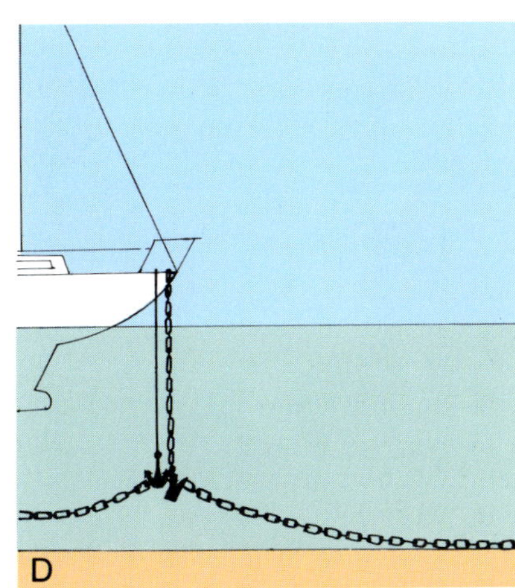

D

Das Reffen

Vorsegel und Großsegel

Bei starkem Wind verkleinern wir die Segelfläche der Yacht, um das Rigg zu entlasten und die Krängung aus dem Schiff zu nehmen. Doch auch bei mittleren Windstärken sollten wir nicht aus falschem Ehrgeiz zögern, einen Ring einzureffen oder eine kleinere Fock anzuschlagen. Man wird nämlich schnell erkennen, daß eine nicht so stark überliegende Yacht oft schneller läuft und besser im Ruder liegt. Denn Krängung erzeugt Luvgierigkeit. Ein Ring mehr im Groß nimmt schnell überstarke Luvgierigkeit weg. Bei alten Yachtkonstruktionen spielte die Fock beim Kürzen der Segel nur eine untergeordnete Rolle. Es war eher ein Beisegel, meistens auch nicht toppgetakelt; entscheidend war die Fläche des Großsegels. Die durch die Rennformeln forcierte Entwicklung moderner Konstruktionen führte zu einer Umkehrung: Die Fock ist oft sogar größer als das Groß, und neben einer Sturmfock und der Genua sind mindestens zwei weitere Vorsegel notwendig, um die Yacht optimal auszunutzen. Trotzdem hat das Reffmanöver nicht seine Bedeutung verloren. Es muß schnell und richtig durchgeführt werden können.

Das Manöver

Beim Reffvorgang muß das Großsegel entlastet sein, d. h. der Winddruck muß möglichst gering und die Schot gefiert sein. Andererseits müssen wir gerade bei schwerem Wetter manövrierfähig bleiben und etwas Fahrt machen, wollen wir nicht ein Spielball des Seegangs werden. Zudem dürfen die Segel nicht zu lange killen, sie könnten sonst sehr schnell einreißen. Wir luven also so hart wie möglich an, vermeiden es aber, in den Wind zu schießen.

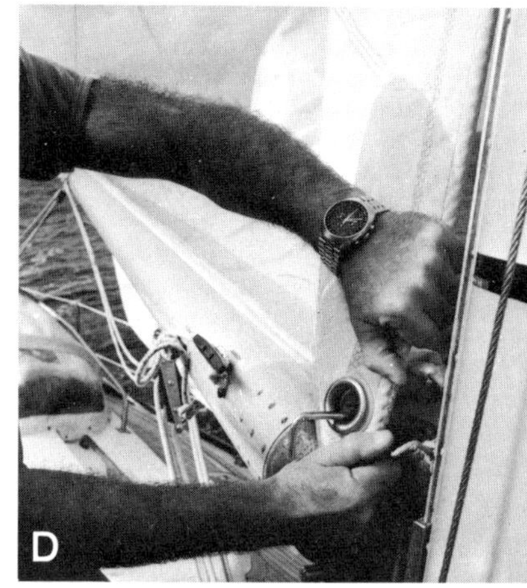

Können wir wegen groben Seegangs unsere Yacht nicht lange genug stabil halten, müssen wir etappenweise vorgehen, also nochmals Fahrt aufnehmen und dann von neuem beginnen. Auf manchen Yachten können wir auch während des Beiliegens (vgl. S. 129) mit backstehender Fock gut reffen. Das Schiff liegt hierbei sehr ruhig.

Rollreff (Abb. A–C)

Beim *Roll-, Dreh-* oder *Patentreff* wird der Großbaum meist durch ein Schneckengetriebe und Zahnkranz mit einer Kurbel gedreht, wobei das Segel von unten aufgerollt wird (A). Beim Reffvorgang benötigen wir zwei Mann am Mast, einen zum Fieren des Großfalles, den zweiten, um die Reffkurbel zu bedienen. Das Fall muß kontinuierlich gefiert werden, damit sich im Segel beim Einrollen keine Falten bilden. Deshalb sollte die Dirk nicht allzu dicht durchgesetzt sein. Es genügt, wenn sie das Gewicht des Baumes trägt. Am Vorliek muß darauf geachtet werden, daß sich beim Aufrollen keine Wulst bildet (B). Am Mast müssen außerdem die Rutscher des Vorlieks aus der Führungsschiene herausgenommen werden.
Meist ist ein dritter Mann erforderlich, um das Achterliek zur Nock hin straff zu ziehen (C) und evtl. die Segellatten aus den Taschen zu nehmen – beides keine angenehmen Arbeiten, zumal man sich nicht richtig festhalten kann.
Sichere die Reffkurbel immer an einem Bändsel, damit sie nicht über Bord gehen kann!

Bändselreff (Abb. D–G)

Beim Binde- oder Bändselreff findet man im Segel bereits mehrere Reihen von Kauschen vor, durch die Bändsel durchgeführt und befestigt sind. Die einzelnen Reihen laufen meist nicht parallel zum Großbaum, sondern passen sich dem Bauch des Segels an. Die beiden stärksten Kauschen finden wir am Vorliek und am Achterliek.
Sobald wir möglichst hart am Wind laufen, setzen wir die Dirk etwas stärker als beim Rollreffmanöver durch. Anschließend fieren wir das Großfall so weit, bis die Mastliekkausch zum Baum heruntergezogen werden kann. Dort wird sie in einen speziellen Beschlag oder Haken eingehängt (D). Als nächstes wird die Achterliekkausch über einen Block mit einem festen Bändsel **(Schmeerreep)** und oft über eine am Großbaum montierte Winsch dichtgeholt und belegt (Fotos E und F). Bei entsprechenden Wind- und Seegangsverhältnissen ist dies eine recht schwierige Arbeit.
Nachdem die Kauschen von Mast- und Achterliek befestigt sind, binden wir das freigewordene Segeltuch mit den Reffbändseln, am besten von vorn nach achtern, um den Baum (G). Nun kann das Großfall wieder durchgesetzt werden.
Bei schwerem Wetter kann auf das 1. Reff ohne weiteres ein 2. Reff gebunden werden (vgl. Foto Seite 9). Beim Ausreffen ist auf die umgekehrte Reihenfolge zu achten: erst die Mittelkauschen, dann das Achterliek und schließlich die Mastkausch. Bei etwas Wind im Segel besteht sonst die Gefahr, daß die Kauschen ausgerissen werden.

Vorteile und Nachteile

Mehr und mehr wird heute das Bändselreff bevorzugt, da das Segel auch in gerefftem Zustand noch Bauch hat und nicht seine guten Segeleigenschaften verliert, wie nach dem Reffen mit dem Rollreff. Zwar arbeitet das Drehreff einfach und schnell, doch ist es auch störanfällig – sieht man ab von anderen Begleiterscheinungen, wie dem leidigen Lattenproblem und der Tatsache, daß die Großbaumnock um so tiefer kommt, je mehr gerefft ist.

Kleine Motorenkunde

Welche Motorleistung?

Ein Motor auf einer Segelyacht ist immer nur Hilfsantrieb. Er erleichtert uns das An- und Ablegen im Hafen und dient als „Flautenschieber" auf den letzten Meilen zum Liegeplatz – auch wenn etwas Strom setzt. Wir sollten aber nicht glauben, unsere Maschine müßte uns bei 8 oder 9 Bft und hoher See gegenan sicher über 30 sm in den nächsten Hafen bringen können. Hier liegt ein weitverbreitetes Mißverständnis vor, wenn es sich nicht um einen Motorsegler handelt. Denn schweres Wetter ist selten unvorhersehbar, und eine besegelte Yacht verhält sich bei Wind und See immer noch besser als unter Motor und Stützsegel.
Als Faustformel für die Höhe der Motorleistung, die natürlich nicht allen individuellen Vorstellungen gleichermaßen genügen kann, geht man von ca. 2–3 kW pro Tonne Verdrängung aus (1 kW = 1,36 PS).

Innenborder oder Außenborder?

Ob wir einen Innenborder oder Außenborder wählen, hängt im wesentlichen von der Schiffsgröße ab. Denn auf Yachten unter 7 m Länge ist für eine Einbaumaschine meist zu wenig Raum. Dann sind wir auf den Outboarder angewiesen, dessen Nachteile im Küstenrevier allerdings auf der Hand liegen:
Im Seegang besteht die Gefahr, daß der Propeller zeitweise freikommt, in der Luft hochdreht und anschließend wieder in die See eintaucht, wobei er stark abgebremst wird. Hierbei werden Lager und Welle natürlich überbeansprucht. Ein *Langschaftmotor,* dessen Propeller tiefer ins Wasser taucht, kann hier begrenzt Abhilfe schaffen.
Wegen der Ruderanlage können Außenborder bei vielen kleinen Segelyachten nicht mittschiffs am Heck montiert werden, sondern meist nur seitlich versetzt. Dann ergeben sich Schwierigkeiten, wenn wir unter Stützsegel und Motorhilfe gegenan kreuzen wollen, da selbst ein Langschafter, wenn er in Luv montiert ist, bei etwas Krängung nicht mehr ins Wasser kommt. Wir können dann also immer nur auf einem Bug mit Motorhilfe rechnen. Im übrigen ist natürlich jeder Außenborder, vor allem seine elektrische Zündanlage, im Seegang spritzwassergefährdet.
All diese Nachteile versuchen manche Konstrukteure zu vermeiden und sehen für den Außenborder einen von der Plicht aus zugänglichen Schacht vor (*Schachtmotor).*

Otto- oder Dieselmotor?

Wenn wir uns für einen Innenborder entschieden haben, können wir weiterfragen: Benzin- oder Dieselmotor? Beides sind bekanntlich sogenannte *Verbrennungskraftmaschinen,* deren Prinzip darauf beruht, daß die bei der Kraftstoffverbrennung freiwerdende Wärmeenergie in die Kolbenbewegung umgesetzt wird. Der Benzin- oder Ottomotor unterscheidet sich vom Dieselmotor lediglich in der Art des verwendeten Kraftstoffes und im Verbrennungsvorgang.

Beim **Ottomotor** entsteht ein hochexplosives Gemisch aus Luft und dem im Vergaser feinvernebelten Benzin, das – beim Verdichten bis nahe unterhalb der Selbstzündungstemperatur erhitzt – durch Fremdzündung (Zündkerze) gezündet wird und während des Arbeitshubes verbrennt. Die verbrannten Gase dehnen sich aus und üben hierbei auf den Kolben sehr hohen Druck aus, der die Drehbewegung der Kurbelwelle einleitet.

Beim **Dieselmotor** wird Luft angesaugt, die bei einer gegenüber dem Ottomotor höheren Verdichtung so stark erhitzt wird, daß das anschließend von der Brennstoffpumpe durch die Brennstoffdüse feinstverteilt eingespritzte Dieselöl sich von selbst entzündet (Selbstzündung) und während des Arbeitshubes verbrennt. Der Dieselmotor besitzt also keinen Vergaser und keine elektrische Zündanlage, dafür aber Brennstoffpumpe und -düse.

Die **Vor- und Nachteile** beider Motoren lassen sich kurz zusammenfassen: Der Dieselmotor ist explosionssicherer – aber schwerer, lauter und teurer als der Benzinmotor. Die erhöhte Explosionsgefahr des Ottomotors ergibt sich aus der niedrigen Verdunstungstemperatur von Benzin, so daß sich in der Bilge (vor allem beim Tanken) sehr leicht ein hochexplosives Benzin-Luft-Gemisch bilden kann, das nur eines auslösenden Funkens bedarf. Die gesamte elektrische Anlage eines Schiffsbenziners muß deshalb explosionssicher sein. Wir dürfen deshalb niemals einen Automotor ohne weitere Sicherheitsmaßnahmen als Schiffsmotor verwenden. Und vor jedem Start des Ottomotors müssen wir einige Minuten ein funkensicheres elektrisches Lüftergebläse laufen lassen!

Der Dieselmotor hat dagegen eine höhere Lebensdauer und ist im allgemeinen weniger störanfällig. Vor allem fehlt die Zündanlage, die den Benziner sehr empfindlich gegen Feuchtigkeit und Nässe macht, weshalb er im entscheidenden Moment oft nicht anspringt. Im übrigen verbraucht der Dieselmotor weniger Kraftstoff, was die Reichweite trotz des höheren spezifischen Gewichts von Diesel erhöht. Als Innenborder auf Segelyachten wird heute der Dieselmotor deutlich bevorzugt.

Mit einem Dieselmotor sollten wir den Tank nie ganz leerfahren. Denn dann wird Luft angesaugt, und das Einspritzsystem, das im wesentlichen darauf beruht, daß Dieselkraftstoff – anders als Luft – nicht kompressibel ist, versagt, und der Motor bleibt stehen. Erst wenn wir die Kraftstoffleitungen zeitraubend von Hand entlüftet haben, wird er wieder funktionieren. Im übrigen können auch Bodensatz und Kondenswasser, das sich im Laufe der Zeit in jedem Tank sammelt, die Brennstoffdüse verstopfen.

Die Motorkühlung

Die einfachste Art der Motorkühlung, die Luftkühlung, ist für einen Innenborder in der Regel unbrauchbar, da im Motorraum nicht genügend Luft vorhanden ist. Man verwendet deshalb fast ausschließlich die zuverlässigere und wirkungsvollere **Wasserkühlung.**

Sie kann als offenes Ein-Kreis-System, also als *direkte* Kühlung ausgeführt sein. Hierbei wird Seewasser von einer Pumpe angesaugt und durch Kühlwasserleitungen und -räume des Motors gedrückt. Ein Thermostat sorgt für die richtige Betriebstemperatur, indem er den Seewasserzufluß reguliert. Der Kühlwassereinlauf ist durch ein Bodensieb geschützt, damit die Leitungen nicht durch unsauberes Seewasser verstopfen oder verschlammen.

Aufwendiger ist die *indirekte* Wasserkühlung (Zwei-Kreis-System). Hier wird der Motor durch einen geschlossenen Süßwasserkreislauf gekühlt, der seinerseits durch einen zweiten Kühlkreislauf, einen offenen Seewasserkreislauf, rückgekühlt wird. Der Vorteil: Sollte der offene Kreislauf plötzlich ausfallen, so steigt die Motortemperatur nicht so rasch wie im Ein-Kreis-System, wo der Motor in ganz kurzer Zeit durch Überhitzung zerstört würde. Außerdem gibt es kein Verschlammen und keine Seewasserkorrosion im geschlossenen Kreislauf.

Das Kühlwasser wird übrigens auch zur Auspuffkühlung und -dämpfung verwendet und anschließend über die Auspuffleitung außenbords geführt **(nasser Auspuff).**

- Achte vor jedem Start darauf, daß die Kühlwasserventile geöffnet sind! Prüfe nach dem Start, ob Kühlwasser außenbords abgegeben wird! Kontrolliere während der Fahrt laufend das Kühlwasserthermometer!

Getriebe und Welle

Das Getriebe dient der Drehzahluntersetzung, dem Auskuppeln und der Umsteuerung der Schiffswelle für Rückwärtsfahrt *(Wendegetriebe).* Die Schiffswelle wird vom Motorgetriebeblock durch das Wellenlager, das als *Drucklager* den Propellerschub aufnimmt, meist gerade aus dem Bootskörper herausgeführt. Die Wellendurchführung wird durch eine Stopfbuchse gesichert. Es gibt wartungsfreie Stopfbuchsen und solche, die nach jedem Motoren mit etwas Fett abgeschmiert werden, damit kein Wasser eindringen kann.

Motoren über 4 kW sollten eine Kupplung haben, damit wir die Schraube auch bei laufendem Motor stillsetzen können. Mit dem Bedienungshebel für die Kupplung können wir meist auch den Rückwärtsgang einlegen. Wir sollten aber immer nur bei Standgas schalten, niemals aus voller Fahrt voraus in volle Fahrt zurück!

Propeller

Auf Segelyachten findet man meist zweiflügelige Propeller, die beim Segeln einen geringeren Wasserwiderstand leisten als dreiflügelige. *Faltpropeller,* deren Flügel in Segelstellung automatisch zusammenklappen, bieten einen noch geringeren Widerstand; sie sind allerdings störanfälliger und bei Rückwärtsfahrt schwerer zu handhaben.

Wer einen anderen als den vom Hersteller vorgesehenen Propeller verwenden will, sollte den Fachmann hinzuziehen. Denn die Drehzahl des Motors sowie die Steigung und der Außendurchmesser des Propellers müssen gut aufeinander und auf die Schiffsgeschwindigkeit abgestimmt sein. Ein ungeeigneter Propeller, an dessen Flügeln bei hoher Drehzahl die Strömung abreißt, kann angefressen und zerstört werden *(Kavitation).*

Hafenmanöver unter Motor

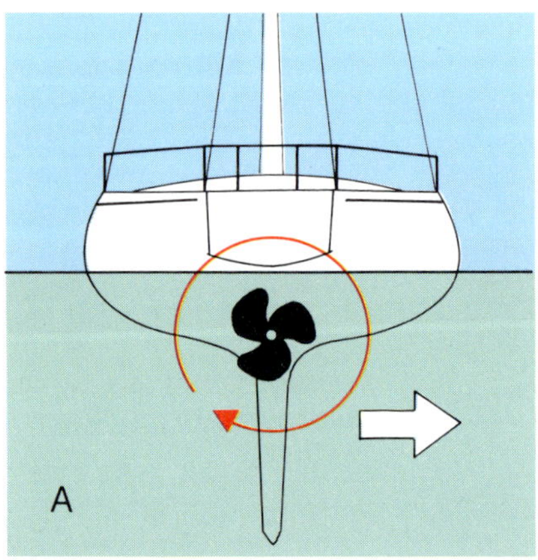

Der Radeffekt

Für alle Motormanöver ist es wichtig zu wissen, ob unser Propeller rechtsherum oder linksherum dreht. Denn die laufende Schiffsschraube gibt jeder Yacht nicht nur einen Vorwärtsstoß, sondern auch einen geringen seitlichen Drall – so als ob sie wie ein Rad am Grund entlangliefe. Dreht die Schraube also rechtsherum, so wird das Heck nach Stb versetzt (Abb. A), dreht sie linksherum, so wird es nach Bb versetzt.
Dieser „Radeffekt" ist bei Vorwärtsfahrt kaum bemerkbar, dafür um so stärker bei Rückwärtsfahrt, wo er selbst durch starkes Gegenruder oft nicht ganz ausgeglichen werden kann. Lange Fahrten achteraus unter Motor sind deshalb meist nicht möglich.

Rechtsdrehend – rechtsgängig

Man nennt eine Schiffsschraube „rechtsdrehend", wenn sie von achtern aus gesehen rechtsherum dreht, und „linksdrehend", wenn sie von achtern aus gesehen linksherum dreht – unabhängig von der jeweiligen Fahrtrichtung.
Dreht eine Schraube bei Vorwärtsfahrt rechtsherum und bei Rückwärtsfahrt linksherum, so spricht man von einer „rechtsgängigen" Schraube. Und umgekehrt: Dreht sie bei Vorwärtsfahrt linksherum und bei Rückwärtsfahrt rechtsherum, so nennt man sie „linksgängig".
Die meisten Einbaumotoren von Segelyachten sind heute mit linksgängigen Schrauben ausgerüstet. Die „schöne" Anlegeseite ist dann die Stb-Seite, weil man mit einem kurzen Rückwärtsstoß die Yacht stoppen und zugleich das Heck leicht an die Pier ziehen kann. Auch die folgende Beschreibung der Manöver geht von einer linksgängigen Schraube aus; mit einem rechtsgängigen Propeller muß dann natürlich spiegelbildlich manövriert werden.

Wenden auf engem Raum (Abb. B)

Mit einer linksgängigen Schraube wenden wir am besten über Bb-Bug und stoßen mit Bb-Ruder mehrmals vor und zurück.
1. Bei langsamer Fahrt voraus Bb-Ruder legen.
2. Langsame Fahrt achteraus. Hierbei brauchen wir kein Ruder zu legen, denn es hätte keine Wirkung. Die Drehung erfolgt allein durch den Radeffekt.
3. Wieder langsame Fahrt voraus.
4. wie 2.
5. wie 3.

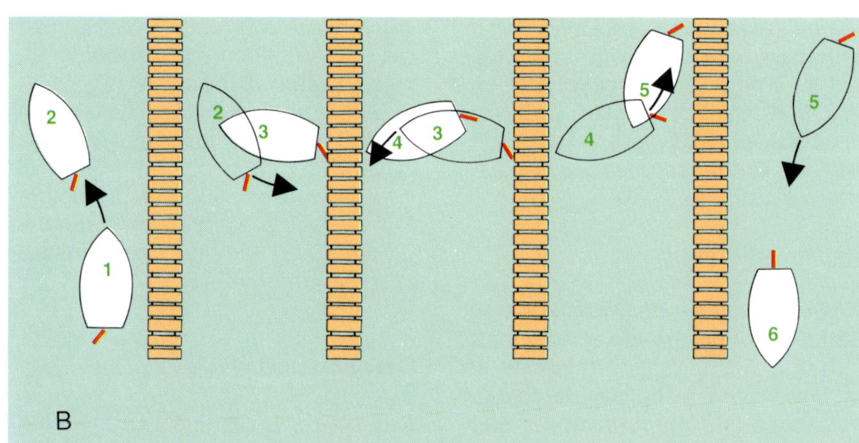

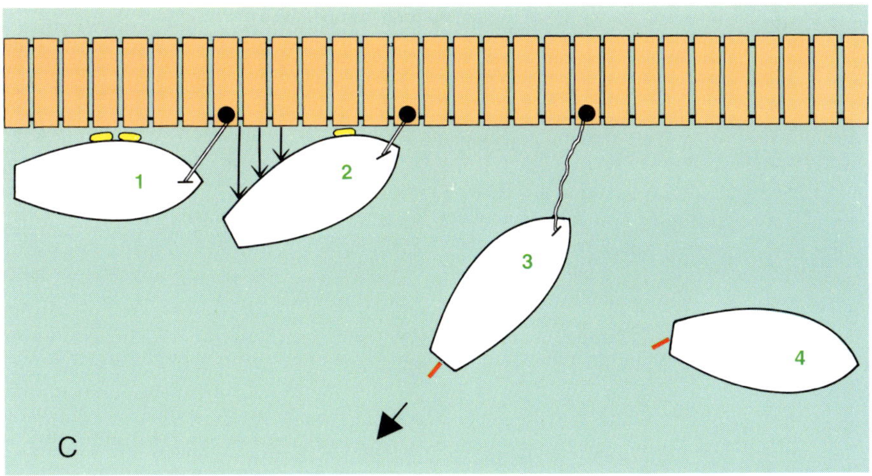

Längsseits ablegen (Abb. C)

Beim Ablegen mit Vorwärtsfahrt auf engem Raum besteht die Gefahr, daß das Heck mit der Pier kollidiert. Deshalb empfiehlt sich oft ein Ablegen mit Rückwärtsfahrt:

1. Motor an und Leinen los – bis auf die Vorleine, die wir auf Slip legen.
2. Achterschiff etwas abstoßen.
3. Vorleine los und langsame Fahrt achteraus.
4. Bei genügendem Abstand vom Steg: Fahrt voraus.

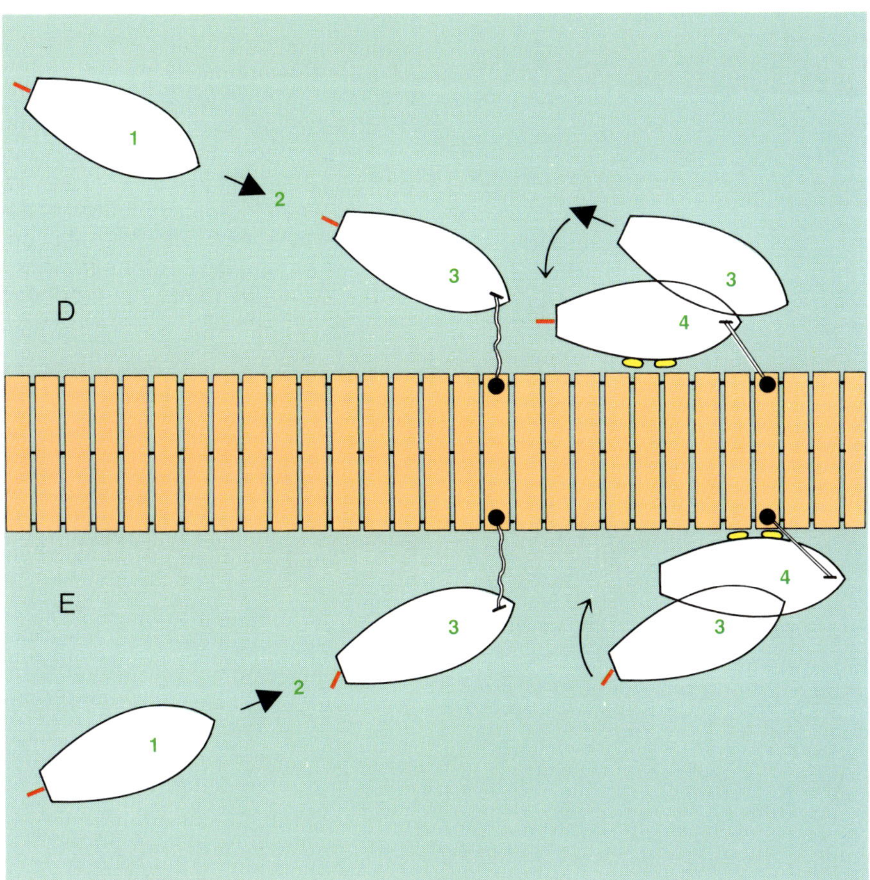

Längsseits anlegen (Abb. D und E)

Zunächst mit der „schönen" Seite, d. h. bei einem linksgängigen Propeller mit der Stb-Seite:

1. Mit langsamer Fahrt und in spitzem Winkel von 20° bis 25° den Steg anlaufen.
2. Fahrt verringern, so daß am Poller keine Fahrt mehr im Schiff ist. Evtl. mit Rückwärtsstoß kurz abbremsen.
3. Vorleine übergeben und . . .
4. . . . mit langsamer Rückwärtsfahrt (Radeffekt!) Heck an die Pier ziehen.

Und mit der Bb-Seite:

1. Langsam in spitzem Winkel von 20° bis 25° den Steg anlaufen.
2. Fahrt verringern, doch darf das Boot am Poller noch etwas Fahrt voraus machen.
3. Stb-Ruder legen und Vorleine über. Vorleine genügend fieren, damit sie als Spring wirken kann.
4. Vorleine fest. Das Heck wird durch die Springwirkung an die Pier geschoben.

Anlegen bei Strom und Wind

Hat man die Wahl, so legt man am besten *gegen* Strom oder Wind an. Wirken Strom oder Wind nicht parallel, so hat der Strom die stärkere Wirkung. Dann also gegen den Strom anlegen!

Anlegen bei auflandigem Strom oder Wind (Abb. A):

1. Den Steg mit ganz langsamer Fahrt in einem Winkel von etwa 60° bis 70° anlaufen.
2. Kurz vor dem Steg abstoppen und Vorleine übergeben.
3. Rückwärtsfahrt und ablandiges Ruder (Radeffekt!) ziehen das Heck an die Pier.

Bei starkem auflandigem Wind legen wir besser mit der „ungünstigen" Seite an und bremsen mit dem Radeffekt die Windwirkung ab.

Ablegen bei Strom und Wind

Bei ablandigem oder vorlichem Strom oder Wind (Abb. B):

1. Motor an, Leinen los – bis auf die Achterspring. Strom und Wind drükken so die Yacht von der Pier.
2. Ablandiges Ruder geben, Achterspring losgeben und . . .
3. . . . langsame Fahrt voraus, damit das Heck beim Wegdrehen nicht am Steg kollidiert (Fender).

Bei auflandigem bzw. achterlichem Strom oder Wind (Abb. C):

1. Motor an, Leinen los – bis auf die Vorspring.
2. Mit Vorwärtsfahrt und auflandigem Ruder Heck vom Steg wegdrükken. Fender! („Eindampfen in die Spring".)
3. Mit Rückwärtsfahrt und ablandigem Ruder ablegen. Vorspring los!
4. Bei genügendem Abstand vom Steg: Fahrt voraus.

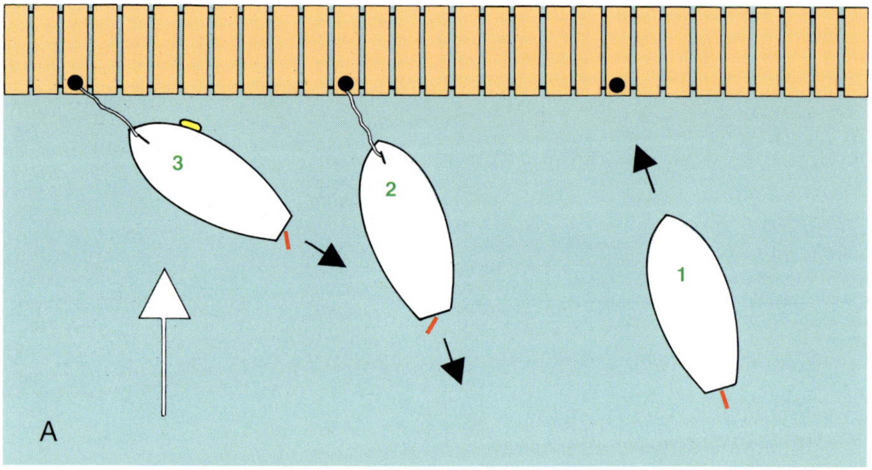

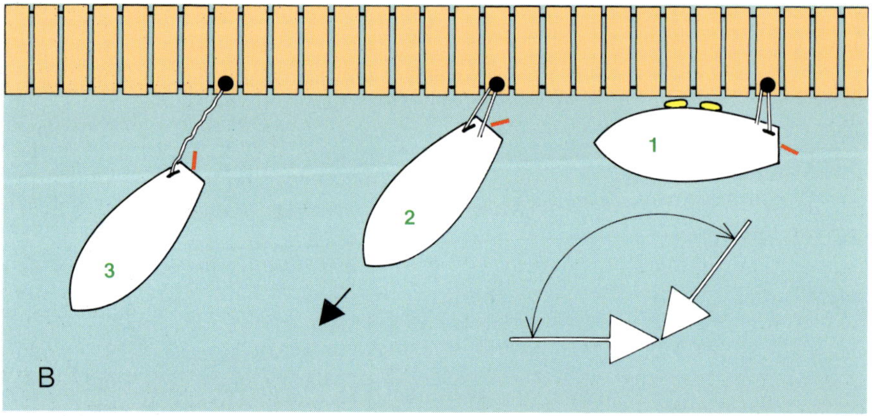

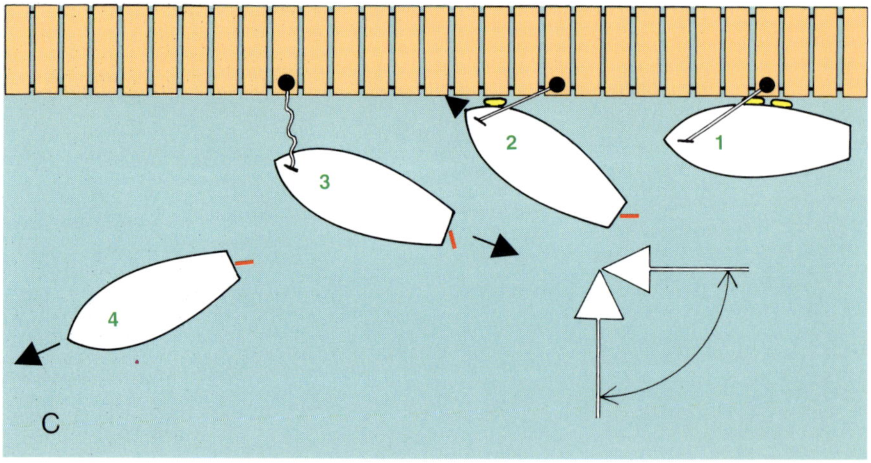

Vor Buganker (Abb. D)

Auch hier müssen wir den Drehsinn der Schraube kennen, um den Radeffekt ausnutzen zu können.

1. Anfahrt zum Ankerplatz möglichst in großem Stb-Bogen, damit ein etwaiger seitlicher Schwung der Yacht dem Radeffekt entgegenwirkt.
2. „Anker fallen!“ in einem Winkel von etwa 30° zur beabsichtigten Rückfahrtrichtung. Hierbei sollte das Schiff keine Fahrt voraus und keine seitliche Drehtendenz mehr haben.
3. Maschine langsam rückwärts und Bb-Ruder: Zunächst werden wir noch keine Ruderwirkung haben, nur der Radeffekt zieht das Heck langsam nach Stb.
4. Bei etwas mehr Fahrt achteraus beginnt jetzt das Ruder zu wirken, der Kurs stabilisiert sich. Wir gleichen den Radeffekt mit etwas (!) Bb-Ruder aus.
5. Ankerleine dicht, Maschine stopp, Achterleinen fest.

Das Problem dieses Manövers liegt bei Phase 4, dem Übergang vom seitlichen Drall zur kontrollierten Rückwärtsfahrt. Sollte hier das Heck unserer Yacht zu weit nach Stb wegdrehen, können wir uns helfen, indem wir kurzzeitig die Ankerleine dichtholen. Dadurch wird der Bug zum Anker hin und das Heck wieder nach Bb gedreht (Abb. E).

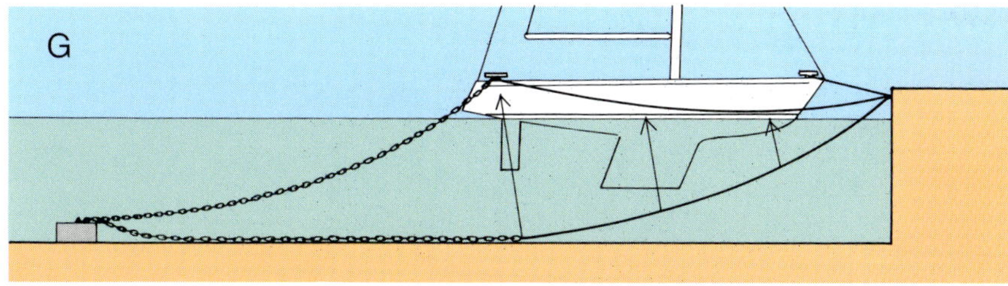

Vor Heckanker (Abb. F)

Bei starkem und böigem Seitenwind kann es recht schwierig werden, den Kurs bei Rückwärtsfahrt zu stabilisieren. Dann sollten wir den Anker über Heck fallen lassen und mit langsamer Vorwärtsfahrt in die Liegeplatzlücke gehen.

Das Ablegen ist allerdings schwieriger als vor Buganker: Wir müssen uns über Heck (evtl. mit Motorunterstützung) zum Anker verholen. Eine lange auf Slip geführte Bugleine zur Pier verhindert seitliches Wegdriften.

Das Heckankermanöver ist sicher leichter auszuführen, doch hat man vor Buganker einige Vorteile: Wir können leichter und sicherer ablegen und über Heck auch leichter an Land kommen.

Sehr viel leichter ist es natürlich, in einer **Box mit Pollern** festzumachen. Laufen wir vorwärts in die Box ein, sollten die Achterleinen so vorbereitet und an Bord bis aufs Vorschiff vorgeführt sein, damit wir sie überwerfen können, sobald wir die Poller erreicht haben.

In Marinas finden wir häufig sog. **Murings,** d. h. an der Pier befestigte Verbindungsleinen zu einer Ankerkette, die in einem Ankerstein einbetoniert ist. Hier können wir die Ankerkette mit Hilfe der Muringleine aufnehmen und an ihr festmachen (Abb. G).

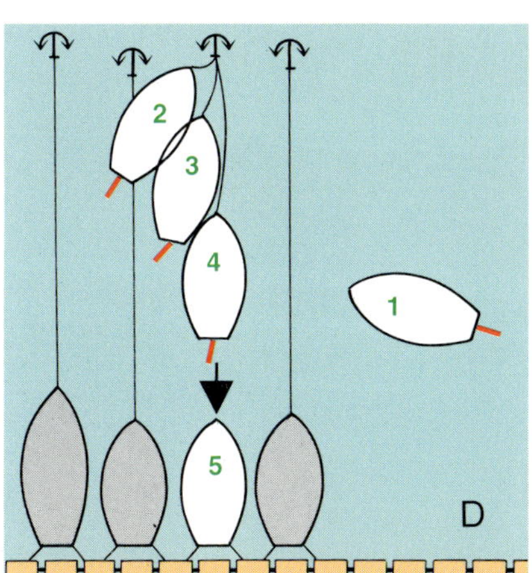

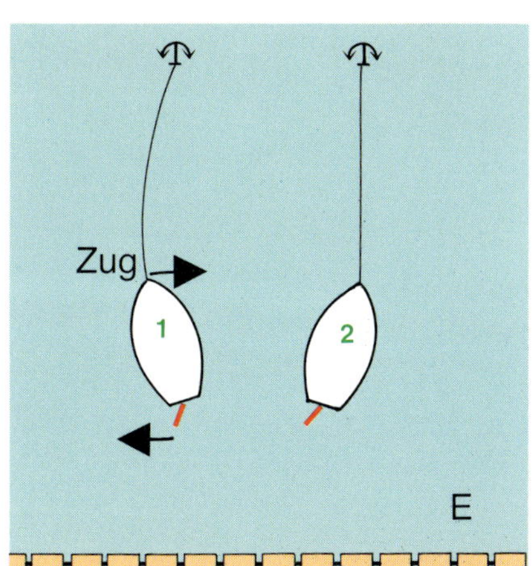

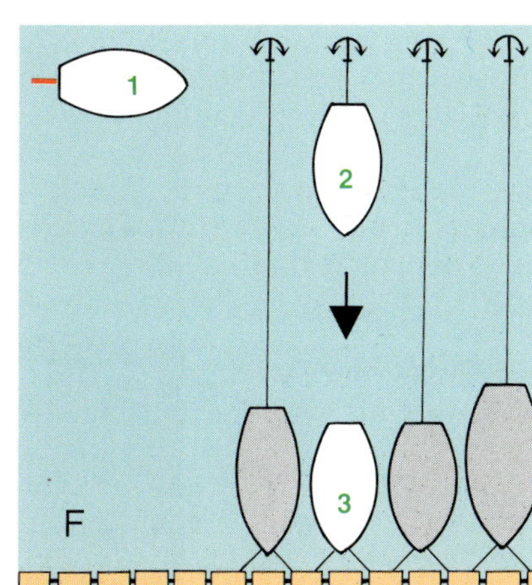

H925

Die Ausrüstung

Die Kreuzer-Abteilung des DSV hat *Richtlinien für die Mindestsicherheits-Ausrüstung und -Einrichtung seegehender Segelyachten auf der Grundlage der Special Regulations des Offshore Rating Council* herausgegeben. Im folgenden wird von den Bau- und Einrichtungsvorschriften abgesehen und vor allem auf die Ausrüstung eingegangen. In einigen Punkten werden die Richtlinien ergänzt. Es wird auch nur auf die für die *Seegebiete 3 und 4* vorgeschlagenen Ausrüstungsgegenstände eingegangen. Diese Gebiete umfassen „Fahrten über offenes Wasser, das aber relativ geschützt oder nahe der Küstenlinie verläuft". Sie entsprechen wohl am ehesten dem BR-Schein-Bereich.

Seemännische Ausrüstung

– *Bilgepumpe,* am besten eine Membranpumpe, die wenig störanfällig ist und schnell repariert werden kann.
– *Handpumpe,* die tragbar und von der ersten Pumpe unabhängig ist.
– *2 Anker,* einer davon mit Kette, der zweite mit mindestens 5 m Kettenvorlauf und Trosse. Der schwerere Anker sollte ein herkömmlicher Stockanker sein.
– *Signallampe,* zum Morsen geeignet und spritzwassergeschützt.
– Wasserdichte *Stablampe,* zum Anleuchten der Segel geeignet, um nachts auf sich aufmerksam machen zu können.
– *Erste-Hilfe-Ausrüstung*
– *Nebelhorn*
– *Feuerlöscher* (mindestens zwei): Halon-Feuerlöscher (löscht keine Glimmbrände), zusätzlich Trockenlöscher mit ABC-Pulver. Er ist geeignet für feste, flüssige und unter Druck austretende gasförmige Stoffe sowie für Elektrobrände (bis 1000 V).
– *Proviant und Wasser.* Wasser in Behältern, besser aber im festeingebauten Wassertank. Eine Person benötigt pro Seetag mindestens 1,5 l Frischwasser.
– *Radarreflektor,* der starr in Yachtstellung montiert ist, d. h. die Vorderkante verläuft senkrecht zur Wasseroberfläche (A). Diese Stellung erleichtert das Wahrnehmen einer Segelyacht auf dem Radarschirm auch unmittelbar von vorne oder achtern.
– *Bootsmannsstuhl*
– *Werkzeuge:* Je ein Satz Ring- und Maulschlüssel, Hammer, Kombizange, Seitenschneider, Rohrzange, versch. Schraubenzieher, Metall- und Holzsäge, Meißel, versch. Feilen, Beil, Segelmacherzeug (Nadeln, Garn, Wachs, Marlspieker).

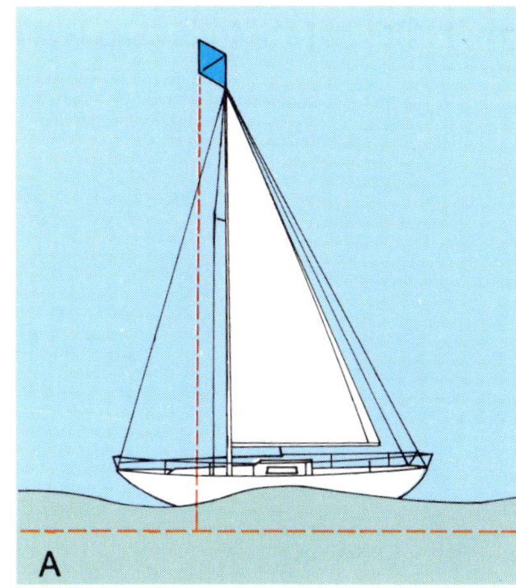

– *Ersatzteile:* Leinen und Bändsel, Blöcke und Schäkel, Holz- und Metallschrauben aller Art, Unterlegscheiben, Reservebirnen und Batterien, Splinte, Drahtstropp, Dichtungsmasse (Prestolit oder Tehalit).
– *Bolzenschneider* zum Kappen der Wanten
– Festes oder aufblasbares *Beiboot*

Navigationsausrüstung

– *Steuerkompaß,* fest eingebaut, kompensiert und mit gültiger Ablenkungstabelle
– *Reservekompaß,* am günstigsten als Peilkompaß
– Komplette *nautische Literatur* auf dem neuesten Stand
– *Handlot* oder *Echolot*
– *Log* oder *Speedometer*
– *Uhr* und *Stoppuhr*
– *Fernglas*
– *Positionslaternen* nach den Vorschriften der SeeStrO bzw. der SeeSchStrO, und zwar so montiert, daß sie nicht von den Segeln oder beim Krängen verdeckt werden
– *Radioempfänger* zum Aufnehmen von Wetterberichten
– *Barometer* oder *Barograph*

Sicherheitsausrüstung

A

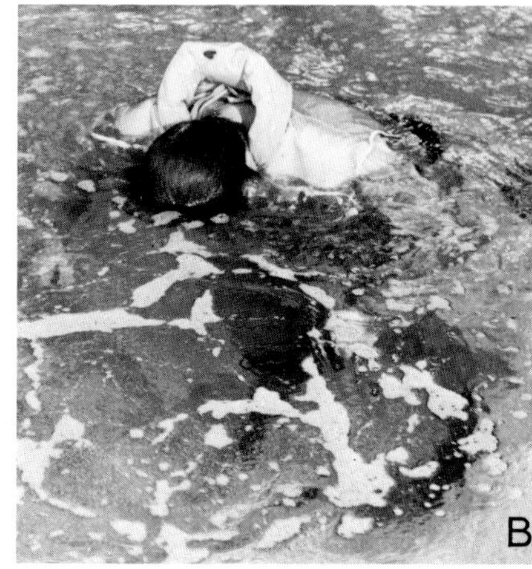
B

Eine Sicherheitsausrüstung erhöht nur so lange die Sicherheit der Mannschaft, wie sie funktionsfähig ist. Alle Rettungsgeräte müssen deshalb in regelmäßigen Abständen auf ihre Einsatzbereitschaft überprüft werden. Wir dürfen uns auf keinen Fall verleiten lassen, wie es leider recht oft vorkommt, das regelmäßige Durchchecken der Ausrüstung deshalb zu unterlassen, weil wir auf ihren Einsatz bisher nicht angewiesen waren. Im übrigen sollte sich jeder Skipper und Yachteigner vor Augen halten, daß falsches Sparen an der Sicherheitsausrüstung u. U. mit dem Leben eines Crewmitgliedes bezahlt werden muß.

Folgende Ausrüstungsgegenstände sind für die Sicherheit einer Mannschaft unbedingt erforderlich:

– **Rettungswesten** für jedes Besatzungsmitglied. Sie sollten, wie die *Richtlinien* der Kreuzer-Abteilung hervorheben, so beschaffen sein, daß bei Bewußtlosigkeit des Trägers Mund und Nase über Wasser bleiben. Diese Bedingung wird leider nur von wenigen Westen erfüllt. Gerade in nordeuropäischen Gewässern ist eine ohnmachtssichere Rettungsweste wichtig, da wegen der geringen Wassertemperaturen vergleichsweise schnell Bewußtlosigkeit eintritt.

Damit der Kopf unter allen Bedingungen über Wasser bleibt, muß der Auftriebsschwerpunkt auf der Brust sein und zusätzlich ein aufblasbarer Halskragen vorhanden sein. Die Verteilung von Halsauftrieb zu Brustauftrieb sollte etwa 30 % zu 70 % betragen. Die Rettungsweste wird in unaufgeblasenem Zustand getragen und im Ernstfall entweder automatisch oder durch Handauslösung mit CO_2-Preßgas-Patronen aufgeblasen. An jeder Weste sollte eine Dop-

C

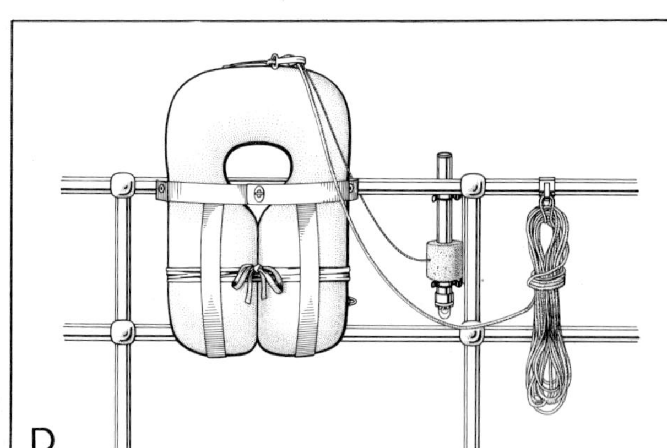
D

peltonpfeife befestigt sein. In Abb. A erkennt man eine ohnmachtssichere Weste, in Abb. B die Wirkung eines zu geringen Brustauftriebes.

– **Sicherheitsgurt** für jedes Crewmitglied (C). Er muß bei schwerem Wetter neben der Rettungsweste unbedingt angelegt werden, um möglichst die Verbindung zum Schiff im Fall des Überbordgehens zu erhalten. Um wirkungsvoll zu sein, sollte die Sicherheitsleine als Schultergurt und möglichst hoch getragen werden, damit der Träger nicht unter Wasser gedrückt wird.

Zum Einhängen der Lifelines sind auf manchen Yachten vom Vorschiff zum Cockpit durchgehende Drahtstropps montiert. Hänge dich möglichst kurz und nie in den Durchzügen der Seereling ein!

– **Rettungsboje** als Nachfolger für den längst antiquierten Rettungsring (D). Sie sollte mit einer schwimmbaren automatischen Rettungsleuchte verbunden sein, die im Einsatz regelmäßig zu blinken beginnt. Eine an der Boje befestigte schwimmbare Perlonleine erleichtert das Aufnehmen beim Rettungsmanöver, da sie in ihrer ganzen Länge nach Lee abtreibt. Weder die Rettungsboje noch das Licht oder die Leine dürfen fest mit der Yacht verbunden sein, damit sie schnell vom Rudergänger über Bord gegeben werden können.

– **Rettungsinsel** für die gesamte Mannschaft, falls längere freie Distanzen durchsegelt werden. Sie bläst sich beim Überbordwerfen selbsttätig auf (E). Die Außenmaße der Container sind in den letzten Jahren immer geringer geworden, so daß sie auch auf kleineren Yachten mitgeführt werden kann. Sie sollte mindestens zwei getrennte Luftkammern haben und so an Deck gefahren werden, daß sie notfalls sofort eingesetzt werden kann. In jeder Insel sind meist notdürftiges Reparaturzeug, Notproviant und Süßwasser enthalten. Beachte den Überprüfungstermin!

– **Notsignale:** Rotfeuer, Sternsignale, Fallschirmraketen, Signalraketen und Handfackeln (F). Achte auf das aufgedruckte Verfalldatum! Außerdem ein Signalstift.

Im Ernstfall müssen die Raketen mit Bedacht abgefeuert werden, denn sie sind bei klarer Sicht kaum weiter als etwa 20 sm auszumachen. Sie sollten immer in Zweiergruppen mit einer dazwischen liegenden kurzen Pause abgefeuert werden, damit ein Beobachter sich nicht getäuscht glaubt.

F

E

Lenzen vor Topp und Takel

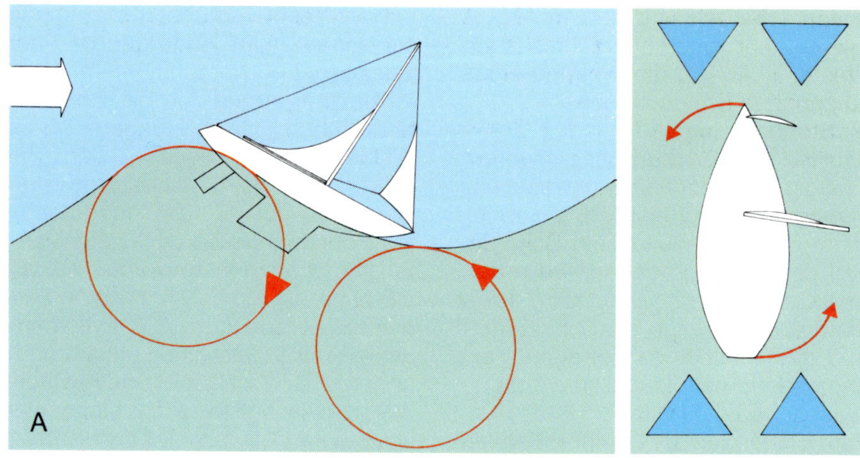

Schwerwetter

Wir sollten immer versuchen, einem schweren Wetter auszuweichen oder rechtzeitig einen sicheren Hafen anzulaufen. Aus diesem Grund muß regelmäßig der Seewetterbericht abgehört werden. Eine in der Flaute oder bei wenig Wind aufkommende Dünung zeigt oft schon lange vor den ersten Schlechtwetterwolken einen nahenden Sturm an. Falls kein Hafen mehr erreicht werden kann, sollten bereits zu diesem Zeitpunkt das Schiff aufgeklart und alle Vorkehrungen getroffen werden, insbesondere die Sicherheitsausrüstung bereitgelegt und nochmals der Schiffsort bestimmt werden.
Beachte: Ein schweres Wetter wird sicherer auf offener See als im Küstenbereich durchgestanden. Meide vor allem die Leeküste, um nicht auf Legerwall zu kommen!

Ablaufen vor dem Wind

Hat man viel freien Seeraum nach Lee, so kann man vor Topp und Takel lenzen; man läuft also ohne Besegelung vor Wind und Wellen ab. Doch dürfen wir nicht zu viel Fahrt machen, da sonst die Gefahr des Unterschneidens und Querschlagens besteht. Denn die Wasserteilchen auf den Wellenkämmen beschreiben kreisartige Bewegungen *(Orbitalbewegungen),* die den Bewegungen der Wasserteilchen in den Wellentälern genau entgegenlaufen. So schiebt der Wellenkamm das Heck einer Yacht voran, während der Bug zugleich im Wellental abgebremst wird, so daß ein starkes Drehmoment am Schiffskörper angreift (A). Auf der anderen Seite darf die Fahrt nicht so gering

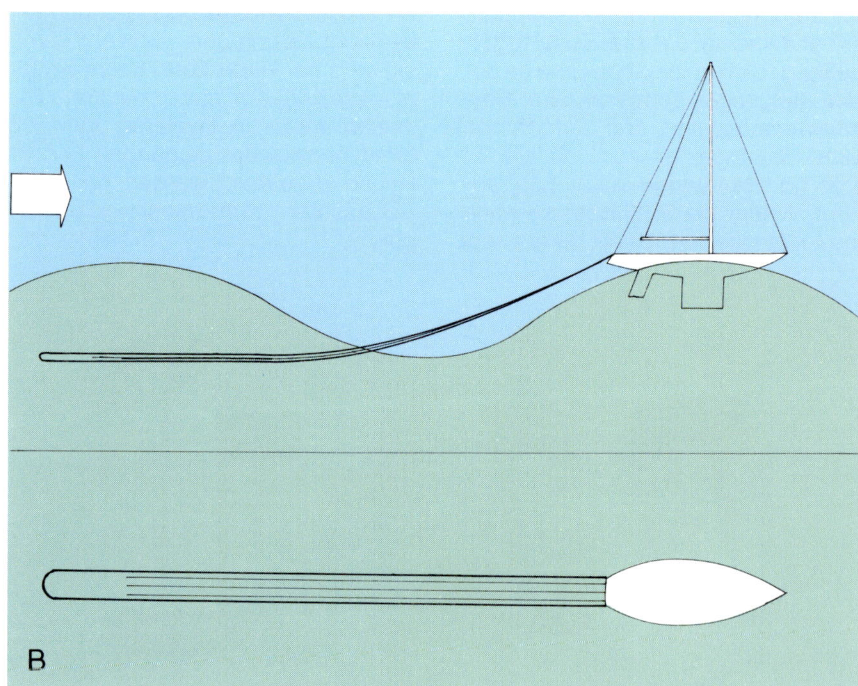

sein, daß beim Anlaufen der folgenden See keine Ruderwirkung vorhanden ist. *A. Coles* spricht in seinem Buch über das *Schwerwettersegeln* von einer wünschenswerten Geschwindigkeit von 5 kn.
Das Querschlagen muß unter allen Umständen vermieden werden, da die Yacht flach aufs Wasser gedrückt wird. Rigg und Schiffskörper werden schwer beschädigt, der Steuermann kann, sofern er nicht am Sicherheitsgurt hängt, über Bord gespült werden und die Yacht in kürzester Zeit vollaufen. Durch die Wucht des Querschlagens kann leicht die Leeseite der Yacht aufgerissen werden. Der Niedergang muß bei schwerem Wetter abgeschottet sein. Dies ist vor allem deshalb notwendig, damit nicht eine von achtern einsteigende See die Yacht vollschlägt. Diese Gefahr ist bei Spitzgattern wegen des geringeren Auftriebes am Heck größer.
Vor Topp und Takel abzulaufen stellt höchste Anforderungen an die Aufmerksamkeit des Steuermanns. Um die Fahrt zu vermindern, bringt man achtern mehrere Trossen schlaufenförmig aus (B), unter Umständen kann auch ein Treibanker nützlich sein. Doch sollte seine Wirkung nicht überschätzt werden. Nachgeschleppte Trossen allein haben schon eine große bremsende Wirkung und sind leichter zu handhaben.
Ein Nachteil des Ablaufens vor Topp und Takel liegt in der Gefährdung der Ruderanlage, die den von achtern anlaufenden Seen schutzlos preisgegeben ist.

Das Beiliegen

Die bekannteste Methode, einen Sturm abzuwettern, ist wohl das Beigedrehtliegen oder Beiliegen. So nennt man den Zustand nach dem Beidrehen.
Man hat die Fock backgesetzt, das anstelle des Großsegels gesetzte Sturmsegel *(Trysegel)* dichtgeholt und das Ruder in Luvstellung belegt. Das Backsetzen der Fock geschieht am leichtesten, indem wir eine Wende mit dichtbelegter Fockschot fahren.

So macht die Yacht kaum Fahrt mehr voraus, sondern bleibt in einem Winkel von etwa 60° zum Wind liegen und treibt mit einer Geschwindigkeit von etwa 2–3 Knoten nach Lee ab (C). Für das Beiliegen benötigen wir also wesentlich weniger Seeraum nach Lee als beim Ablaufen vor Topp und Takel, wo man Geschwindigkeiten von etwa 5 Knoten macht.
Durch das Abtreiben nach Lee bildet die Yacht in Luv eine Wirbelzone, die die Wucht der auflaufenden See abschwächt, so daß sie vergleichsweise leicht unter dem Schiffskörper durchläuft. Bei dem gesamten Manöver werden Rigg und Segel stark strapaziert, so daß man bei zunehmendem Sturm wohl doch auf das Ablaufen übergehen wird.
Das Beiliegemanöver wird nicht bei jeder Schiffskonstruktion gelingen. Schlank geschnittene Yachten oder Schiffe mit kurzem und nicht durchgezogenem Lateralplan, wie wir sie bei den heute üblichen Flossenkielern finden, werden immer wieder aus der Beiliegestellung auszubrechen und Fahrt aufzunehmen versuchen, so daß der Effekt der Wirbelbildung nicht mehr gegeben ist.

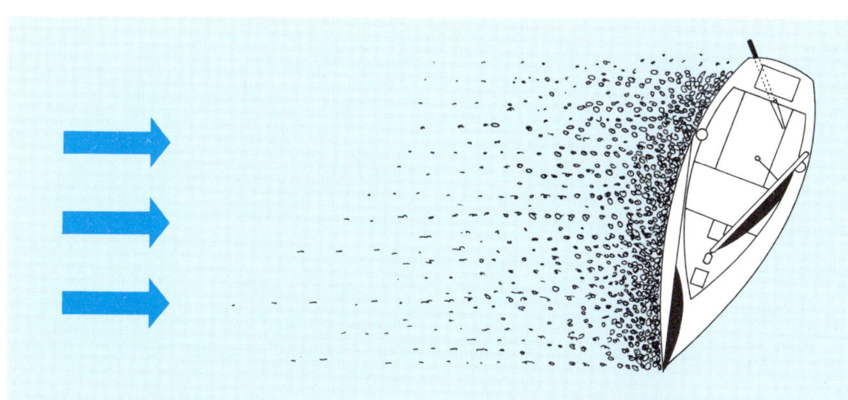

C

Liegen vor Treibanker

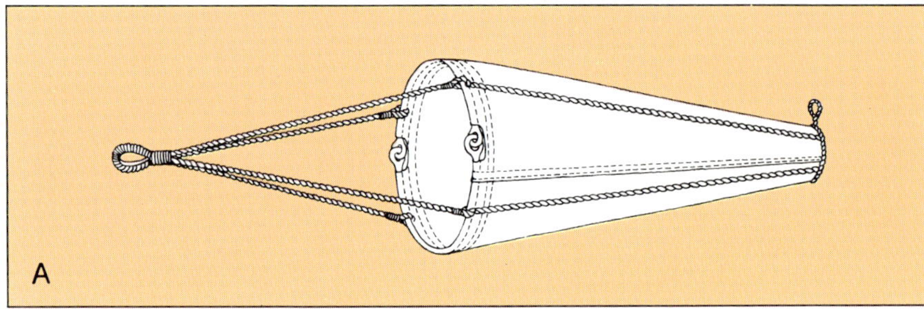
A

Ein auf modernen Yachten heute kaum noch angewandtes Manöver für Starkwind oder Sturm ist das Liegen vor Treibanker. Der Treibanker (A) wird vom Vorschiff gegen den Wind ausgebracht und soll die Yacht im Wind halten, ohne allzu weit abgetrieben zu werden. Der Abstand zwischen Anker und Schiff muß genau einem Vielfachen der Wellenlänge entsprechen. Das heißt, dem Treibanker muß soviel Trosse gegeben werden, daß er und das Schiff sich gleichzeitig in der gleichen Wellenphase befinden. Ist das nicht der Fall, arbeiten Anker und Yacht jeweils gegeneinander, wodurch Trosse und Beschläge übermäßig belastet werden. Damit wir den Treibanker nach Gebrauch ohne Widerstand einholen können, muß an seinem Ende eigens eine Bergeleine befestigt sein.

Die Idealvorstellung eines vor Bug ausgebrachten Treibankers sieht die Yacht genau im Wind liegen. Es hat sich jedoch herausgestellt, daß dies nur bei mittleren Windstärken eintritt. Frischt der Wind stärker auf, nimmt das Boot eine Querlage zum Anker ein.

Aus dieser Lage heraus nimmt die Yacht durch den am Rigg angreifenden Windwiderstand Fahrt voraus auf, bis der Treibanker sie mit einem kräftigen Ruck abbremst. Der plötzliche Zug reißt möglicherweise die Belegklampe am Vorschiff aus. Anschließend treibt die quer zur See liegende Yacht bis zur neuerlichen Anspannung der Trosse nach achtern. Hierbei wird das Ruder übermäßig belastet. Ein so ausgebrachter Treibanker leitet auf diese Weise ein gefährliches Gieren der Yacht ein. Die meiste Zeit wird sie also nicht im Wind stehen, sondern quer zur See (C). Um dies zu vermeiden, muß achtern ein kleines Segel, am besten das Trysegel, gesetzt werden, das die Lage der Yacht zum Anker etwas stabilisiert (B).

Hinzu kommt ein weiterer Gefahrenpunkt: Die Zugbelastung des Treibankers unterstützt eine Yacht nicht, über eine von vorn kommende See hinwegzukommen. Sie hält den Bug vielmehr fest, und die See läuft nicht unter der Yacht durch, sondern bricht sich über ihr.

Daß ein Treibanker günstiger nach achtern ausgebracht wird, haben wir bereits erwähnt. Doch ist die Wirkung von Trossen ebenso stark. *A. Coles* schreibt, daß er in dieser Lage einmal sogar den Verlust des Treibankers am Verhalten des Schiffes nicht bemerken konnte.

B
C

Mann über Bord

Ist ein Mann über Bord gegangen, müssen wir schnell und genau handeln.

1. Rettungsboje nachwerfen

Die in der Nähe des Rudergängers aufgehängte Rettungsboje mit Nachtlicht und Leine wird dem Mann unmittelbar nach seinem Überbordgehen nachgeworfen. Er darf allerdings nicht von ihr getroffen werden.

2. Mann beobachten

Zugleich werden alle Mann an Deck gerufen und einer von ihnen beauftragt, nichts anderes zu tun, als den Mann ständig zu beobachten. Bei höherer See verliert man ihn sonst sehr schnell aus den Augen.

3. Manöver fahren

Das bekannte Mann-über-Bord-Manöver wird eingeleitet. Kommt der Wind von querab oder vorlicher als querab, erreicht man den Mann am schnellsten durch das Halsenmanöver (D). Hat man aber Wind, der achterlicher als querab kommt, ist das Manöver mit Wende am günstigsten (E). Beim Halsen überlege zuvor, ob das Manöver ohne erhebliches Risiko für das Rigg durchgeführt werden kann oder ob eine *Kuhwende* vorzuziehen ist! Ein Bruch in der Takelage macht die Lage des Überbordgegangenen hoffnungslos.

Das Manöver wird mit einem *Nahezu-Aufschießer* abgeschlossen, d. h. die Yacht läuft nicht genau gegen den Wind aus, sondern in einem minimalen Winkel zum Wind. Auf diese Weise erreicht man den Mann durch geschickte Schotführung recht genau. Reagiert der Rudergänger im ersten Augenblick sehr schnell, kann er eine hart am Wind laufende Yacht durch ein sofort eingeleitetes Wendemanöver, wobei die Fock back stehenbleibt, zum Beiliegen bringen. Die Yacht wird dann langsam auf den Mann im Wasser zutreiben, der auf die Leeseite der Yacht kommt.

4. Mann übernehmen

Den Mann aufzunehmen ist oft ebenso schwierig, wie ihn zu finden. In der Regel soll der Mann auf der Leeseite aufgenommen werden. An welcher Stelle er am besten geborgen wird, hängt von den baulichen Gegebenheiten und der Ausrüstung der Yacht ab. Beachte, daß der Überbordgegangene nicht unter den stampfenden Bug oder das überhängende Heck gerät! Er könnte erschlagen werden. Außerdem darf jetzt die Maschine nicht mehr laufen, um Verletzungsgefahr auszuschließen. Hat man den Mann erreicht, wird er sofort mit einer um die Brust und unter den Armen durchlaufenden Leine gesichert (Palstek).

Wenn der Überbordgefallene selbst noch genügend Kraft hat, erleichtern eine unten beschwerte Badeleiter oder Trittschlingen das Anbordkommen. Ist der Mann aber schon zu sehr geschwächt, muß er – notfalls durch einen angeleinten Helfer, der kurzzeitig ins Wasser geht – über eine spezielle Talje oder über den in der Art eines Ladebaumes ausgefahrenen Großbaum an Bord gehievt werden. Manchmal hilft auch ein mit Horn und Hals am Boot befestigtes Vorsegel, dessen Kopf man unter dem Mann hindurchführt und mit Hilfe eines Falls dichtholt.

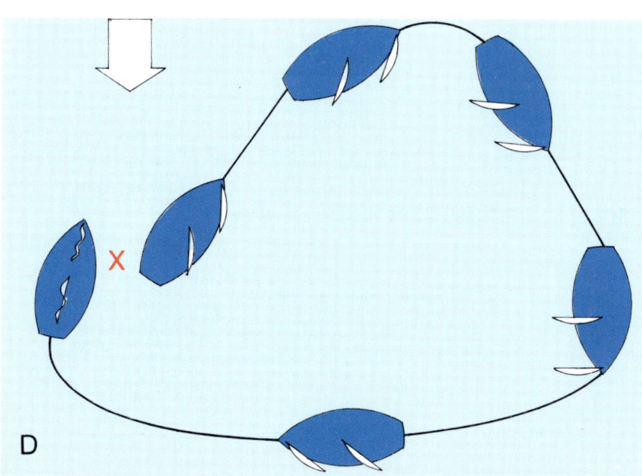

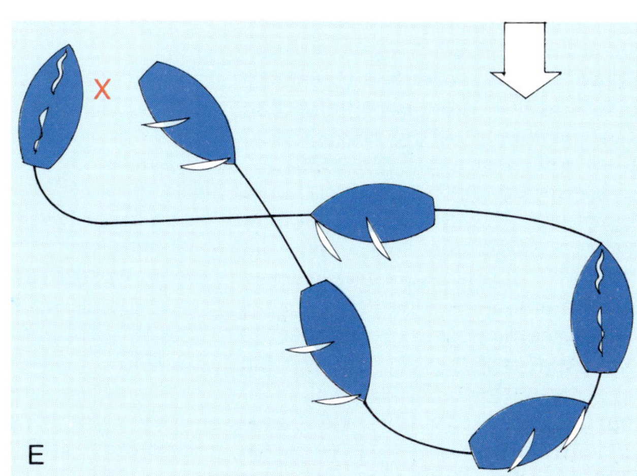

Havarien

Wassereinbruch

Lecks sollten grundsätzlich von innen abgedichtet werden. Ein von außen über den Schiffskörper gezurrtes Lecksegel kann nur vorübergehenden Schutz bieten – ganz abgesehen von seiner schwierigen und langwierigen Befestigung. Bei einem größeren Wassereinbruch sollte sofort gehandelt werden. Zur vorläufigen Abdichtung eignen sich verformbare Gegenstände, wie Kojenpolster oder Schaumstoffkissen, die sich der Leckform anpassen. Statt dessen kann auch eine überzählige, mit Preßgaspatronen aufblasbare Schwimmweste helfen. Sie werden mit einem Brett (Bodenbrett, Tür) über das Leck gepreßt, evtl. setzt sich ein Mann mit dem Rücken gegen Brett und Leck. Auch ohne Brett und Polster kann im ersten Augenblick der menschliche Körper das Leck vorläufig abdichten. Jetzt hat man erst einmal Zeit, weitere Maßnahmen gründlich vorzubereiten.
Sobald das Leck provisorisch abgedichtet ist, sollte es nicht wieder freigegeben werden; vielmehr sollten die haltenden Bretter gegen den von außen wirkenden Wasserdruck im Schiffskörper durch Stützen und Bolzen verspannt werden. Ist der Hauptwassereinbruch soweit eingedämmt, können die Ränder des Lecks noch besser abgedichtet werden. Völlig dicht wird das Schiff sicher nicht werden, doch genügt es, wenn wir die Yacht mit der Pumpe halten können und manövrierfähig sind.
Wasser kann nicht nur durch eine Kollision oder Grundberührung ins Schiff kommen, sondern auch durch undichte Ventile der Durchführungen durch den Schiffskörper, wie: WC, Abflüsse, Motorwelle, Kühlwasseransaugrohr oder Ruderdurchführung. Die Motorwelle muß nach jedem längeren Gebrauch abgeschmiert werden, die Ventile müssen regelmäßig gecheckt und auf See geschlossen werden.

Feuer an Bord

Nimmt man Flüssiggas zum Kochen, so sollten nur solche Anlagen verwendet werden, bei denen Gasflasche und Brenner über ein Kugelventil unmittelbar miteinander verbunden sind. Benutzt man eine andere Konstruktion, sollten Kupferrohre fest verlegt werden, da Gummischläuche als Gasleitungen leicht porös oder auch unbeabsichtigt abgeklemmt oder abgerissen werden. Dann sollte aber auf jeden Fall die Gasflasche außerhalb der Kajüte, am besten in einem separaten Kasten mit Abfluß nach außen, aufgestellt werden. Ausströmendes Flüssiggas ist nahezu geruchlos. Da es schwerer als Luft ist, sammelt es sich in der Bilge und kann zum größten Teil mit Hilfe einer Pumpe entfernt werden. Brennspiritus kann zwar nicht zur Explosion führen, jedoch zu gefährlichen Stichflammen. Benzinmotoren stellen bei unvorsichtiger Handhabung eine ebenso große Gefahr dar. Einige Sicherheitsvorkehrungen vermindern jedoch die Feuer- und Explosionsgefahr: Der Maschinenraum muß – evtl. durch Sauglüfter – gut entlüftet werden. Motor und Vergaser sollten voneinander gut isoliert sein, und die Brennstoffleitungen müssen starr verlegt sein.

Mastbruch

Ein Mast bricht heute weitaus seltener als früher, da auf modernen Yachten fast nur noch Leichtmetalle für Baum und Mast verwendet werden. Wenn er jedoch von oben kommt, bricht er meist im oberen Drittel. Kann der gebrochene Mast nicht geborgen und gelascht werden, müssen Wanten und Stagen des gebrochenen Mastes mit dem Bolzenschneider gekappt werden, damit der Rumpf nicht dadurch beschädigt wird, daß ihn die See ständig gegen die Außenhaut wirft.
Am ehesten führt ein falscher Trimm zum Verlust des Mastes. Ein übermäßig belastetes Want bricht beispielsweise, so daß der Mast nur noch einseitig verstagt ist. In dieser Situation muß der Mast umgehend durch ein Manöver entlastet werden. Beim Bruch eines Wants sollte gewendet, beim Bruch des Vorstages vor den Wind, beim Bruch des Achterstages an den Wind gegangen werden. Alle Schäden der Takelage müssen durch ein gutes Bordwerkzeug soweit behoben werden können, daß

der Mast genügend sicher abgestagt bleibt, um den nächsten Hafen zu erreichen. Hierzu kann auch ein Fall dienen. Ersatzdraht und Klemmschrauben können gute Dienste leisten.

Grundberührung ...

In Revieren mit felsigem Boden (Mittelmeer) muß jede Grundberührung unbedingt vermieden werden. Sie führt schnell zur Leckage. Hat man einen flachen und sandigen Untergrund (Ostsee und südl. Nordsee), ist ein Festkommen nicht immer zu umgehen, da die Sandbänke ihre Lage gerne ändern. Sobald wir festgekommen sind, ändert sich der an Bord spürbare Wind, er fällt achterlicher ein. Denn solange wir Fahrt hatten, kam zum wahren Wind noch der Fahrtwind hinzu, und wir nahmen den scheinbaren Wind wahr. Dementsprechend müssen wir beim Auflaufen zwei Situationen unterscheiden: das Festkommen am Wind und das Festkommen auf raumen Kursen.

Am Wind: In diesem Fall besteht noch die Möglichkeit, daß uns der wahre Wind von der Untiefe herunterdrückt. Deshalb müssen wir die Schoten dichtlassen und evtl. durch Backhalten der Fock das Schiff zu krängen versuchen.

Raumschots: Auf allen anderen Kursen verschlechtert sich die Situation durch das plötzliche Stoppen, da der wahre Wind (wW) stärker ist als der scheinbare Wind (sW) und achterlicher einfällt (A). Sofort müssen deshalb die Schoten gefiert und die Segel geborgen werden, will man vermeiden, daß die Yacht gekrängt und noch weiter auf die Sandbank gesetzt wird. Anschließend wird mit dem Beiboot der Anker ausgefahren, an dem die Yacht in den Wind gedreht wird.

Alle Manöver können mit Maschinenkraft unterstützt werden.

... und Freikommen

Um mit Bordmitteln freizukommen, muß die Yacht gekrängt werden, solange es sich nicht um einen Kimmkieler handelt, dessen Tiefgang bei Krängung zunimmt. Bei kleinen Yachten erreichen wir oft schon genügend Krängung durch das Ausreiten der Mannschaft in den Wanten. Bei größeren Booten muß der querschiffs geholte und festgemachte Großbaum mit ein oder zwei Mann oder dem ausgesetzten Dingi belastet werden. Der Baum wird über eine Fallwinsch dichtgeholt (B).

Sobald die Yacht durch Krängung freikommt, verholt man sich am Anker ins tiefere Wasser. Eine Kombination aus Großfall und am Schiff angebrachter Talje verhindert, daß beim Verholen die Krängung aus dem Schiff geht (C).

Merken wir, daß ein Abbergen mit Bordmitteln nicht gelingt, rufen wir ein fremdes Schiff zu Hilfe. Auch jetzt sollte die Schleppleine über das Großfall laufen, damit die Yacht krängt. Das Schleppmanöver unterstützen wir, indem wir den zuvor ausgebrachten Anker dichtholen (D).

Sind wir bei stärkerem Seegang oder drohender Wetterverschlechterung aufgelaufen, muß schnell gehandelt werden, um nicht das Schiff zu verlieren. Sobald wir einmal auf Legerwall geraten, d. h. bei auflandigem Wind stranden, kommen wir sicher mit Bordmitteln nicht mehr frei. In dieser Lage sollten wir nicht zögern, Notsignale zu schießen.

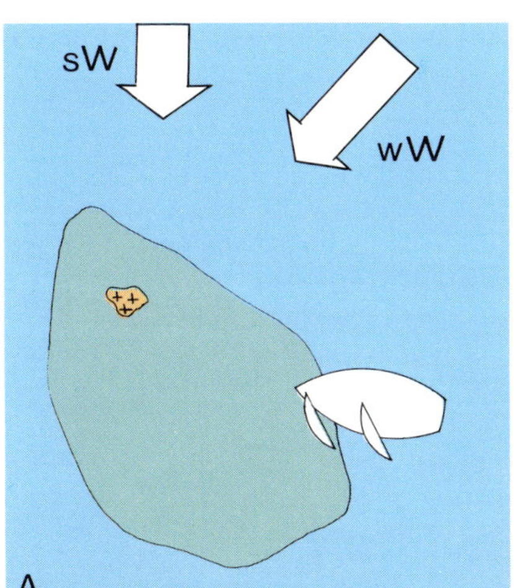

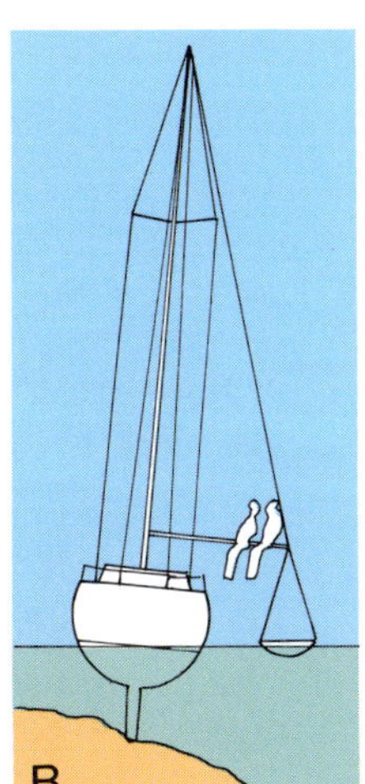

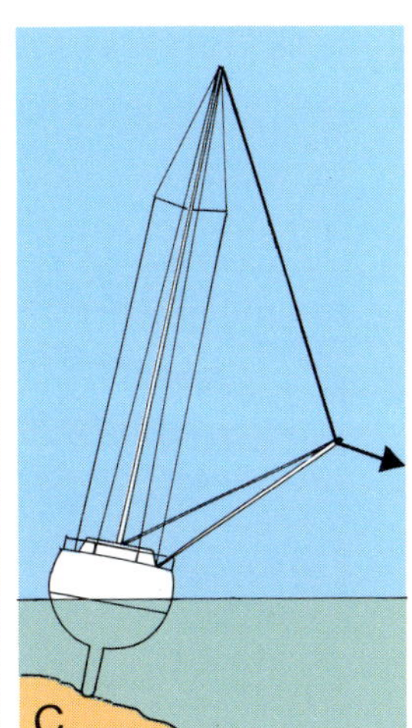

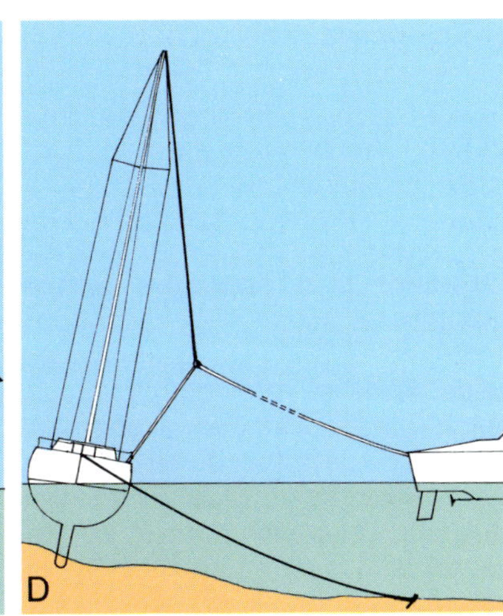

Knoten

$1^1/_2$ Rundtörn mit 2 halben Schlägen (A)

Eine oft gebrauchte Kombination zum kurzzeitigen Festmachen, wenn nicht viel Kraft auf das Ende kommt. Oft genügen auch allein die 2 halben Schläge.

Achtknoten (B)

Ein Stopperknoten, der das Ausrauschen eines Endes durch einen Block oder ein Auge verhindert. Er läßt sich auch nach starker Belastung durch Schieben leicht lösen.

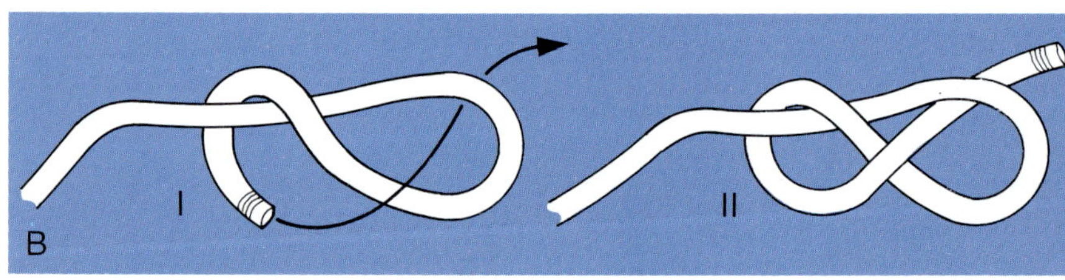

Kreuzknoten (C)

Er dient der Verbindung zweier gleich starker Enden. Er muß symmetrisch sein, d. h. die Parten jedes Tampen müssen nebeneinander und auf derselben Seite aus der Bucht des anderen Tampen laufen.

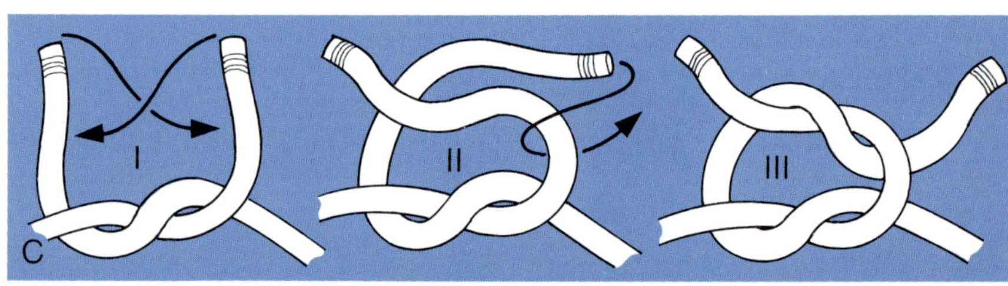

Einfacher und doppelter Schotstek (D)

Beide Knoten verbinden zwei ungleich starke Tampen, wobei das dünnere Ende immer durch die Bucht des dickeren gesteckt wird. Ist das eine Ende wesentlich dünner, so verwende immer den doppelten Schotstek!

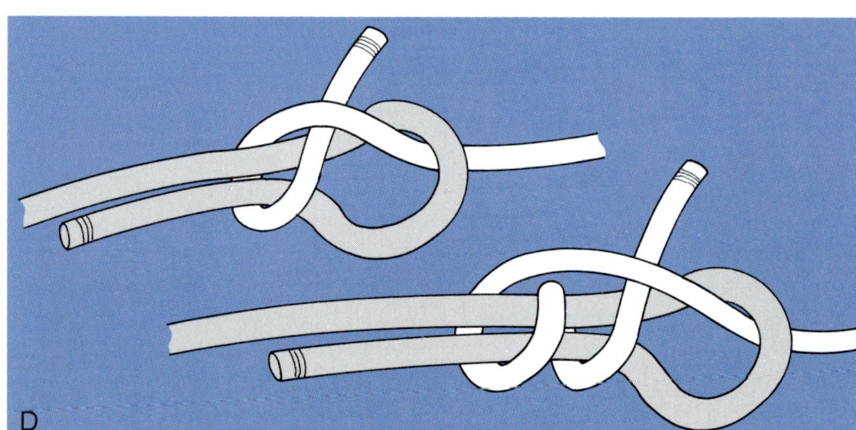

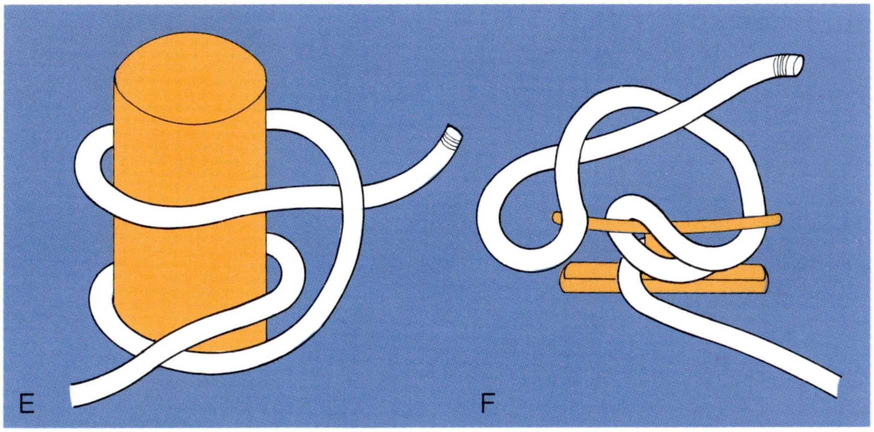

Webeleinstek (E)

Er wird zum Belegen kleiner Boote an Pollern verwendet: Man legt einfach zwei Augen übereinander, doch kann er auch gesteckt werden.

Belegen auf einer Klampe (F)

Zunächst legen wir einen Rundtörn, dann mehrere Kreuzschläge und zuletzt einen Kopfschlag, der sich durch Zug bekneift.
Der erste Rundtörn darf sich nicht selbst bekneifen, damit das Ende auch auf Zug freigegeben werden kann.

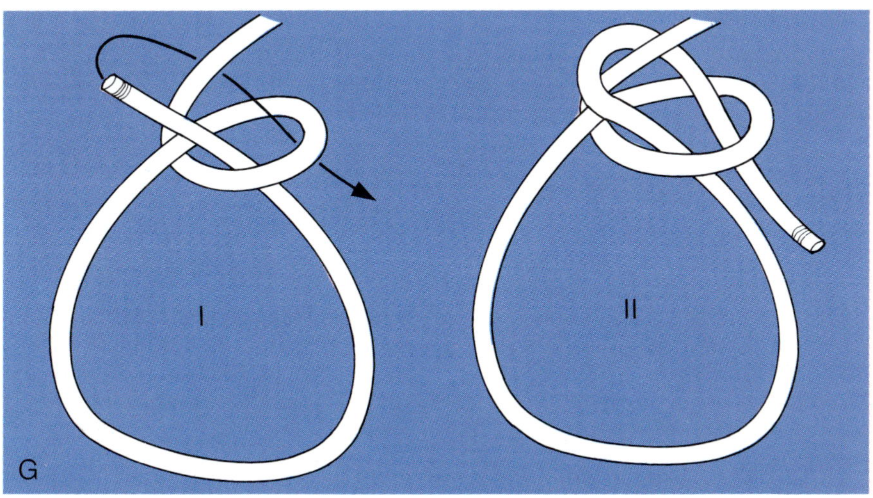

Einfacher Palstek (G)

Er zieht sich bei Belastung nicht zu und dient deshalb zum Überwerfen über Poller oder Pfähle. Man verwendet den einfachen Palstek auch zum Festmachen an Ringen. Zum Sichern und Bergen von Personen ist der **Feuerwehrstek** (vgl. Seite 137) geeigneter.

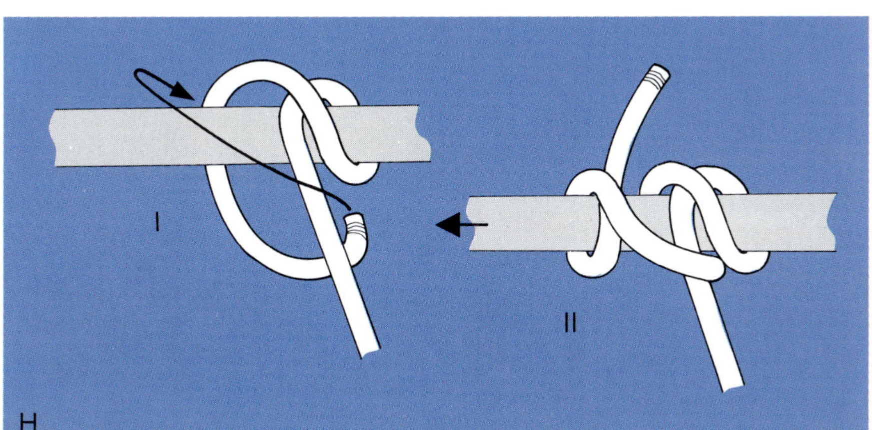

Stopperstek (H)

Mit ihm steckt man einen Tampen an ein laufendes Ende, z. B. die Vorleine auf eine Schlepptrosse. Er hält nur, solange Kraft in der dargestellten Zugrichtung auf der holenden Part steht.

Abbergen durch Hubschrauber

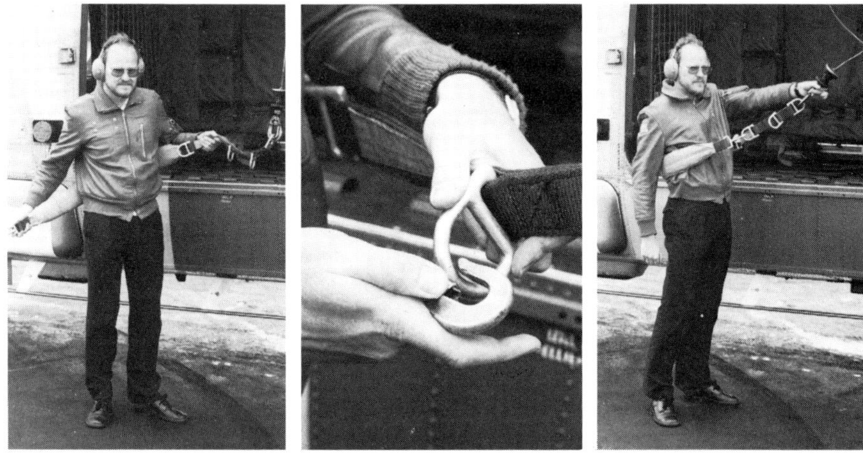

In den Anliegerstaaten von Nord- und Ostsee besteht ein umfangreiches System zur Rettung aus Seenot durch Hubschrauber. Diese sogenannten SAR-Hubschrauber (*search and rescue)* werden auch für Sportboote tätig. Wie verhalten wir uns, wenn von unserer Yacht ein Mann abgeborgen werden soll?

Wir laufen mit konstanter Fahrt in einem spitzen Winkel von etwa 20° bis 30° zum Wind – auf gar keinen Fall vor dem Wind! Segelyachten bergen die Segel und laufen möglichst unter Motor. Je schneller wir sind, desto geringer ist die Wirkung des Rotorstrahls *(downwash),* der vollen 9 Windstärken entspricht.

Das Abbergen erfolgt durch einen Windenläufer, der vom Hubschrauber herabgelassen wird und sich nicht an Stagen oder Antennen verfangen darf. Keine feste Verbindung zwischen Windenläufer und Boot herstellen! Stagen usw. möglichst entfernen!

Die verletzte oder kranke Person wird vom Heck der Yacht abgeborgen. Auf Segelyachten besteht aber auch dort die Gefahr, daß sich die Rettungsschlinge im Rigg verheddert; dann ist das Abbergen von einem weit achteraus nachgeschleppten Dingi günstiger.

Die Zeichnungen unten zeigen, wie die Rettungsschlinge richtig angelegt wird: Sie wird über den Kopf und unter die Arme geführt, so daß sie unmittelbar unter den Achseln anliegt. Jetzt die Sicherungsschlaufe zum Körper ziehen (Skizze b)! Beim Abheben nicht die Arme heben!

Manchmal kommt die Rettungsschlinge nicht schlaufenförmig, sondern geöffnet (vgl. Fotoreihe oben). Dann wird sie hoch unter den Achseln durchgeführt und geschlossen.

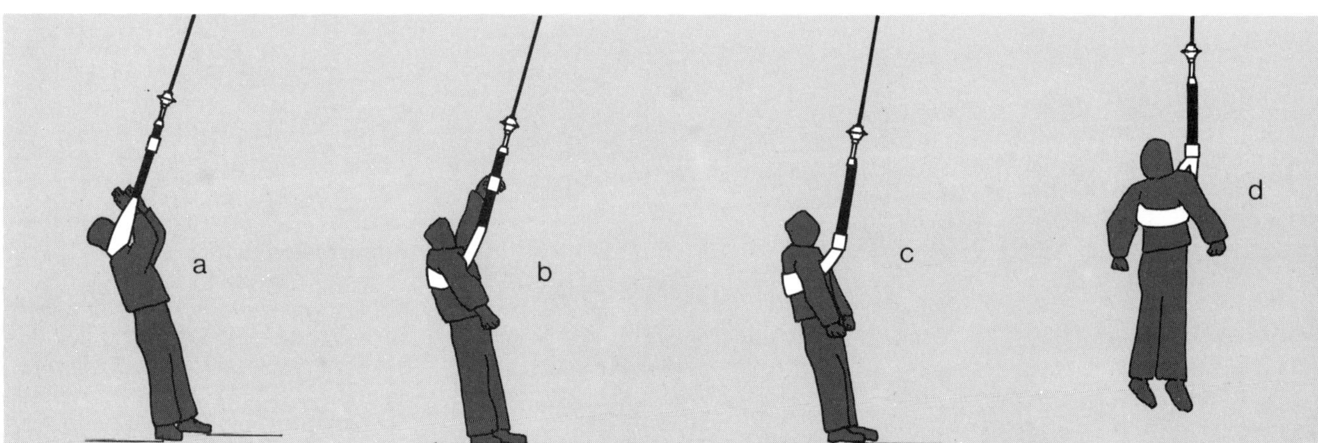

Anlegen von Rettungswesten

Feuerwehrstek

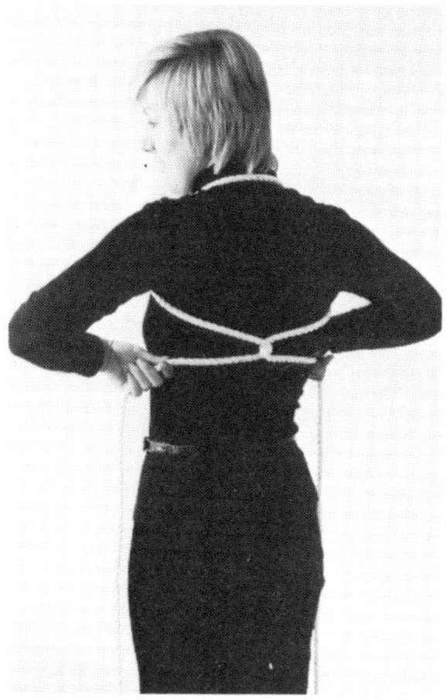

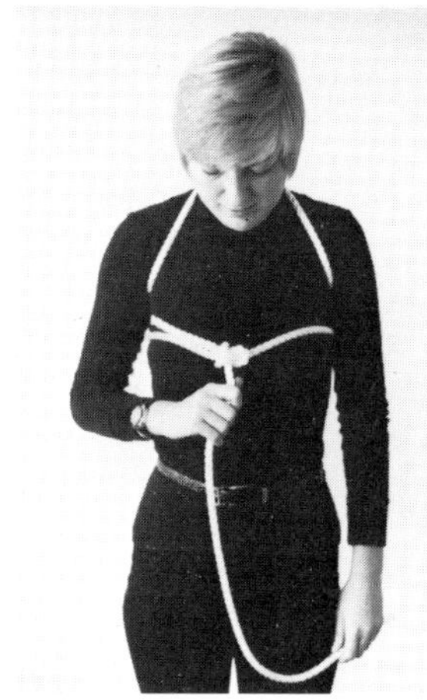

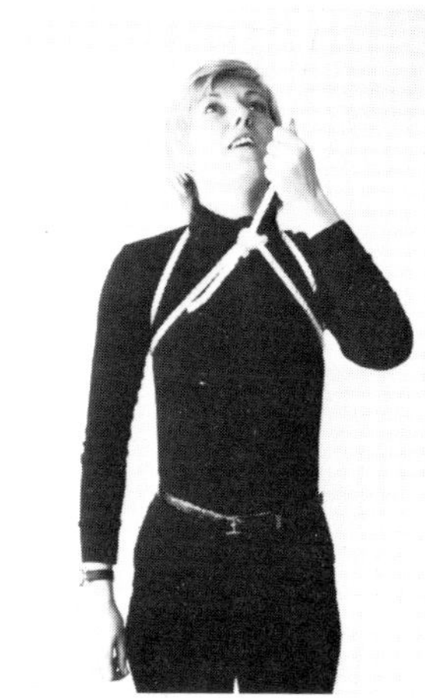

Anlegen von Rettungswesten

Aufblasbare Rettungswesten werden in unaufgeblasenem Zustand getragen – was die Beweglichkeit und somit die Sicherheit bei der Arbeit an Bord beträchtlich erhöht. Erst im Ernstfall blasen sie sich selbsttätig auf. Eine solche automatische Rettungsweste kann auf drei Arten aufgeblasen werden:

- **Automatisch** mit einer Preßgas-Patrone, sobald sie ins Wasser eintaucht – also auch dann, wenn ihr Träger beim Überbordgehen ohnmächtig wird.
- **Durch Handauslösung** der Preßgas-Patrone, falls die Automatik versagen sollte: Man zieht kräftig am Handauslöseknopf.
- **Durch Mundaufblasen,** falls auch diese Handauslösung versagen sollte.

Beim Anlegen der Rettungsweste (Fotoreihe unten) muß beachtet werden, daß die Luftkammer vor der Brust liegt, denn nur dann ist die Weste ohnmachtssicher (vgl. S. 126). Sobald sie über den Kopf gezogen ist, wird der Gurt geschlossen und festgezurrt. Auf der linken Seite erkennt man deutlich den Handauslöseknopf.

Der Feuerwehrstek (oben)

Zum Sichern und Bergen von Personen verwendet man den sogenannten *Feuerwehrstek.* Er hält den Kopf der gesicherten Person immer oben und verhindert ein Herausrutschen aus dem Stek.
Die Leine wird über den Nacken gelegt und mit beiden Tampen unmittelbar unter die Arme hindurch zum Rücken geführt, dort gekreuzt und zurück zur Brust geführt. Hier werden die Tampen möglichst hoch mit einem Palstek verknotet.

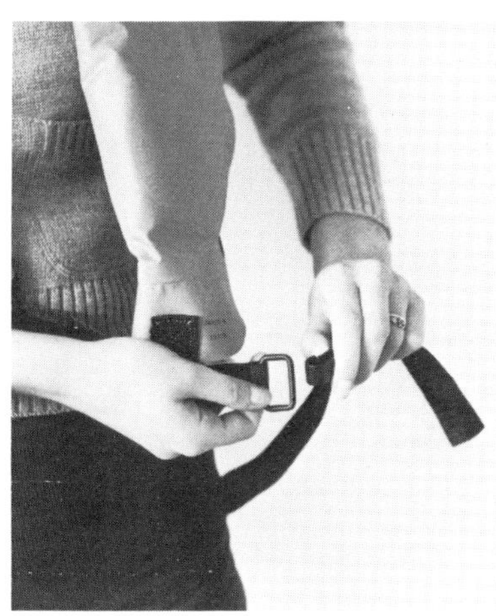

Verantwortlichkeit Hilfeleistungspflicht Kollision Schlepphilfe Logbuch

Verantwortlichkeit des Skippers

Die Verantwortung für die Sicherheit einer Yacht und ihrer Besatzung sowie der auf dem Schiff getroffenen Maßnahmen und Entscheidungen liegt ausschließlich und bedingungslos in der Hand des Schiffsführers. Er muß alles tun, um sicherzustellen, daß die Yacht absolut dicht, seetüchtig und mit einer Besatzung bemannt ist, die erfahren und körperlich in der Lage ist, schweres Wetter durchzustehen. Er ist weiterhin dafür verantwortlich, daß die Sicherheitseinrichtungen funktionsfähig sind und daß die Besatzung weiß, wo sie verstaut und wie sie zu bedienen sind. Deshalb sollte zu Beginn eines Törns immer eine Sicherheitseinweisung vorgenommen und mit der Mannschaft *Mann-über-Bord-Manöver* geübt werden. Neben dem Skipper sollte mindestens ein weiteres Mannschaftsmitglied dieses Manöver durchführen können.

Hilfeleistungspflicht

Jeder Schiffsführer, also auch der Skipper einer Sportyacht, ist verpflichtet, allen Personen, die er in Seenot antrifft, Hilfe zu leisten, soweit er dazu in der Lage ist, ohne seine Crew und sein Schiff einer erheblichen Gefahr auszusetzen. Ist er jedoch nicht imstande, Hilfe selber zu leisten, hat er unverzüglich Hilfe herbeizurufen, also andere Schiffe oder eine Küstenstation über den beobachteten Seenotfall zu informieren. Auf jeden Fall soll dem Schiffbrüchigen etwa durch weiße Raketensignale zu erkennen gegeben werden, daß seine Lage erkannt und eine Aktion zu seiner Rettung eingeleitet wurde.

Kollision

Die Pflicht zur gegenseitigen Hilfeleistung erstreckt sich auch auf den Fall eines Zusammenstoßes auf See, gleichgültig, wie die Schuldfrage des Zusammenstoßes zu beurteilen ist. Erst wenn sich die Schiffsführer überzeugt haben, daß weitere Hilfe nicht notwendig ist, können sie ihre Fahrt fortsetzen. Zuvor müssen jedoch die Namen der beteiligten Schiffe, ihr Heimathafen sowie ihr Abgangs- und Bestimmungshafen ausgetauscht werden. Sollte der Verkehr in einem Fahrwasser durch ein gesunkenes Fahrzeug behindert werden, muß die Stelle mit Bojen markiert werden. Unter Umständen ist über den gesamten Hergang eine *Verklarung* durchzuführen, d. h. ein Bericht über die Kollision vor einem Amtsgericht, im Ausland vor einem deutschen Konsul, zu beeiden. Auf jeden Fall aber sollten der Unfall und die im Zusammenhang mit ihm getroffenen Maßnahmen ins Logbuch eingetragen werden.

Schlepphilfe

Sind wir gezwungen, Schlepphilfe in Anspruch zu nehmen, sollten wir zuvor die Höhe des Schlepplohnes vereinbaren. Man ist sonst schnell einem Anspruch auf Bergung ausgesetzt, dessen Höhe sich nach dem Schiffswert richtet. Ein Indiz dafür, ob Abschleppen oder Bergung vorlag, kann die eigene Aktivität sein: Verwende immer die eigene Schlepptrosse, stecke zumindest deine Schleppleine an eine übergebene an! Lasse keinen Mann des Schleppers auf dein Schiff! Wenn man sich nicht tatsächlich in Seenot befindet, sollte Schlepphilfe keinesfalls mit Notsignalen angefordert werden, sondern mit dem Flaggensignal oder dem akustischen Morsesignal Z (— — · ·).

Das Logbuch

Wir sind zwar auf kleinen Yachten nicht verpflichtet, ein Logbuch zu führen, doch sollten wir auf keinen Fall darauf verzichten. Nicht nur, daß das Logbuch im Streitfall zum Beweismittel für eine sachgerechte Schiffsführung werden kann und auch vor dem Seeamt gegebenenfalls als Beweis dient, sondern auch aus seemannschaftlichen Erwägungen heraus sollte es regelmäßig geführt werden. Denn die rückblickende Betrachtung des Ablaufes etwa eines schweren Wetters an Hand der im Logbuch vermerkten Notizen kann Aufschluß geben über richtig oder falsch getroffene Entscheidungen. Dann muß das Logbuch regelmäßige Eintragungen über Wind und Wetter, Kurs und Fahrt, Abdrift und Strom, Segelführung und Navigation enthalten. Zu Beginn ist die Crew aufzuführen. Daneben sollten alle wichtigen Beobachtungen eingetragen werden, die für ein gegißtes Besteck von Bedeutung sein können. Der Skipper zeichnet jeden Tag die Aufzeichnungen ab. Am günstigsten verwendet man eines der von der Kreuzer-Abteilung des DSV herausgegebenen Logbücher.

4 Wetter

Tiefdruck und Hochdruck

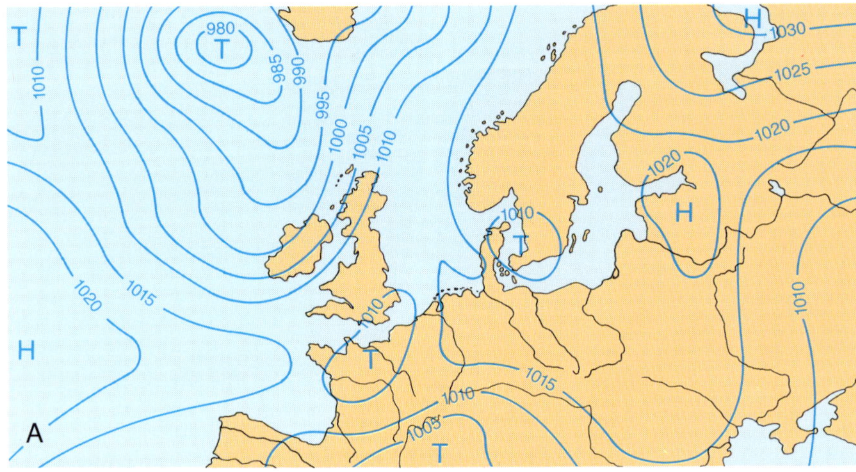

Der Luftdruck

Am Wetter interessiert den Segler vor allem der Wind. Er ist auf unterschiedliche Luftdruckverhältnisse an verschiedenen Orten der Erde zurückzuführen. Beobachten wir in einem Gebiet einen niedrigeren Luftdruck als in der Umgebung, so hat die Luft die Tendenz, diesen Druckunterschied auszugleichen. Sie strömt vom Gebiet höheren Drucks in das Gebiet niedrigeren Luftdruckes ein, was wir als Wind verspüren. Der Wind wird immer in der Richtung angegeben, aus der er weht.
Die Stärke des Luftdrucks wird in Hektopascal (hPa), früher in Millibar (mbar) gemessen. Daneben wurde die Millimeterskala der Quecksilbersäule *(mm Hg)* verwendet. Zwischen den Maßsystemen besteht folgender Zusammenhang:

$$1\ \text{hPa} = 1\ \text{mbar} = {}^3/_4\ \text{mm Hg}$$
$$1\ \text{mm Hg} = {}^4/_3\ \text{mbar} = {}^4/_3\ \text{hPa}$$

Der mittlere Luftdruck auf Meereshöhe beträgt etwa 1013 hPa bzw. 760 mm Hg.
Auf unserem Boot können wir den herrschenden Luftdruck und seine Schwankungen mit einem Barometer oder Barographen messen.

Die Isobaren

Stellt man eine Art Momentaufnahme der Luftdruckverteilung auf der Erdoberfläche her, so kann das Bild verdeutlicht werden, indem man Orte gleichen Luftdrucks miteinander verbindet. Man erhält Linien gleichen Luftdruckes, die sogenannten *Isobaren.* Sie können sich, ähnlich den Tiefen- und Höhenlinien einer Karte, weder berühren noch kreuzen.
In Wetterkarten werden die Isobaren gewöhnlich in einem Abstand von jeweils 5 hPa (mbar) eingetragen. Aus einer derartigen Isobarenkarte (A) ist die Lage von Hoch- und Tiefdruckgebieten sofort zu erkennen; sie werden mit einem *H* oder *T* deutlich gemacht.
Man führt noch detailliertere Bezeichnungen ein und spricht beispielsweise von einem *Teiltief, Tiefausläufer* oder einer *Tiefdruckrinne* bzw. einem *Teilhoch, Hochdruckkeil* oder *Hochrücken.* In Skizze A finden wir eine Tiefdruckrinne nordwestlich von Irland und südlich davon einen Hochdruckkeil eines vom Atlantik übergreifenden Hochdruckgebietes.
Für die Windstärke ist nicht die absolute Höhe des Luftdrucks entscheidend, sondern das Druckgefälle: Je größer der Druckunterschied zwi-

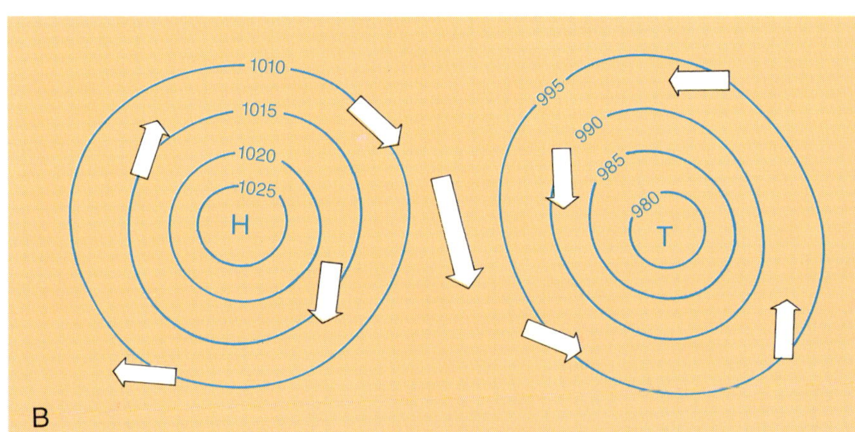

schen zwei Orten ist, desto stärkeren Wind wird man beobachten.
In der Wetterkarte wird dies an vergleichsweise eng verlaufenden Isobaren erkennbar. Ein Druckgefälle von 5 hPa (mbar) auf einer Distanz von

100 sm entspricht etwa	7–8 Bft
200 sm	5 Bft
300 sm	3 Bft

Diese Zahlen gelten allerdings nur auf einer geographischen Breite von etwa 50°.

Zyklone und Antizyklone

Es ist keineswegs so, daß die Luftteilchen auf kürzestem Weg vom Hochdruckgebiet ins Tiefdruckgebiet einfließen, sondern sie werden auf ihrem Weg durch die Erddrehung abgelenkt. Auf der Nordhalbkugel gilt, daß der Wind in ein Tief linksherum hineindreht und aus einem Hoch rechtsherum herausdreht (B). Ein Tief wird deshalb auch *Zyklone,* ein Hoch *Antizyklone* genannt. Hierbei nimmt die Windrichtung jeweils einen Winkel von etwa 20° zu den Isobaren ein, und zwar beim Tief 20° zum Kern des Tiefs hin, beim Hoch 20° vom Kern des Hochs weg. Zwischen einem östlich gelegenen Tief und einem westlich gelegenen Hoch weht also der Wind auf der Nordhalbkugel von Nord nach Süd.
Mit Hilfe dieser Gesetzmäßigkeit können wir aus der Windrichtung auf die Lage von hohem und tiefem Druck schließen: Laufen wir mit einer Yacht vor dem Wind, so liegt der tiefe Druck immer etwas vorlicher als Bb querab, der hohe Druck immer etwas achterlicher als Stb querab (C).
Diese Überlegungen gelten, wie gesagt, nur auf der nördlichen Halbkugel der Erde, auf der Südhalbkugel verläuft der Drehsinn genau entgegengesetzt.

Rechtsdrehend und rückdrehend

Etwas völlig anderes als der Drehsinn des Windes um ein Tief- oder Hochdruckgebiet herum ist die Richtungsänderung des Windes an einem bestimmten Beobachtungsort. Haben wir beispielsweise morgens N-Wind, mittags NE-Wind und abends E-Wind, so hat der Wind im Laufe des Tages am Beobachtungsort seine Richtung geändert. Er hat nach *rechts gedreht* (D). Betrachten wir nämlich eine Windrose, in der die beobachteten Winde der Reihe nach eingetragen werden, so erkennen wir, daß er sich im Uhrzeigersinn, also rechtsherum gedreht hat. Entsprechend spricht man auch von *linksdrehendem Wind,* also etwa, wenn er zuerst aus N, dann aus NW und schließlich aus W weht (Skizze E).
Statt von rechtsdrehendem spricht man auch von *recht*drehendem Wind; erfolgt diese Drehung sehr schnell, sagt man, der Wind *schießt aus.* Dreht der Wind nach links , so spricht man vom *Krimpen* oder *Rückdrehen.* Befinden wir uns an der Südseite eines von West nach Ost ziehenden Tiefs, so herrscht zunächst Wind aus SE, dann aus S, SW, W und schließlich aus NW vor. An der Nordseite des Tiefs dagegen, die man auch auf die Zugrichtung bezogen linke Seite nennt, dreht der Wind von SE über E, NE und N auf NW, also linksherum. Beim Durchzug eines Hochs beobachtet man ebenfalls an der rechten Seite rechtsdrehenden, an der linken Seite linksdrehenden Wind, wenn es von West nach Ost zieht.

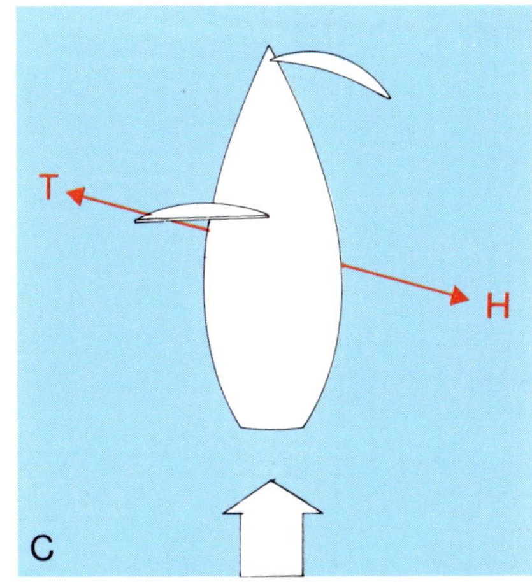

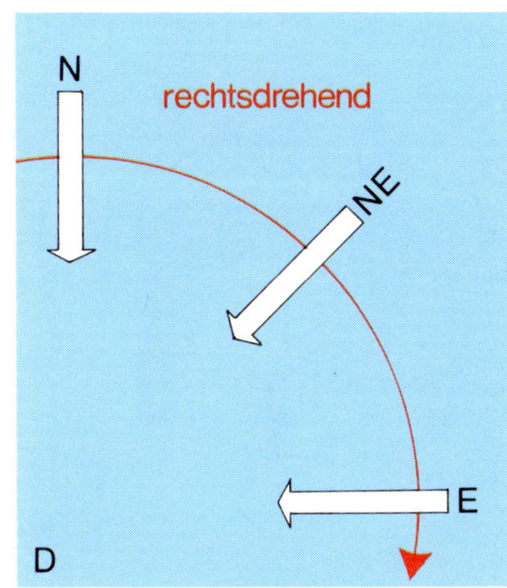

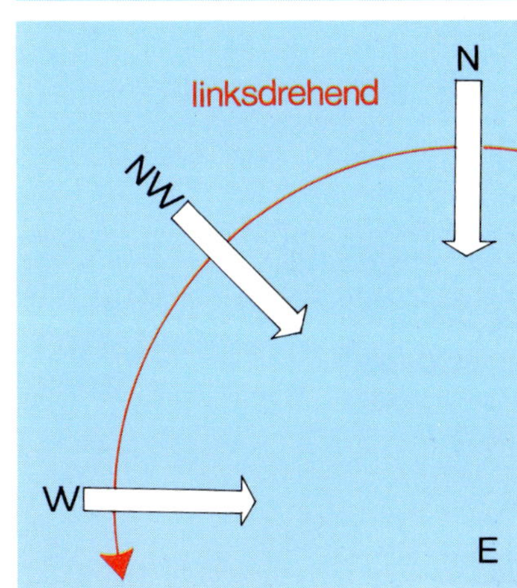

Die Fronten

Meteorologisch gesehen leben wir im Einflußbereich polarer Kaltluft, die tendenziell nach Westen strömt, und südlicher Warmluft, die nach Osten strömt. An der Grenze beider Luftmassen bilden sich Turbulenzen, in deren Verlauf es zu Aufgleitvorgängen warmer Luft auf kalte Luft und zu Kaltlufteinbrüchen in Warmluftbereiche kommt. Hierbei entstehen die Warmfront und die Kaltfront, die immer in Verbindung mit einem Tief auftreten. Sie grenzen meist eine Art Warmluftkeil ab, der von Süden zum Kern des Tiefs reicht (A). Die östliche Seite dieses Keils nennt man *Warmfront,* hinter der wärmere maritim-tropische Luft vordringt; die westliche Begrenzung nennt man *Kaltfront,* da sie maritim-polare Kaltluft mitbringt.

Gehen wir davon aus, wie es im Sommer im nördlichen Mitteleuropa meist der Fall ist, daß ein Tief nördlich von uns nach Nordost vorbeizieht. Was geschieht dann beim Durchzug der Fronten? Wir legen also einen Querschnitt (in Skizze A: x-y) südlich des Tiefkerns. In Skizze B sind zugleich die durchschnittlichen Zeiten und Entfernungen angegeben.

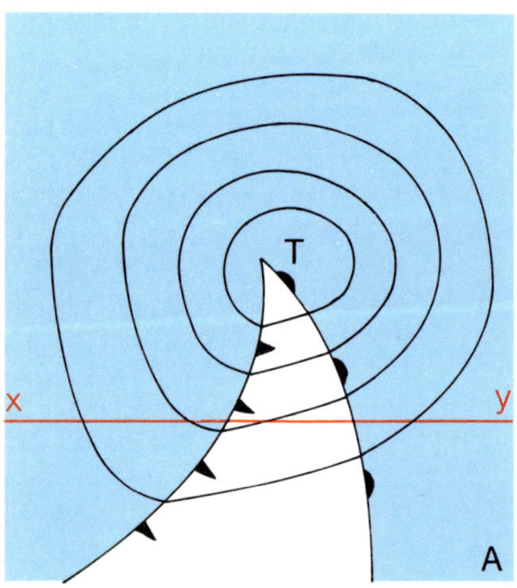

Die Warmfront

Das Herannahen der Warmfront ist an der Wolkenbildung bereits lange vorher erkennbar (vgl. Wolken S. 150). Zunächst verschleiert sich der Himmel mit hohen Federwolken (*Cirrus),* die sich langsam verdichten (*Cirrostratus)* und durch mittelhohe Schichtwolken *(Altostratus)* ergänzt werden. Wir beobachten also eine doppelschichtige Bewölkung. Die Wolkendecke sinkt schließlich immer tiefer *(Nimbostratus),* bis es zu Niederschlägen kommt, zunächst als Nieselregen, dann als Regen. Während der Luftdruck fällt und sich die Sicht evtl. bis zum Nebel verschlechtert, hat der Wind langsam nach rechts gedreht, und zwar von SE über S auf SW.

Nach dem Durchzug der Warmfront reißt die Bewölkung etwas auf, und die Niederschläge lassen nach. Doch herrschen noch immer tiefe Haufen- und Schichtwolken vor (*Stratocumulus).* Die Sicht bleibt mäßig, und die Temperatur steigt an, da sich die tropisch-maritime Warmluft bemerkbar macht. Häufig ist es etwas schwül, verbunden mit vereinzeltem Niesel-

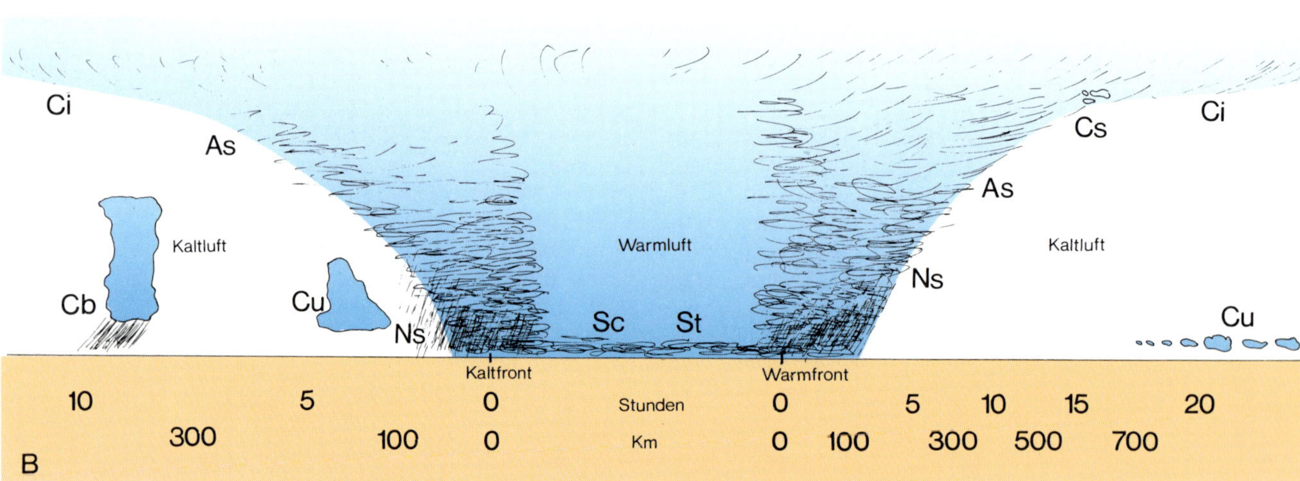

oder Stauregen. Bei gleichmäßig wehenden Winden bleibt der Luftdruck konstant. Dieses Wetter kann länger anhalten, erst der Durchzug der Kaltfront führt zur Änderung.

Die Kaltfront

Eine Kaltfront zieht in etwa zwei Stunden durch, also wesentlich schneller als eine Warmfront. Sie wird begleitet von heftigen, schauerartigen Regenfällen, die oft mit Gewittern und starken Böen verbunden sind. Die Temperatur sinkt ab, der Luftdruck steigt kräftig an, und die Sicht verbessert sich. Später reißt die Bewölkung stärker auf. Der Wind ändert in kurzer Zeit seine Richtung auf NW und nimmt oft um zwei bis drei Windstärken zu, er schießt also aus. Deshalb müssen wir das Herannahen der Kaltfront rechtzeitig erkennen, um vorher zu reffen.

Die Okklusionsfront

Kalte Fronten bewegen sich schneller vorwärts als warme, so daß die Warmfront von der Kaltfront eingeholt werden kann. Der Warmluftkeil wird dabei von der nachfolgenden Kaltluft unterlaufen und vom Boden abgehoben. Es zieht dann keine Warmfront mehr durch, sondern eine sogenannte *Okklusionsfront.* Sie tritt hauptsächlich in gealterten Tiefs auf, wie sie sehr häufig zu uns kommen. Die Okklusionsfront weist im wesentlichen die Merkmale der Kaltfront auf. Beim Herannahen nehmen Bewölkung und Wind zu, zugleich fällt der Druck. Während des Durchzuges verschlechtert sich die Sicht, und es beginnt zu regnen. Anschließend beobachtet man rechtsdrehende Winde, Druckanstieg und Sichtverbesserung.

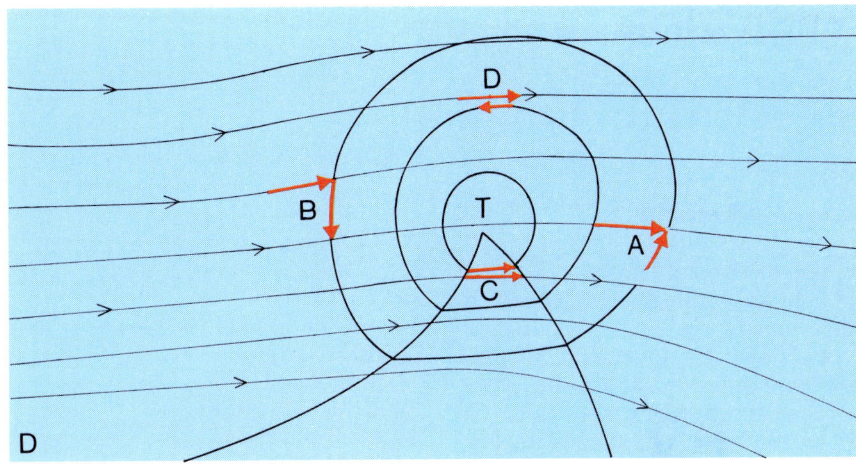

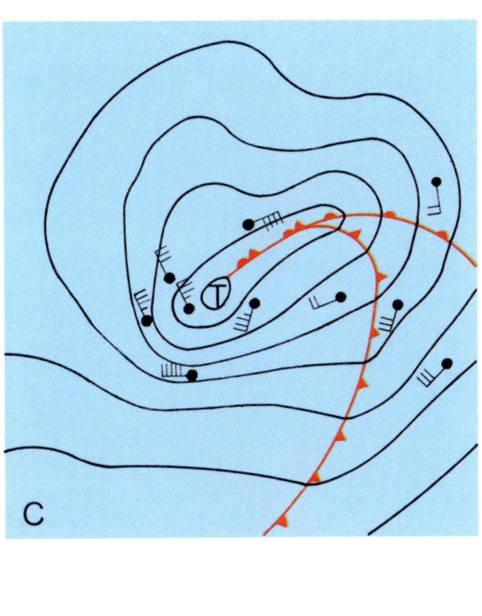

Die Troglage

Dreht der Wind beim Durchzug der Kaltfront nicht nach rechts, sondern eher nach links und flaut zugleich etwas ab, so müssen wir mit bald auftretenden, sturmstarken Winden rechnen. Wir haben eine Troglage vor uns, bei der die Fronten dem Tief etwas vorausgeeilt sind (C). Der übliche Ausschießer erfolgt deshalb erst etwas später, dann aber um so heftiger.

Die Querwindregeln

Die Zugrichtung der Tiefs – bei uns im Sommer meist von SW nach NE – wird vom meist westlichen *Höhenwind* bestimmt. Er unterscheidet sich in der Richtung vom zyklonalen *Bodenwind,* der ja dem Drehsinn des Tiefs folgt. Den Höhenwind erkennen wir an der Zugrichtung hoher Wolken, den Bodenwind spüren wir unmittelbar. Aus der unterschiedlichen Richtung beider Winde leitet man die *Querwindregeln* ab. In Skizze D erkennt man:

1. Wenden wir den Rücken gegen den Bodenwind, so wird sich das Wetter verschlechtern, wenn der Höhenwind von links kommt (Punkt A).
2. Wenden wir den Rücken gegen den Bodenwind, so wird sich das Wetter verbessern, wenn der Höhenwind von rechts kommt (Punkt B).
3. Wehen Boden- und Höhenwind parallel, befinden wir uns im Warmluftsektor. Das Wetter wird sich in nächster Zeit wenig ändern (Punkt C).
4. Wehen Boden- und Höhenwind genau entgegen, so stehen wir nördlich des Tiefs. Das Wetter wird sich in nächster Zeit nicht verschlechtern (Punkt D).

Lokale Winde

Land- und Seewind

Im näheren Küstenbereich kann man bei ruhiger Großwetterlage deutlich den Wechsel von Land- und Seewind beobachten. Er entsteht dadurch, daß Land und Wasser Wärme in unterschiedlichem Maße speichern.

Unter starkem Sonneneinfluß erwärmt sich das Land schneller und stärker als das angrenzende Meer. Ebenso erwärmt sich die über dem Land liegende Luft, sie dehnt sich aus und steigt nach oben auf, da sie spezifisch leichter wird. Man erkennt dies deutlich an der Bildung sommerlicher Haufenwolken über dem Land. Hierbei fällt der Luftdruck. Es bildet sich über dem Land ein *thermisches Tief,* das die über dem Meer stehende kühlere Luft ansaugt, den *Seewind* (A).

Nachts ist der umgekehrte Vorgang zu beobachten: Die Luft über dem Wasser ist etwas wärmer als über dem Land. Das thermische Tief liegt diesmal also über dem Meer. Von dem über dem Land stehenden *thermischen Hoch* strömt Luft zum Meer hin, der *Landwind* (B).

Merke: Bei einer sommerlichen Schönwetterlage herrschen am Tage Seewinde, nachts Landwinde vor.

Wegen der größeren Temperaturunterschiede am Tage sind Seewinde stärker als Landwinde.

Kapeffekt und Düseneffekt

Der Wind hat allgemein die Tendenz, seine Richtung dem Verlauf einer hohen Küste etwas anzugleichen. Ein schräg auf eine Küste einfallender Wind wird deshalb immer versuchen, der Uferformation zu folgen. Er nimmt also im Küstenbereich oft eine andere Richtung an als weiter draußen. Ebenso verhält sich der Wind an einem nicht allzu flachen Kap. Er paßt sich dessen Formen nicht nur vor und hinter der Huk an, sondern verstärkt sich zugleich, was mit *Kapeffekt* bezeichnet wird (Skizze C).

Einen anderen Effekt kann man an Einschnitten in die Bodenformation beobachten. Wird der Wind gezwungen, beispielsweise durch zwei hohe und dicht nebeneinander liegende Inseln zu wehen, so nimmt er an Stärke zu (D). Den gleichen *Düseneffekt* kann man unter einer steilen Küste segelnd erleben, die von einigen querlaufenden Tälern stark eingeschnitten ist. Vor den Talausläufen frischt ein ablandig wehender Wind meist etwas auf.

Die Wirkung von Kapeffekt und Düseneffekt bei härterem Wetter sollte nicht unterschätzt werden.

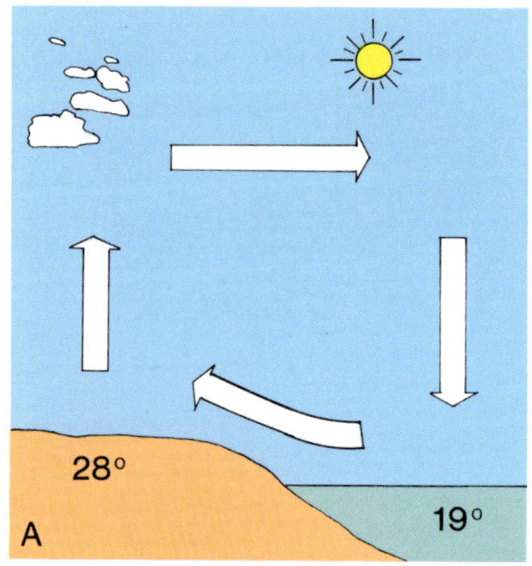

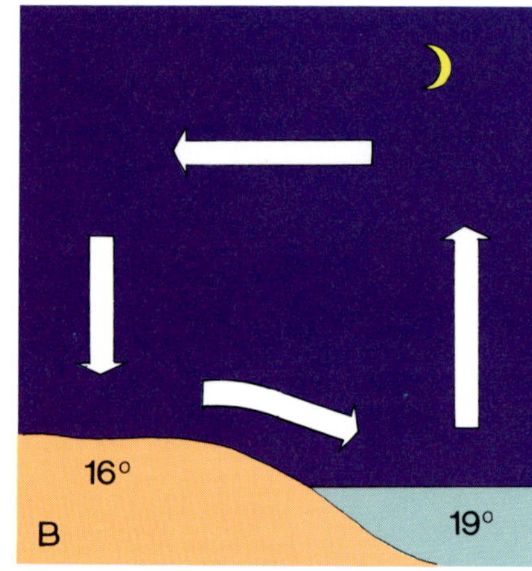

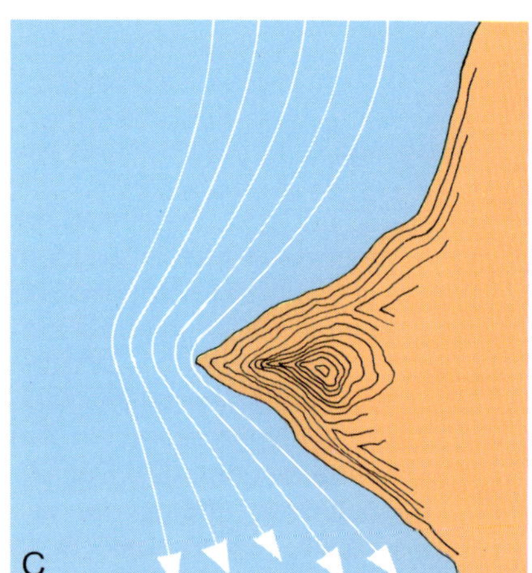

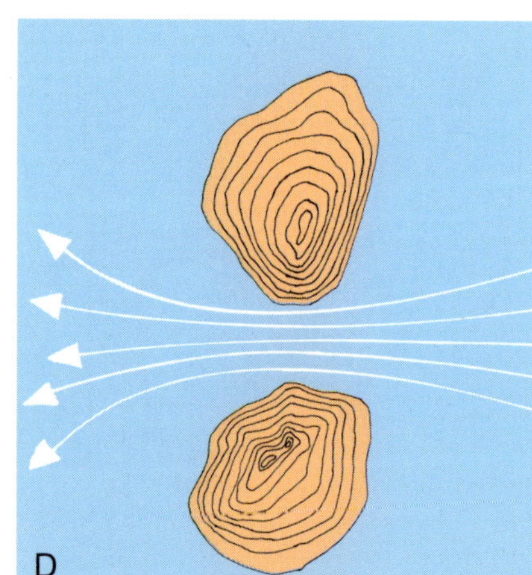

Mittelmeerwinde

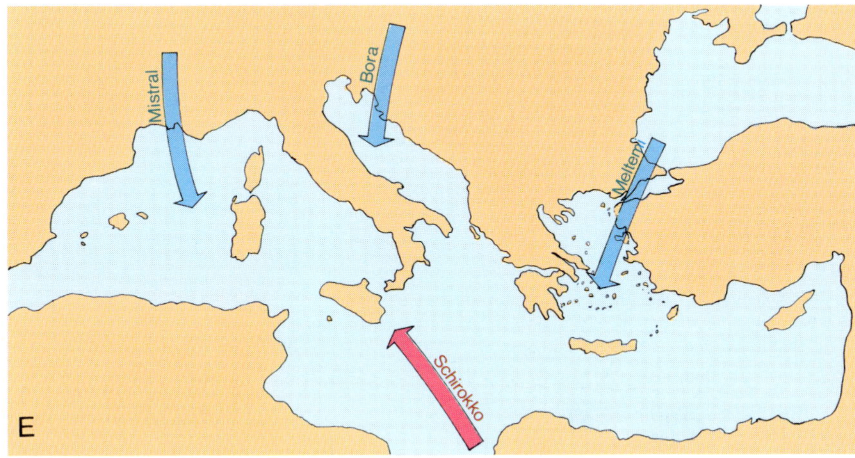

Das Mittelmeerbecken

Im Mittelmeerbecken dominiert in den Wintermonaten ähnlich wie im nördlichen Europa die Westwindlage, doch im Sommer unterscheidet sich das Wetter erheblich von Nord- oder Ostsee. Während das Wettergeschehen bei uns auch im Sommer vom Westwindeinfluß diktiert wird, so ist das Mittelmeer durch die Bodenformation vor dem Zufluß polarer Kaltluft geschützt. Das gesamte Mittelmeerbecken ist gegen Norden von hohen Gebirgen umgeben, die von der schweren Kaltluft nicht überstiegen werden können.
Doch gibt es drei große Öffnungen, durch die Kaltluft vordringen kann: das Rhônetal nach Norden, die dalmatinische Küste gegen das südosteuropäische Hinterland sowie die Dardanellen und der Bosporus gegen das Schwarze Meer. Durch diese Einschnitte dringt der *Mistral* ins westliche Mittelmeer, die *Bora* in die Adria und der *Meltemi* nach Griechenland. Hinzu kommen der von Nordafrika wehende *Schirokko* und – im westlichen Mittelmeer – der aus SW wehende *Libeccio.*

Fallwinde

Bei den von N ins Mittelmeerbecken eindringenden Winden handelt es sich meist um Fallwinde. Ihre Stärke ergibt sich deshalb nicht nur aus vorhandenen Luftdruckunterschieden, sondern auch daraus, daß die Polarluft aus großer Höhe eindringt. Sie wird nämlich zusätzlich beschleunigt, da die in der Höhe trockenere Luft schwerer ist als feuchte Meeresluft. So fällt beispielsweise die Bora von der bis nahezu 2000 m hoch aufsteigenden Küste Dalmatiens herab.
Der gleiche Fallwindeffekt tritt mit sturmstarken Böen auf der ablandigen Seite hoher Inseln auf, wie wir sie oft im Mittelmeer finden. Die Leeseite einer Insel bietet deshalb oft nicht die sonst gewohnte Abdeckung. Auch hieran muß bei der Wahl eines Ankerplatzes gedacht werden.

Mistral, Bora und Schirokko

– *Mistral*gefahr besteht immer dann, wenn sich über dem westlichen Mittelmeer, etwa Korsika, ein Tief bildet und zugleich über Spanien oder Portugal ein starkes Hoch steht. Kann dann noch Kaltluft durch das *Rhônetal* einströmen, entwickelt sich der Mistral in kürzester Zeit und baut eine kurze, steile See auf. Am stärksten weht der Mistral im *Golfe du Lion,* doch kann er auch bis zur tunesischen Küste vordringen. Östlich des Rhônedeltas begleitet die *Tramontana* den Mistral.
– Die *Bora* tritt in antizyklonaler und zyklonaler Form auf. Im ersten Fall befindet sich ein Hoch über dem europäischen Festland, während in der Adria Normaldruck herrscht. Im zweiten Fall, der hauptsächlich im Sommer auftritt, steht ein Tief südlich der Adria, der Druck über Mitteleuropa ist normal. Die Sommerbora hält meist nicht sehr lange an. Sie weht im gesamten Adriabereich und ist meist mit Regenfällen und schlechter Sicht verbunden.
– Der *Schirokko* ist ein im gesamten Mittelmeer zu beobachtender feuchter und warmer Süd- bis Südostwind. Er entsteht meist an der Vorderseite eines über dem Mittelmeer ostwärts ziehenden Tiefs. Auf Grund seines langen Anlaufes baut er eine lange grobe See auf.

Die Wetterkarte

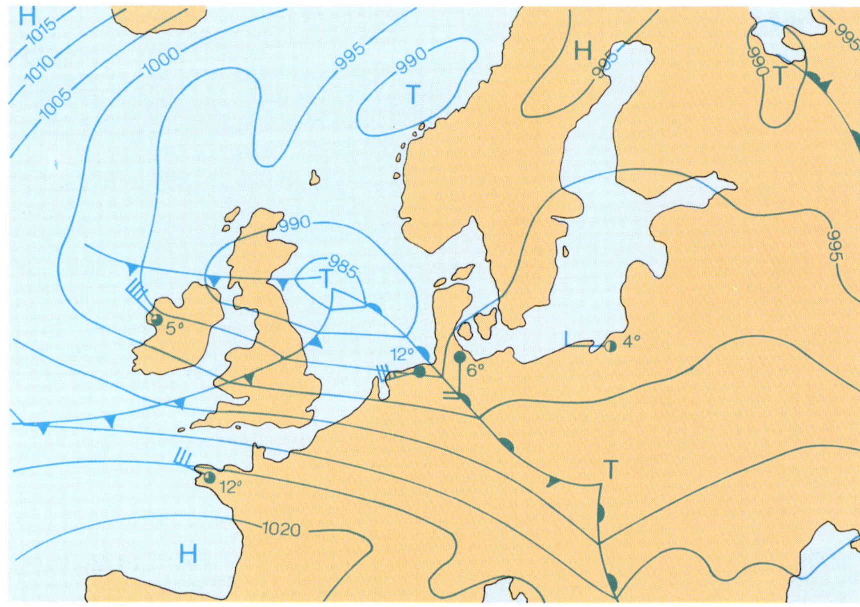

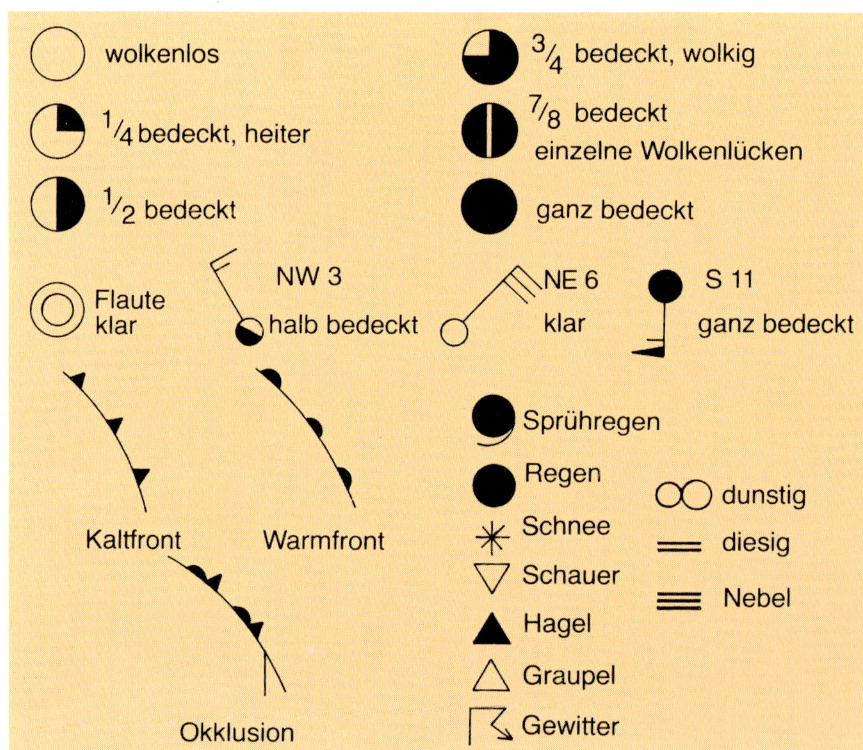

Der *Deutsche Wetterdienst* gibt fünfmal wöchentlich Wetterkarten heraus. Aus ihnen geht der Verlauf der Fronten hervor, die nicht mit den Isobaren verwechselt werden dürfen. Eine Warmfront wird durch runde, der Frontlinie entlanglaufende Kuppen verdeutlicht, eine Kaltfront durch kleine spitze Dreiecke. Wechseln beide Zeichen an einer Front einander ab, so liegt eine Okklusionsfront vor. Die vom *Seewetteramt* in Hamburg herausgegebenen *Seewetterkarten* enthalten außerdem eine Reihe von Stationsmeldungen. Das für eine Stationsmeldung verwendete Symbol enthält drei wichtige Informationen:

– Den **Grad der Bewölkung** erkennen wir daran, wieviel Viertel des Stationskreises geschwärzt sind.

– Die **Windrichtung** geht aus der Richtung der angefügten Windfähnchen hervor.

– Die **Windstärke** erkennen wir aus der Anzahl der angehefteten Federn: Eine Feder entspricht 2 Windstärken, eine halbe Feder einer Windstärke. Herrscht Flaute, so wird ein weiterer Kreis um den Stationskreis gezogen. Hinzu tritt oft noch die Lufttemperatur.

Die übrigen Symbole betreffen die Sichtigkeit und die Art der Niederschläge.

Die Beaufort-Skala

Der Wind

Windstärken werden in der international gebräuchlichen *Beaufort-Skala* angegeben. Sie genügt in den meisten Fällen, doch kann die Stärke des Windes durch seine Geschwindigkeit in m/s, in km/h oder in Knoten besser präzisiert werden. Beachte, daß die Beaufort-Skala nicht linear aufgebaut ist! In den unteren Bereichen der Skala genügt eine geringere Zunahme der Windgeschwindigkeit als in den oberen, um eine Stärke Bft mehr zu registrieren.
Der Wind beeinflußt den Seegang, so daß aus bestimmten charakteristischen Merkmalen der See auf die Stärke des Windes geschlossen werden kann. Diese ebenfalls der Beaufort-Skala angehörenden Merkmale sind mit einigen Beispielen auf den folgenden Seiten wiedergegeben. Die absolute Höhe der See spielt hierbei nur eine untergeordnete Rolle, die Charakteristika sind auch bei einer flachen, aber steilen See zu beobachten. Man lasse sich nicht durch die beeindruckende Perspektive von einer Yacht aus verleiten, falsche, das heißt meist übertriebene, Schätzungen vorzunehmen.

Die See

Man unterscheidet zwischen **Dünung** und **Windsee.** Dünung entspricht nicht den herrschenden Windverhältnissen. Sie kann einen nahenden Sturm anzeigen oder einem bereits abgeflauten Starkwind noch nachlaufen.
Die Höhe des Seegangs allein ist nicht für seine Schwere und Gefährlichkeit entscheidend. Ebenso wichtig ist seine Wellenlänge. Eine kurze, steile See, deren Höhe nicht 6 m übersteigt, trifft man oft in abgeschlossenen Revieren an. Sie kann weitaus gefährlicher sein als eine hohe, aber lang auslaufende See, wie sie etwa im Atlantik auftritt.
Ist die Luft kälter als das Wasser, baut sich meist eine höhere See auf als bei wärmerer Luft. Ebenso ist die Wassertiefe für die Stärke des Seegangs von Bedeutung. Läuft die See von tieferem Wasser über flache Stellen, bildet sich eine gefährliche und steile *Grundsee,* die sich brandungsartig entwickeln kann. Schließlich gibt es noch eine Reihe von Faktoren, die den Seegang beeinflussen, wie die Böigkeit, Anlaufstrecke und Dauer des Windes.

Windstärken- und Seegangskala

Windstärke Beaufort	m/s	km/h	kn	Seegang Petersen	Bezeichnung des Seegangs
0 = still	0 – 0,2	< 1	< 1	0	glatte See
1 = sehr leicht	0,3– 1,5	1– 5	1– 3	1	sehr ruhige See
2 = leicht	1,6– 3,3	6– 11	4– 6	2	ruhige See
3 = schwach	3,4– 5,4	12– 19	7–10		
4 = mäßig	5,5– 7,9	20– 28	11–15	3	leicht bewegte See
5 = frisch	8 –10,7	29– 38	16–21	4	mäßig bewegte See
6 = stark	10,8–13,8	39– 49	22–27	5	ziemlich grobe See
7 = steif	13,9–17,1	50– 61	28–33	6	grobe See
8 = stürmisch	17,2–20,7	62– 74	34–40	7	hohe See
9 = Sturm	20,8–24,4	75– 88	41–47		
10 = schwerer Sturm	24,5–28,4	89–102	48–55	8	sehr hohe See
11 = orkanartiger Sturm	28,5–32,6	103–117	56–63	9	äußerst schwere See
12 = Orkan	> 32,6	> 117	> 63		

Wind und Seegang

Windstärke 0
Spiegelglatte See.

Windstärke 1
Schuppenförmige *Riffelung,* aber ohne Schaumkämme. Auf dem Bild noch Reste niedriger Dünung. →

Windstärke 2
Kleine Wellen, noch kurz, aber ausgeprägter. Die Kämme sehen glasig aus und brechen nicht.

Windstärke 3
Die Kämme beginnen zu brechen. Schaum überwiegend glasig. Ganz vereinzelt können weiße Schaumköpfe auftreten. →

Windstärke 4
Die kleinen Wellen werden länger. Weiße Schaumköpfe treten ziemlich verbreitet auf.

Windstärke 5
Mäßige Wellen, die eine ausgeprägte längere Form annehmen. Überall treten weiße Schaumkämme auf. →

Windstärke 6
Lange Wellen beginnen sich zu bilden. Die Kämme brechen und hinterlassen größere weiße Schaumflächen. Etwas Gischt.
←

Windstärke 7
Seegang türmt sich auf. Der beim Brechen entstehende weiße Schaum beginnt sich streifenförmig in Windrichtung zu legen.
←

Windstärke 8
Mäßig hohe Wellenberge mit Kämmen von beträchtlicher Länge. Von den Kanten der Kämme beginnt Gischt abzuwehen. Der Schaum legt sich in gut ausgeprägten Streifen in Windrichtung.
←

Windstärke 9
Hohe Wellenberge; dichte Schaumstreifen in Windrichtung. Die See beginnt zu *rollen.* Gischt kann die Sicht behindern.

Windstärke 10
Sehr hohe Wellenberge mit langen überbrechenden Kämmen. See weiß durch Schaum. See rollt schwer und stoßartig. Sicht durch Gischt behindert.

Die Wolken

Fotos und Texte: Dieter Karnetzki

Cumuluswolke (Cu) Schönwettertyp
Die großen weißen Wolkenberge sind typische Haufenwolken, wie die Cumuli auch genannt werden. Solange sie nicht kräftig zu wachsen beginnen, bleibt das Wetter schön.
Bei den kleinen weißen Haufenwolken über den CU handelt es sich um Altocumuluswolken. Im unteren Bereich der Cumuli, knapp über dem Horizont, sind Stratocumuluswolken als graue und flache Zonen zu erkennen.
Ganz oben verschiedene Cirrusformationen.

Cirrocumulus (Cc)
und Cirrostratus (Cs)
Über den ganzen Himmel zieht ein dünner Cirrocumulus-Schirm auf, der sich langsam verdichtet. Die einzelnen Wolkenhaufen wachsen zusammen und werden eine diffuse Schicht; dies ist der Cirrostratus. Wenn die Sonne nur noch zu ahnen ist, werden die Wolken grau und es setzt bald Regen ein. Am Horizont ist diese Entwicklung bereits zu sehen.

Altocumulus (Ac) und Altostratus (As)
Eine Cumuluswolke, die sich in etwa 3–5 km Höhe entwickelt, heißt Altocumulus. Wenn sich diese Wolken verdichten und großflächig ohne Lücken erscheinen, dann heißen sie Altostratus.
Über den Hügeln sind mehrere Ansätze zu erkennen. Hier heißt es, wachsam zu sein: Verdichtet sich der Ac nicht weiter, bleibt das Wetter erhalten – wächst er zu, wird das Wetter schlechter.

Stratus (St), Schlechtwettertyp
Stratus ist eine strukturlose Wolke, die große Teile des Himmels oder sogar den ganzen Himmel bedeckt. Unter der geschlossenen Stratusdecke sind noch einige dunkle Cumulusfetzen zu sehen, ein Zeichen, daß das schlechte Wetter mit Regen direkt bevorsteht. Wenn aus der Stratuswolke Regen fällt, heißt sie Nimbostratus. Der Regen fällt gleichmäßig und länger anhaltend.

Stratocumulus (Sc), Schönwettertyp
Wie eine Decke aus kleinen flauschigen Kissen liegen diese grauen bis weißen Wolken über dem Meer. Im Gegensatz zu den beiden leuchtend weißen Cumuluswolken sind die Stratocumuluswolken immer flach.

Cumulonimbuswolke (Cb)
Eine Cumuluswolke, aus der Regenschauer und Gewitter kommen. Meistens sind sie direkt hinter Kaltfronten und an Trögen zu finden. Der linke Cb ist im vollen Reifestadium, er zeigt deutlich eine amboßartige Entwicklung im oberen Teil. Der rechte, viel größere Cb ist noch im Reifestadium, es fehlt noch der Amboß.
Gefahren für Boote: Sturmböen, Temperatursturz, Sichtrückgang bis Null durch heftige Schauer und/oder Hagelschauer, Gewitter!

Der Wetterfunk

Seewetterbericht

Segeln wir im Küstenbereich, so sollten wir täglich mindestens zweimal den Wetterbericht abhören, da Tiefdruckgebiete mit einer Geschwindigkeit bis zu 50 kn heranziehen und in kurzer Zeit das Wettergeschehen verändern können. Ein Radioempfänger gehört deshalb unbedingt zur Ausrüstung einer seegehenden Yacht.
Die üblichen von Rundfunkstationen ausgestrahlten Wetterberichte können zwar über die allgemeine Wetterlage Auskunft geben, doch gibt ein Seewetterbericht für unsere Zwecke geeignetere Informationen, wie z. B. Stationsmeldungen und Windstärkenangaben. Außerdem wird er so langsam durchgegeben, daß wir ihn mitschreiben und anschließend in einem Wetterkartenvordruck zeichnerisch auswerten können. In deutschen Hafenstädten kann ein Küstenwetterbericht auch telefonisch abgehört werden.

Küstenfunkstellen

Der Seewetterbericht wird üblicherweise über die eigens für die Schiffahrt eingerichteten *Küstenfunkstellen* ausgestrahlt, doch kann man ihn in Deutschland auch über einige Rundfunkstationen auf UKW und Mittelwelle empfangen. Die Küstenfunkstellen senden nicht im Mittelwellenbereich, sondern auf der sogenannten **Grenzwelle,** die im Frequenzbereich von etwa 1600 kHz bis 4000 kHz liegt. Hier wird ein Teil des Sprechfunkes für die Küstenschiffahrt abgewickelt. Wir können deshalb die Sendungen des Küstenfunks nicht mit einem gewöhnlichen Empfänger hören, sondern benötigen einen Seefunkempfänger, der im Einseitenband (SSB) über den Mittelwellenbereich hinausreicht.
Vom 1. 4. bis 30. 9. werden die für die Sportschiffahrt wichtigen Teile des Seewetterberichtes gleichzeitig auf Grenzwelle und **UKW-Seefunk** gesendet. Diese Sendungen werden auf UKW-Kanal 16 angekündigt und auf den im *Jachtfunkdienst* aufgeführten Kanälen ausgestrahlt.

N. F. Band III: Wetterfunk

Angaben über die Sendezeiten und Frequenzen der von allen Küstenfunkstellen und auch von den Rundfunkanstalten ausgestrahlten Seewetterberichte finden wir im Band III des **Nautischen Funkdienstes** (N.F.) oder seinen regionalen Auszügen, dem **Sprechfunk für Küstenschiffahrt** und dem **Jachtfunkdienst** (vgl. S. 40). Auch der Aufbau der von den einzelnen Stationen gesendeten Wetterberichte ist dort enthalten: An eine etwaige Sturmwarnung schließt sich meist eine Übersicht über die Wetterlage und ihre Entwicklung an. Dann folgt die Vorhersage für die nächsten 12 Stunden und die weiteren Aussichten für den folgenden Tag. Die Vorhersage ist meist auf kleine Gebiete *(Vorhersagegebiete)* aufgeteilt, deren Abgrenzung man einer kleineren Kartenskizze im Nautischen Funkdienst (NF III), Sprechfunk für Küstenschiffahrt und Jachtfunkdienst entnehmen kann.
Wer im Bereich der östlichen Nordsee und der mittleren und westlichen Ostsee nur am Wetterdienst (und nicht auch an den weitergehenden Informationen für die Funknavigation) interessiert ist, kommt mit dem billigen Faltblatt **Wetter- und Warnfunk** des DHI aus.
Beachte: Die in der Literatur wiedergegebenen Zeiten sind meist in UTC *(Universal Time Coordinated)* angegeben, zu der eine Stunde addiert werden muß, um *Mitteleuropäische Zeit* (MEZ), und zwei Stunden, um *Mitteleuropäische Sommerzeit* (MESZ) zu erhalten.

Wetterfunk im Ausland

Auch in ausländischen Revieren, wie Skandinavien oder dem Mittelmeer, können wir den dortigen Seewetterbericht abhören, der jedoch meist nicht in deutscher Sprache gegeben wird. Wir finden deshalb im Nautischen Funkdienst eine Zusammenstellung der wichtigsten und in jedem Seewetterbericht immer wieder auftretenden Ausdrücke in mehrere Fremdsprachen übersetzt. Mit etwas Übung können mit Hilfe dieses Übersetzungsschlüssels auch italienische, französische oder holländische Wetterberichte verstanden werden. Zur Urlaubszeit senden manche Länder auch in englischer oder deutscher Sprache einen verkürzten Seewetterbericht, wie z. B. Jugoslawien oder Griechenland. Die genaueren Angaben hierüber können meistens den einschlägigen Handbüchern entnommen werden.

Vorhersagegebiete

1. Nordsee

N 1	Viking
N 2, N 3	Utsira (Utsira-Nord, Utsira-Süd)
N 4	Forties
N 5	Cromarty
N 6	Forth
N 7	Tyne
N 8	Dogger
N 9	Fisher
N 10	Deutsche Bucht (bei Bedarf Unterteilung)
N 11, N 12	Südwestliche Nordsee (Humber, Themse)
N 13	Dover (siehe auch 2. Atlantik, A 5)

2. Atlantik

A 1	Westlich Gibraltar
A 2	Portugiesische Küste
A 3	Finisterre
A 4	Biskaya
A 5	Engl. Kanal Ostteil (einschl. N 13 Dover)
A 6	Engl. Kanal Westteil
A 7	Südlich Irland
A 8	Irische See
A 9	Hebriden
A 10	Pentlands
A 11	Svinöy
A 12	Haltenbank
A 13	Lofoten
A 14	Malangen
A 15	Südwestliche Bäreninsel*
A 16	Spitzbergen
A 17	Nordkap
A 18	Nördlich Vardö
A 19	Skolpenbank-Nordtief
A 20	Shetlands
A 21	Färöer
A 22	Rosengarten
A 23	Island Südosten*
A 24	Island Südwesten*
A 25	Island Nordwesten*
A 26	Dohrnbank
A 27	Angmagssalik
A 28	Bille-Bank
A 29	Walloe-Bank
A 30	Nanortalik-Bank
A 31	Frederikshaab-Bank
A 32	Fyllas-Bank
A 33	Große Heilbutt/ Disko-Bank*

* bei Bedarf

3. Ostsee

B 1	Bottenwiek
B 2	Norra Kvarken
B 3	Bottensee
B 4	Åland-See und Åland-Inseln
B 5	Finnischer Meerbusen
B 6	Rigaischer Meerbusen
B 7	Nördliche Ostsee
B 8	Zentrale Ostsee
B 9	Südöstliche Ostsee
B 10	Südliche Ostsee
B 11	Westliche Ostsee
B 12	Belte und Sund
B 13	Kattegat
B 14	Skagerrak
B 15	Vänern-See

4. Mittelmeer

M 1	Golfe du Lion
M 2	Balearen
M 3	Ligurisches Meer
M 4	Westlich Korsika-Sardinien
M 5	Tyrrhenisches Meer
M 6	Adria
M 7	Ionisches Meer
M 8	Biskaya

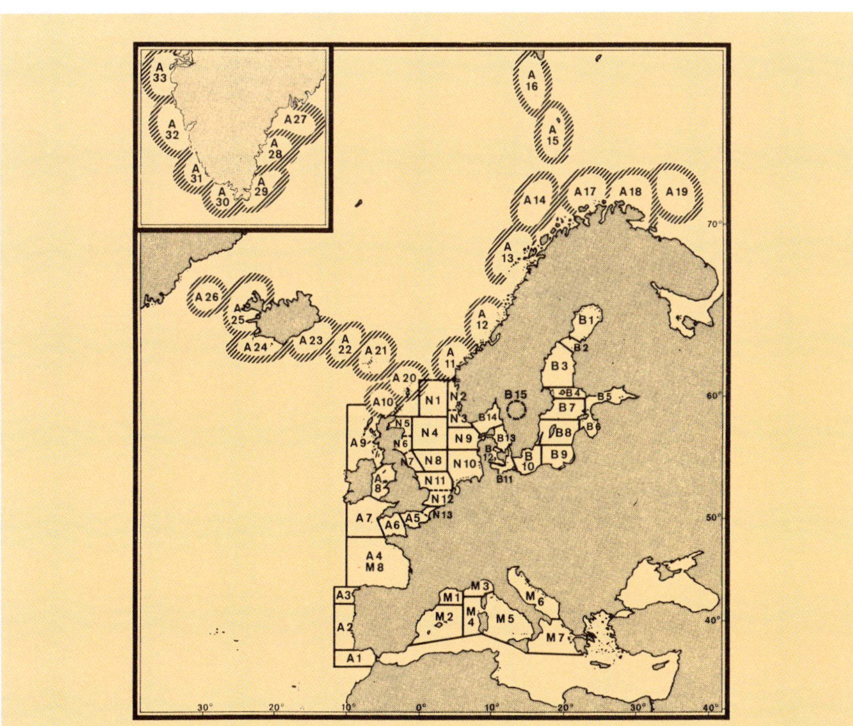

Ausschnitt aus dem Nautischen Funkdienst (NF III), Sprechfunk für Küstenschiffahrt bzw. dem Jachtfunkdienst.

Sturmwarndienst

Der Küstenfunk gibt auch die von den meteorologischen Stationen ausgegebenen Starkwind- und Sturmwarnungen durch. Von **Starkwind** spricht man in Deutschland bei 6 bis 7 Bft, von **Sturm** bei 8 Bft und mehr. Jede Sturmwarnung wird im Zusammenhang mit dem regelmäßigen Wetterbericht ausgestrahlt, aber auch sobald die Warnung von der Wetterwarte bei der Küstenfunkstelle eingeht *(nach Eingang)* und nach den *Funkstillen.* Auf der internationalen **Seenot- und Anruffrequenz** (2182 kHz) herrscht gemäß einer internationalen Vereinbarung drei Minuten nach jeder vollen und jeder halben Stunde Funkstille. Sie ist insbesondere für Warn- und Sicherheitsdurchsagen und auch für Notrufe gedacht. Außerdem wird die Sturmwarnung meistens über die Seenotfrequenz angekündigt.

Bundesrepublik Deutschland

4017 Kiel (DAO)

Gebiet (siehe Karte Nr. 4003):
a) B 11
b) B 7 bis B 14
c) N 10, Nord-Ostsee-Kanal und B 11

1. F/T-Dienst

In englischer Sprache

Frequenz: 470 kHz A 1 A (Ankdg auf 500 bzw. 512 kHz A 2 A, wenn 500 kHz durch Notverkehr belegt ist)

Sendezeit: nach Eingang und im Anschluß an die nächste Funkstille sowie 0830 1630 2030

Sendezeit, Inhalt:

nach Eingang, im Anschluß an die nächste Funkstille und 0830 1630 2030	Sturmwarnung für Gebiet a)
0830 2030 —	Starkwind- oder Sturmwarnung für Gebiet b) Wetterlage und deren Entwicklung für Gebiet b) Vorhersage für 12 Stunden für Gebiet a)
1630 — —	Eisbericht in englischer Sprache und nach dem Ostsee-Eisschlüssel (siehe Abschnitt C), eingeleitet durch „Eis Deutschland, Ice Germany"

2. R/T-Dienst

In deutscher Sprache (Sturmwarnung für B 11 und Eisbericht auch in englisch)

Frequenz: 2775 kHz J 3 E (Ankdg auf 2182 kHz)

Sendezeit: nach Eingang und im Anschluß an die nächste Funkstille sowie 0233 0633 0740 1033 1433 1833 1940 2233

Sendezeit, Inhalt:

nach Eingang, im Anschluß an die nächste Funkstille und 0233 0633 1033 1433 1833 oder 2233	Sturmwarnung für Gebiet b)
0740 1940	Starkwind- oder Sturmwarnung für Gebiet b) Stationsmeldungen* Wetterlage und deren Entwicklung für Gebiet b) Vorhersage für 12 Stunden und Aussicht für weitere 12 Stunden für Gebiet b)
1240 —	Eismeldung und Eisvorhersage für 48 bis 72 Stunden für Gebiet c)

* Stationsmeldungen von Skagen, Fornäs, Kullen, Kegnäs, Kiel-Holtenau, Puttgarden, Mön SE, F-Sch., Arkona, Bornholm, Visby, Hel, Mariehamn und Ristna

Wetter- und Eisbericht auf Ersuchen siehe Nr. 4001 F

Ausschnitt aus dem Nautischen Funkdienst (NF III), dem Sprechfunk für Küstenschiffahrt (SfK) bzw. dem Jachtfunkdienst.

5 Gesetze

KVR und SeeSchStrO Allgemeines

KVR und SeeSchStrO

Im deutschen Küstenbereich kommen zwei Verkehrsordnungen nebeneinander zur Anwendung:

- Die **Kollisionsverhütungsregeln** (KVR)* haben internationalen Charakter. Sie gelten auf hoher See und den mit dieser zusammenhängenden, von Seeschiffen befahrbaren Gewässern.
- Die **Seeschiffahrtsstraßen-Ordnung** (SeeSchStrO) ist eine nationale Vorschrift. Sie gilt nur auf den Seeschiffahrtsstraßen der Bundesrepublik, also innerhalb der deutschen Hoheitsgewässer, deren seewärtige Grenze in einigen Seekarten eingetragen ist, z. B. in der D 50.

Darüber hinaus müssen in manchen Häfen noch **örtliche Hafenvorschriften** berücksichtigt werden.
Die SeeSchStrO ist eine ergänzende Vorschrift zu den KVR; ebenso ergänzen die örtlichen Hafenvorschriften die SeeSchStrO, indem sie die besonderen Gegebenheiten der Häfen berücksichtigen. Deshalb gelten grundsätzlich alle diese Verordnungen nebeneinander. Erst wenn Vorschriften einander widersprechen, ist allein die speziellere Regelung anzuwenden: also Hafenvorschriften vor der SeeSchStrO; und die SeeSchStrO vor den KVR.

* Die bisherige Kurzbezeichnung „Seestraßenordnung (SeeStrO)" für die „Internationalen Regeln von 1972 zur Verhütung von Zusammenstößen auf See" wird mit Wirkung vom 19.11.89 durch die Kurzbezeichnung „Kollisionsverhütungsregeln (KVR)" ersetzt.

Allgemeine Definitionen

Die KVR und die SeeSchStrO enthalten einige für uns wichtige Begriffsbestimmungen:

- Der Ausdruck **Maschinenfahrzeug** bezeichnet ein Fahrzeug mit Maschinenkraft.
- Der Ausdruck **Segelfahrzeug** bezeichnet ein Fahrzeug unter Segel, dessen Maschinenantrieb, falls vorhanden, nicht benutzt wird. Ein Segelfahrzeug, dessen Maschinenantrieb benutzt wird, gilt also als Maschinenfahrzeug und muß dann die Vorschriften für Maschinenfahrzeuge befolgen.
- Ein Fahrzeug befindet sich **in Fahrt,** wenn es weder vor Anker liegt noch an Land festgemacht ist noch auf Grund sitzt; man sagt auch, wenn es nicht landfest ist.
- Unter **verminderter Sicht** versteht man jeden Zustand, bei dem die Sicht durch Nebel, dickes Wetter, Schneefall, heftige Regengüsse, Sandstürme oder ähnliche Ursachen eingeschränkt ist.
- Zwei Fahrzeuge haben einander in **Sicht,** wenn jedes vom anderen optisch wahrgenommen werden kann.
- **Am Tage** bezeichnet den Zeitraum zwischen Sonnenaufgang und Sonnenuntergang.
- **Bei Nacht** bezeichnet den Zeitraum zwischen Sonnenuntergang und Sonnenaufgang.
- Ein **kurzer Ton** hat eine Dauer von etwa einer Sekunde.
- Ein **langer Ton** hat eine Dauer von 4 bis 6 Sekunden.

Signalkörper

Sie sind schwarz und tagsüber zu führen. Man unterscheidet (Abb. A):

- Ball
- Kegel
- Zylinder
- Rhombus (Doppelkegel)
- Stundenglas.

Ihr Durchmesser und ihre Höhe sollen nicht kleiner als 60 cm sein, die Höhe des Zylinders und des Rhombus nicht kleiner als 1,20 m. Doch dürfen Fahrzeuge unter 20 m Länge kleinere, der Fahrzeuggröße entsprechende Signalkörper verwenden.

Die grünen Flächen geben die Seeschiffahrtsstraßen wieder, wo die KVR und die SeeSchStrO gelten. Außerhalb davon gelten allein die KVR.

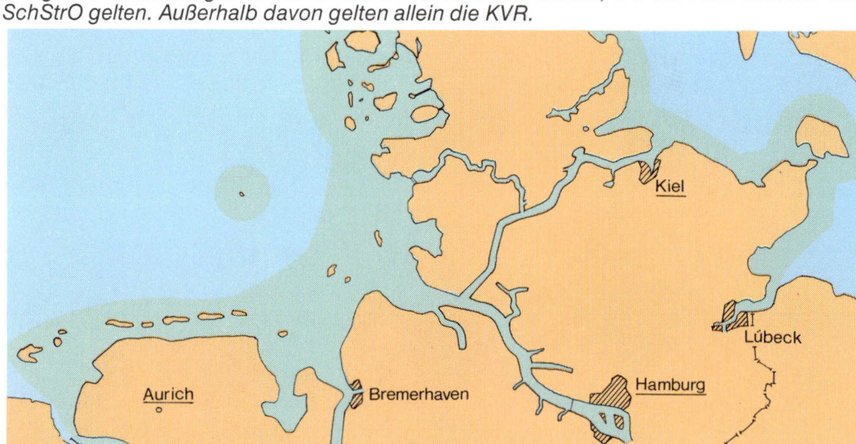

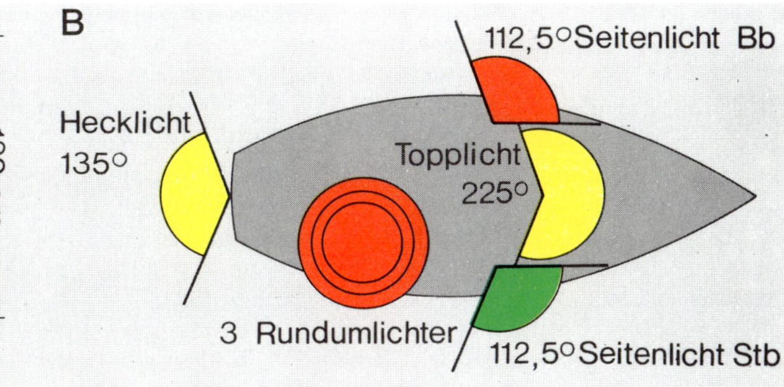

Lichter

Die vorgeschriebenen Lichter sind nachts zu führen und bei verminderter Sicht auch tagsüber. Man unterscheidet (Abb. B):

- **Rundumlicht**
  Es ist über den ganzen Horizontbogen sichtbar, d. h. es überstrahlt einen Vollkreis von 360°.
- **Topplicht**
  Es scheint über einen Horizontbogen von 225°, und zwar nach jeder Seite von recht voraus bis 22,5° achterlicher als querab.
  Es ist immer weiß.
- **Seitenlichter**
  Sie strahlen über einen Horizontbogen von jeweils 112,5°, und zwar entweder nach Stb oder nach Bb von recht voraus bis 22,5° achterlicher als querab. Beide Seitenlichter überstrahlen also gemeinsam den Sektor des Topplichtes.
  Das Stb-Seitenlicht ist immer grün, das Bb-Seitenlicht immer rot.
- **Hecklicht**
  Das in Hecknähe angebrachte Hecklicht scheint über einen Horizontbogen von 135°, und zwar 67,5° von recht achteraus nach jeder Seite. Es ist stets weiß. Topplicht und Hecklicht überstrahlen also gemeinsam einen Vollkreis von 360°.
- **Schlepplicht**
  Das Schlepplicht entspricht dem Hecklicht, doch ist es immer gelb.
- **Funkellicht**
  Dies ist ein Licht mit 120 oder mehr regelmäßigen Lichterscheinungen in der Minute, die über den ganzen Horizontbogen sichtbar sind.

Bei der Benutzung von Laternen, Leuchten und Scheinwerfern ist darauf zu achten, daß sie nicht mit den vorgeschriebenen Lichtern verwechselt werden können.
Die Mindesttragweite der vorgeschriebenen Lichter auf Fahrzeugen unter 12 m Länge beträgt 2 sm, ausgenommen die Seitenlichter = 1 sm. Auf Fahrzeugen zwischen 12 und 20 m Länge muß das Topplicht 3 sm weit tragen und auf Fahrzeugen zwischen 20 und 50 m Länge 5 sm weit (alle anderen Lichter 2 sm).

Schallsignale

Man unterscheidet Schallsignale für Fahrzeuge in Sicht und bei verminderter Sicht. Sie werden mit der Pfeife gegeben; in den KVR verwenden nur Ankerlieger und Grundsitzer Glocken- und Gongsignale. Jedes Fahrzeug muß deshalb mit einer Pfeife und einer Glocke ausgerüstet sein; doch dürfen Fahrzeuge unter 12 m Länge andere Instrumente verwenden, die kräftige Schallsignale geben können.
Bei verminderter Sicht muß die Fahrgeschwindigkeit den Sichtverhältnissen angepaßt werden. Außerdem sind die vorgeschriebenen Lichter zu führen und Nebelsignale zu geben. Hören wir Nebelsignale anderer Fahrzeuge vorlicher als querab, so müssen wir eventuell unsere Fahrgeschwindigkeit so weit verringern, daß unser Boot gerade noch steuerfähig bleibt, oder stoppen, bis die Gefahr eines Zusammenstoßes vorüber ist.

Darstellung der Schallsignale

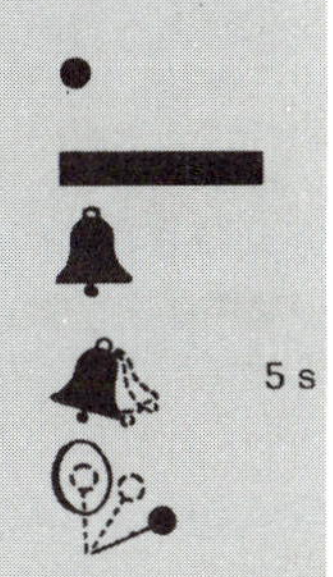

1 kurzer Ton
1 langer Ton
Glockenschlag
Rasches Läuten mit der Glocke
Gongschlag

KVR

Maschinenfahrzeug < 50 m

Maschinenfahrzeug > 50 m

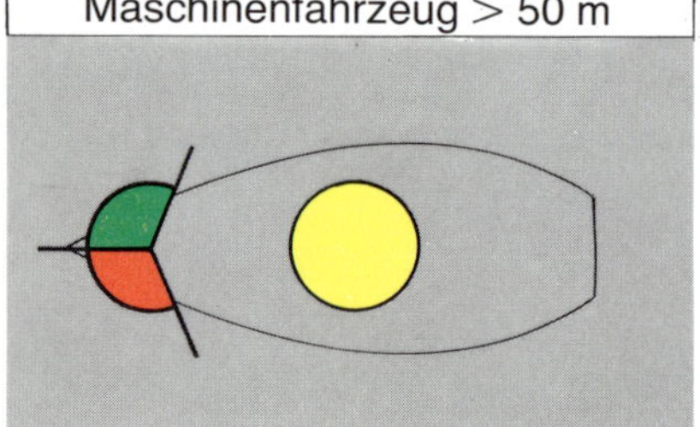

Maschinenfahrzeug < 12 m

Maschinenfahrzeug

Ein Maschinenfahrzeug in Fahrt führt

- ein Topplicht (weiß/225°) im vorderen Teil,
- ein zweites Topplicht (weiß/225°) achterlicher und höher als das vordere (ein Fahrzeug von weniger als 50 m Länge braucht dieses Licht nicht zu führen),
- Seitenlichter (rot, grün/112,5°),
- ein Hecklicht (weiß/135°).

Beachte: Der waagerechte Abstand zwischen beiden Topplichtern entspricht mindestens der halben Fahrzeuglänge.

Auf einem **Maschinenfahrzeug unter 20 m, jedoch von wenigstens 12 m Länge** muß

- das Topplicht mindestens 2,50 m über dem Schandeck (= oberste und äußerste durchgehende Decksplanke) angebracht sein.

Außerdem dürfen Fahrzeuge unter 20 m Länge

- die Seitenlichter in einer Zweifarbenlaterne führen.

Ein **Maschinenfahrzeug unter 12 m Länge** darf anstelle der vorgeschriebenen Lichter

- ein Topplicht (weiß/225°) mindestens 1 m über den Seitenlichtern
- Seitenlichter (rot, grün/112,5°) in einer Zweifarbenlaterne
- ein Hecklicht (weiß/135°)

oder

- ein Rundumlicht (weiß/360°) mindestens 1 m über den Seitenlichtern anstelle des Topplichtes und des Hecklichtes
- Seitenlichter (rot, grün/112,5°) in einer Zweifarbenlaterne führen.

Ein **Maschinenfahrzeug unter 7 m Länge,** dessen Höchstgeschwindigkeit 7 kn nicht übersteigt, darf anstelle der vorgeschriebenen Lichter

- ein weißes Rundumlicht führen, und muß, wenn möglich, außerdem führen
- Seitenlichter (rot, grün/112,5°).

Ergänzung durch die SeeSchStrO
Kann ein Maschinenfahrzeug unter 7 m Länge mit einer Höchstgeschwindigkeit bis zu 7 kn auch dieses weiße Rundumlicht nicht führen, so darf es nachts und bei verminderter Sicht nicht fahren – es sei denn, es liegt ein Notstand vor. Für diesen Fall ist eine elektrische Leuchte oder eine Laterne mit weißem Licht ständig mitzuführen; sie ist bei einem Notstand gebrauchsfertig zur Hand zu halten und rechtzeitig zu zeigen, um einen Zusammenstoß zu verhüten.

Ein **Luftkissenfahrzeug** führt zusätzlich zu den Lichtern eines Maschinenfahrzeuges

- ein gelbes Funkellicht über dem Topplicht.

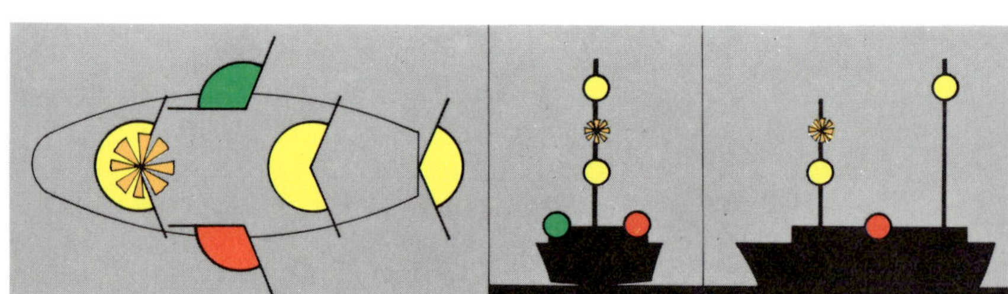

Luftkissenfahrzeug

Schleppverband

KVR

Mit einem Anhang bis zu 200 m Länge führt der Schlepper

- 2 Topplichter übereinander (weiß/225°),
- Seitenlichter (rot, grün/112,5°),
- ein Hecklicht (weiß/135°),
- senkrecht darüber ein Schlepplicht (gelb/135°).

Die geschleppten Fahrzeuge führen

- Seitenlichter (rot, grün/112,5°),
- ein Hecklicht (weiß/135°).

Tagsüber keine Tagzeichen!

Mit einem Anhang von mehr als 200 m Länge führt der Schlepper

- 3 Topplichter übereinander (weiß/225°),
- Seitenlichter (rot, grün/112,5°),
- ein Hecklicht (weiß/135°),
- senkrecht darüber ein Schlepplicht (gelb/135°).

Die geschleppten Fahrzeuge führen

- Seitenlichter (rot, grün/112,5°),
- ein Hecklicht (weiß/135°).

Ist der Anhang länger als 200 m, so führen **tagsüber** der Schlepper und jedes geschleppte Fahrzeug

- einen Rhombus.

Sind das schleppende Fahrzeug und sein Anhang **erheblich behindert, vom Kurs abzuweichen,** so führt der Schlepper **zusätzlich** drei Rundumlichter übereinander, das obere und untere rot, das mittlere weiß.

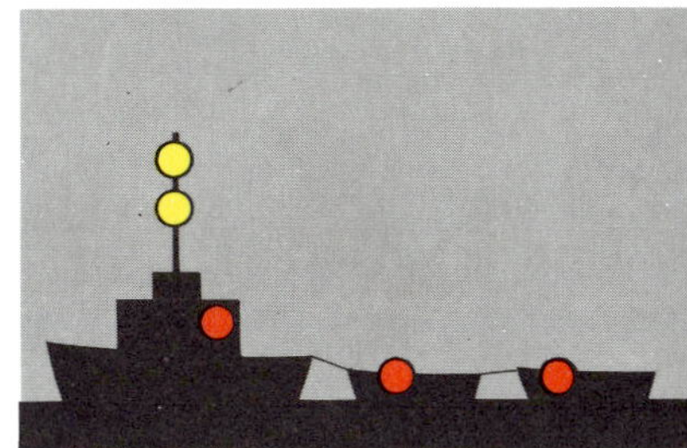

Schleppanhang < 200 m

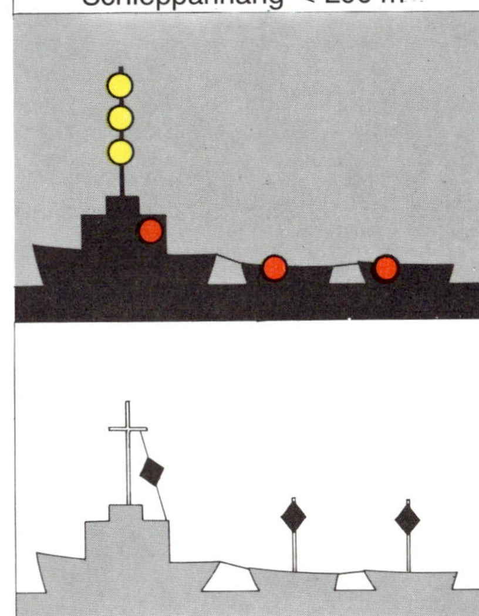

Schleppanhang > 200 m

Beachte:
Die Länge des Schleppanhanges wird vom Heck des schleppenden Fahrzeuges bis zum äußersten Ende des Schleppverbandes gemessen.

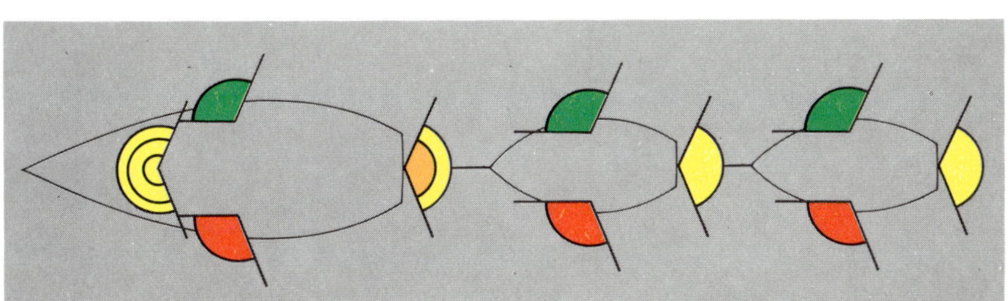

Schleppanhang > 200 m

KVR

Segelfahrzeug

oder

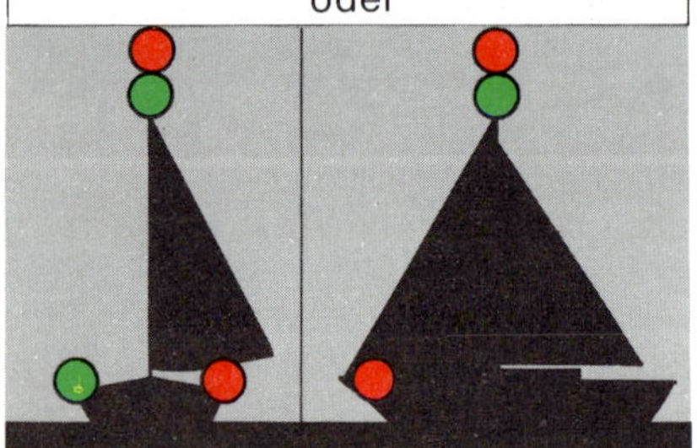

Segelfahrzeug

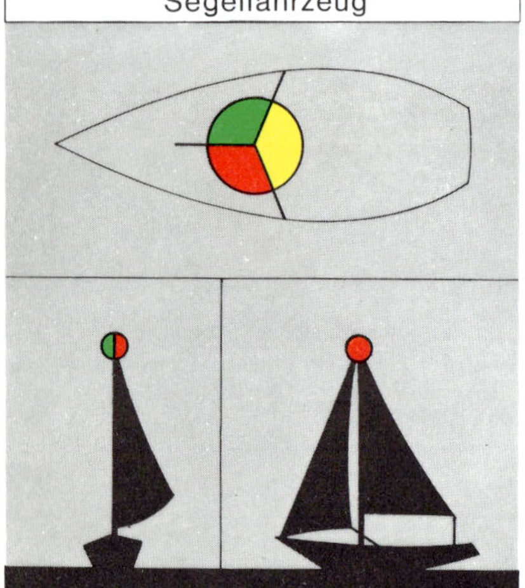

Segelfahrzeug < 20 m

Ein Segelfahrzeug führt nachts
- Seitenlichter (rot, grün/112,5°),
- ein Hecklicht (weiß/135°).

Fahrzeuge unter 20 m Länge dürfen
- die Seitenlichter in einer Zweifarbenlaterne führen.

Es darf freiwillig
- zusätzlich zwei Rundumlichter übereinander, das obere rot und das untere grün, führen.

Ein Segelfahrzeug unter 20 m Länge darf an Stelle der Seitenlichter und des Hecklichtes
- eine Dreifarbenlaterne im Topp führen.

Ein Fahrzeug unter Segel, das gleichzeitig mit Maschinenkraft fährt, gilt als Maschinenfahrzeug. Es hat dann zu führen
- tags: einen Kegel – Spitze unten – auf dem Vorschiff,
- nachts: ein Topplicht, Seitenlichter und ein Hecklicht (also die Lichter eines Maschinenfahrzeugs).

Ein Segelfahrzeug unter 7 m Länge sowie ein Ruderfahrzeug sollen möglichst die für Segelfahrzeuge vorgeschriebenen Lichter führen. Ist dies nicht möglich, müssen sie
- eine elektrische Lampe oder eine angezündete Laterne mit weißem Licht gebrauchsfertig zur Hand halten.

Ergänzung durch die SeeSchStrO

Segelfahrzeuge unter 12 m Länge sowie Ruderfahrzeuge, die die von den KVR vorgeschriebenen Lichter auf Grund ihrer Bauart nicht führen können, müssen
- ein festes weißes Rundumlicht im Topp führen.

Können sie auch dieses weiße Rundumlicht nicht führen, so dürfen sie nachts und bei verminderter Sicht nicht fahren – es sei denn, es liegt ein Notstand vor.
Für diesen Fall ist eine elektrische Leuchte oder eine Laterne mit weißem Licht ständig mitzuführen; sie ist bei einem Notstand gebrauchsfertig zur Hand zu halten und rechtzeitig zu zeigen, um einen Zusammenstoß zu verhüten.

Ruderboot oder Segelfahrzeug<7m

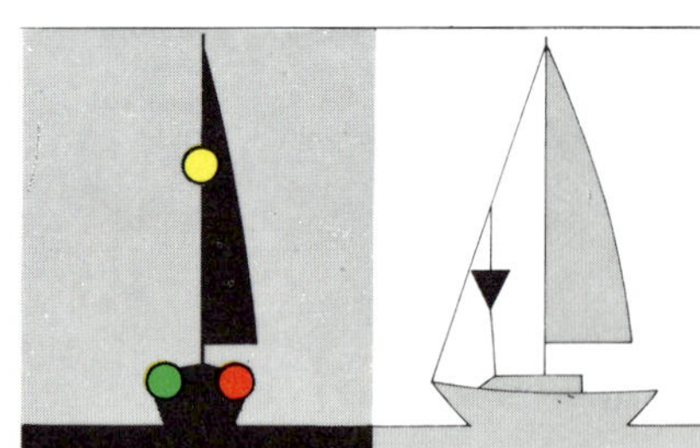

Fahrzeug unter Segel und Motor

Fischereifahrzeuge

KVR

Trawlender Fischer

Trawler sind Fahrzeuge, die mit einem Schleppnetz oder einem anderen geschleppten Fanggerät fischen.

Er führt nachts

- zwei Rundumlichter übereinander, das obere grün und das untere weiß,
- freiwillig ein Topplicht (weiß/225°) achterlicher und höher als das grüne Rundumlicht. Bei 50 m Länge und mehr muß das Topplicht geführt werden.

Bei Fahrt durchs Wasser führt er zusätzlich

- Seitenlichter (rot, grün/112,5°),
- ein Hecklicht (weiß/135°).

Er führt tags

- ein schwarzes Stundenglas. Ist das Fahrzeug kürzer als 20 m, so kann es statt dessen auch einen vorgeheißten Korb zeigen.

Nichttrawlender Fischer

Ein nicht trawlender Fischer fischt mit Treibnetzen oder Ringwaden.

Er führt nachts

- zwei Rundumlichter übereinander, das obere rot und das untere weiß,
- bei ausgebrachtem Fanggerät, das waagerecht mehr als 150 m ins Wasser reicht, ein weißes Rundumlicht in Richtung des Fanggeräts.

Bei Fahrt durchs Wasser führt er zusätzlich

- Seitenlichter (rot, grün/112,5°),
- ein Hecklicht (weiß/135°).

Er führt tags

- ein schwarzes Stundenglas. Ist das Fahrzeug kürzer als 20 m, so kann es statt dessen auch einen vorgeheißten Korb zeigen,
- falls ein Fanggerät weiter als 150 m waagerecht ins Wasser ausgebracht ist, in Richtung dieses Gerätes einen schwarzen Kegel (Spitze nach oben).

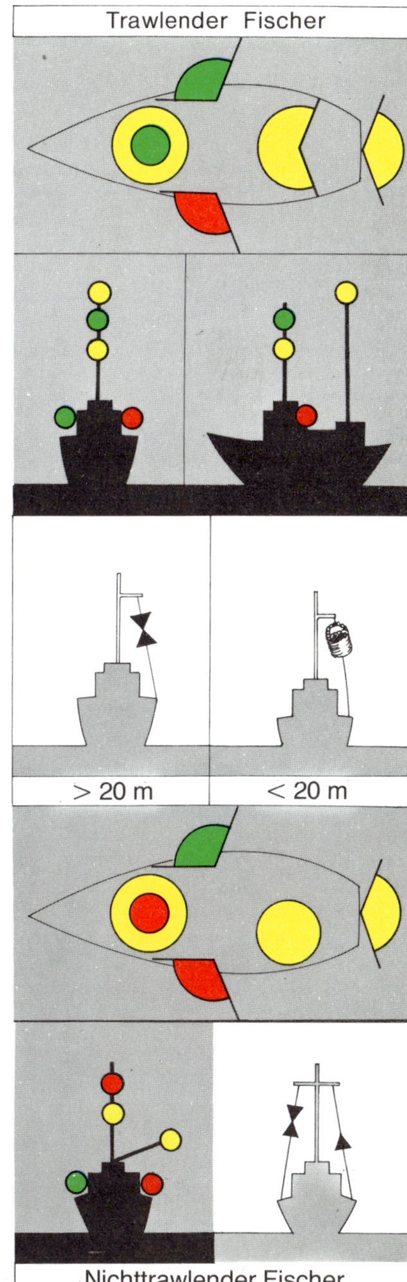

KVR

Manövrierunfähig und -behindert

Manövrierunfähiges Fahrzeug

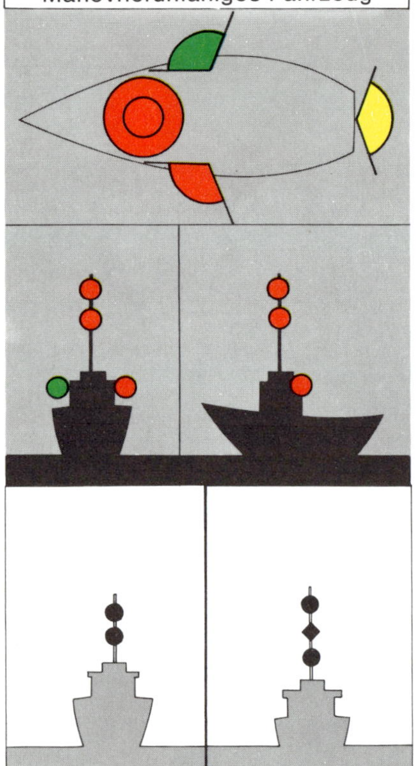

Manövrierbehindertes Fahrzeug

Manövrierunfähiges Fahrzeug

Ein manövrier**unfähiges** Fahrzeug kann wegen außergewöhnlicher Umstände (z. B. wegen einer Havarie) die Fahr- und Ausweichregeln nicht befolgen. Maschinen- und Segelfahrzeuge müssen ihm deshalb **stets ausweichen.**

Es führt nachts

- zwei rote Rundumlichter übereinander.

Bei Fahrt durchs Wasser führt es zusätzlich

- Seitenlichter (rot, grün/112,5°),
- ein Hecklicht (weiß/135°).

Es führt tags

- zwei schwarze Bälle oder ähnliche Signalkörper übereinander.

Beachte: Fahrzeuge unter 12 m Länge brauchen die Rundumlichter und Bälle auf den Seeschiffahrtstraßen nicht zu führen.

Manövrierbehindertes Fahrzeug

Ein manövrier**behindertes** Fahrzeug ist durch die Art seines Einsatzes behindert, die Fahr- und Ausweichregeln zu befolgen. Wir müssen ihm deshalb **stets ausweichen.**
Manövrierbehindert sind u. a. Kabelleger, Bagger, Vermessungs- und Seezeichenfahrzeuge sowie Fahrzeuge, die Unterwasserarbeiten ausüben.

Es führt nachts

- drei Rundumlichter übereinander; das obere und untere sind rot, das mittlere ist weiß.

Bei Fahrt durchs Wasser führt es zusätzlich

- ein Topplicht (weiß/225°) bzw. zwei Topplichter bei 50 m Länge und mehr,
- Seitenlichter (rot, grün/112,5°),
- ein Hecklicht (weiß/135°).

Es führt tags

- drei schwarze Signalkörper übereinander; der obere und untere sind Bälle, der mittlere ist ein Rhombus.

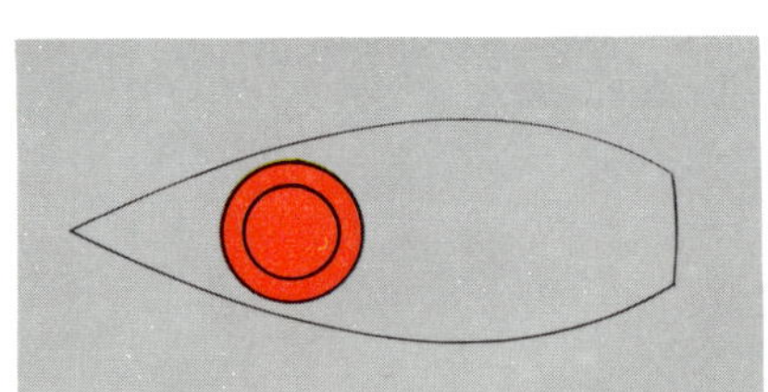

ohne FdW

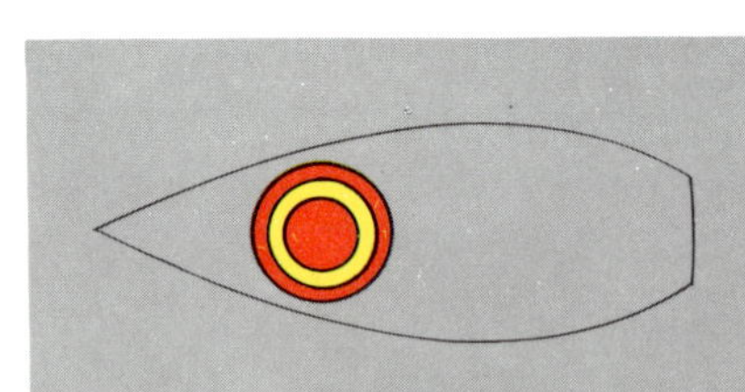

ohne FdW

KVR

Bagger etc.

Ein manövrierbehindertes Fahrzeug, das **baggert oder Unterwasserarbeiten ausführt,** führt bei Behinderung nachts
- drei Rundumlichter übereinander; das obere und untere sind rot, das mittlere ist weiß;
- zwei rote Rundumlichter übereinander, die die Seite der Behinderung anzeigen,
- zwei grüne Rundumlichter übereinander, die die Passierseite für andere Fahrzeuge anzeigen.

Bei Fahrt durchs Wasser führt es zusätzlich Topplichter, Seitenlichter und ein Hecklicht.

Tagsüber führt es
- drei Signalkörper übereinander, der obere und untere sind Bälle, der mittlere ist ein Rhombus,
- zwei Bälle übereinander, die die Seite der Behinderung anzeigen,
- zwei Rhomben übereinander, die die Passierseite für andere Fahrzeuge anzeigen.

Taucherarbeiten

Ein kleines Fahrzeug bei Taucherarbeiten führt nachts
- drei Rundumlichter übereinander; das obere und untere sind rot, das mittlere ist weiß.

Tagsüber führt es
- die Flagge „A" des Internationalen Signalbuches. Sie bedeutet: „Ich habe Taucher unten. Halten Sie bei langsamer Fahrt gut frei von mir!"

Fahrzeug beim Minenräumen

Ein Minenräumer führt zusätzlich zu den Lichtern eines Maschinenfahrzeugs nachts
- drei grüne Rundumlichter, eins davon am Vormasttopp, die beiden anderen an den Enden der vorderen Rah.

Tagsüber führt er
- an Stelle der grünen Rundumlichter je einen Ball.

Diese Lichter oder Signalkörper zeigen an, daß es gefährlich ist, sich dem Fahrzeug auf weniger als 1000 m zu nähern.

Bagger etc. ohne FdW

Minenräumer

KVR

Tiefgangbehindert, Lotsenfahrzeug

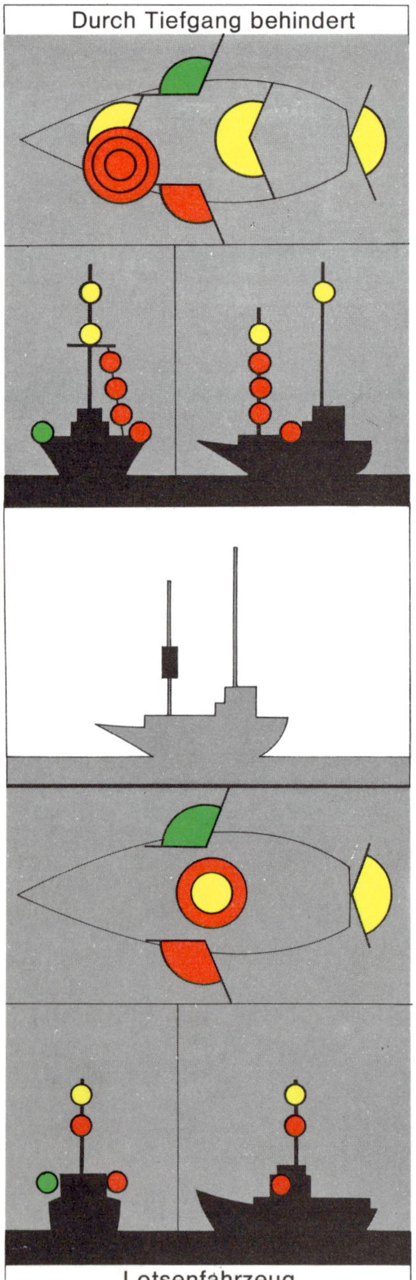

Ein tiefgangbehindertes Fahrzeug ist durch seinen Tiefgang im Verhältnis zur vorhandenen Tiefe und Breite des befahrbaren Gewässers erheblich behindert, von seinem Kurs abzuweichen.
Wir dürfen deshalb die sichere Durchfahrt eines tiefgangbehinderten Fahrzeuges nicht behindern.

Es führt nachts
- ein Topplicht (weiß/225°) bzw. zwei Topplichter bei 50 m Länge und mehr,
- drei rote Rundumlichter senkrecht übereinander,
- Seitenlichter (rot, grün/112,5°),
  - ein Hecklicht (weiß/135°).

Tagsüber führt es
- einen schwarzen Zylinder.

Ein Lotsenfahrzeug im Dienst führt nachts
- zwei Rundumlichter übereinander, das obere weiß, das untere rot.

In Fahrt führt es zusätzlich
- Seitenlichter (rot, grün/112,5°),
- ein Hecklicht (weiß/135°).

Vor Anker führt es zusätzlich zu den Rundumlichtern die Ankerlichter oder den Ankerball.

Ankerlieger und Grundsitzer

KVR

Nachts führt ein vor Anker liegendes Fahrzeug unter 50 m Länge:
- ein weißes Rundumlicht im vorderen Teil;

von 50 m Länge oder mehr:
- zusätzlich ein zweites weißes Rundumlicht in der Nähe des Hecks, aber niedriger als das erste Licht.

Ist der Ankerlieger mindestens 100 m lang, muß er zusätzlich die **Deckslichter** einschalten; unter 100 m Länge darf er sie einschalten.

Tags führt ein vor Anker liegendes Fahrzeug:
- einen schwarzen Ball im vorderen Teil.

Nachts führt ein auf Grund sitzendes Fahrzeug unter 50 m Länge:
- ein weißes Rundumlicht im vorderen Teil,
- zwei rote Rundumlichter senkrecht übereinander;

von 50 m Länge oder mehr:
- zusätzlich ein zweites weißes Rundumlicht in der Nähe des Hecks, aber niedriger als das erste Licht.

Tags führt ein auf Grund sitzendes Fahrzeug:
- drei schwarze Bälle senkrecht übereinander.

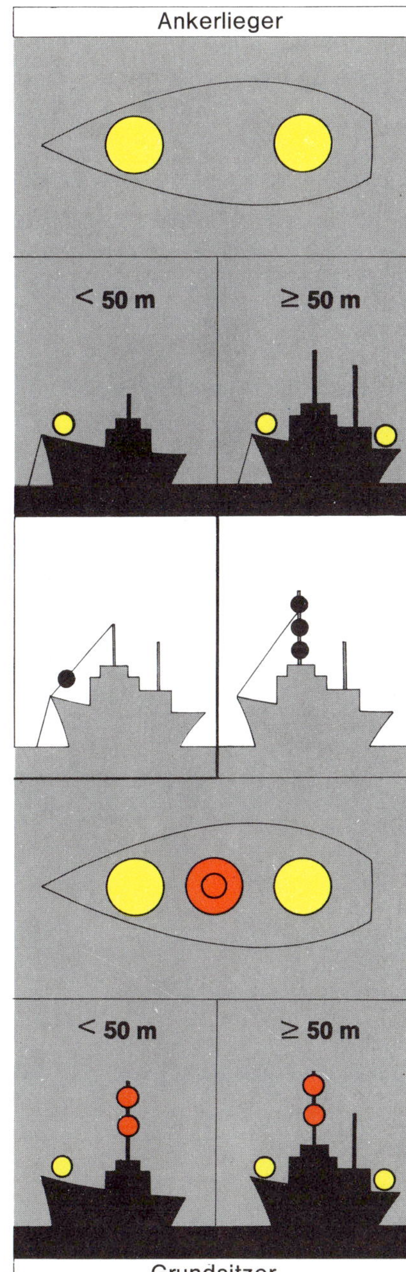

KVR Fahrregeln

Fahrgeschwindigkeit

Wir müssen jederzeit mit einer sicheren Geschwindigkeit fahren, so daß wir rechtzeitig zum Stehen kommen können, um einen Zusammenstoß zu vermeiden. Bei verminderter Sicht müssen wir also unsere Geschwindigkeit entsprechend verringern. Unter Umständen (wenn wir Nebelsignale anderer Fahrzeuge vorlicher als querab hören) dürfen wir nur so schnell laufen, daß unser Fahrzeug gerade noch steuerfähig ist.

Enge Fahrwasser

In engen Fahrwassern gelten besondere Regeln. Wir müssen uns nahe am äußeren Rand des Fahrwassers halten und möglichst vermeiden zu ankern. Das Überholen ist nur erlaubt, wenn das zu überholende Fahrzeug durch Abgabe der vorgeschriebenen Schallsignale mitwirkt (vgl. S. 170). Beim Queren eines engen Fahrwassers dürfen wir kein auf die Fahrrinne angewiesenes Fahrzeug behindern.
Allgemein gilt, daß **Fahrzeuge unter 20 m Länge und alle Segelfahrzeuge** die Durchfahrt von Fahrzeugen, die nur innerhalb des engen Fahrwassers sicher fahren können, nicht behindern dürfen.
Beachte, daß alle Fahrwasser der deutschen Seeschiffahrtsstraßen (vgl. S. 173) als enge Fahrwasser im Sinn dieser Vorschrift gelten.

Verkehrstrennungsgebiete

In sehr dicht befahrenen Gewässern werden oft Verkehrstrennungsgebiete festgelegt. Dies sind zwei durch eine Trennzone oder Trennlinie geteilte Schiffahrtswege, auf denen der Hauptverkehr autobahnähnlich abläuft: Jedes Fahrzeug, das das Verkehrstrennungsgebiet benutzt, darf auf dem jeweiligen Einbahnweg nur rechts der Trennlinie oder Trennzone möglichst weit außen fahren. Die Trennzone darf von den Benutzern des Verkehrstrennungsgebietes nicht überfahren werden.
Fahrzeuge, die das Verkehrstrennungsgebiet nicht benutzen, müssen sich von diesem in möglichst großem Abstand halten. Das Queren von festgelegten Einbahnwegen muß soweit wie möglich vermieden werden. Sind wir jedoch zum Queren gezwungen, so muß dies möglichst mit der Kielrichtung im rechten Winkel zur allgemeinen Verkehrsrichtung geschehen. Auf jeden Fall darf ein Fahrzeug unter 20 m Länge oder ein Segelfahrzeug die sichere Durchfahrt eines Maschinenfahrzeuges auf dem Einbahnweg nicht behindern.
Der Kartenausschnitt unten zeigt, wie ein Verkehrstrennungsgebiet in der Seekarte dargestellt wird. Wir können genau die Trennzone und die allgemeinen Verkehrsrichtungen erkennen.

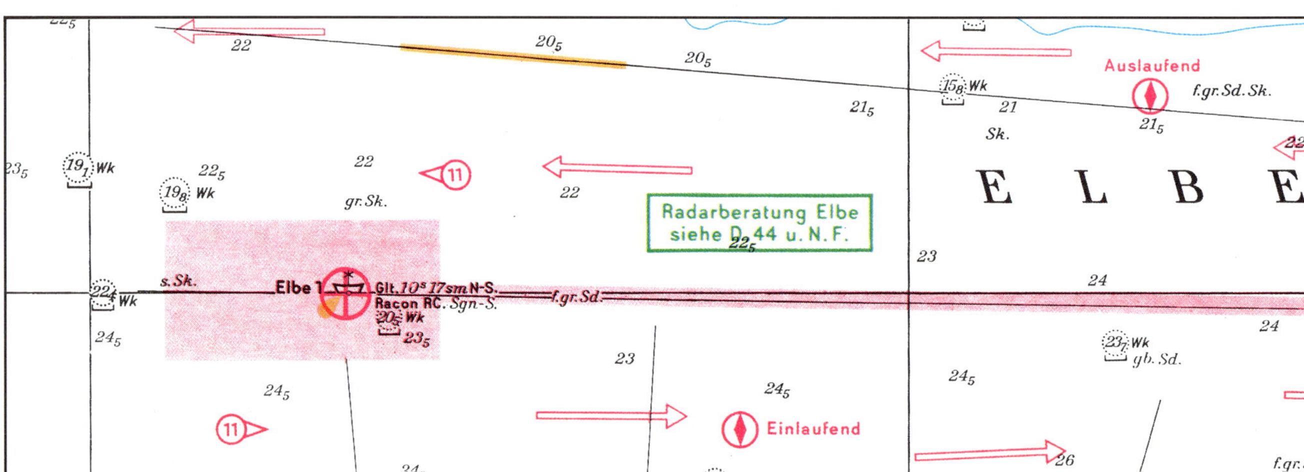

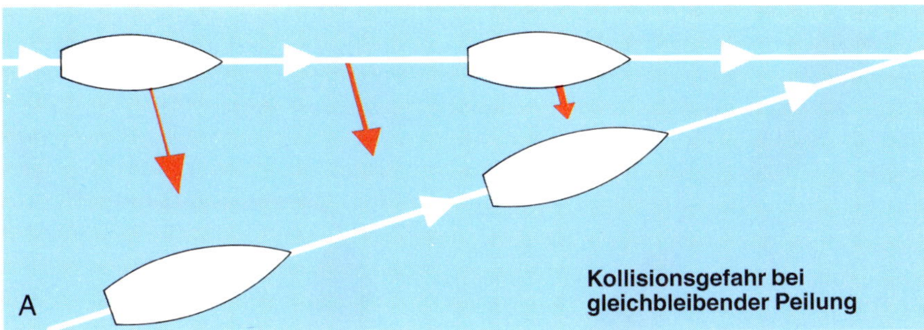

Manöver des letzten Augenblicks

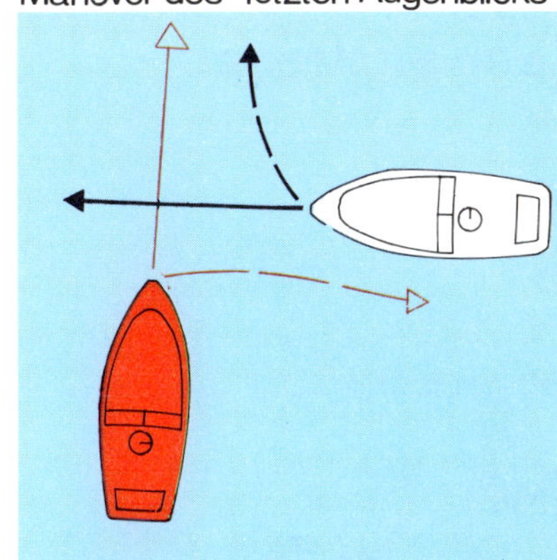

A. Motorfahrzeuge untereinander

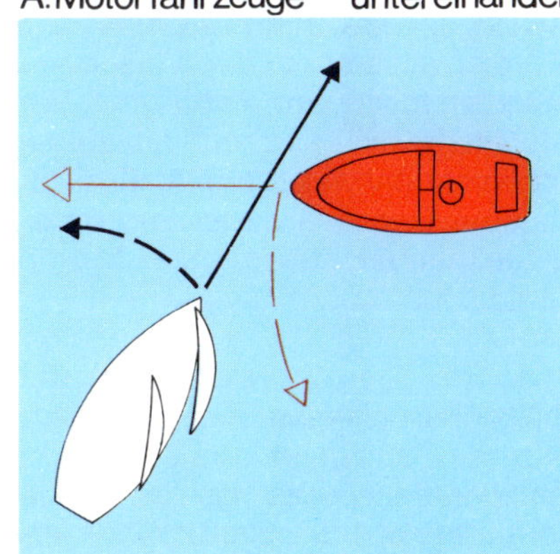

B. Segler und Motorfahrzeug

Gefahr eines Zusammenstoßes
Nähern sich zwei Fahrzeuge so, daß die Möglichkeit der Gefahr eines Zusammenstoßes besteht, so müssen sie die Fahr- und Ausweichregeln befolgen. Die Gefahr eines Zusammenstoßes besteht insbesondere dann, wenn sich ein Fahrzeug so nähert, daß wir es immer unter dem gleichen Winkel peilen, wenn also die „Peilung steht" (Abb. A).
Alle Ausweichmanöver müssen entschlossen, rechtzeitig und so ausgeführt werden, wie gute Seemannschaft es erfordert.

Ausweichpflicht
Wir unterscheiden zwischen Ausweichpflicht und Kurshaltepflicht. Das ausweichpflichtige Fahrzeug muß frühzeitig und entschlossen seine Ausweichmanöver einleiten; eine Folge nur geringer Kurs- oder Geschwindigkeitsänderungen ist also zu vermeiden. Beim Ausweichen sollte nicht der Bug des anderen Fahrzeuges gekreuzt, sondern dessen Heck passiert werden.

Kurshaltepflicht
Sind wir nicht ausweichpflichtig, so müssen wir Kurs und Geschwindigkeit beibehalten, um den Ausweichpflichtigen nicht zu irritieren. Glauben wir, daß der Kollisionsgegner seiner Ausweichpflicht nicht nachkommen wird, so können wir ihn durch mindestens 5 kurze, rasch aufeinanderfolgende Pfeifentöne *(„Ich mache auf Ihre Ausweichpflicht aufmerksam!")* auf seine Ausweichpflicht hinweisen. Sobald uns jedoch klar wird, daß das andere Fahrzeug seiner Ausweichpflicht nicht nachkommt, dürfen wir durch eigene Manöver einen Zusammenstoß vermeiden.

Manöver des letzten Augenblicks

Kommt trotz allem das andere Fahrzeug so nahe, daß es allein durch eigene Manöver einen Zusammenstoß nicht mehr vermeiden kann, muß der Kurshalter das *Manöver des letzten Augenblicks* ausführen und mit allen Mitteln einen Zusammenstoß zu verhindern suchen. Hierbei müssen wir stets in Fahrtrichtung des Kollisionsgegners abdrehen, um einen Zusammenstoß im letzten Moment noch zu vermeiden.

Das Manöver des letzten Augenblicks soll so ausgeführt werden, daß es selbst dann nicht zur Kollision kommen kann, wenn der Ausweichpflichtige im letzten Moment doch noch ausweichen sollte.
Dies geschieht bei Maschinenfahrzeugen untereinander durch Stb-Ruder (Abb. A).
Auf Segelfahrzeuge ist diese Regel jedoch nicht ohne weiteres übertragbar, da für sie andere Ausweichregeln gelten. So kann es für eine Segelyacht durchaus sinnvoll sein, ihren Kurs nach Bb zu ändern (Abb. B).

Grundregel: Drehe immer in Fahrtrichtung des Kollisionsgegners ab!

KVR Ausweichregeln

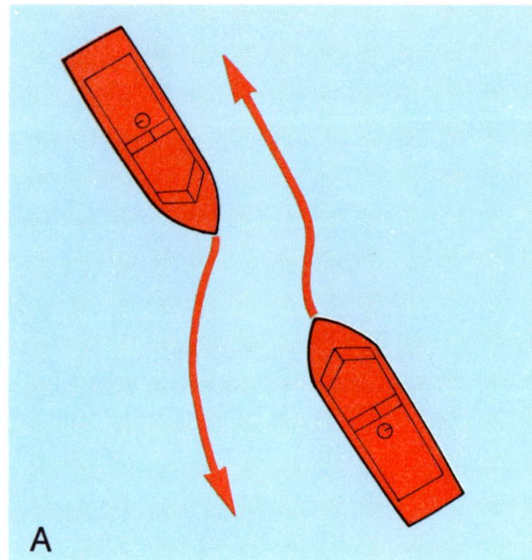

A

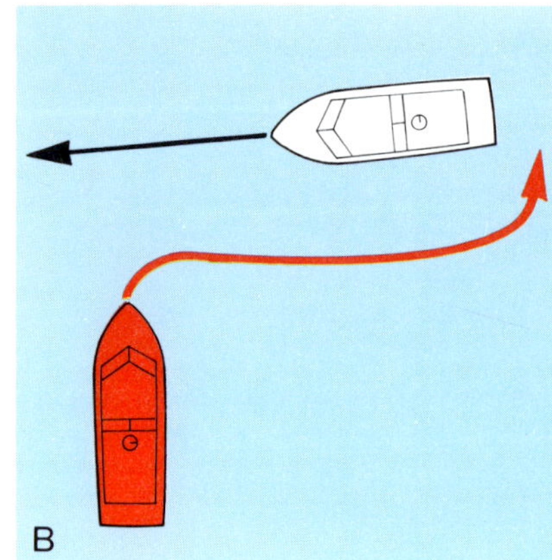

B

Die Ausweichregeln der KVR unterscheiden nach der Antriebsart der Fahrzeuge. Maschinenfahrzeuge untereinander weichen deshalb nach anderen Regeln aus als Segelfahrzeuge untereinander.

Beachte: Die Ausweichregeln der KVR gelten auf hoher See und außerhalb der Fahrwasser. Innerhalb der Fahrwasser werden sie durch die Vorfahrtregeln der SeeSchStrO ergänzt, vgl. S. 181.

Maschinenfahrzeuge untereinander

- **Entgegengesetzte Kurse** (Abb. A):

Nähern sich zwei Maschinenfahrzeuge auf (fast) entgegengesetzten Kursen so, daß Kollisionsgefahr besteht (etwa wenn beide Seitenlichter des entgegenkommenden Fahrzeuges sichtbar sind), muß jedes Fahrzeug seinen Kurs so nach Stb ändern, daß sie einander an Bb passieren (Zwangsruderregel).

- **Kreuzende Kurse** (Abb. B):

Kreuzen sich die Kurse zweier Maschinenfahrzeuge so, daß Kollisionsgefahr besteht, muß dasjenige ausweichen, welches das andere an seiner Stb-Seite hat (= „rechts vor links“).

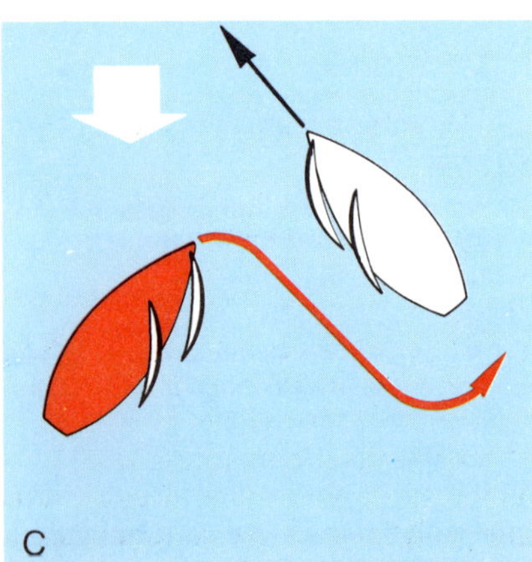

C

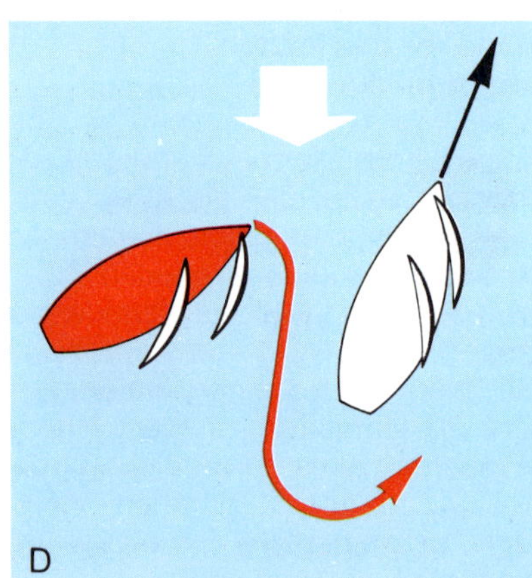

D

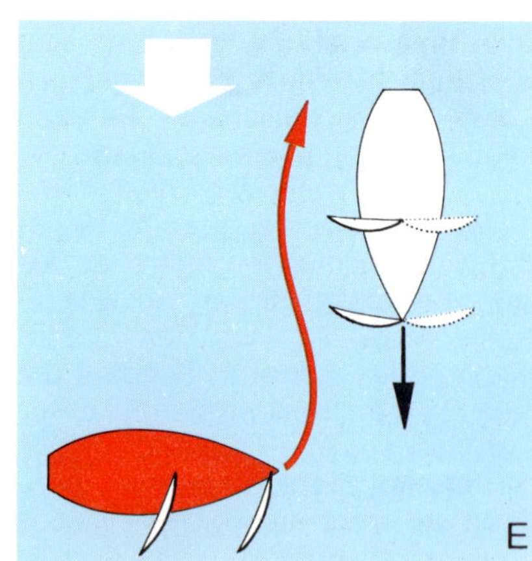

E

Segelfahrzeuge untereinander

● **Bb-Bug vor Stb-Bug** (Abb. C):
Haben zwei Segelfahrzeuge den Wind nicht von derselben Seite, so muß das Fahrzeug, das den Wind von Bb hat, dem anderen ausweichen.

● **Lee vor Luv** (Abb. D):
Haben zwei Segelfahrzeuge den Wind von derselben Seite, so muß das luvwärtige dem leewärtigen ausweichen.
Hierbei ist „Luv" die dem gesetzten Großsegel gegenüberliegende Seite und „Lee" die Seite, auf der das Großsegel gefahren wird.

● **Segler in Bb-Luv voraus** (Abb. E):
Kann ein Fahrzeug mit Wind von Bb nicht mit Sicherheit feststellen, ob ein sich von Luv näherndes Fahrzeug den Wind von Bb oder von Stb hat (etwa wenn es nachts ein grünes Licht an Bb voraus sichtet), muß es dem anderen ausweichen.

Nochmals: Ein Segelfahrzeug, dessen Maschinenantrieb benutzt wird, gilt als Maschinenfahrzeug und hat deshalb die Ausweichregeln für Maschinenfahrzeuge zu befolgen!

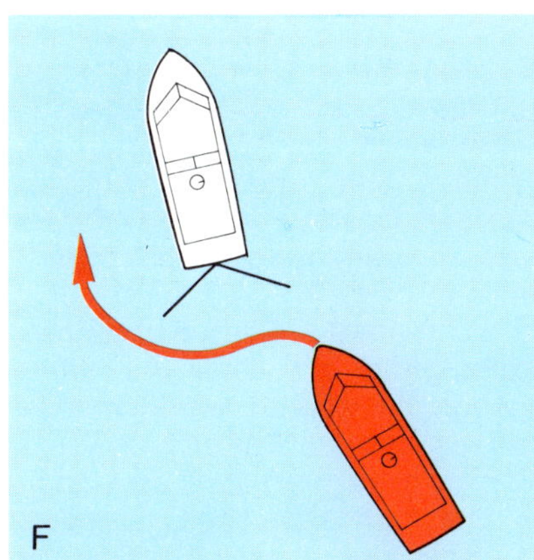

Überholregel (Abb. F)

Unabhängig von der Antriebsart muß jedes überholende Fahrzeug ausweichen. Als Überholer gilt, wer sich einem anderen Fahrzeug beim ersten Sichtkontakt aus dessen Hecklichtsektor nähert.
Dies gilt auch tagsüber. Doch ist es dann oft schwierig, zu erkennen, ob es sich um einen Überholvorgang oder um bloßes Begegnen auf kreuzenden Kursen handelt. Deshalb hat man im Zweifel davon auszugehen, daß man überholendes Fahrzeug ist und ausweichen muß.

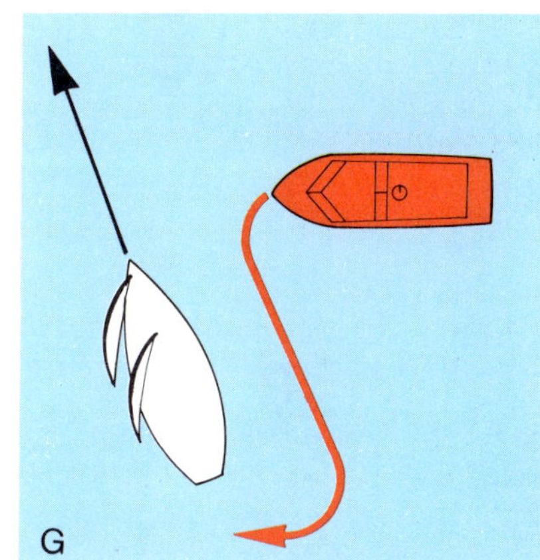

Verschiedene Fahrzeuge untereinander

Ein **Maschinenfahrzeug** muß ausweichen
- manövrierunfähigen und -behinderten Fahrzeugen,
- fischenden Fahrzeugen,
- Segelfahrzeugen (Abb. G).

Ein **Segelfahrzeug** muß ausweichen
- manövrierunfähigen und -behinderten Fahrzeugen,
- fischenden Fahrzeugen.

Außerdem dürfen sie die sichere Durchfahrt eines tiefgangbehinderten Fahrzeuges nicht behindern.

KVR

Maschinenfahrzeug (alle 2 min):

▬ mit FdW

▬ ▬ ohne FdW

Fischer, Schlepper, Segler, manövrierunfähige, -behinderte und tiefgangbehinderte Fahrzeuge sowie fischende und manövrierbehinderte Fahrzeuge vor Anker

▬ ● ● alle 2 min

Geschlepptes Fahrzeug:

▬ ● ● ● alle 2 min

Ankerlieger (jede min):

< 100 m Länge

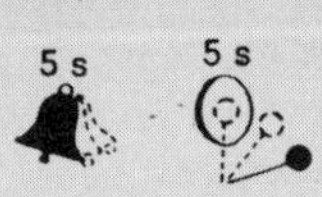

≥ 100 m Länge

● ▬ ● Warnsignal bei Annäherung

Grundsitzer (jede min):

< 100 m Länge

≥ 100 m Länge

Lotsenfahrzeug

● ● ● ● **zusätzlich**

Schallsignale

Man unterscheidet Schallsignale für Fahrzeuge in Sicht und bei verminderter Sicht. Sie werden mit der Pfeife gegeben; nur Ankerlieger und Grundsitzer verwenden Glocken- und Gongsignale.

Jedes Fahrzeug muß deshalb mit einer Pfeife und einer Glocke ausgerüstet sein; doch dürfen Fahrzeuge unter 12 m Länge andere Instrumente verwenden, die kräftige Schallsignale geben können.

Die Schallsignale **bei verminderter Sicht** (Nebel, Schneefall, heftige Regengüsse) sind links dargestellt. Fahrzeuge unter 12 m Länge brauchen diese Signale nicht zu geben, müssen dann aber mindestens alle 2 Minuten ein anderes kräftiges Schallsignal geben, das nicht mit den vorgeschriebenen verwechselt werden kann.

Die rechts dargestellten **Kursänderungssignale** brauchen nur dann gegeben zu werden, wenn manövriert wird, um die Ausweichregeln zu befolgen, nicht aber, wenn ein Manöver aus navigatorischen Gründen eingeleitet wird.

Darstellung der Schallsignale

1 kurzer Ton ●

1 langer Ton ▬

Glockenschlag 

Rasches Läuten mit der Glocke 

Gongschlag 

●
Kursänderung nach Stb

● ●
Kursänderung nach Bb

● ● ●
Maschine geht rückwärts

Überholen im engen Fahrwasser

▬ ▬ ●
„Ich will Sie an Stb überholen!“

▬ ▬ ● ●
„Ich will Sie an Bb überholen!“

▬ ● ▬ ●
„Ich bin einverstanden!“

Kurshaltersignal:

● ● ● ● ●
„Ich mache auf Ihre Ausweichpflicht aufmerksam!“

Vor Fahrwasserkrümmungen:

▬
„Achtung!“

Notsignale

KVR

Die nebenstehenden internationalen Seenotsignale sind in der SeeStrO aufgeführt. Sie dürfen nur gegeben werden,

- wenn Not und Notwendigkeit zur Hilfe vorliegt.

In anderen Fällen dürfen diese oder ähnliche Signale nicht gegeben werden, um unnötige und kostspielige Rettungsaktionen zu vermeiden.

Vor der Anwendung der einzelnen Signale sollten wir uns Gedanken über ihre Wirksamkeit machen: Das Flaggensignal NC dürfte kaum über weite Entfernungen erkannt werden. Für unsere Zwecke kommen vor allem die Feuerwerksignalmittel (pyrotechnische Signalmittel) in Frage. Leuchtkugeln und Handfackeln tragen tagsüber etwa 3 sm weit, nachts dagegen bereits 10 sm. Am günstigsten sind Fallschirmraketen, da sie höher steigen und langsamer fallen. Bei günstigen Bedingungen kann man sie bis zu 25 sm weit erkennen. Überlege immer, ob du überhaupt gesehen werden kannst – bevor du deine Signale sinnlos abfeuerst! Schieße zwei Signale kurz hintereinander ab, damit ein möglicher Beobachter jede Täuschung ausschließt!

Die einzelnen Signale

Kanonenschüsse oder andere Knallsignale in Zwischenräumen von ungefähr einer Minute.

Anhaltendes Ertönen eines Nebelsignalgerätes.

Raketen oder Leuchtkugeln mit roten Sternen einzeln in kurzen Zwischenräumen.

Das durch Telegraphiefunk oder eine andere Signalart gegebene Morsesignal *SOS* sowie das dazugehörige Alarmzeichen.

Das Sprechfunksignal aus dem Wort *Mayday* sowie das dazugehörige Alarmzeichen.

Das Notzeichen *NC* des Internationalen Signalbuches.

Ein Signal aus einer viereckigen Flagge, darüber oder darunter ein Ball oder etwas, das einem Ball ähnlich sieht.

Flammensignale auf dem Fahrzeug, z. B. brennende Teer- oder Öltonnen.

Rote Fallschirmleuchtrakete oder rote Handfackel.

Ein Rauchsignal mit orangefarbenem Rauch.

Langsames und wiederholtes Heben und Senken der nach beiden Seiten ausgestreckten Arme.

Ohne Abbildung:
Signale einer Seenotfunkboje.
Seewasserfärber.
Das Telegraphiefunk- und das Sprechfunk-Alarmzeichen.
Zugelassene Zeichen, die über Funksysteme übermittelt werden.

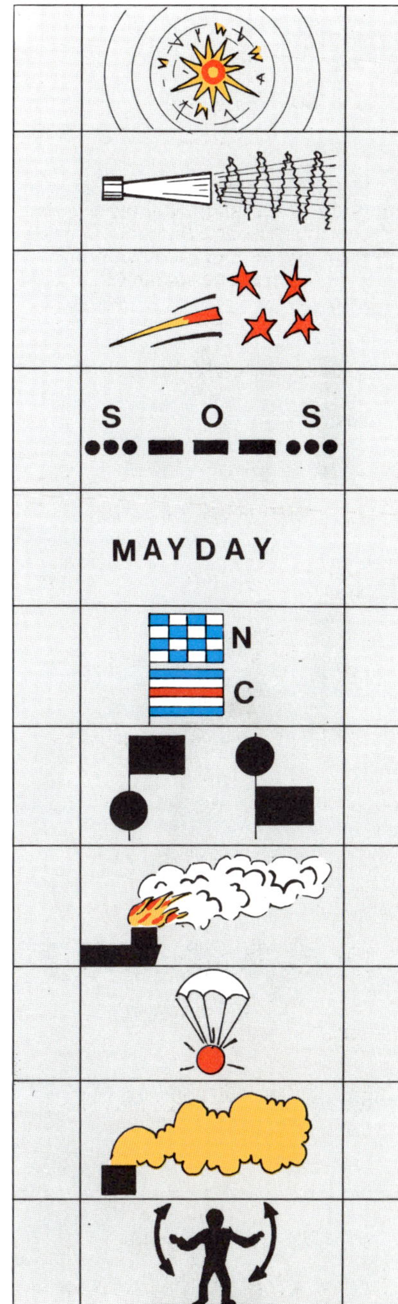

Seeschiffahrtstraßen-Ordnung (SeeSchStrO)

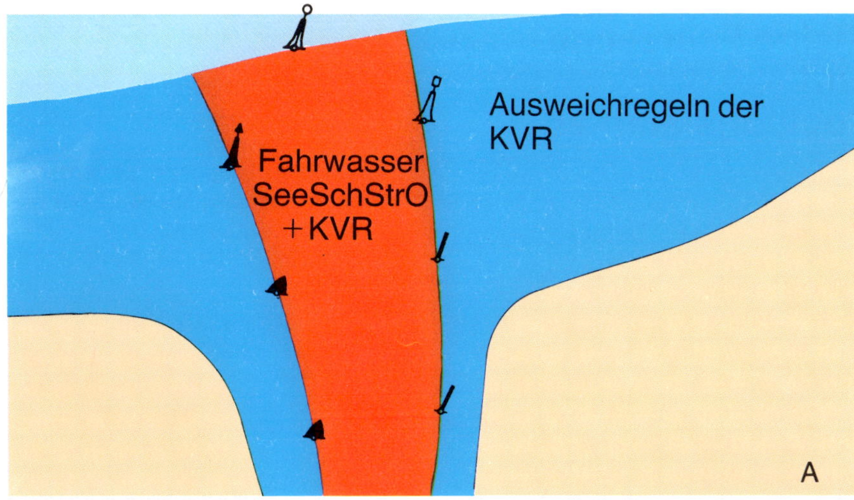

Geltungsbereich

Die SeeSchStrO ergänzt auf den deutschen Seeschiffahrtstraßen die Vorschriften der KVR. Dort kommen also beide Verkehrsordnungen nebeneinander zur Anwendung. Sollten die Verordnungen sich in einem Punkte widersprechen, so ist die speziellere Regelung der SeeSchStrO anzuwenden.

Zu den **Seeschiffahrtstraßen** gehören die Wasserflächen

- zwischen der Küstenlinie bei mittlerem Hochwasser oder der seewärtigen Begrenzung der Binnenwasserstraßen
- und der seewärtigen Begrenzung des Küstenmeeres.

Außerdem gehören dazu noch einige Teile der angrenzenden Binnenwasserstraßen, die in der SeeSchStrO genau beschrieben sind.

Oft finden wir in der SeeSchStrO nur Regelungen für das Fahrwasser, insbesondere bei den meisten Fahrregeln (vgl. S. 180 f). Dann gelten innerhalb der Fahrwasser die Vorschriften der KVR und der SeeSchStrO nebeneinander und außerhalb der Fahrwasser allein die Regeln der KVR (Abb. A).

Wir müssen also die Grenzen der Fahrwasser genau kennen.

Fahrwasser sind die Teile der Wasserflächen einer Seeschiffahrtstraße, die

- durch Seezeichen gekennzeichnet sind oder
- für die durchgehende Schiffahrt bestimmt sind. Unter durchgehender Schiffahrt versteht man alle Fahrzeuge (Berufs- und Sportschiffahrt), die dem Fahrwasserverlauf folgen.

3 Grundregeln für das Verhalten im Verkehr

- Jeder Verkehrsteilnehmer hat sich so zu verhalten, daß die Sicherheit und Leichtigkeit des Verkehrs gewährleistet ist und daß kein anderer geschädigt, gefährdet oder mehr als nach den Umständen unvermeidbar behindert oder belästigt wird.

Er hat insbesondere die Vorsichtsmaßregeln zu beachten, die Seemannsbrauch oder die besonderen Umstände des Falles erfordern.

- Zur Abwehr einer unmittelbar drohenden Gefahr müssen unter Berücksichtigung der besonderen Umstände auch dann alle erforderlichen Maßnahmen ergriffen werden, wenn diese ein Abweichen von den Vorschriften der SeeSchStrO notwendig machen.
- Wer infolge körperlicher oder geistiger Mängel oder des Genusses alkoholischer Getränke oder anderer berauschender Mittel in der sicheren Führung des Fahrzeuges behindert ist, darf ein Fahrzeug nicht führen.

Verantwortlichkeit des Fahrzeugführers

Der Fahrzeugführer ist dafür verantwortlich, daß die Verkehrsvorschriften befolgt werden und sein Fahrzeug mit den vorgeschriebenen Sichtzeichen ausgerüstet ist.

Anders als beim Kraftfahrzeug muß der Schiffsführer nicht selbst das Ruder bedienen, doch ist er dafür verantwortlich, daß der Rudergänger das Fahrzeug verkehrsgerecht führt.

Sind mehrere Personen zur Führung des Bootes berechtigt, so haben sie vor Antritt der Reise zu bestimmen, wer verantwortlicher Fahrzeugführer ist.

Kleine Fahrzeuge und Positionslaternen

Kleine Fahrzeuge

Im deutschen Küstenbereich schreibt die SeeSchStrO für Fahrzeuge unter 12 m Länge folgende Abweichungen vor:

● Die **Tragweite** aller Lichter, also *auch der Seitenlichter* für Fahrzeuge unter 12 m Länge, muß *mindestens 2 sm* betragen.

● **Segelfahrzeuge unter 12 m Länge** haben im Topp **ein weißes Rundumlicht** zu führen, wenn sie die vorgeschriebenen Lichter (Seitenlichter und Hecklicht bzw. Dreifarbenlaterne) auf Grund ihrer Bauart nicht führen können.

● **Kann das Segelfahrzeug auch dieses Licht nicht führen, so darf es nachts und bei verminderter Sicht nicht fahren** – es sei denn, es liegt ein Notstand vor. Für diesen Fall ist eine elektrische Leuchte oder eine Laterne mit weißem Licht ständig mitzuführen; sie ist bei einem Notstand gebrauchsfertig zur Hand zu halten und rechtzeitig zu zeigen, um einen Zusammenstoß zu verhüten.

Das gleiche gilt für Maschinenfahrzeuge unter 7 m Länge und mit einer Höchstgeschwindigkeit unter 7 kn, wenn sie das weiße Rundumlicht nicht führen können.

● **Fahrzeuge unter 12 m Länge** brauchen die Lichter und Tagzeichen für *manövrierunfähige und -behinderte* Fahrzeuge sowie für *Grundsitzer* nicht zu führen.

Ebensowenig brauchen sie auf den als Anker- und Liegestellen bekanntgemachten Wasserflächen *Ankerlichter* oder einen *Ankerball* zu führen.

Unter Motor

Segelboote unter 20 m Länge dürfen zwar die energiesparende Dreifarbenlaterne (bzw. weiße Rundumlaterne) führen – doch nur unter Segel und nicht beim Motoren. Denn das Topplicht für Maschinenfahrzeuge muß höher als die Seitenlichter angebracht sein.

Auf einer Segelyacht mit Hilfsmotor unter 20 m Länge müssen also neben der Dreifarbenlaterne noch Seitenlichter, Topplicht und Hecklicht montiert sein, die beim Motoren an Stelle der Dreifarbenlaterne brennen (A).

Einfacher haben es nur Segelfahrzeuge unter 7 m Länge: Für sie genügt ein weißes Rundumlicht beim Segeln und auch beim Motoren.

Positionslaternen

Unter Positionslaternen versteht man alle Laternen, die zur Lichterführung nach den KVR und der SeeSchStrO verwendet werden müssen. Alle vorgeschriebenen Lichter sind ständig mitzuführen und während der Zeit, in der sie zu führen sind, fest anzubringen. Es ist auf keinen Fall zulässig, die Positionslaternen bei Nacht oder verminderter Sicht nur zur Hand zu halten und zu zeigen. Als einzige Ausnahme sieht die SeeSchStrO den Fall eines Notstandes vor. Tagsüber und bei normalen Sichtverhältnissen dürfen die Laternen aus ihrer mechanischen Halterung entfernt werden.

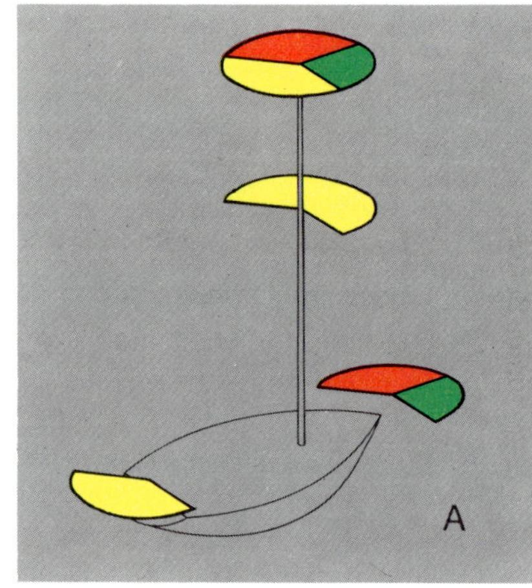

Auf deutschen Sportbooten dürfen nur **baumustergeprüfte** Positionslaternen verwendet werden, die vom DHI für die hohe See und die Seeschiffahrtstraßen zugelassen und mit einer Baumusternummer versehen sind. Eine Wiederholungsprüfung ist für sie nicht mehr nötig.

Schiffsführer und Eigentümer sind dafür verantwortlich, daß die Wirksamkeit und Betriebssicherheit der Positionslaternen jederzeit gewährleistet sind. Ist die Wirksamkeit oder Betriebssicherheit erkennbar beeinträchtigt, so haben sie unverzüglich für die sachgemäße Instandsetzung zu sorgen. Eine Reparatur darf nur in einem vom DHI anerkannten Reparaturbetrieb erfolgen, wo sie auch bescheinigt werden muß.

Wer sein Schiff mit nicht zugelassenen Positionslaternen ausrüstet, sie falsch angebracht oder falsch abgeschirmt führt oder nicht für eine sofortige Instandsetzung in einem anerkannten Reparaturbetrieb sorgt, begeht eine Ordnungswidrigkeit, die mit Geldbuße geahndet werden kann.

Sichtzeichen nach den KVR und SeeschStrO

<table>
<tr><th></th><th>< 20 m</th><th>< 12 m</th><th>< 7 m</th></tr>
<tr><td rowspan="2">unter Segel</td><td rowspan="2">Seitenlichter in Zweifarbenlaterne
Hecklicht
oder: Dreifarbenlaterne
evtl. rotes über grünem Rundumlicht
(alle 2 sm)</td><td>Seitenlichter in Zweifarbenlaterne (1 sm) (2 sm)
Hecklicht (2 sm)
oder: Dreifarbenlaterne</td><td>Falls Laternen nicht fest montierbar: weiße Leuchte zur Hand halten.</td></tr>
<tr><td colspan="2">Falls Laternen nicht fest montierbar: weißes Rundumlicht (2 sm).
Falls auch diese Laterne nicht fest montierbar: Fahrverbot bei Nacht und schlechter Sicht, es sei denn, daß ein Notstand vorliegt. Für diesen Fall weiße Leuchte ständig an Bord mitführen.</td></tr>
<tr><td>unter Motor</td><td>Topplicht (3 sm), min. 2,50 m über dem Schandeck
Seitenlichter in Zweifarbenlaterne (2 sm)
Hecklicht (2 sm)
Motorkegel, falls zugleich unter Segel</td><td>Topplicht (2 sm), min. 1 m über den Seitenlichtern
Seitenlichter in Zweifarbenlaterne (1 sm)(2 sm)
Hecklicht (2 sm)
oder: Rundumlicht (2 sm) anstatt Topplicht und Hecklicht
Motorkegel, falls zugleich unter Segel</td><td>Rundumlicht (2 sm)
evtl. Seitenlichter (1 sm)(2 sm)
Motorkegel, falls zugleich unter Segel
Falls Lichter nicht fest montierbar: Fahrverbot bei Nacht und schlechter Sicht, es sei denn, daß ein Notstand vorliegt.
Für diesen Fall weiße Leuchte ständig an Bord mitführen.</td></tr>
<tr><td>manövrierunfähig oder -behindert</td><td>Fahrtstörungslichter (2 sm)
Fahrtstörungstagzeichen</td><td colspan="2">Keine Fahrtstörungslichter und -tagzeiten nötig. Bei Taucherarbeiten mindestens die Flagge „A“ des Internationalen Signalbuchs bzw. rotes über weißem über rotem Rundumlicht.
Keine Fahrtstörungslichter und -tagzeichen nötig, auch keine Taucherzeichen.</td></tr>
<tr><td rowspan="2">vor Anker</td><td rowspan="2">Ankerlicht (2 sm)
Ankerball</td><td>Ankerlicht (2 sm)
Ankerball</td><td>Ankerball und -licht nur in engem Fahrwasser nötig.</td></tr>
<tr><td colspan="2">Kein Ankerball und -licht auf bekanntgemachten Anker- und Liegestellen nötig.</td></tr>
<tr><td>auf Grund</td><td>Grundsitzerlichter (2 sm)
Grundsitzerbälle</td><td colspan="2">Grundsitzerlichter und -bälle brauchen nicht geführt zu werden.
Grundsitzerlichter und -bälle nur in engem Fahrwasser etc. nötig.</td></tr>
</table>

Der rot gesetzte Text gibt die Abweichungen der SeeSchStrO gegenüber den KVR wieder, die Zahlen in Klammern die Mindesttragweiten der Laternen.

SeeSchStrO

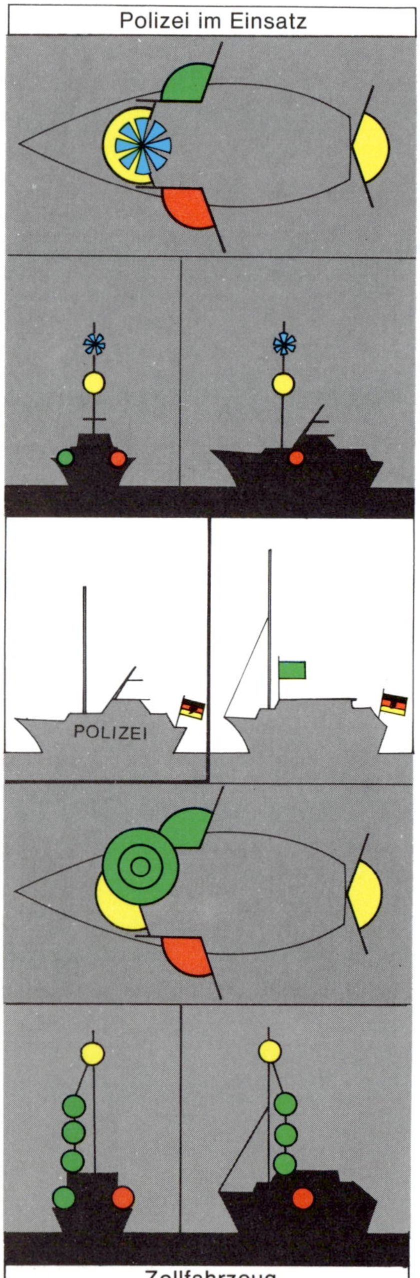

Polizei und Zoll

Ein **Fahrzeug des öffentlichen Dienstes bei Erfüllung polizeilicher Aufgaben** führt nachts

- ein Topplicht (weiß/225°),
- darüber ein *blaues Funkellicht* (360°),
- Seitenlichter (rot, grün/112,5°),
- ein Hecklicht (weiß/135°).

Tagsüber führt es

- die *Dienstflagge* des entsprechenden Bundeslandes. Außerdem ist das Fahrzeug meistens mit „Polizei" beschriftet.

Ein **Zollfahrzeug** führt nachts

- ein Topplicht (weiß/225°), bei mehr als 50 m Länge zwei Topplichter,
- *drei grüne Rundumlichter übereinander,*
- Seitenlichter (rot, grün/112,5°),
- ein Hecklicht (weiß/135°).

Tagsüber führt es

- eine viereckige *grüne Flagge* an beliebiger Stelle.

Aufforderung zum Anhalten

Polizei- und Zollfahrzeuge können ein Fahrzeug anhalten oder zum Anlegen auffordern. In diesem Fall dürfen die Beamten in der Ausübung ihrer hoheitlichen Tätigkeit nicht behindert werden; u. U. ist ihnen sogar das Betreten des Fahrzeuges zu ermöglichen. Fahrzeuge des öffentlichen Dienstes fordern durch das **Licht- oder Schallsignal L** des Morsealphabetes (· — · ·) zum Anhalten auf. Tagsüber zeigen sie die **Flagge L** des Internationalen Signalbuches.

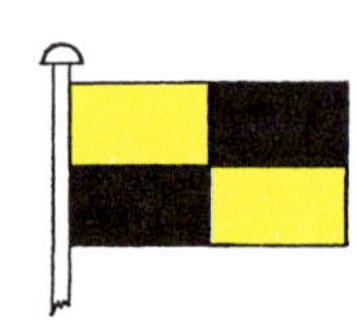

Buchstabe L

● ▬ ● ●

Licht- und Schallsignal L

Besondere Fahrzeuge

SeeSchStrO

Ein **Fahrzeug, das bestimmte gefährliche Güter** *transportiert,* oder ein nicht entgastes Tankschff führt nachts
- ein Topplicht (weiß/225°), bei mehr als 50 m Länge zwei Topplichter,
- *ein rotes Rundumlicht,*
- Seitenlichter (rot, grün/112,5°),
- ein Hecklicht (weiß/135°).

Tagsüber führt es
- einen *roten Doppelstander* (= die Flagge B des Internationalen Signalbuches).

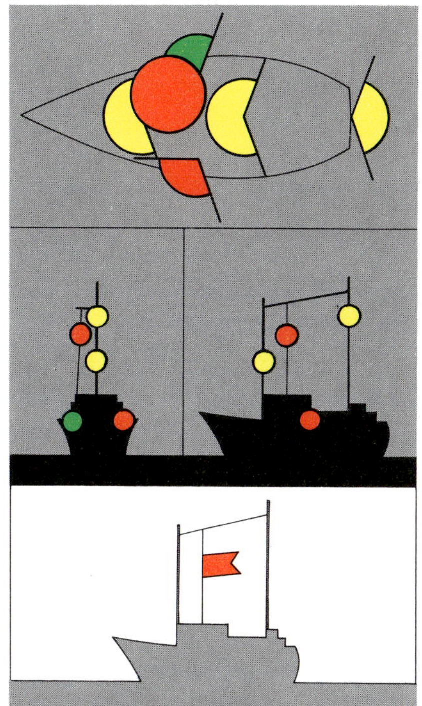

Transportiert gefährliche Güter

Ein *Fahrzeug, das* **schräg oder quer im Fahrwasser** *liegt,* führt nachts
- ein Topplicht (weiß/225°), bei mehr als 50 m Länge zwei Topplichter,
- *ein weißes Rundumlicht, das am Heck auf und nieder bewegt wird,*
- Seitenlichter (rot, grün/112,5°),
- ein Hecklicht (weiß/135°).

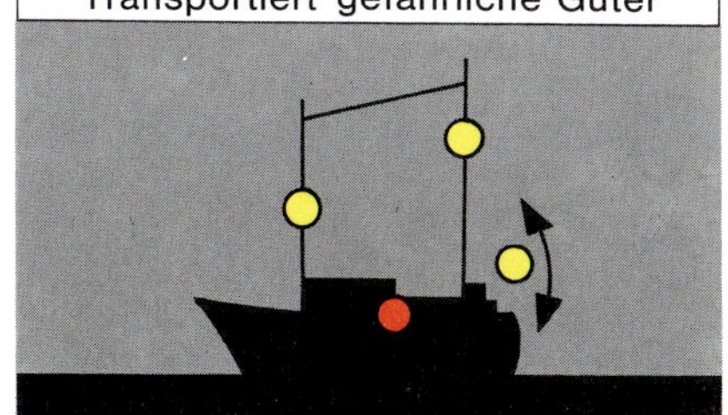

Liegt schräg oder quer im Fahrwasser oder dreht zur Regulierung naut. Instr.

Ein *Fahrzeug, das* **zur Regulierung nautischer Instrumente dreht,** führt nachts
- ein Topplicht (weiß/225°), bei mehr als 50 m Länge zwei Topplichter,
- *ein weißes Rundumlicht, das am Heck auf und nieder bewegt wird,*
- Seitenlichter (rot, grün/112,5°),
- ein Hecklicht (weiß/135°).

Tagsüber führt es
- die *Flaggen O über Q* des Internationalen Signalbuches.

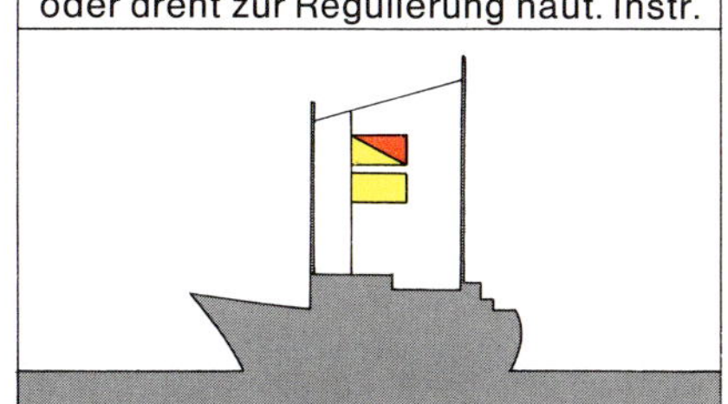

Dreht zur Regulierung naut. Instr.

SeeSchStrO

Fähren und Schwimmkörper

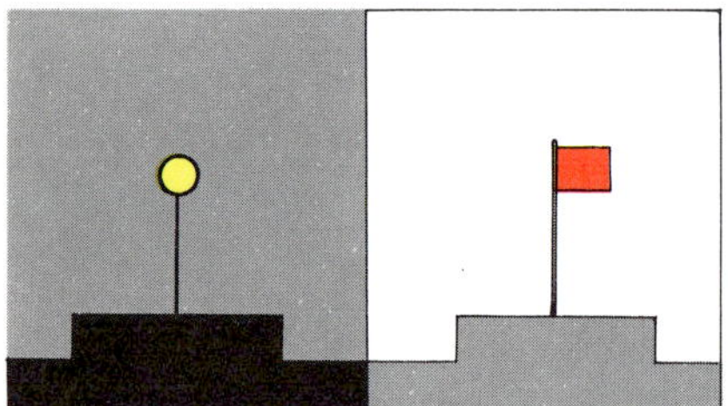

Schwimmendes Zubehör

Schwimmendes Zubehör, das von Fahrzeugen, die baggern oder Unterwasserarbeiten ausführen, bei ihrem Einsatz verwendet wird, führt
- nachts: ein *weißes Rundumlicht,*
- tags: eine *rote Tafel.*

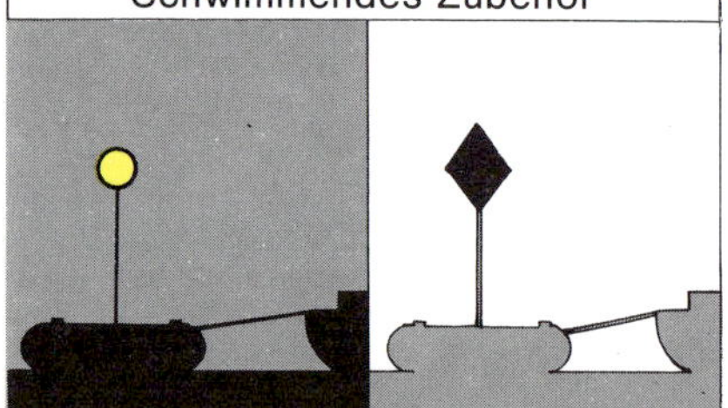

Geschleppte Schwimmkörper

Geschleppte außergewöhnliche Schwimmkörper in Fahrt führen nachts
- Seitenlichter (rot, grün/112,5°),
- ein Hecklicht (weiß/135°),

oder, wenn diese Lichter nicht geführt werden können,
- *irgendeine Beleuchtung,* die den Schwimmkörper erkennbar macht.

Tagsüber führen sie
- einen *schwarzen Rhombus.*

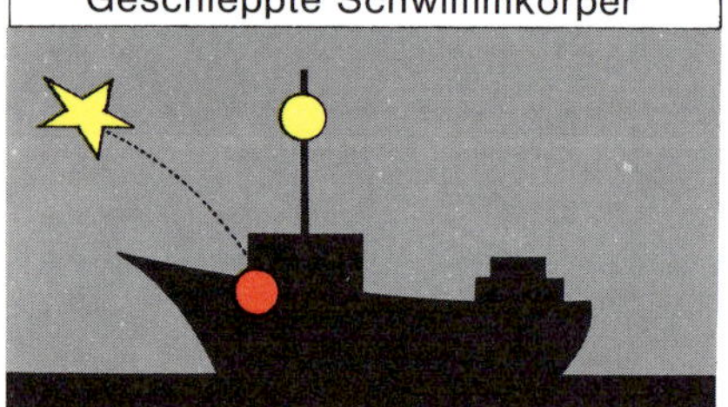

Bundeswehr bei Manövern

Von **Fahrzeugen der Bundeswehr oder des Bundesgrenzschutzes,** die bei Manövern
- Leuchtkugeln mit weißen Sternen schießen und
- zusätzlich einen langen Achtungston (–) geben,

ist ausreichend Abstand zu halten.

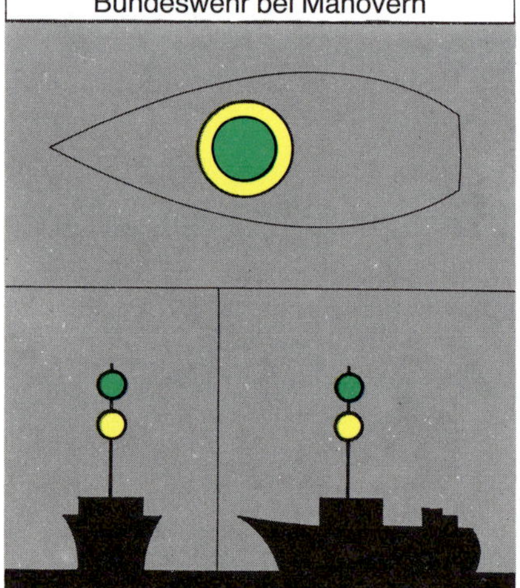

Ketten- oder Seilfähre

Eine **nicht freifahrende Fähre** (Ketten- oder Seilfähre) in Fahrt führt nachts
- ein *grünes Rundumlicht über einem weißen Rundumlicht.*

Fährstelle

nicht freifahrende Fähre

freifahrende Fähre

SeeSchStrO Schallsignale

Das **Achtungssignal** ist zu geben, wenn die Verkehrslage es erfordert, insbesondere
- beim Einlaufen in andere Fahrwasser und Häfen,
- beim Auslaufen aus ihnen und aus Schleusen,
- beim Verlassen von Anker- und Liegeplätzen.

Das **Allgemeine Gefahr- und Warnsignal** ist zu geben, wenn
- ein Fahrzeug ein anderes Fahrzeug gefährdet oder
- durch ein anderes selbst gefährdet wird.

Das **Bleib-weg-Signal** wird gegeben, wenn bei Unfällen gefährliche Güter oder radioaktive Stoffe frei zu werden drohen oder Explosionsgefahr besteht. Das Signal ist in jeder Minute mindestens 5mal hintereinander mit jeweils 2 s Zwischenpause zu geben.

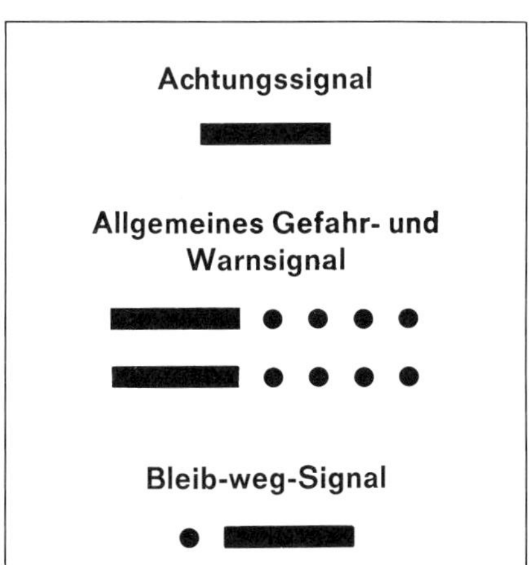

Bei verminderter Sicht

Bei verminderter Sicht (Nebel, Schneefall, heftige Regengüsse etc.) schreibt die SeeSchStrO ergänzende Schallsignale vor. **Fahrzeuge unter 12 m Länge** brauchen diese Signale nicht zu geben, müssen dann aber alle 2 Minuten ein anderes kräftiges Schallsignal geben.

Im Fahrwasser schräg oder quer vor *Anker liegende oder auf Grund sitzende Fahrzeuge* (jede Minute)
- *unter 100 m Länge:* Rasches Läuten der Glocke (5 s) mit darauffolgenden 5 Einzelschlägen;
- *von 100 m Länge oder mehr:* Rasches Läuten der Glocke (5 s) mit darauffolgenden 5 Einzelschlägen und *zusätzlich* am Heck ein Gongschlag.

Fahrzeuge, die an nicht zum *Festmachen bestimmten Stellen oder* **Schiffahrthindernissen liegen,** oder *schwimmende Geräte im Einsatz* (jede Minute)
- *an der Stb-Seite des Fahrwassers:* rasches Läuten der Glocke (5 s) mit darauffolgenden 2 Gruppen von **3** Einzelschlägen;
- *an der Bb-Seite des Fahrwassers:* rasches Läuten der Glocke (5 s) mit darauffolgenden 2 Gruppen von **2** Einzelschlägen;
- *in der Fahrwassermitte:* rasches Läuten der Glocke (5 s) mit darauffolgenden 2 Gruppen von **4** Einzelschlägen.

Fähren während der Überfahrt
- *nicht freifahrend:* dauernde Einzelschläge der Glocke;
- *freifahrend:* kurz-lang-lang.

Bugsierte Maschinenfahrzeuge in Fahrt alle 2 Minuten: lang-kurz-lang-lang.

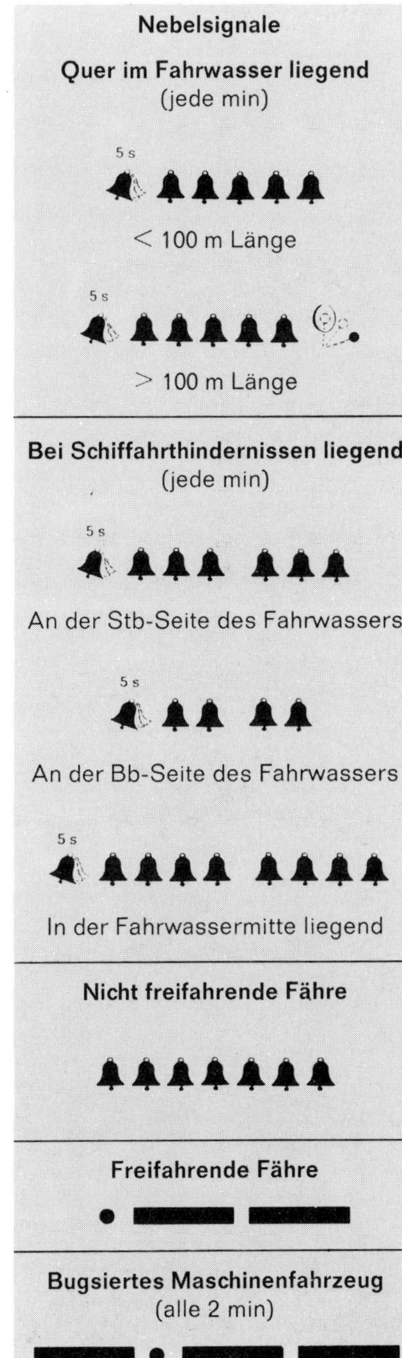

SeeSchStrO Fahrregeln

Verhalten im Fahrwasser

Die Fahrregeln der SeeSchStrO unterscheiden die Fahrzeuge nicht nach ihrer Antriebsart, so daß Segelfahrzeuge und Maschinenfahrzeuge grundsätzlich gleichgestellt sind.

Schallsignal geben!
(Hier: einen langen Ton)

Einhalten eines Fahrabstandes vom Ufer (Beispiel: 40 m)

Überholverbote

Alle Fahrzeuge

Schlepp-verbände

Doch dürfen **Fahrzeuge unter 20 m Länge und Segelfahrzeuge** die Durchfahrt der auf die Fahrrinne angewiesenen Fahrzeuge nicht behindern, vgl. S. 166.

Das Verhalten im Fahrwasser wird im wesentlichen durch folgende Fahrregeln bestimmt:

● **Rechts fahren**

Im Fahrwasser muß so weit wie möglich rechts gefahren werden. Nur beim Überholen darf links gefahren werden.

Außerhalb des Fahrwassers ist so zu fahren, daß klar erkennbar ist, daß das Fahrwasser nicht benutzt wird; eine bestimmte Seite oder Fahrtrichtung braucht nicht eingehalten zu werden.

Ein Segelfahrzeug darf vom Rechtsfahrgebot abweichen, wenn es durch die Windrichtung gezwungen ist, möglichst hoch am Wind gegenan zu kreuzen und deshalb einen längeren Schlag auf der linken Fahrwasserseite machen muß. Doch darf die Yacht hierbei die durchgehende Schiffahrt nicht behindern.

● **Links überholen**

Grundsätzlich muß links überholt werden. Soweit die Umstände des Falles es erfordern, darf rechts überholt werden.

Die Umstände auf dichtbefahrenen Wasserstraßen erfordern es vielfach, daß Sportfahrzeuge aus Sicherheitsgründen rechts überholen.

Durch das Überholmanöver darf der Gegenverkehr nicht gefährdet werden. Ist das Überholen nur durch die Mitwirkung des vorausfahrenden Fahrzeuges möglich, so sind die von der SeeStrO vorgeschriebenen Schallsignale (vgl. S. 170) zu geben.

Das Überholen ist verboten

- wenn das vorausfahrende Fahrzeug, das beim Überholen mitwirken muß, nicht das Schallsignal *„Ich bin mit dem Überholen einverstanden!“* (— · — ·) gegeben hat,
- in der Nähe von in Fahrt befindlichen, nicht freifahrenden Fähren,
- an engen Stellen und in unübersichtlichen Krümmungen,
- vor und innerhalb von Schleusen sowie innerhalb der Schleusenvorhäfen und Zufahrten des Nord-Ostsee-Kanals mit Ausnahme von schwimmenden Geräten im Einsatz,
- an den durch die Tafel *„Überholverbot“* gekennzeichneten Stellen und Strecken.

● **Nach Stb ausweichen**

Beim Begegnen im Fahrwasser auf entgegengesetzten oder fast entgegengesetzten Kursen ist nach Stb auszuweichen.

Einem *Wegerechtschiff* (= tiefgangbehindertes Fahrzeug im Sinne der SeeStrO, das den tiefsten Teil des Fahrwassers in Anspruch nehmen muß), haben alle Fahrzeuge mit Ausnahme von manövrierunfähigen Fahrzeugen auszuweichen.

Schiffsunfälle im Fahrwasser

Wird unser Fahrzeug im Fahrwasser manövrierunfähig, so sind wir verpflichtet, mit allen Mitteln das Fahrwasser zu räumen, damit die Schiffahrt nicht beeinträchtigt wird.

Ebenso müssen wir versuchen, das Fahrwasser möglichst schnell zu räumen, wenn für unser Fahrzeug die Gefahr des Sinkens besteht. Nach einer Kollision muß hierbei auch der Führer eines beteiligten schwimmfähig gebliebenen Fahrzeuges helfen.

Der Platz eines gesunkenen Bootes muß sofort behelfsmäßig gekennzeichnet werden.

SeeSchStrO Vorfahrt- und Ausweichregeln

Die SeeSchStrO enthält keine Ausweich- oder Vorfahrtregeln, die **außerhalb des Fahrwassers** gelten. Dort kommen also allein die bekannten Ausweichregeln der KVR (vgl. S. 168/169) zur Anwendung.

Vorfahrt im Fahrwasser

Doch ergänzt die SeeSchStrO diese Ausweichregeln und gibt den **im Fahrwasser** fahrenden Fahrzeugen **Vorfahrt** gegenüber Fahrzeugen, die

- in das Fahrwasser einlaufen,
- das Fahrwasser queren,
- im Fahrwasser drehen,
- ihre Anker- oder Liegeplätze verlassen.

Außerdem haben im Hauptfahrwasser fahrende Fahrzeuge Vorfahrt gegenüber aus einem einmündenden oder abzweigenden Fahrwasser kommenden Fahrzeugen.
Auch diese Vorfahrtregel gilt unabhängig von der Antriebsart der Fahrzeuge. Also muß beispielsweise ein das Fahrwasser querendes Segelboot die Vorfahrt einer im Fahrwasser laufenden Motoryacht beachten (Abb. A).
Die Vorfahrtregel erfaßt aber nicht alle denkbaren Kollisionsfälle innerhalb des Fahrwassers. So schweigt die SeeSchStrO, wenn zwei das Fahrwasser querende Fahrzeuge sich auf Kollisionskurs begegnen. Deshalb kommen in allen Fällen, die nicht von der obigen Vorfahrtregel der SeeSchStrO erfaßt sind, die Ausweichregeln der KVR zur Anwendung. In der Abb. B muß also die Motoryacht ausweichen.
Wir können allgemein sagen:

- *Außerhalb* des Fahrwassers kommen nur die Ausweichregeln der KVR zur Anwendung.
- *Innerhalb* des Fahrwassers gelten die Ausweichregeln der KVR und die Vorfahrtregeln der SeeSchStrO nebeneinander.

Begegnungsverbot an Engstellen

Vorfahrt an Engstellen

Nähern sich zwei Fahrzeuge einer Engstelle, die nicht mit Sicherheit genügend Raum für die gleichzeitige Durchfahrt gibt, oder einer durch die Tafel *„Begegnungsverbot an Engstellen"* gekennzeichneten Stelle des Fahrwassers, so hat Vorfahrt

- **in Tidengewässern und Gewässern mit Strömung:** das mit dem Strom fahrende Fahrzeug; bei Stromstillstand das Fahrzeug, das vorher gegen den Strom gefahren ist;
- **in tidenfreien Gewässern ohne Strömung:** das Fahrzeug, das grundsätzlich die Stb-Seite des Fahrwassers zu benutzen hat, also in aller Regel das einlaufende Fahrzeug.

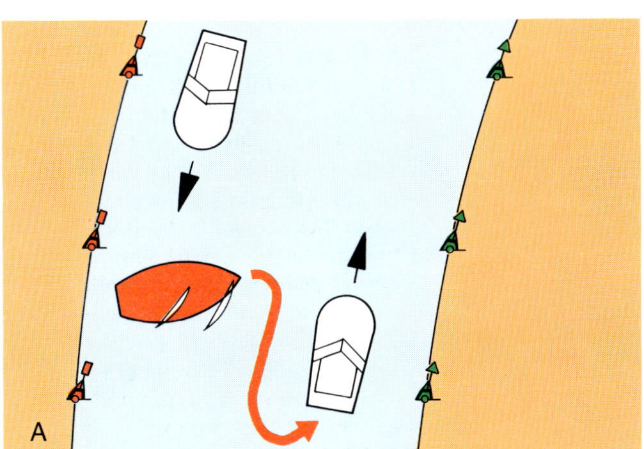

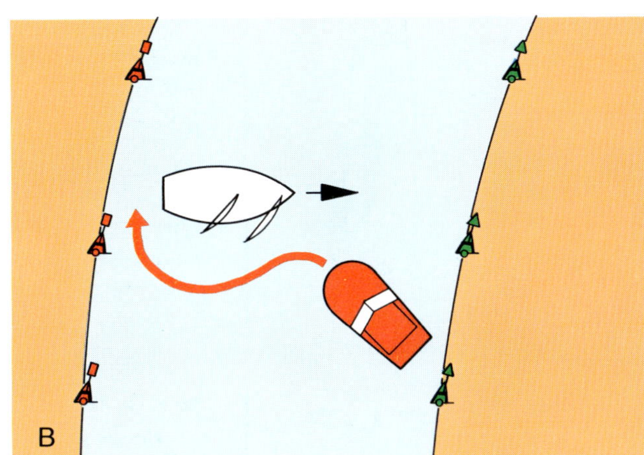

SeeSchStrO Sperrung der Seeschiffahrtstraße oder von Wasserflächen

Sperrung einer Seeschiffahrtstraße

Die dauernde Sperrung der *gesamten* Seeschiffahrtstraße wird gekennzeichnet

- nachts durch drei feste Lichter übereinander: rot über grün über weiß,
- tags durch drei Signalkörper übereinander, oben ein schwarzer Ball, darunter zwei schwarze Kegel mit den Spitzen zueinander.

Wird nur *eine Teilstrecke* gesperrt, z. B. eine von mehreren Brückenöffnungen, so findet man

- eine rechteckige rote Tafel mit waagerechtem weißem Streifen.

Die **vorübergehende Sperrung** einer Seeschiffahrtstraße wird gekennzeichnet

- durch das Schwenken eines roten Lichtes oder einer roten Flagge; ist die Sperrung beendet, so wird ein grünes Licht bzw. eine grüne Flagge geschwenkt.

Sperrung von Wasserflächen

1. Wegen **Badebetriebs** können bestimmte Wasserflächen für Maschinenfahrzeuge durch weiß-gelbe Tonnen völlig gesperrt werden.
2. Für militärische oder zivile Zwecke können **Sperrgebiete** festgelegt werden, die von der allgemeinen Schiffahrt überhaupt nicht befahren werden dürfen. Sie sind durch Sperrgebietszeichen abgegrenzt, die nachts evtl. mit einem gelben Blz., Ubr. (2) oder Ubr. (3) befeuert sind.
3. Durch Warngebietszeichen abgegrenzte **Warngebiete** sind für die allgemeine Schiffahrt frei, können aber zeitweise für die gesamte Schiffahrt gesperrt werden. Dann werden außerdem die in der *Schiffahrtpolizeiverordnung über Sicherungsmaßnahmen für militärische Sperr- und Warngebiete* aufgeführten Zeichen gezeigt.

Schallsignal

Sperrung der Seeschiffahrtstraße

4. **Übungsgebiete** sind für die allgemeine Schiffahrt frei; doch kann dort geschossen werden, wenn das Schußfeld frei ist und niemand gefährdet werden kann.
5. **Schießgebiete** sind während der Schießzeiten, die in den benachbarten Häfen bekanntgemacht werden, gesperrt.
6. **Sicherheitszonen** dürfen nicht befahren werden. Das sind Wasserflächen in einem Umkreis von 500 m um Anlagen zur Erforschung oder Ausbeutung von Naturschätzen im Festlandssockelbereich (Bohrinseln).

Dauernde Sperrung

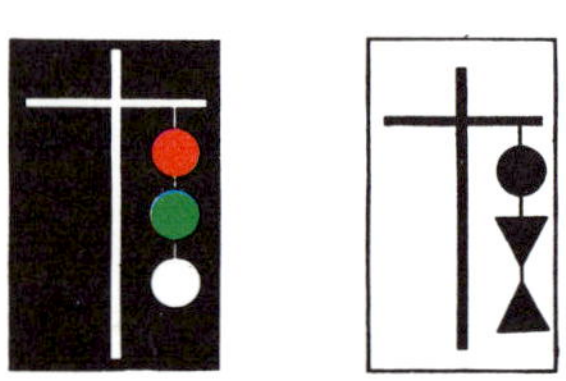

der gesamten Seeschiffahrtstraße

nur einer Teilstrecke

Vorübergehende Sperrung

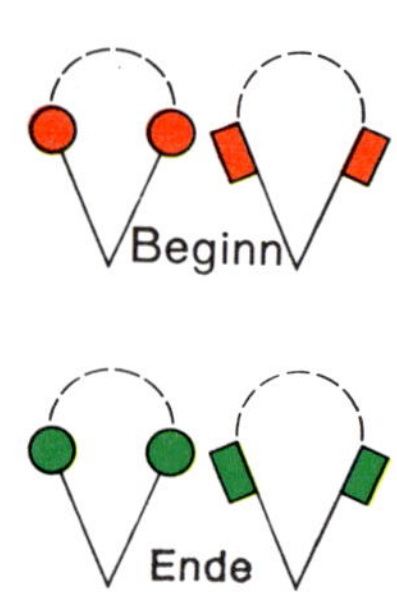

Sperrgebiete

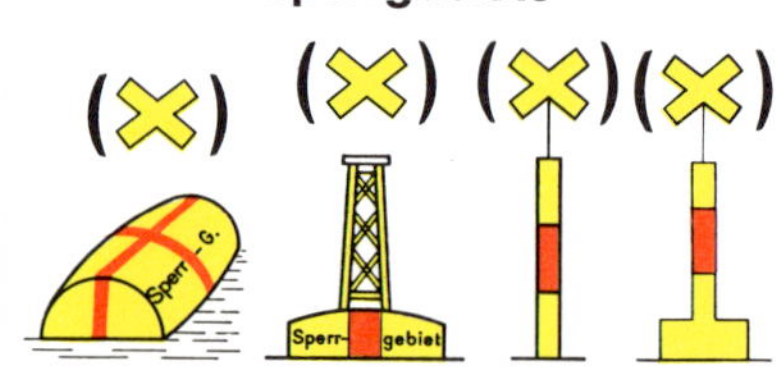

für milit. und zivile Zwecke

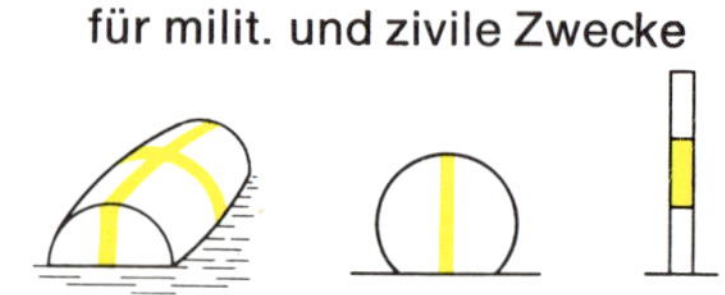

für Maschinenfahrzeuge

SeeSchStrO Fahrgeschwindigkeit

Die Fahrgeschwindigkeit ist so einzurichten, daß das Fahrzeug jederzeit der Verkehrslage und der Beschaffenheit der Seeschiffahrtstraße genügt und nötigenfalls **rechtzeitig gestoppt** werden kann.
Wird der Verkehr durch Sichtzeichen und bei verminderter Sicht zusätzlich durch Schallsignale geregelt, so ist die Geschwindigkeit so einzurichten, daß bei einer kurzfristigen Änderung der gezeigten Sichtzeichen oder des gegebenen Schallsignals das Fahrzeug **sofort gestoppt** werden kann.

Geschwindigkeitsverminderung

Die Fahrgeschwindigkeit ist rechtzeitig so weit zu vermindern, daß eine Gefährdung durch Sog oder Wellenschlag vermieden wird, insbesondere beim Vorbeifahren an
- Häfen, Schleusen, Sperrwerken,
- festliegenden Fähren,
- manövrierunfähigen und festgekommenen Fahrzeugen sowie an manövrierbehinderten Fahrzeugen im Sinn der SeeStrO,
- schwimmenden Geräten und Anlagen,
- außergewöhnlichen Schwimmkörpern, die geschleppt werden, und
- an Stellen, die durch die Sichtzeichen *„Geschwindigkeitsbeschränkung wegen Gefährdung durch Sog und Wellenschlag"* oder die Flagge A des Internationalen Signalbuches *(„Ich habe Taucher unten; halten Sie bei langsamer Fahrt gut frei von mir!")* gekennzeichnet sind.

Geschwindigkeitsbeschränkung

Eine bestimmte Höchstgeschwindigkeit darf nicht überschritten werden
- an den durch die Tafel *„Geschwindigkeitsbeschränkung"* gekennzeichneten Strecken; die angegebene Zahl setzt die zulässige Höchstgeschwindigkeit in km/h fest;
- vor Stellen mit erkennbarem Badebetrieb außerhalb des Fahrwassers in einem Abstand von weniger als 300 m vom Ufer; hier darf eine Höchstgeschwindigkeit von 8 km/h FdW nicht überschritten werden. Diese Strecken sind vielfach durch das Zeichen *„Geschwindigkeitsbeschränkung vor Stellen mit Badebetrieb"* gekennzeichnet.

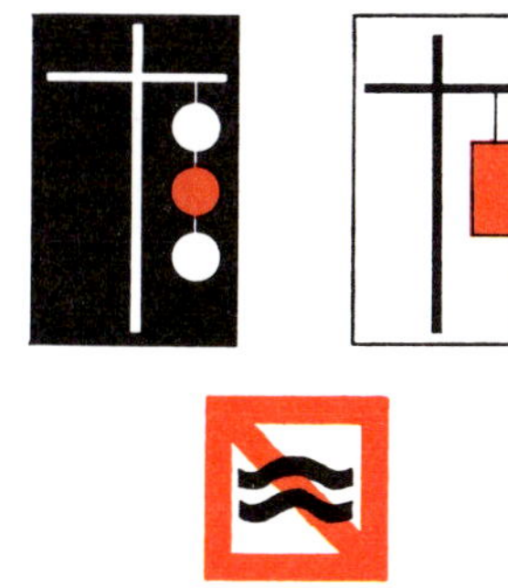

Geschwindigkeit vermindern wegen einer schutzbedürftigen Anlage

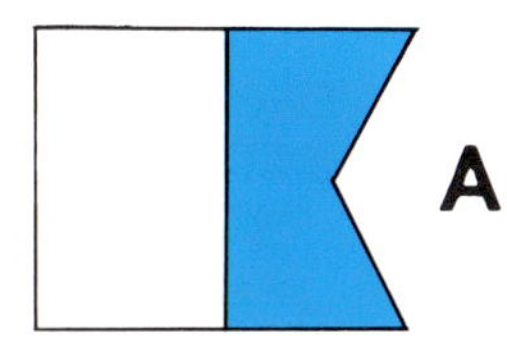

Geschwindigkeit vermindern wegen Taucharbeiten

Geschwindigkeitsbeschränkung auf 12 km/h

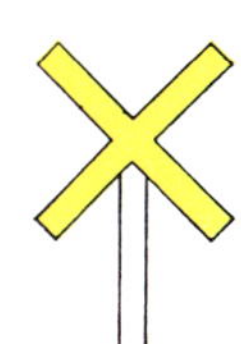

Geschwindigkeitsbeschränkung vor Stellen mit Badebetrieb auf 8 km/h FdW

SeeSchStrO Festmachen Ankern Schiffahrtbehinderung

Festmacheverbot

Liegeverbote

am Ufer

in einem Abstand vom Ufer (Beispiel 30 m)

Anlegen und Festmachen

Die Schiffahrt darf durch das Anlegen und Festmachen nicht beeinträchtigt werden. Doch hat die Schiffahrt Rücksicht zu nehmen und vorsichtig zu navigieren, sobald ein Fahrzeug mit dem Anlegemanöver begonnen hat.

Festgemachte Fahrzeuge, die nachts durch andere Lichtquellen nicht ausreichend und dauernd erkennbar sind, müssen

- ein weißes Rundumlicht mittschiffs an der Fahrwasserseite möglichst in Deckshöhe setzen.

Das Anlegen und Festmachen ist verboten

- an Sperrwerken, Strombauwerken, Leitwerken, Pegeln, festen und schwimmenden Schiffahrtzeichen,
- an abbrüchigen Stellen am Ufer,
- an engen Stellen und in unübersichtlichen Krümmungen,
- vor Hafeneinfahrten, an nicht für die Sportschiffahrt bestimmten Anlegestellen von Fahrgastschiffen und Fähren, Schleusen und Sielen sowie in den Zufahrten zum Nord-Ostsee-Kanal,
- innerhalb von Fähr- und Brückenstrecken,
- an Stellen, die durch die Tafel *„Festmacheverbot"* oder die Tafel *„Liegeverbot"* gekennzeichnet sind. Das Liegeverbot gilt vom Ufer aus oder, mit einem Zusatz versehen, erst in einem bestimmten Abstand vom Ufer.

Warngebiete und Warnstellen

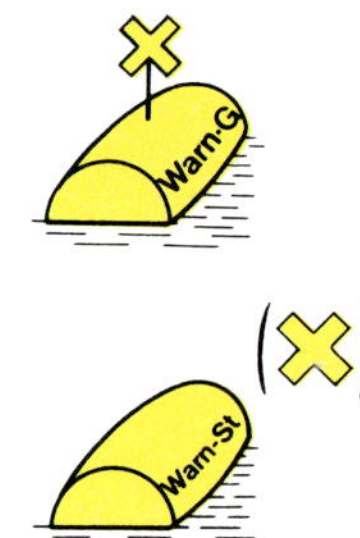

Ankern

Abgesehen von seemannschaftlichen Überlegungen (vgl. S. 114) müssen wir den Ankerplatz so wählen, daß die Schiffahrt im Fahrwasser nicht beeinträchtigt wird.

Das Ankern ist verboten

- im Fahrwasser, ausgenommen auf Reeden und den von der Strom- und Schiffahrtpolizeibehörde bekanntgemachten Wasserflächen,
- an engen Stellen und in unübersichtlichen Krümmungen,

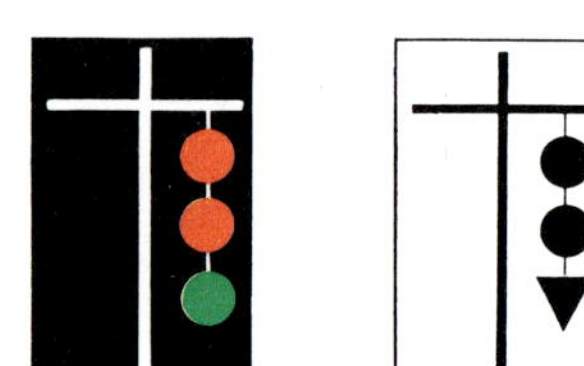

Außergewöhnliche Schiffahrtbehinderung

- in einem Umkreis von 300 m von schwimmenden Geräten, Wracks und sonstigen Schiffahrtshindernissen und Leitungstrassen sowie von Stellen, die durch die Sichtzeichen *„Warnstelle“* oder *„Kabel- und Rohrleitungen“* gekennzeichnet sind (das Zeichen „Warnstelle“ dient der Markierung von Forschungs- und Vermessungsarbeiten, hydrographischen Untersuchungen und ähnlichen Arbeiten bzw. der Markierung militärischer Belange),
- bei verminderter Sicht in einem Abstand von weniger als 300 m von Hochspannungsleitungen,
- in einem Abstand von 100 m vor und hinter Sperrwerken,
- vor Hafeneinfahrten, Anlegestellen, Schleusen und Sielen sowie in den Zufahrten zum Nord-Ostsee-Kanal,
- innerhalb von Fähr- und Brückenstrecken sowie
- an Stellen und auf Wasserflächen, die von der Strom- und Schiffahrtpolizeibehörde bekanntgemacht sind.

Ankerwache

Auf allen Fahrzeugen muß ständig Ankerwache gegangen werden, sofern sie in der Nähe des Fahrwassers oder auf einer Reede vor Anker liegen. Dies gilt nicht für Fahrzeuge unter 12 m Länge auf besonders bezeichneten Anker- und Liegeplätzen.

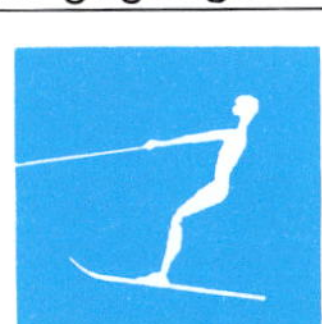

Wasserski erlaubt

Ende einer Gebots- oder Verbotsstrecke

Schiffahrtbehinderung

Eine außergewöhnliche Behinderung der Schiffahrt kann gekennzeichnet werden

- **nachts** durch drei Lichter übereinander: Rot über Rot über Grün,
- **tags** durch zwei schwarze Bälle übereinander und darunter einen schwarzen Kegel – Spitze unten.

Wasserski und Segelsurfen

- Innerhalb des Fahrwassers ist Wasserskilaufen verboten – es sei denn, eine Fläche ist durch die Tafel *„Wasserski“* besonders gekennzeichnet.
- Außerhalb des Fahrwassers ist das Wasserskilaufen erlaubt – ausgenommen auf den von der Strom- und Schiffahrtpolizeibehörde bekanntgemachten Wasserflächen.

Wasserskiläufer und ihre Zugboote haben allen anderen Fahrzeugen auszuweichen.

Segelsurfen ist innerhalb des Fahrwassers grundsätzlich, außerhalb des Fahrwassers auf den bekanntgemachten Wasserflächen verboten. Auf den freien Wasserflächen sind Wasserskilaufen und Segelsurfen bei Nacht, verminderter Sicht und während der bekanntgemachten Zeiten verboten.

Grenze zur DDR

In der Lübecker Bucht ist der Grenzverlauf zur DDR durch nebenstehende Seezeichen mit der schwarzen Aufschrift „Grenze“ markiert. Die Verbindungslinie zwischen diesen Tonnen darf auf keinen Fall überfahren werden!

Ankerverbote

Im Uferbereich

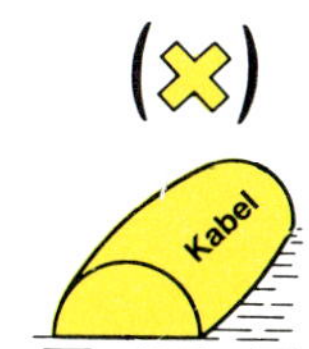

im Bereich von Leitungstrassen

(300 m beiderseits der Verbindungslinie)

Grenze zur DDR

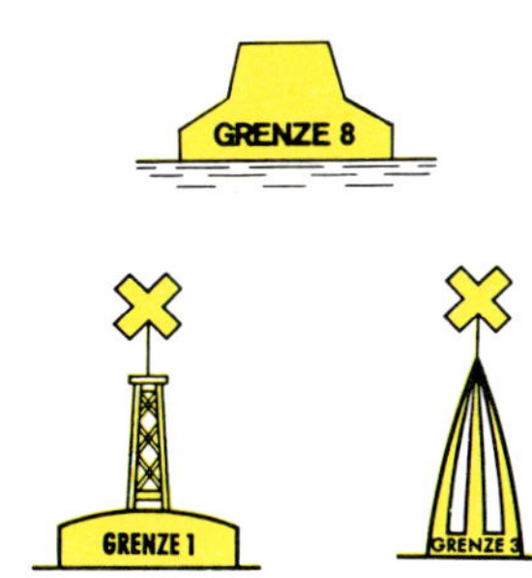

an Land

SeeSchStrO Brücken und Schleusen

Durchfahren von Brücken

Eine quadratische, auf der Spitze stehende **gelbe Tafel** an einer Brükke zeigt uns die für die Schiffahrt **empfohlene Brückendurchfahrt** an. Sind zwei derartige Tafeln nebeneinander angebracht, so brauchen wir in dieser Durchfahrt nicht mit Gegenverkehr zu rechnen, da er gesperrt ist.
Zwei quadratische, auf der Spitze stehende **rot-weiße Tafeln** begrenzen den **erlaubten Durchfahrtraum** innerhalb einer Brückenöffnung. Außerhalb der Tafeln darf diese Durchfahrt also nicht passiert werden, doch verbieten die Tafeln nicht die Durchfahrt anderer Brückenöffnungen. *Diese rot-weißen Tafeln gelten nicht für Fahrzeuge unter 12 m Länge.*

Eine bestimmte Brückendurchfahrt kann durch eine rechteckige rote Tafel mit waagerechtem weißem Streifen **für den gesamten Verkehr gesperrt** werden (vgl. S. 182).
Begegnen und Überholen während der Brückendurchfahrt ist nur gestattet, wenn das Fahrwasser mit Sicherheit genügend Raum für die gleichzeitige Durchfahrt beider Fahrzeuge gibt. Im übrigen müssen wir die Vorfahrtregel an Engstellen (vgl. S. 181) beachten.
Sollte die Brückenhöhe für unser Schiff nicht ausreichen, so müssen wir den Mast legen. Das **Öffnen einer beweglichen Brücke** dürfen wir mit 2 langen Tönen (— —) nur verlangen, wenn das Legen des Mastes unverhältnismäßig schwierig wäre.

Schleusen

Solange die Einfahrt einer Schleuse nicht freigegeben ist, müssen wir in ausreichender Entfernung anhalten. Manchmal finden wir eine quadratische Tafel mit rotem Rand und schwarzem Querstrich, die wir nicht überfahren dürfen. An den Leitwerken und Abweisedalben darf nicht festgemacht werden, an den Festmachedalben nur kurzfristig.

Anhalten vor bewegl. Brücken, Sperrwerken u. Schleusen bis zur Freigabe der Durchfahrt

Die Fahrzeuge laufen in der Reihenfolge ihrer Ankunft in die Schleuse ein, doch sollten kleine Fahrzeuge erst als letzte einfahren. Hierbei und beim Ausfahren sind folgende **Lichtsignale** zu beachten:

Die Anlage ist für die Schiffahrt dauernd gesperrt!

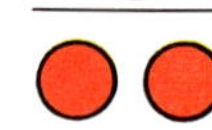

Anlage geschlossen. Durch- oder Einfahren verboten!

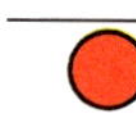

Anhalten! Freigabe wird vorbereitet!

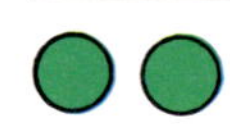

Einfahren! Gegenverkehr ist gesperrt!

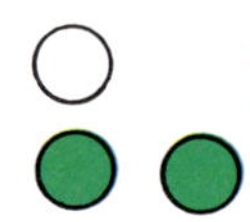

Einfahren! Gegenverkehr! Vorfahrt an Engstellen beachten (vgl. S. 181)!

Ausfahren!

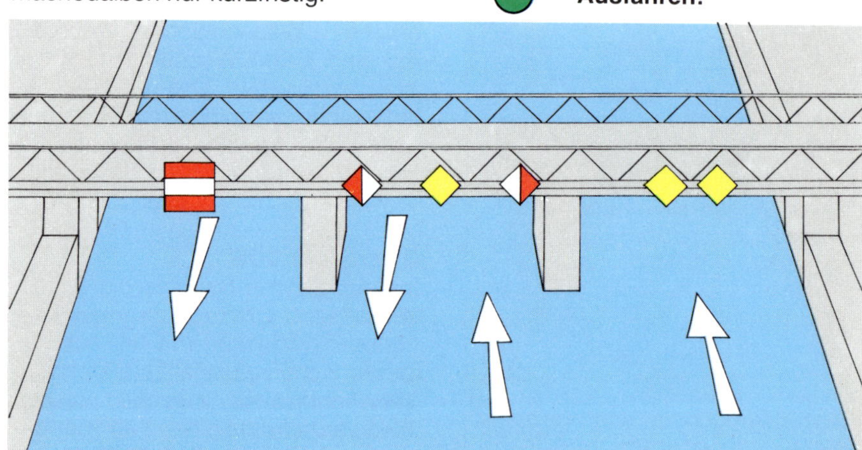

SeeSchStrO Der Nord-Ostsee-Kanal

Auf dem Nord-Ostsee-Kanal (NOK) und seinen Zufahrten gelten auch für Sportfahrzeuge besondere Vorschriften. Sportfahrzeuge in diesem Bereich sind alle Wasserfahrzeuge, die ausschließlich Sport- und Vergnügungszwecken dienen.
Sie dürfen die Zufahrten und den Kanal nur zu Durchfahrtzwecken und ohne Lotsen nur während der Tagfahrzeiten und nicht bei verminderter Sicht benutzen, es sei denn, sie haben ihre Liegeplätze im Zufahrtbereich.

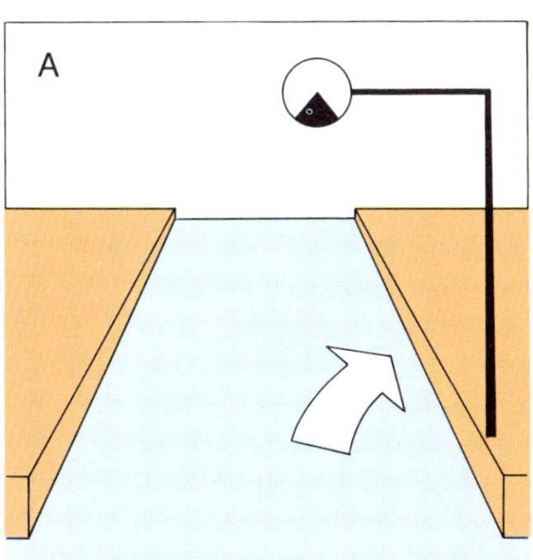

Die Kanalfahrt muß so geplant sein, daß vor Ablauf der Tagfahrzeit eine zugelassene Liegestelle für Sportfahrzeuge erreicht werden kann. Nur wenn sich plötzlich die Sicht so sehr vermindert, daß die Weiterfahrt die Verkehrssicherheit gefährden würde, dürfen Sportfahrzeuge an geeigneter Stelle auf der Kanalstrecke oder in den Weichengebieten hinter den Dalben festmachen.
Das Segeln auf dem Kanal ist verboten, doch dürfen Sportfahrzeuge mit Maschinenantrieb zusätzlich Segel setzen. Die zulässige Höchstgeschwindigkeit beträgt 15 km/h.

Schleusensignale des NOK

In die Zufahrten sowie in die Schleusenvorhäfen und Schleusen des Nord-Ostsee-Kanals dürfen Sportfahrzeuge nur einfahren, wenn der Signalmast

- ein weißes unterbrochenes Licht zeigt (Abb. A).

Dieses Licht wird auf der Seite des Signalmastes gezeigt, auf der die Schleusenkammer liegt, für die die Einfahrt geregelt wird.

Bekanntmachungen der WSD

Die SeeSchStrO ermächtigt die Wasser- und Schiffahrtsdirektionen (WSD) als Strom- und Schiffahrtpolizeibehörde, in bestimmten Fällen örtlich und sachlich begrenzte Gebote und Verbote durch *Bekanntmachungen* zu erlassen. Im Text der SeeSchStrO finden wir dann z. B.: Das Überholen, das Ankern oder das Wasserskilaufen ist verboten an *„Stellen, die von der Strom- und Schiffahrtpolizeibehörde bekanntgemacht sind“.*
Diese Bekanntmachungen sind also Ergänzungen zur SeeSchStrO, die ebenso befolgt werden müssen wie die Vorschriften der SeeSchStrO selbst. Denn Verstöße gegen die Bekanntmachungen können genau wie auch Verstöße gegen die SeeSchStrO als Ordnungswidrigkeiten geahndet werden.
Alle gültigen Bekanntmachungen sind in der Publikation Nr. 2114 vom DHI zusammengefaßt.

Beachte: Diese Bekanntmachungen der WSD dürfen nicht verwechselt werden mit den *Bekanntmachungen für Seefahrer (BfS)* von S. 40!

Das Internationale Signalbuch

Kein Prüfungsstoff!

Das **Internationale Signalbuch** besteht aus einer Zusammenstellung verschiedener Flaggen-, Funk- und Blinksignale. Zum Signalisieren mit Flaggen enthält es das unten wiedergegebene Buchstaben- und Ziffernalphabet sowie die drei Hilfsstander. Um Nachrichten von Schiff zu Schiff unabhängig von irgendeiner Sprache übermitteln zu können, bedient man sich verschiedener 2- oder 3buchstabiger Kodegruppen, durch die alle wesentlichen Informationen ausgetauscht werden können. Die moderne Funktechnik hat natürlich die Flaggensignale weitgehend verdrängt; sie dienen heute allenfalls als zusätzliches Hilfsmittel.

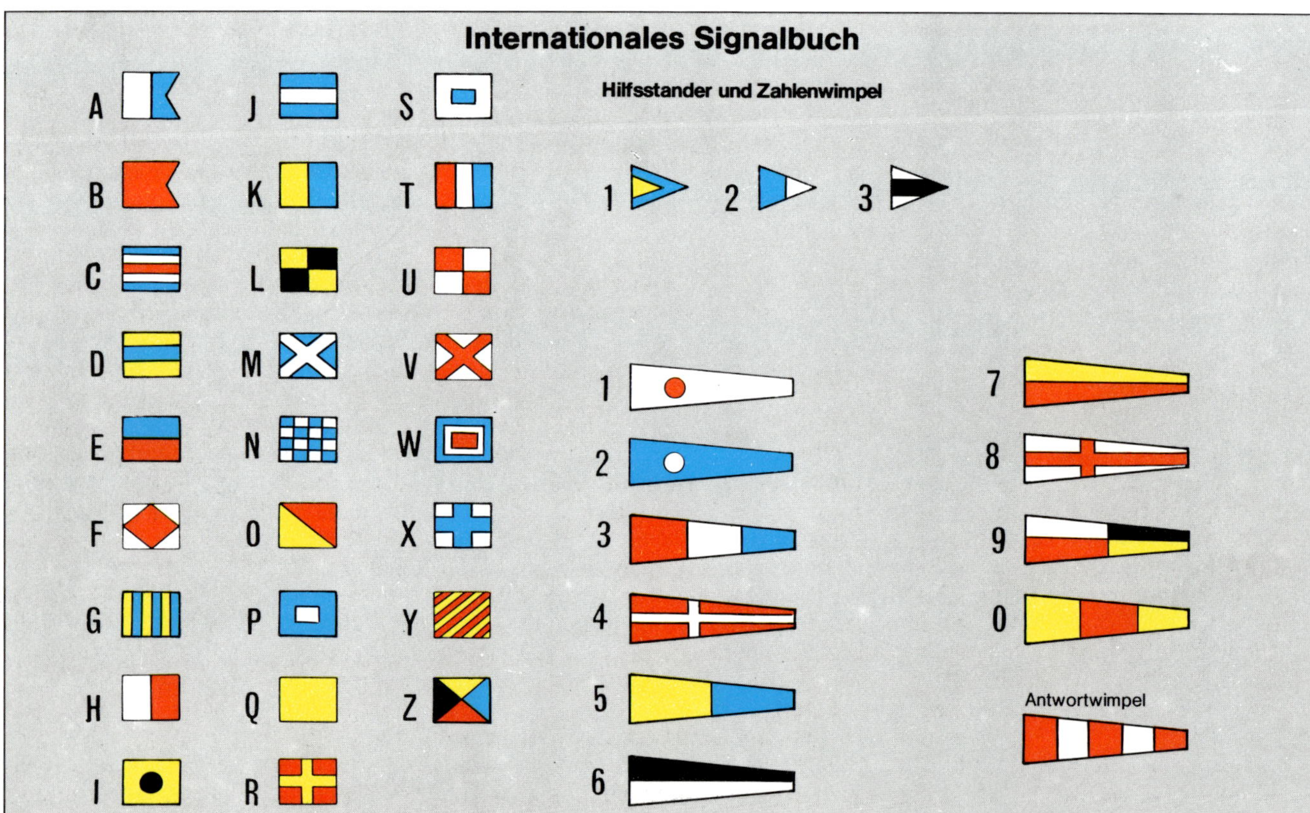

Einklarieren und Zoll

Ausländische Gewässer

Sobald wir fremde nationale Gewässer erreichen, müssen wir auf kürzestem Wege den nächsten Einklarierungshafen anlaufen. In manchen Ländern kann nicht in jedem Hafen einklariert werden, sondern nur in bestimmten größeren Häfen, die wir den Handbüchern entnehmen können.
Für Sportboote gibt es kein internationales Zeichen, das unsere Einklarierungsabsicht verdeutlicht. Im Zweifel sollte die **Flagge Q** des Internationalen Signalbuches *(„An Bord ist alles gesund; ich bitte um freie Verkehrserlaubnis!")* gesetzt werden. In England ist sie auch für Sportboote vorgeschrieben.
Wenn nach längerer Wartezeit im Hafen keine Polizei- oder Zollkontrolle an Bord gekommen ist, wendet sich der Skipper direkt an den Hafenmeister bzw. die Behörden, um Paß- und Zollkontrolle durchführen zu lassen. Oft wird hier ein spezielles Yachtpapier *(Permit of Navigation)* ausgestellt, das neben einer Crewliste die genauen Daten des Schiffes enthält.
In diesem Papier muß der Aufenthalt jedes angelaufenen Hafens vom Hafenkapitän bestätigt werden.

Deutsche Zollvorschriften

In Deutschland müssen wir insbesondere für die Ein- und Ausfuhr unverzollten Schiffsbedarfs das *Zollgesetz (ZG)* und die *Allgemeine Zollordnung (AZO)* beachten. Für deutsche Wassersportfahrzeuge gilt:

Ausfuhr

Sportfahrzeuge, die nachweislich die deutschen Küstengewässer unmittelbar verlassen, dürfen abgabenfrei (= unverzollt und unversteuert) Lebens- und Genußmittel ausführen. Das gleiche gilt für Yachten, die im Geltungsbereich der AZO beheimatet sind, sofern sie eine Reise von mindestens 72 Stunden Dauer antreten.
Wird im Amtsbereich des auch für den Schiffshändler zuständigen Lagerzollamtes eingekauft, so wird mit den verplombten Waren ein Zollbegleitpapier, die *Abmeldung für Zolllagergut,* mitgeliefert.
Mindestens eine Stunde vor dem beabsichtigten Auslauftermin ist das zuständige Lagerzollamt schriftlich unter Angabe des Namens und Liegeplatzes der Yacht und Beifügung der Lagerabmeldung zu verständigen. Es genügt auch, die Unterlagen beim Zollamt unmittelbar abzugeben.
Ist die Stunde verstrichen oder wird auf eine zollamtliche Überprüfung verzichtet, kann die Yacht auslaufen. Von jetzt ab unterliegen die Yacht und alle auf ihr befindlichen Personen einem zollamtlichen **Verkehrsverbot,** d. h. das Boot darf abgesehen von zwingenden Gründen deutsche Häfen nicht mehr anlaufen. Bis zum Passieren der Seezollgrenze ist das Verkehrsverbot durch das *Zollzeichen 3* (tagsüber der unter der Steuerbordsaling gesetzte **dritte Hilfsstander** des Internationalen Signalbuches, nachts ein unter dem Hecklicht gesetztes *weißes Licht*) deutlich zu machen. Erst wenn die Seezollgrenze passiert ist, darf die ausgeführte Ware verbraucht werden.
Beachte: Die Seezollgrenze ist nicht identisch mit der Hoheitsgrenze.

Einfuhr

Führt man von See her nicht verbrauchtes Zollgut ein, so zeigt man dies wiederum mit dem Zollzeichen 3 an, sobald die Seezollgrenze passiert wird. Auch jetzt gilt wieder ein Verkehrsverbot mit deutschen Häfen, bis das Zollgut mit einem *Gestellungsverzeichnis* einklariert ist. Dies geschieht durch eine Zollstelle an der Zollstraße.
Bei der Gestellung ist das Zollgut, abgesehen von einer als Reiseverzehr und Mitbringsel festgelegten abgabenfreien Menge, zu verzollen. Beabsichtigt man, in absehbarer Zeit wieder auszulaufen, so kann das Zollgut unter *Zollverschluß* genommen und die Gestellung auf Antrag verschoben werden.

Schiffspapiere

Zertifikate

Bei ausländischen Behörden und im grenzüberschreitenden Verkehr benötigen wir ein Zertifikat, das die Identität und Eigentumsverhältnisse unserer Yacht klarstellt.
Das **Schiffszertifikat** wird ausgestellt für Schiffe, die im Seeschiffsregister eingetragen sind. Die Eintragung wird vom Amtsgericht des Heimathafens vorgenommen, sofern dort ein Seeschiffsregister geführt wird. Das Zertifikat gilt als Eigentumsnachweis und ist an Bord mitzuführen.
Registerpflichtig sind Seeschiffe, deren Bruttoraumgehalt 50 m^3 übersteigt und deren Eigner Deutscher ist und seinen Wohnsitz im Geltungsbereich des Grundgesetzes hat. Schiffe von weniger als 50 m^3 Raumgehalt und Schiffe von deutschen Staatsbürgern mit Wohnsitz im Ausland sind *registerberechtigt.*
Vor der Eintragung muß das Schiff vom Bundesamt für Schiffsvermessung vermessen werden, was meist recht kostspielig ist. Einzelne Seeschiffsregister erkennen auch die Vermessung der internationalen Klassifikationsgesellschaften an (Germanischer Lloyd, Bureau Veritas usw.).
Das Schiffszertifikat stellt die völkerrechtliche Legitimation zur Teilnahme am internationalen Seeverkehr dar. Erst nach der Eintragung kann der Eigner mit dem Schutz der konsularischen Vertretungen rechnen.
Die freiwillige Eintragung ins Schiffsregister empfiehlt sich vor allem dann, wenn die Yacht vorwiegend in ausländischen Gewässern liegt.
Der **Internationale Bootsschein** (früher: Internationales Verbands-Zertifikat) **für Wassersportfahrzeuge** ersetzt zum Teil das Schiffszertifikat. Er wurde auf Grund einer UNO-Resolution von 1974 empfohlen und wird in nahezu allen europäischen Staaten anerkannt. Er enthält die Beschreibung und genauen Vermessungsdaten der Yacht und des Motors sowie Angaben zum Heimathafen und zur Person des Eigners (Name, Wohnsitz usw.).
Der Internationale Bootsschein gilt *nicht* als Eigentumsnachweis.
Ausgestellt wird der Internationale Bootsschein in Deutschland von den Dachverbänden, für Segelyachten also vom DSV. Er ist zwei Jahre lang gültig.

Das siebensprachige **Yachtzertifikat** der Kreuzer-Abteilung des DSV wurde speziell für die Mittelmeerländer entwickelt. Im Gegensatz zum Internationalen Bootsschein können in das Yachtzertifikat zusätzlich nautische und technische Anlagen eingetragen werden. Einen Eigentumsnachweis stellt es *nicht* dar, wohl aber ist es von den Landesbehörden intern als Identifizierungsnachweis zugelassen (außer in Frankreich). Seine Laufzeit beträgt zwei Jahre; eine Verlängerung ist möglich.

Beachte: Weder der Internationale Bootsschein noch das Yachtzertifikat der Kreuzer-Abteilung des DSV werden von den französischen Behörden anerkannt. Das Befahren der französischen Gewässer setzt den Besitz eines **Flaggenausweises** (Rechtslagebescheinigung) voraus, der für Segelyachten beim DSV zu beantragen ist.
Der von den Clubs ausgestellte **Standerschein** gilt als Nachweis dafür, daß das Schiff ins Vereinsregister aufgenommen ist, und berechtigt zum Führen des Vereinsstanders.

Personalpapiere
In deutschen Gewässern sollten Personalausweise, im Ausland Reisepässe der Crew mitgeführt werden.

Sonstige Papiere
- Führerscheine,
- Prüfatteste von Positionslaternen, für die noch ein Einzelattest ausgestellt wurde,
- Genehmigung für die Seefunkstelle,
- Kopie des Versicherungsscheines,
- Carnet oder Triptik.

Flaggenführung

Ein zur Seefahrt bestimmtes Schiff muß auf Grund des *Flaggenrechtsgesetzes* die Bundesflagge führen, wenn der Eigner Deutscher ist und seinen Wohnsitz im Geltungsbereich des Grundgesetzes hat. Wohnt der deutsche Eigentümer im Ausland, so darf sein Schiff die Bundesflagge nur führen, wenn es im Schiffsregister eingetragen ist.
Die Bundesflagge ist beim Einlaufen in einen Hafen und beim Auslaufen zu setzen. Ein Verstoß kann als Ordnungswidrigkeit geahndet werden.
Auf einer Slup wird die **Nationale** am Heck, auf einer Ketsch oder Yawl im Topp des Besanmastes gesetzt. Beim Regattasegeln wird keine Nationale geführt.
In ausländischen Gewässern und Häfen wird die **Flagge des Gastlandes** unter der Steuerbord-Saling gesetzt. In nordeuropäischen Ländern wird Wert gelegt auf die *Flaggenparade:* Von Mai bis September werden die Flaggen um 8 Uhr vorgeheißt, in den übrigen Monaten um 9 Uhr. Abends werden die Flaggen bei Sonnenuntergang eingeholt.

Führerscheine

Sportbootführerschein Binnen

Den Sportbootführerschein Binnen/ Motor braucht jeder, der ein Sportboot mit einem (Hilfs-)Motor von mehr als 5 PS (3,68 kW) auf den Binnenschiffahrtsstraßen führt.
Der Sportbootführerschein Binnen/ Segel ist derzeit nur für Berliner Gewässer amtlich vorgeschrieben.

Sportbootführerschein See

Auf den deutschen Seeschiffahrtsstraßen benötigt jeder, der ein Sportboot mit (Hilfs-)Motor führt, den amtlichen Sportbootführerschein See, falls die an der Propellerwelle abgegebene Leistung mehr als 5 PS (3,68 kW) beträgt. Dies gilt für Segel- und Motoryachten ohne Rücksicht darauf, ob der an Bord befindliche Motor in Betrieb ist oder nicht. Der Führerschein ist an Bord mitzuführen und auf Verlangen vorzuzeigen.
Der Sportbootführerschein See soll vor allem – dem Aufgabenbereich des Bundesverkehrsministeriums entsprechend – die Sicherheit und Leichtigkeit des Verkehrs auf den Seeschiffahrtsstraßen gewährleisten. Deshalb erstreckt sich die Prüfung vorwiegend auf Kenntnisse schiffahrtspolizeilicher Vorschriften (KVR und SeeSchStrO) sowie der Betonnung und Befeuerung.
Mit der Prüfungsabnahme sind der DSV und DMYV gemeinsam beauftragt. Sie haben zu diesem Zweck den *Koordinierungsausschuß* gebildet.

Führerscheine des DSV

Die Führerscheine des Deutschen Segler-Verbandes (DSV) dagegen verlangen ein Maximum an seglerischer Ausbildung, insbesondere sichere Schiffsführung und solide Seemannschaft. Sie sind deshalb auf allen Regatten vorgeschrieben und werden von den meisten Vercharterern und Versicherungen verlangt. Der Segelführerschein BR und der Sportbootführerschein See haben also eine unterschiedliche Zielsetzung: Für den Segelführerschein BR sind Kenntnisse des Segelns und der Schiffsführung im weitesten Sinn nötig; der Sportbootführerschein See beschränkt sich vor allem auf intensive Kenntnisse der Verkehrsregeln.

Es gibt folgende DSV-Führerscheine: Der **Führerschein A** (Binnenfahrt) umfaßt alle Binnengewässer außerhalb des Geltungsbereichs der KVR.
Der **Führerschein R** (Revierfahrt) umfaßt ortsnahe Bereiche im Geltungsbereich der KVR (z. B. Kieler Förde, Unterelbe bis zur Kugelbake).
Der **Führerschein BR** (Küstenfahrt) umfaßt alle Gewässer im Geltungsbereich der KVR innerhalb eines 12-sm-Bereiches.
Der **Führerschein BK** (Große Küstenfahrt) umfaßt die gesamte Ostsee, die Gewässer zwischen Nord- und Ostsee, die Nordsee bis 61° nördliche Breite *(Sognefjord/Shetland-Inseln)* einschließlich der englischen Ostküste und des Kanals bis zur Linie *Lizard-Point/Isle d'Ouessant,* das Mittelmeer sowie außerhalb dieser Grenzen alle Küstengewässer innerhalb eines 30-sm-Bereiches.
Der **Führerschein C** (Seefahrt) umfaßt alle Gewässer im Geltungsbereich der KVR.

Sport(hoch)seeschifferzeugnis

Außerdem gibt es das Sportsee- und Sporthochseeschifferzeugnis, das von den staatlichen Fachhochschulen für Seefahrt ausgegeben wird. Die Prüfung umfaßt nur einen theoretischen Teil. Das Sportseeschifferzeugnis entspricht etwa der theoretischen BK-Schein-Prüfung, das Sporthochseeschifferzeugnis etwa der theoretischen C-Schein-Prüfung.

Wichtige Adressen

Deutscher Segler-Verband (DSV)
Gründgensstraße 18
2000 Hamburg 60

Deutscher Motoryachtverband (DMYV)
Gründgensstraße 18
2000 Hamburg 60

Koordinierungsausschuß des DMYV und des DSV
Gründgensstraße 18
2000 Hamburg 60

Deutsches Hydrographisches Institut (DHI)
Bernhard-Nocht-Straße 78
2000 Hamburg 4

Vertriebsstellen des DHI:
Deutsches Seekarten-Berichtigungs-Institut, Bade & Hornig
Stubbenhuk 10
2000 Hamburg 11
Schiffahrtsbuchhandlung
Eckardt & Meßtorff
Rödingsmarkt 16
2000 Hamburg 11
Seekarte, Kpt. Dammeyer
Korffsdeich 3
2800 Bremen 1
Nautischer Dienst, Kpt. Stegmann
Maklerstraße 8
2300 Kiel-Holtenau 17

Führerschein-vorschrift des DSV

Im folgenden werden die für den BR-Schein-Kandidaten wesentlichen Bestimmungen der *Führerscheinvorschrift* des DSV vom 1. 5. 1969 in der Fassung vom 4. 2. 1984 und der dazugehörigen Durchführungsvorschrift wiedergegeben.

Prüfungsverfahren

Die Prüfung besteht aus einem theoretischen und einem praktischen Teil. Die theoretische Prüfung ist schriftlich und mündlich durchzuführen; die praktische Prüfung ist auf einer geeigneten Yacht bei ausreichenden Windverhältnissen im entsprechenden oder vom DSV für geeignet erklärten Fahrtbereich abzuhalten.
Die Wiederholung der Prüfung ist sowohl für den theoretischen wie den praktischen Teil frühestens nach 1 Monat zulässig.
Sportsee- und Sporthochseeschifferzeugnisse können als theoretische Prüfung angerechnet werden, wenn sie nicht älter als 2 Jahre sind. Die Prüfung für den amtlichen Sportbootführerschein wird nicht anerkannt.

Voraussetzungen

Für die Erteilung des Führerscheines müssen folgende Bedingungen erfüllt sein:
a) *Mindestalter:* Der Kandidat muß das 16. Lebensjahr vollendet haben.
b) *Tauglichkeit:* Durch ein ärztliches Zeugnis (Vordruck des DSV) muß der Kandidat nachweisen, daß seine Sehschärfe sowie sein Hörvermögen ausreichen und daß er farbtüchtig ist. Die Sehschärfe gilt als ausreichend, wenn sie mit oder ohne Augengläser mindestens auf dem einen Auge 0,7 und auf dem anderen Auge 0,5 und die addierte Sehschärfe beider Augen ohne Augengläser 0,15 beträgt. Dabei muß auf dem schlechteren Auge ausreichendes Orientierungsvermögen gegeben sein.
c) *Erste Hilfe:* Es ist der Nachweis über Kenntnisse in Erster Hilfe zu erbringen, und zwar mindestens im Umfang der „Sofortmaßnahmen am Unfallort" unter Berücksichtigung der Verhältnisse in der Sportschiffahrt.
d) *Erfahrungsnachweis:* Der Bewerber muß
- entweder den A- oder R-Schein des DSV besitzen und mit ihm mindestens 6 Fahrtentage mit ca. 250 sm
- oder mindestens 12 Fahrtentage mit insgesamt 300 sm

außerhalb des Bereiches der Binnenfahrt gesegelt sein, wobei mehrere verschiedene Häfen angelaufen wurden.

Prüfungsfächer

Über die Anforderungen für den A-Schein hinaus erstreckt sich die Prüfung auf folgende Fächer:
1. Seemannschaft:
Seemännische Arbeiten: Knoten, Spleißen, Takling.
Motorenkenntnis und -behandlung: Getriebe bzw. Umsteuerung, Welle und Schraube, Stevenrohr und Buchsen.
Yacht- und Schiffsbaukunde: Bauart, Takelung und Einrichtung seegehender Yachten; Stabilität, Lateral- und Segeldruckpunkt, Hauptarten der Handelsfahrzeuge, soweit zur Beurteilung von Ausweichfällen erforderlich.
Yachtbedienung und Yachtführung: Schiffsmanöver bei jedem Wetter, Segeln und Manövrieren im Strom, Beidrehen, Beibootbedienung, Anker und Leinen ausfahren, Steuern nach Kompaß, Verhalten bei Schleppfahrten, in Schleusen, bei Havarien, bei Strandungen, Bergungen und Verladung, Verhalten bei Nebel, Kenntnis der Notsignale und ihrer Handhabung, Kenntnis der Rettungsmaßnahmen durch Hubschrauber, Umweltschutz.
Als freiwillige Zusatzprüfung: Handhabung der Notsignale.

2. Navigation:
Magnetkompaß, Peilscheibe, Logge, Lot, Arbeiten in der Seekarte unter Berücksichtigung von Mißweisung, Ablenkung, Abdrift und Stromdreieck, zeichnerisches Koppeln, Bestimmung des Kompaßkurses und des Kartenkurses, Schiffsortbestimmung aus Peilungen, Feuer in der Kimm, Umgang mit Tidenkalender und Handbüchern sowie Leuchtfeuerverzeichnis.

3. Rechtskunde:
Bezeichnung der Küstengewässer (Betonnung, Befeuerung, Nebelschallsignale), Seeverkehrsrecht (Kollisionsverhütungsregeln, Seeschiffahrtstraßen-Ordnung, Grundkenntnisse der heimischen Hafenordnungen), Schiffspapiere (Standerschein, Befähigungsnachweise, Personalpapiere, Schiffstagebuch). Grundkenntnisse der Sicherheitsvorschriften entsprechend den Richtlinien der Kreuzer-Abteilung des DSV. Verhalten bei Seeunfällen (Grundkenntnisse), Zoll, Yachtgebräuche, Grundkenntnisse der Wettsegelbestimmungen.

4. Wetterkunde:
Auswertung der durch Rundfunk und Fernsehen verbreiteten Wetter- und Seewetterberichte. Lesen einer amtlichen Wetterkarte, Auswertung eigener Wetterbeobachtungen, Gewitterbildung, Kalt- und Warmfront.

Anhang: Teil 1

Fragen- und Antwortenkatalog
für die Prüfung über Seenotsignalmittel
(Sachkundenachweis nach dem Waffengesetz und Voraussetzung für die Befreiung nach dem Sprengstoffgesetz)
im Rahmen einer Prüfung für Wassersportführerscheine

Notsignale

A. Allgemeines

1. Was versteht man unter pyrotechnischen Seenotsignalen?

Notsignale, welche mit Hilfe explosionsgefährlicher Stoffe ausgelöst werden.

2. Welche pyrotechnischen Seenotsignale unterliegen dem Waffengesetz?

Die Signalpistole und die hierfür bestimmte Munition.

3. Welche pyrotechnischen Seenotsignale unterliegen dem Sprengstoffgesetz?

Alle pyrotechnischen Seenotsignale, die nicht aus einer Signalpistole abgeschossen werden, wie Signalraketen, Fallschirmsignalraketen, Handfackeln und Rauchsignale.

4. Welche pyrotechnischen Seenotsignale kennen Sie?

Signalraketen rot
Fallschirmsignalraketen rot
Handfackeln rot
Rauchsignale orange
Lichtrauchsignale

5. Welche Farbe haben pyrotechnische Seenotsignale?

Rot mit Ausnahme des Rauchsignals, das orangefarbenen Rauch entwickelt.

6. Wann dürfen pyrotechnische Seenotsignale verwendet werden?

Nur im Seenotfall, d. h., wenn angezeigt werden soll, daß Gefahr für Leib und Leben der Besatzung und daher die Notwendigkeit zur Hilfe besteht.

7. Was ist bei allen steigenden Seenotsignalen unbedingt zu beachten?

1. Auf freies Schußfeld achten,
2. Signal senkrecht in Schußrichtung nach oben halten,
3. beim Handhaben und Abfeuern nicht auf Personen richten und selbst nicht mit Körperteilen vor die Mündung kommen,
4. nicht an Versagern hantieren, sondern diese über Bord werfen.

8. Worin liegt die Gefährlichkeit pyrotechnischer Gegenstände?

Es besteht Explosions-, Feuer- und Verletzungsgefahr.

9. Welche pyrotechnischen Seenotsignale dürfen Sie nur verwenden?

Die Signalpistole Kaliber 4 (26,5 mm) und die von der Physikalisch-Technischen Bundesanstalt (PTB) zugelassenen Signalwaffen einschließlich Munition bzw. die von der Bundesanstalt für Materialprüfung (BAM) zugelassenen sonstigen Notsignale.

10. Was für Vorteile haben Signalraketen bzw. Signalpatronen, die mit Fallschirmen ausgerüstet sind, gegenüber Signalsternen?	Wegen geringerer Sinkgeschwindigkeit (5 m/s) ist eine längere Brenndauer möglich; dadurch haben sie einen höheren Aufmerksamkeitswert.
11. Worüber sollten Sie sich sofort nach dem Erwerb pyrotechnischer Seenotsignale informieren?	Gebrauchsanweisung sorgfältig bis zu Ende lesen, und nicht erst im Notfall.
12. Wie lang ist die Verbrauchsdauer pyrotechnischer Seenotsignale bei sachgemäßer Lagerung?	Soweit auf dem einzelnen Gegenstand nichts anderes vermerkt ist, 2 bzw. 3 Jahre.
13. Woraufhin sind pyrotechnische Seenotsignale ständig zu überwachen, damit die Funktionsfähigkeit gewährleistet ist?	1. Herstellungsdatum bzw. Verbrauchsdauer beachten, 2. auf Korrosion oder Beschädigung achten.
14. Was verkürzt die Verbrauchsdauer pyrotechnischer Seenotsignale bzw. macht sie evtl. gefährlicher?	1. Feuchtigkeit, 2. Korrosion, 3. hohe Lagertemperaturen, 4. mechanische Beschädigung.
15. Wie sind pyrotechnische Seenotsignale während der Fahrt aufzubewahren?	1. Kühl und trocken, 2. leicht zugänglich in unverschlossenen Behältern.
16. Wie sind pyrotechnische Seenotsignale an Bord im Hafen und an Land aufzubewahren?	1. Kühl und trocken, 2. dem Zugriff Unbefugter entzogen.
17. Was machen Sie mit überlagerten pyrotechnischen Seenotsignalen?	Über den Handel zurückgeben oder Delaborierbetrieben übergeben. Keinesfalls als Feuerwerkskörper verwenden.
18. Wem dürfen Seenotsignale überlassen werden?	Nur berechtigten Personen im Sinne des Waffen- und Sprengstoffrechts.
19. Was haben Sie nach dem Erwerb einer erlaubnispflichtigen Signalpistole zu tun?	Innerhalb von 2 Wochen nach dem Erwerb habe ich der zuständigen Behörde den Erwerb schriftlich anzuzeigen und die Waffenbesitzkarte zur Eintragung des Erwerbs vorzulegen.
20. Was müssen Sie tun, wenn Ihnen Signalmittel oder Waffen abhanden kommen?	Den Verlust der zuständigen Ordnungsbehörde unverzüglich anzeigen.
21. Dürfen Sie Seenotsignalmittel in öffentlichen Verkehrsmitteln befördern?	Nein.

B. Zusätzliche Fragen für den Erwerb einer Waffenbesitzkarte nach dem Waffengesetz

22. Für welche Signalwaffe benötigen Sie eine Erlaubnis der zuständigen Behörde?

Für Signalwaffen mit einem Patronenlager von mehr als 12 mm Durchmesser.

23. Welche Signalwaffen können frei erworben und mitgeführt werden?

Signalwaffen mit dem Zulassungszeichen der Physikalisch-Technischen Bundesanstalt (PTB).

24. Wozu berechtigt eine Waffenbesitzkarte?

Zum Erwerb einer Signalpistole, zu ihrer bestimmungsgemäßen Verwendung in einer Notlage, zur Aufbewahrung in der Wohnung und zum Transport einer nicht schußbereiten und nicht zugriffsbereiten Signalpistole von seiner Wohnung zu seinem Sportboot und zurück. Zur Mitnahme und zur Aufbewahrung an Bord berechtigt die Waffenbesitzkarte nicht, wenn das Boot nicht über Einrichtungen verfügt, die ein Wohnen (z. B. einen Aufenthalt zur Freizeitbeschäftigung und ähnlichem) auf ihm gestatten. Verfügt das Boot nicht über solche Einrichtungen, so bedarf es zusätzlich eines Waffenscheines.

25. Worin liegt der wesentliche Unterschied zwischen einem Waffenschein und einer Waffenbesitzkarte?

Ein Waffenschein berechtigt abweichend von der Waffenbesitzkarte zum Führen einer Schußwaffe in der Öffentlichkeit.

26. Bei welcher Behörde ist eine Waffenbesitzkarte zu beantragen?

Bei der zuständigen Ordnungsbehörde.

27. Welche Voraussetzungen müssen gegeben sein, um eine Waffenbesitzkarte erwerben zu können?

Der Bewerber muß
- das 18. Lebensjahr vollendet haben,
- zuverlässig, sachkundig und körperlich geeignet sein,
- und es muß ein Bedürfnis vorliegen.

28. Wie kann ein Wassersportler nachweisen, daß ein Bedürfnis für den Erwerb einer Signalpistole vorliegt?

Durch genaue Angabe des Verwendungszwecks und durch Vorlage von Unterlagen, aus denen der Besitz eines seegängigen Wasserfahrzeugs (Kaufvertrag, Chartervertrag, Versicherungspolice, Standerschein, Internationales Verbandszertifikat usw.) oder die Verwendung für Lehr- und Prüfungszwecke hervorgehen.

29. Welche behördlichen Papiere oder Erlaubnisse berechtigen zum Erwerb von erlaubnispflichtiger pyrotechnischer Munition?

Die Waffenbesitzkarte mit Munitionserwerbsberechtigung oder der Munitionserwerbsschein.

30. Mit welchen Zeichen ist die Signalmunition gekennzeichnet?

1. Bezeichnung der Munition und der Verbrauchsdauer.
2. Bei Seenotsignalen rot durchgehende Rändelung des Patronenbodens und roter Lackverschlußdeckel.

31. Welche Ausweispapiere sind beim Führen einer Signalpistole mitzuführen?

Der Personalausweis, Paß oder Dienstausweis, die Waffenbesitzkarte und erforderlichenfalls der Waffenschein.

32. Wie ist eine Signalpistole an Bord eines Wassersportfahrzeuges aufzubewahren?

Es sind Vorkehrungen zu treffen, um zu verhindern daß die Signalpistole abhanden kommt oder dritte sie unbefugt an sich nehmen.

33. Wie ist pyrotechnische Munition zu lagern?

Möglichst originalverpackt, kühl und trocken und dem Zugriff Unbefugter entzogen.

34. Welche Steighöhe und Leuchtdauer haben Fallschirmsignalpatronen?

Steighöhe mindestens 300 m, Leuchtdauer mindestens 30 s.

35. Wie verhalten Sie sich bei Versagern?

Waffe in Schußrichtung belassen, über Kopf erneut spannen und nochmals abschießen, bei erneutem Versagen die Waffe mit nach oben gerichtetem Lauf außenbords öffnen und den Versager herausgleiten lassen.

36. Erläutern Sie die Handhabung der Signalpistole im Notfall!

Bei abwärts gerichteter Mündung Waffe öffnen, Patrone einführen, Waffe schließen, Waffe über Augenhöhe heben, Hahn spannen – schießen.

C. Zusätzliche Fragen für den Erwerb, die Aufbewahrung und die Verwendung von pyrotechnischen Notsignalen nach dem Sprengstoffgesetz

37. Welche pyrotechnischen Seenotsignale können erlaubnisfrei erworben werden?

Die der Unterklasse T_1, d. h. Handfackeln rot und bestimmte Rauchsignale von jedem, der das 16. Lebensjahr vollendet hat.

38. Welche erlaubnispflichtigen pyrotechnischen Seenotsignale dürfen Wassersportler mit einem im Führerschein eingedruckten Befreiungsvermerk erwerben?

Die der Unterklasse T_2, d. h. Signalraketen rot, Fallschirmsignalraketen rot und bestimmte Rauchsignale.

39. Woran erkennen Sie an einem pyrotechnischen Seenotsignal, um welche Unterklasse es sich handelt?

Am Zulassungszeichen: BAM-PT_1 . . . oder BAM-PT_2 . . .

40. Wer darf pyrotechnische Seenotsignale der Klasse T verwenden?

Jeder, der damit anzeigen will, daß ein Seenotfall vorliegt, d. h., daß Gefahr für Leib oder Leben der Besatzung und daher die Notwendigkeit zur Hilfe besteht.

41. Wie lang ist die Brenndauer einer Seenot-Handfackel?

Ihre Brenndauer beträgt 30 bis 60 s.

42. Welche Arten von Zündern werden bei Seenot-Handfackeln gewöhnlich verwendet und wie funktionieren sie?

1. Reibkopf-Zündung – funktioniert wie ein Streichholz, das eine Verzögerung oder direkt den Leuchtsatz zündet.
2. Reißzünder – ein Draht im Inneren wird durch einen reibempfindlichen Satz gezogen, Weiterzündung wie 1.

43. Was ist sicherheitstechnisch bei der Verwendung von Seenot-Handfackeln zu beachten?

1. Gebrauchsanweisung beachten.
2. In jedem Fall die brennenden Fackeln grundsätzlich nach Lee waagerecht so halten, daß versprühende Ascheteile keine Verletzungen (Hand, Augen) verursachen oder das Fahrzeug beschädigen.

44. Beschreiben Sie den allgemeinen Aufbau eines Rauchsignals!

In einem Behälter befindet sich ein Zünder (meist Reißzünder) mit Verzögerung, der mindestens 4 Minuten lang orangefarbenen Rauch abgibt.

45. Was ist bei der Verwendung von Rauchsignalen zu beachten?

Rauchsignale nur am Tage und bei geringen Windstärken gebrauchen. Die Zündung erfolgt durch Reißschnur, die unter einer abschraubbaren Schutzkappe liegt. Nach der Zündung ist das Rauchsignal zur Leeseite außenbords zu werfen.

46. Was wissen Sie über Steighöhe und Brenndauer von Signalraketen?

Steighöhe 100 bis 300 m, Brenndauer mindestens 30 s.

47. Fallschirmsignalraketen und Handfackeln sind bei klarem Wetter unterschiedlich weit zu sehen. Welche Signale verwenden Sie den Umständen entsprechend?

Fallschirmsignalraketen, um ein entferntes Fahrzeug auf eine Notlage aufmerksam zu machen und grob in die Richtung einzuweisen: Handfackeln, um die genaue Position bei größerer Annäherung kenntlich zu machen.

48. Dürfen Sie pyrotechnische Gegenstände selbst herstellen und bearbeiten?

Nein, nur als Inhaber einer Erlaubnis nach dem Sprengstoffgesetz.

Anhang Teil 2: Fragenkatalog Segelführerschein BR

Die Prüfungsfragen für die schriftliche BR-Schein-Prüfung setzen sich zusammen aus
- **den folgenden 220 Prüfungsfragen für den BR-Schein und**
- **den 342 Prüfungsfragen für den amtlichen Sportbootführerschein See, die auf den Seiten 218 ff. komplett wiedergegeben sind.**

Hinzu kommen
- **die Kartenaufgabe (S. 212 f.) und**
- **die Gezeitenaufgaben (S. 216 f.).**

Die Prüfungsfragen des Fragenkataloges Segelführerschein BR und des amtlichen Sportbootführerscheines See entsprechen dem derzeitigen Umfang der schriftlichen Prüfungsanforderungen, die nach Sachgebieten und Gewichtung anteilig in die verschiedensten Prüfungsbögen eingearbeitet sind.
Die Modellantworten sollen dem Bewerber die Formulierung der Antworten erleichtern, ohne den Anspruch auf wortgetreue Wiedergabe zu erheben, so daß die sinngemäße Beantwortung der einzelnen Fragen zulässig ist.
Der Deutsche Segler-Verband behält sich vor, diese Prüfungsfragen jederzeit den jeweiligen Bedürfnissen anzupassen, zu ergänzen und durch andere Fragen im Rahmen der abgegrenzten Lernziele zu ersetzen.

Zeichenerklärung

Hinweis	**O**	1 Punkt erreichbar
	O O	2 Punkte erreichbar
	O O O	3 Punkte erreichbar
	O O O O	4 Punkte erreichbar

1. Seemannschaft

Seemännische Arbeiten

Umgang mit Tauwerk

1 O
Nennen Sie drei gebräuchliche Materialien, aus denen Tauwerk hergestellt wird!
Naturfaser, Kunststoffaser, Draht (Niro).

2 O
Wie bezeichnet man die Schlagart bei dreikardeeligem Tauwerk?
Trossenschlag.

3 O
Wofür verwendet man Polypropylen-Tauwerk, und welche besonderen Eigenschaften hat es?
Als Wurfleine, Sicherheitsleine, Schleppleine; es ist schwimmfähig.

4 O
Wie heißt der nachstehend abgebildete Knoten?

Rundtörn mit zwei halben Schlägen.

5 O
Wie heißt der nachstehend abgebildete Knoten?

Slipstek.

6 O
Wie heißt der nachstehend abgebildete Knoten?

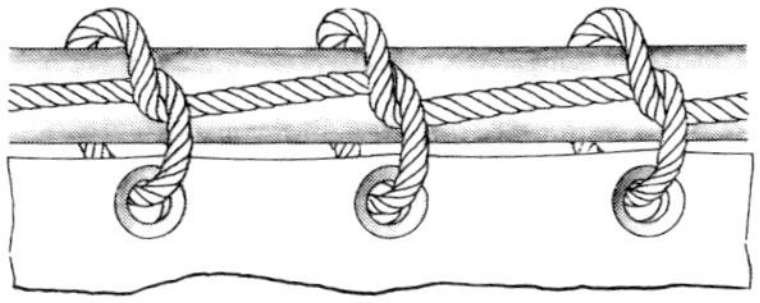

Marlschlag.

7 O O
Wie heißt der nachstehend abgebildete Spleiß, und wozu dient er?

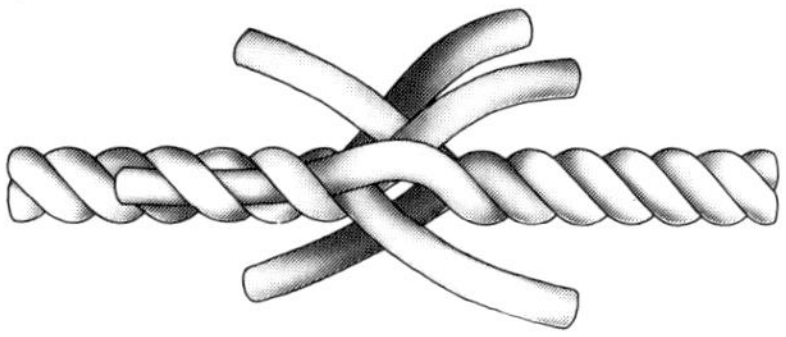

Kurzspleiß, man verbindet damit die beiden Parten eines gebrochenen, geschlagenen Endes.

8 O
Wozu dient der Augspleiß?
Der Augspleiß dient zur Herstellung eines dauerhaften Auges.

9 O
Wie heißt der nachstehend abgebildete Takling?

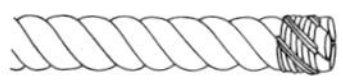

Genähter Takling.

Arbeiten im Bordbereich

10 O
Weshalb muß eine an Land für einen längeren Zeitraum abgestellte Kielyacht, insbesondere ein Holzrumpf mit großen Überhängen, sorgfältig aufgepallt werden?
Um Verformungen des Rumpfes zu vermeiden.

11 O
Worauf ist zu achten, wenn ein Boot mit einer Winterplane abgedeckt wird?
Das Boot muß so abgedeckt werden, daß ausreichende Belüftung des Bootskörpers und des Bootsinneren sichergestellt ist.

12 O O
Weshalb muß beim Abdecken eines Bootes mit einer Winterplane auf ausreichende Belüftung des Bootskörpers und des Bootsinneren geachtet werden?
Damit durch die Luftzirkulation die Restfeuchtigkeit aufgenommen werden kann und Schäden durch Frost, Schimmel oder Verrottung vermieden werden.

13 O
Weshalb sollen vor dem Winterlager Trockenbatterien aus den Geräten entfernt werden?

Weil Trockenbatterien auslaufen und erhebliche Schäden an den Geräten verursachen können.

14 O
Wann soll das Unterwasserschiff gereinigt werden, wenn das Boot ins Winterlager kommt (Begründung)?

Das Unterwasserschiff soll unmittelbar nach dem Aufslippen gereinigt werden, weil sich der Bewuchs im noch nassen Zustand am leichtesten entfernen läßt.

15 OOO
Wie und in welcher Reihenfolge soll das Unterwasserschiff behandelt werden, wenn das Boot ins Winterlager kommt?

Nach dem Aufslippen Unterwasserschiff reinigen und Bewuchs entfernen. Nach dem Abtrocknen Ausbesserungsarbeiten und Grundkonservierung vornehmen. Bewuchsverhindernde Farben dann erst vor dem Einsetzen im Frühjahr aufbringen.

16 O
Weshalb sollen Sie, vor allem bei stärkerem Wind, Segel nicht über einen längeren Zeitraum killen lassen?

Weil dadurch das Segel beschädigt werden kann (Rißbildung, Aufgehen der Nähte, Ausreißen der Lattentaschen usw.).

17 O
Wodurch können Sie verhindern, daß die Segel an der Salingnock beschädigt werden?

Durch Abweiser wie Niro-Bügel, Rollen oder Plastikkugeln.

18 O
Wodurch können Sie verhindern, daß z. B. Festmacher durch Schamfilen in Klüsen oder an den Kanten der Pier beschädigt werden?

Durch ein Stück Plastikschlauch oder durch provisorisches Bekleben des Tauwerks mit einem Tuchstreifen.

19 OO
Worauf ist bei der Verwendung von Drahttauwerk als laufendes Gut zu achten, damit Schäden vermieden werden?

Daß der Blockscheibendurchmesser auf das Tauwerk abgestimmt ist und das Drahttau keine Kinken bildet.

20 OO
Mit welchen Leinen muß ein längsseits liegendes Schiff festgemacht sein, und wodurch können Sie den Schiffsrumpf gegen Beschädigung schützen?

Mit Vor- und Achterleine und Vor- und Achterspring. Es muß außerdem eine ausreichende Anzahl von Fendern ausgebracht werden.

21 OO
Weshalb sollen Sie die Überlängen der Festmacher, wenn Sie an der Pier festgemacht haben, nicht an Land, sondern stets an Deck aufschießen?

Weil sich das an Land belegte kürzere Ende schneller einholen läßt und die aufgeschossene Part an Deck weniger stört und geschont wird.

22 OO
Weshalb sollen Sie, wenn Sie vor Buganker mit dem Heck zur Pier festgemacht haben (Ring oder Poller), die beiden Achterleinen doppelt führen und an Deck belegen?

Weil dadurch das Schiff achtern ohne helfende Personen an Land losgemacht werden kann. Außerdem kann so das Schiff beim Ankeraufgehen bei ungünstigem Wind gut geführt werden.

23 OO
Worauf sollten Sie bezüglich der Stellung des Mastes achten, wenn Sie mit mehreren Schiffen dicht gedrängt vor Buganker und Heck zur Pier festgemacht haben?

Das Schiff so festmachen, daß die Masten gegeneinander versetzt sind und sich bei Schwell nicht verhaken und beschädigt werden.

24 OO
Weshalb müssen Spannschrauben gesichert und ständig kontrolliert werden?

Damit sie sich nicht lösen können. Vor allem wegen der ständigen Bewegung des Schiffes im Seegang ist die laufende Kontrolle notwendig.

25 O
Weshalb müssen Koch- und Heizeinrichtungen an Bord sorgfältig bedient und gewartet werden?

Um Brand- oder Explosionsgefahr zu vermeiden.

26 O
Warum soll bei Yacht-WCs mit Seewasserspülung nach jeder Benutzung das Seeventil wieder geschlossen werden?

Damit bei starker Krängung kein Wasser durch die Toilette ins Schiff dringen kann.

27 O
Wie vermeidet man das Schamfilen und laute Schlagen außenlaufender Fallen am Mast bei starkem Wind, wenn keine Segel gesetzt sind?

Fallen durch Gummistropp zum Want vom Mast abhalten.

28 O
Welche zusätzliche Einrichtung sollte aus Gründen der Sicherheit bei einer Gaskocheranlage an Bord sein?

Ein Warngerät mit optischer und akustischer Anzeige.

29 O
Weshalb sollte außer Ihnen als Schiffsführer mindestens noch eine weitere Person Anordnung und Bedienung sämtlicher Pumpen an Bord kennen?

Damit die Pumpen auch ohne meine persönliche Hilfe jederzeit bedient werden können.

30 OOO
Wodurch können Sie sicherstellen, daß sämtliche Seeventile an Bord auch ohne Ihr persönliches Eingreifen augenblicklich bedient werden können?

Indem ich meine Mitsegler in die Bedienung der Seeventile einweise und eine Skizze über die Anordnung sämtlicher Ventile anfertige. Außerdem darf der Zugang zu den Ventilen nicht durch Staugut versperrt sein.

31 O
Weshalb sollten Sie als Schiffsführer ihre Mitsegler vor Antritt der Reise mit der Bedienung des Ankergeschirrs vertraut machen?

Damit der Anker auch ohne mein persönliches Eingreifen jederzeit ohne Verzögerung ausgebracht oder aufgeholt werden kann.

32 OOO
Was gehört zur Mindestausrüstung des Reparatursatzes eines Bootes, um kleinere Schäden mit Bordmitteln beheben zu können?

Gutes, auch für die Maschinenanlage geeignetes Werkzeug und die wichtigsten Ersatzteile gem. Betriebsanleitung. Allgemein sollten vorhanden sein: verschiedene Schäkel, Seilklemmen, Schrauben, Dichtungsmaterialien, Schlauchklemmen, Ersatzlampe für die Positionslaterne, Isolierbänder, Segelreparaturzeug und Reserve-Tauwerk.

Trailertransport

33 O
Welche Vorschriften sind für einen Trailertransport zu beachten?

Die Vorschriften der Straßen-Verkehrs-Zulassungsordnung.

34 O O O
Was beinhalten die wichtigsten Vorschriften der Straßen-Verkehrs-Zulassungsordnung für den Trailertransport?

Hinweise über max. Länge und Breite des Transportzuges; max. Gewichte für ungebremste und gebremste Pkw-Trailer; Sicherung des Transportzuges; Kennzeichnung bei Tage und bei Dunkelheit; zulässige Geschwindigkeiten.

Yacht- und Schiffbaukunde

Bauart von Yachten

35 O O
Welche Materialien kommen bei der Herstellung von Bootsrümpfen zur Anwendung?

Vollholz, Sperrholz, Stahl, Aluminium, GfK, Ferrozement.

36 O O
Nennen Sie die wichtigsten tragenden Elemente (Gerippe) einer Yacht in Vollholzbauweise.

Kiel, Kielschwein, Steven, Bodenwrangen, Spanten, Längsstringer (Balkweger), Decksbalken, Spiegel.

37 O
Wie nennt man beim Vollholzbau die Beplankungsart, bei der die Holzplanken in Längsrichtung so aneinandergefügt sind, daß eine glatte Außenhaut entsteht?

Karweelbeplankung.

38 O
Wie nennt man beim Vollholzbau die Beplankungsart, bei der die Holzplanken in Längsrichtung dachziegelförmig überlappen?

Klinkerbeplankung.

39 O
Wie nennt man die nachstehend abgebildete Bugform?

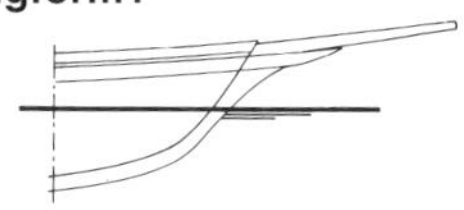

Klippersteven.

40 O
Wie nennt man die nachstehend abgebildete Heckform?

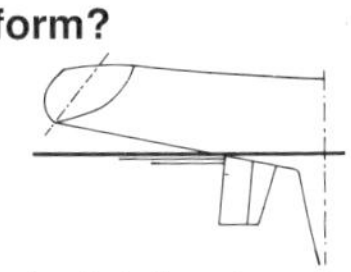

Yachtheck mit einfallendem Spiegel.

41 O
Wie nennt man die nachstehend abgebildete Heckform?

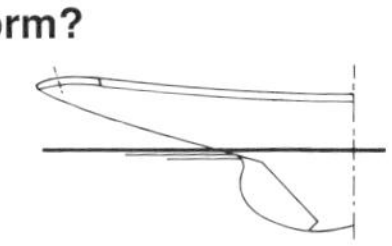

Yachtheck.

42 O
Wie nennt man die nachstehend abgebildete Heckform?

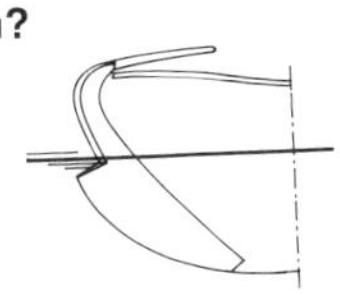

Spitzgatt-Heck.

43 O
Wie nennt man die nachstehend abgebildete Spantform?

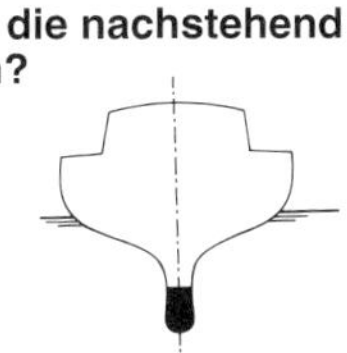

Rundspant (mit S-Schlag).

44 O
Wie nennt man den nachstehend skizzierten Lateralplan?

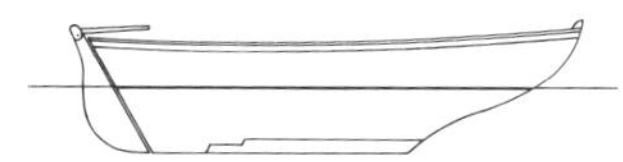

Langgestreckter Lateralplan.

45 O
Wie nennt man den nachstehend skizzierten Lateralplan?

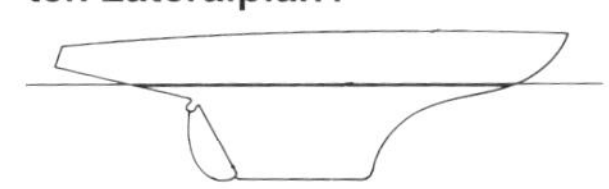

Konzentrierter Lateralplan.

46 O O
Was verstehen Sie
a) unter einer Kielyacht,
b) unter einer Kielschwertyacht?

a) Die Kielyacht hat einen mit dem Bootsrumpf fest verbundenen Ballastkiel;

b) die Kielschwertyacht hat einen wenig tiefgehenden Ballastkiel und zusätzlich ein durch diesen Ballastkiel absenkbares Schwert.

47 O O O
Was bedeuten die Begriffe
a) Konstruktionswasserlinie,
b) Länge in der Schwimmwasserlinie,
c) Länge über alles?

a) Die vom Konstrukteur vorgesehene Wasserlinie;

b) die effektive Wasserlinie des segelfertigen Schiffes;

c) die Länge des gesamten Bootes einschl. eines eventuell vorhandenen Auslegers, wie z. B. Klüverbaum.

48 O
Wie nennt man den aus nachstehender Abbildung erkennbaren Deckssprung?

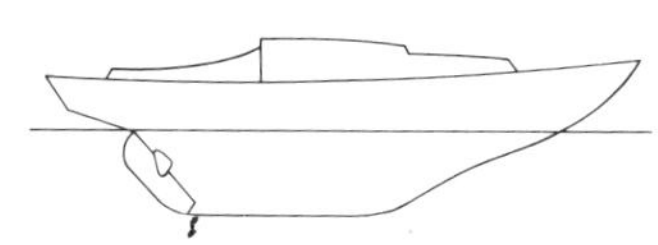

Positiver Deckssprung.

49 O
Wie nennt man den aus nachstehender Abbildung erkennbaren Deckssprung?

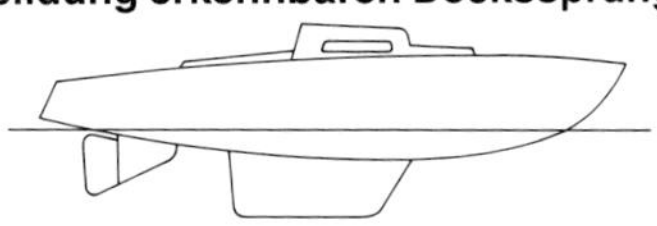

Negativer Deckssprung.

50 O O
Was versteht man unter dem Begriff „Deckssprung"?

Die positiv oder negativ verlaufende Kurve der Deckslinie in der Längsschiffsebene.

51 O O
Wie muß das Cockpit einer seegehenden Yacht aus Sicherheitsgründen beschaffen sein?

Gegen den Niedergang abgeschottet und selbstlenzend.

52 O O
Welche Vorrichtung muß jede seegehende Yacht zum Schutz der Segler an Deck haben?

Eine ausreichend hohe und kräftige Seereling.

Takelung, stehendes und laufendes Gut

53 O
Um welche Taklungsart handelt es sich bei dem nachstehend abgebildeten Fahrzeug?

Um eine Slup.

54 O
Um welche Taklungsart handelt es sich bei dem nachstehend abgebildeten Fahrzeug?

Um eine Yawl.

55 O
Um welche Taklungsart handelt es sich bei dem nachstehend abgebildeten Fahrzeug?

Um eine Ketsch.

56 O
Um welche Taklungsart handelt es sich bei dem nachstehend abgebildeten Fahrzeug?

Um einen hochgetakelten (modernen) Kutter.

57 O
Um welche Taklungsart handelt es sich bei dem nachstehend abgebildeten Fahrzeug?

Um einen gaffelgetakelten (klassischen) Kutter.

58 O O
Woran erkennen Sie einen Kutter?

Der Kutter hat einen Mast und mindestens zwei Vorsegel.

59 O O
Woran erkennen Sie eine Ketsch?

Die Ketsch hat zwei Masten, wovon der achtere, kleinere Besan innerhalb der Wasserlinie steht.

60 O O
Woran erkennen Sie eine Yawl?

Die Yawl hat zwei Masten, wovon der achtere, kleinere Besan (auch Treiber genannt) außerhalb der Konstruktionswasserlinie steht.

61 O O
Was ist ein Backstag, und wozu dient es?

Ein losnehmbares Stag, das den Mast schräg nach achtern hält.

62 O O O
Benennen Sie die einzelnen Teile des Riggs und des stehenden Gutes gemäß nachstehender Abbildung.

1. Mast
2. Saling
3. Vorstag
4. Babystag
5. Achterstag
6. Oberwant
7. Unterwant
8. Mittelwant
9. Obersaling
10. Backstag

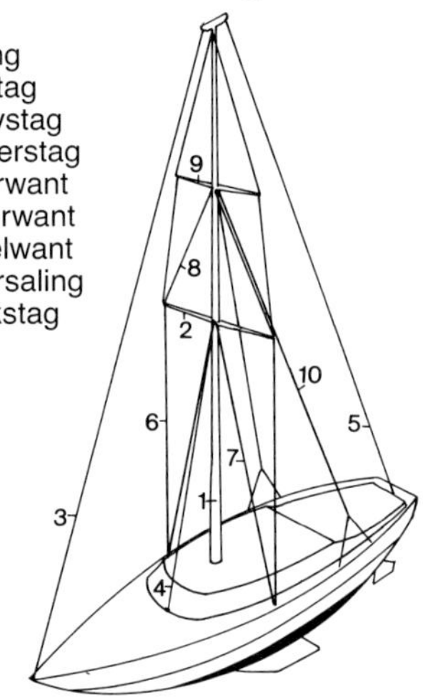

63 O
Benennen Sie die einzelnen Teile des Riggs gem. nachstehender Abbildung.

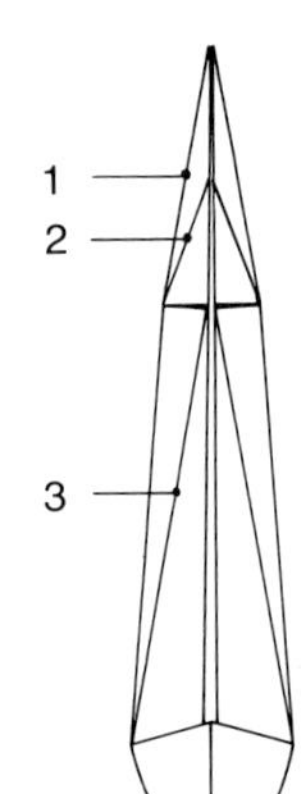

1. Oberwant
2. Mittelwant
3. Unterwant

64 O O
Was sind Püttings, und wozu dienen sie?

Püttings sind Metallbänder, die mit dem Bootskörper fest verbunden sind und an denen über Spannschrauben die Wanten befestigt werden.

65 O O
Wozu dienen Spannschrauben?

Spannschrauben dienen als verstellbares Bindeglied zwischen Stagen oder Wanten und den mit dem Bootskörper fest verbundenen Püttings.

66 O O
Was gehört zum laufenden Gut?

Fallen, Schoten, Dirk, Niederholer, Achterholer, Flaggleinen, Bullenstander.

67 O O
Wozu dient ein Bullenstander, und wie wird er gefahren?

Der Bullenstander verhindert auf dem Vorwindkurs das „unfreiwillige Halsen" (Patenthalse). Der Bullenstander wird von der Nock des Baumes zum Vorschiff im Gegenzug zur Schot so dicht gesetzt, daß der Baum nicht überkommen und im Seegang nicht schlagen kann.

68 O O
Benennen Sie die einzelnen Segel gem. nachstehender Skizze.

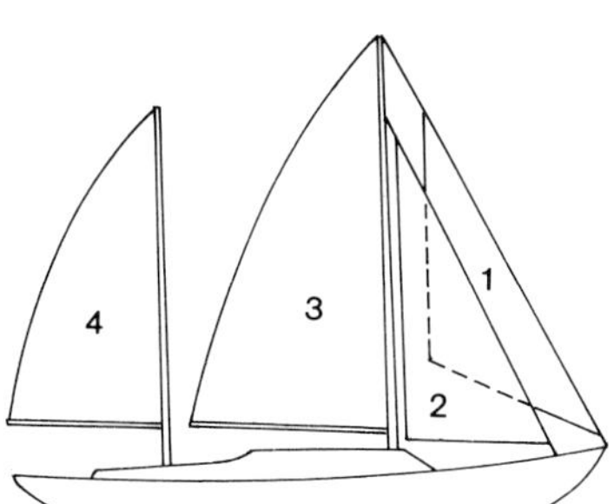

1. Klüver
2. Fock
3. Großsegel
4. Besan

69 O O
Benennen Sie die einzelnen Segel gem. nachstehender Skizze.

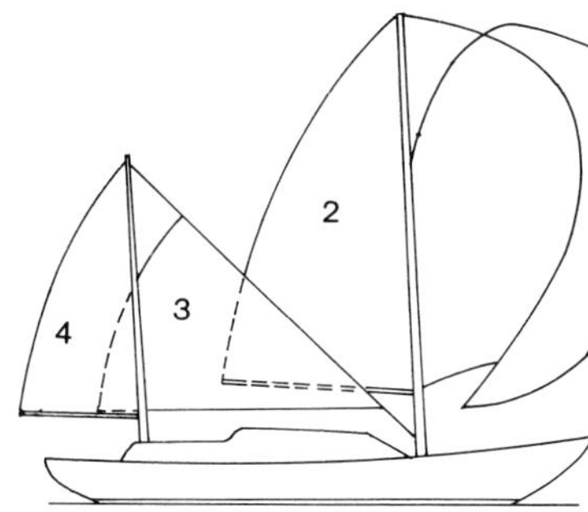

1. Spinnaker
2. Großsegel
3. Besanstagsegel
4. Besan

70 O O
Was ist ein Trysegel, und wie wird es gefahren?

Das Trysegel ist ein Schwerwettersegel. Sein Vorliek wird am Mast, sein Unterliek aber lose gefahren.

71 O O
Erklären Sie in Stichworten das Einbinden eines Reffs.

Beim Bindereff werden die Reffkauschen des Vor- und Achterlieks auf den Baum niedergeholt, das neugebildete Unterliek nach achtern gestreckt und die Reffbändsel über dem aufgetuchten Teil des Segels festgezurrt.

72 O O
Worauf ist beim Eindrehen eines Rollreffs zu achten, damit das gereffte Segel gut steht?

Das Vorliek muß so neben- und übereinander geführt werden, daß ein übermäßiger Wulst vermieden wird. Gleichzeitig muß das Achterliek gut nach achtern ausgeholt werden, um Falten im gerefften Segel zu vermeiden.

73 O O
Welche Funktion haben einscheibige Blöcke?

Einscheibige Blöcke dienen entweder der Umkehrung der Zugrichtung (fester Block) oder der Kraftersparnis (loser Block).

74 O O
Welche Funktion haben mehrscheibige Blöcke?

Mehrscheibige Blöcke dienen der Kraftersparnis (Flaschenzug) und ermöglichen gleichzeitig eine Änderung der Zugrichtung.

75 O O
Was ist eine Arbeitstalje?

Eine Arbeitstalje ist ein an Bord vielseitig verwendbarer Flaschenzug zum Bewegen schwerer Lasten.

Ausrüstung von Yachten

76 O
Nennen Sie einige der gebräuchlichsten Ankerarten auf Kielyachten.

Stockanker
Patentanker (verschiedene Typen)
Draggen

77 O O
Benennen Sie die Teile des nachstehend abgebildeten Stockankers.

a) Roring
b) Stock
c) Schaft
d) Kreuz
e) Arme, auch Flunken genannt
f) Hände

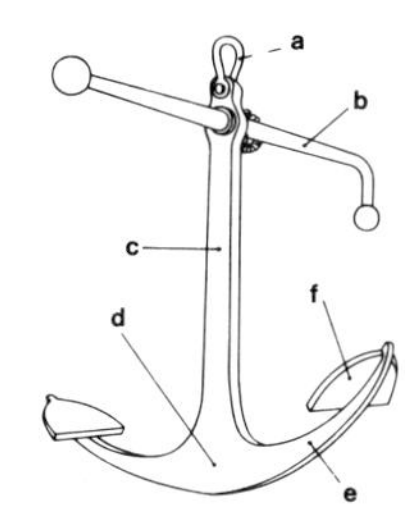

78 O O
Weshalb sollte eine Ankerleine einen ausreichend langen Kettenvorlauf haben?

Durch das Gewicht des Kettenvorlaufs wird der Ankerschaft auf Grund gehalten, so daß die Zugkraft möglichst horizontal am Anker angreift und dieser bei Belastung nicht ausbricht.

79 O O
Was ist eine Ankerboje, und wozu dient sie?

Eine Ankerboje ist ein kleiner Schwimmkörper, der mit einer Leine am Anker befestigt ist und die Lage des Ankers anzeigt, so daß beim Bruch der Ankerleine die Bergung des Ankers möglich ist.

80 O O O
Was verstehen Sie unter einem Heckanker?

Ein Anker, der über das Heck ausgebracht wird.

81 O O
Was verstehen Sie unter einem Warpanker?

Ein Warpanker ist ein relativ leichter Anker, der zum Verholen (Verwarpen) des Schiffes verwendet wird.

82 O
Von wo aus muß mindestens eine der Lenzpumpen aus Sicherheitsgründen bedient werden können?

Eine Lenzpumpe muß vom Steuerstand bzw. vom Cockpit aus bedient werden können.

83 O O
Wie wirkt der Schwimmschalter einer elektrischen Lenzpumpe, und wo muß dieser angebracht sein?

Der Schwimmschalter schwimmt bei steigendem Wasser auf und schaltet dadurch die Lenzpumpe ein. Er muß deshalb auf der Ebene des Saugkorbs, normalerweise an der tiefsten Stelle der Bilge, montiert sein.

84 O O
Welchen Zweck erfüllt der Lenzkorb am Ansaugstutzen oder Schlauch einer Lenzpumpe, und wie sollte er kontrolliert und gewartet werden?

Der Lenzkorb verhindert die Verunreinigung und Verstopfung der Pumpe. Der Korb sollte deshalb mit der regelmäßigen Bilgenkontrolle überprüft und ggf. gereinigt werden.

85 O
Welche Bedingungen muß eine Gaskocheranlage an Bord aus Sicherheitsgründen erfüllen?

Sie muß den Sicherheitsvorschriften entsprechen (Abnahme durch zugelassenen Installateur).

86 O O
Welche Sicherheitskontrolleinrichtung gehört zu einer Gaskocheranlage, und wo ist diese zu montieren?

Ein Gaswarngerät, dessen Meßfühler an einem tiefliegenden Punkt in der Bilge zu montieren ist.

87 O O
Weshalb muß der Meßfühler eines vorhandenen Gas- und Benzindampf-Warngerätes an einem tiefgelegenen Punkt in der Bilge montiert werden?

Weil Gas und Benzindämpfe schwerer als Luft sind und sie sich am tiefsten Punkt im Schiff niederschlagen.

88 O O
Wie müssen Rettungswesten beschaffen sein?

Sie müssen den allgemeinen Sicherheitsrichtlinien entsprechen, ohnmachtssicher und mit einfachen Signalmitteln ausgestattet sein.

89 O O
Womit muß insbesondere eine Yacht mit Radsteuerung zusätzlich ausgerüstet sein, und weshalb sind die Mitsegler vor Antritt der Reise mit dieser Einrichtung vertraut zu machen?

Mit einer Notpinne. Diese muß im Notfall auch unter ungünstigen Umständen in kürzester Zeit auch ohne mein persönliches Eingreifen einsatzbereit sein.

90 O O
Was gehört zur navigatorisch-nautischen Mindestausrüstung eines Segelfahrzeuges in der Küstenfahrt?

Steuerkompaß, Ersatzkompaß, Peileinrichtung, Log, Lot, Borduhr, Fernglas, Barometer, Rundfunkempfänger, nautische Karten und Bücher, Signalkörper und -flaggen, Positionslaternen, Nebelschallgerät.

Physikalische Grundkenntnisse

91 O
Was verstehen Sie unter Formstabilität eines Bootes?

Formstabilität ist die Stabilität, die durch die Bootsform bestimmt wird.

92 O O
Was verstehen Sie unter Gewichtsstabilität eines Bootes?

Gewichtsstabilität ist die Fähigkeit des Schiffes, durch seinen tiefliegenden Ballast der Krängung entgegenzuwirken.

93 O O
Was verstehen Sie unter „Formschwerpunkt" eines Bootes, und wie verändert sich seine Lage bei zunehmender Krängung?

Der Formschwerpunkt ist die Mitte des eingetauchten Bootsraumes. Bei Krängung ändert sich die Form der getauchten Spantflächen. Der Schwerpunkt wandert nach Lee aus und erzeugt ein aufrichtendes Moment.

94 O O
Was verstehen Sie unter „Gewichtsschwerpunkt" eines Bootes, und wie ist seine Lage zum Formschwerpunkt bei einer aufrechtstehenden Kielyacht?

Der Gewichtsschwerpunkt ist der geometrische Schwerpunkt des gesamten Bootes einschl. Ballast. Bei der Kielyacht liegt der Gewichtsschwerpunkt in der Mittschiffsebene unterhalb des Formschwerpunktes.

95 O O
Was ist der Lateralplan eines Bootes?

Das gesamte, auf die Längsschiffsebene projizierte Unterwasserschiff einschl. Ruderblatt.

96 O O O O
Was verstehen Sie
a) unter dem statischen Lateralschwerpunkt bzw. statischen Lateraldruckpunkt eines Bootes, und
b) wie sollte seine Lage zum statischen Segeldruckpunkt sein?

a) Der Lateralschwerpunkt ist der geometrische Schwerpunkt des Lateralplanes (= statischer Flächenschwerpunkt des Risses). Er entspricht dem Lateraldruckpunkt, an dem dynamisch alle äußeren Kräfte am Unterwasserschiff angreifen.
b) Ist das Boot im Trimm, so liegen beim Segeln Lateraldruckpunkt und Segeldruckpunkt in etwa übereinander. Im Riß liegt der Lateralschwerpunkt allgemein hinter dem Segelschwerpunkt.

97 O O
Was verstehen Sie unter dem statischen Segelschwerpunkt bzw. statischen Segeldruckpunkt?

Der Segelschwerpunkt ist der geometrische Schwerpunkt der gesamten Segelfläche (= statischer Flächenschwerpunkt des Risses). Er entspricht dem Segeldruckpunkt, an dem dynamisch alle äußeren Kräfte an der gesamten Segelfläche angreifen.

98 O O O
Durch welche Maßnahmen können Sie während des Segelns den Segeldruckpunkt nach vorne verlegen, und welchen Einfluß hat dies auf den Trimm des Bootes?

Durch Setzen eines größeren Vorsegels oder durch Verkleinern des Großsegels bzw. durch Flachermachen des Großsegels und dadurch, daß man den Traveller nach Lee nimmt.
Bei Ketsch oder Yawl durch Bergen oder Verkleinern des Besans. Das Boot wird leegierig.

99 O O O
Durch welche Maßnahmen können Sie während des Segelns den Segeldruckpunkt nach achtern verlegen, und welchen Einfluß hat dies auf den Trimm des Bootes?

Durch Setzen eines kleineren Vorsegels, durch bauchigeres Fahren des Großsegels und Führen des Travellers in Luv.
Das Boot wird luvgierig.

100 O O
Durch welche Maßnahme können Sie den Lateraldruckpunkt nach vorne verlegen, und welchen Einfluß hat dies auf den Trimm des Bootes?

Durch Ballastverlagerung nach vorn.
Das Boot wird luvgierig.

101 O O
Durch welche Maßnahme können Sie den Lateraldruckpunkt nach achtern verlegen, und welchen Einfluß hat dies auf den Trimm des Bootes?

Durch Ballastverlagerung nach achtern.
Das Boot wird leegierig.

102 O O
Was verstehen Sie unter dem „Trimm" eines einzelnen Segels?

Der Trimm eines Segels ist dessen je nach Windverhältnissen bauchige oder flache Einstellung bei optimalem Stand des Segels.

Yachtbedienung und Yachtführung

Manöver unter Segeln

103 O O
Der Wind erzeugt am Segel unterschiedliche Kräfte, die man als Gesamtkraft zusammenfaßt. Was verstehen Sie unter dem Begriff „Gesamtkraft"?

Gesamtkraft ist die Summe der Kräfte aus Überdruck auf der Luvseite und Unterdruck auf der Leeseite am Segel.

104 O O O
Wie läßt sich durch die Aufgliederung der an einem Segelboot wirksam werdenden Kräfte erklären, daß das Boot nicht einfach mit der Richtung des Winddruckes abgetrieben wird, sondern schräg gegen diesen Winddruck ansegeln kann?

Die am Segel wirksam werdende Gesamtkraft zergliedert sich in Querkraft und Vortrieb. Da der Querkraft durch den Lateralplan ein großer seitlicher Widerstand entgegengesetzt wird, kann der Vortrieb wirkungsvoll genutzt und das Boot auch schräg gegen den Wind gesegelt werden.

105 O O O
Welchen Einfluß hat die zunehmende Krängung auf die Abdrift einer Yacht (Begründung)?

Mit zunehmender Krängung wird der Lateralplan kleiner, dadurch der seitliche Widerstand geringer und die Abdrift größer.

106 O O
Was verstehen Sie unter dem „optimalen Anstellwinkel" eines Segels?

„Optimaler Anstellwinkel" eines Segels bedeutet, daß der Baum so zum scheinbaren Wind eingestellt wird, daß das Segel gerade voll steht.

107 O O
Wie finden Sie auf einem Am-Wind-Kurs den optimalen Anstellwinkel des Segels?

Das Segel so weit fieren, bis das Vorliek zu killen beginnt. Dann die Schot wieder holen, bis das Segel gerade voll steht.

108 O
Was verstehen Sie unter dem Begriff „der Wind schralt"?

Der Wind kommt vorlicher ein (ungünstiger).

109 O
Was verstehen Sie unter dem Begriff „der Wind raumt"?

Der Wind kommt achterlicher ein (günstiger).

Verhalten unter besonderen Umständen

110 O O O
Welche Möglichkeiten kennen Sie, eine festgekommene Kielyacht ohne Motor und ohne fremde Hilfe freizubekommen?

Durch Krängen, Ausbringen eines Warpankers und Krängen sowie Leichtern.

111 O O
Was verstehen Sie unter „Verwarpen", und wie wird dieses Manöver durchgeführt?

Verwarpen bedeutet das Verholen des Schiffes mit zwei Ankern, die mit dem Beiboot abwechselnd ausgefahren und mit viel Leine „kurzstag" geholt werden.

112 O O O
Wie verhalten Sie sich bei einem Bruch in der Takelage, während Sie auf Fahrt sind?

Den Kurs zum Wind sofort so ändern, daß der gebrochene Teil der Takelage entlastet wird. Den Schaden notdürftig reparieren oder das Want oder Stag durch ein Fall usw. ersetzen und die Fahrt ggf. mit verminderter Segelfläche bis zum nächsten Hafen fortsetzen.

113 O O O
Wie verhalten Sie sich, wenn Ihr Schiff leckschlägt?

Das Leck sofort lokalisieren und versuchen, es mit vorhandenen Materialien (Kissen, Tüchern usw.) abzudichten und diese mit Holzteilen anzupressen und zu verkeilen. Gegebenenfalls Lecksegel ausbringen. Lenzpumpe betätigen. Ist der Versuch von Erfolg, den nächsten Hafen anlaufen. Steigt das Wasser trotz Bemühungen weiter, die Besatzung für das Aussteigen vorbereiten (Rettungswesten anlegen, Rettungsinsel klarmachen, Notsignale geben). Wenn möglich, ruhiges, seichtes Wasser anlaufen und das Schiff ggf. auf Grund setzen. Notsignale geben.

114 O O O
Sie sind auf Fahrt und haben einen Ruderschaden. Was tun Sie?

Ursache und Umfang des Schadens feststellen, ggf. reparieren. Ist dies nicht möglich, versuchen, ein Notruder herzurichten (Riemen, am Bootshaken angelaschtes Holzteil usw.) oder durch entsprechende Segelführung das Boot zu steuern.

Verhalten bei Starkwind und Sturm

115 O O
Was tun Sie in navigatorischer Hinsicht, wenn Sie feststellen, daß Sie einem Gewittersturm nicht mehr ausweichen können?

Die Umgebung auf mögliche Gefahren bei Winddrehung und Sichtverschlechterung beobachten.

116 O O
Weshalb müssen Sie bei einem aufziehenden Gewitter, dem Sie nicht mehr ausweichen können, Position und Uhrzeit in die Seekarte eintragen?

Damit ich mich bei schlechter Sicht durch Koppeln über die jeweilige Position fortlaufend informieren und ggf. Maßnahmen ergreifen kann, mögliche Gefahren abzuwenden.

117 O O
Sie befinden sich mit Ihrem Segelfahrzeug bei einem aufziehenden Gewitter in einem betonnten Fahrwasser.
Wie verhalten Sie sich, nachdem das Schiff „sturmklar" gemacht wurde?

Das Fahrwasser, soweit es die Tiefenverhältnisse zulassen, verlassen und außerhalb des Fahrwassers weitersegeln. Zumindest äußerst rechts am Fahrwasserrand halten, um Kollisionsgefahren infolge schlechter Sichtverhältnisse mit Fahrzeugen, die auf das Fahrwasser angewiesen sind, zu vermeiden.

118 O O O
Wie verhalten Sie sich, wenn Sie mit Ihrem Schiff unterwegs sind und ein aufziehendes Gewitter erkennen?

Zuerst das Schiff sturmklar machen. Verkleinern der Segelfläche. Besatzung Rettungswesten und Sicherheitsgurte anlegen lassen. Uhrzeit und Position in der Seekarte festhalten. Soweit die Verhältnisse dies zulassen, einen Hafen oder eine geschützte Bucht ansteuern. Ist dies nicht möglich, auf jeden Fall von Legerwall und seichten Gewässern freihalten.

119 O
Sie befinden sich im Küstenbereich und empfangen von zwei verschiedenen Stationen deutlich voneinander abweichende Wetterberichte.
Wie werten Sie die unterschiedlichen Angaben für Ihre eigenen Entscheidungen?

Ich werde die ungünstigsten Angaben und eigene Beobachtungen meinen Entscheidungen zugrunde legen.

120 O
Weshalb ist das Anlaufen eines Schutzhafens in Luv der Küste bei auflandigem Wind und schwerem Wetter und auflandigen Winden sehr problematisch bzw. gefährlich?

Weil sich in Luv der Küste eine gefährliche Brandung und Grundseen aufbauen können.

121 O O O
Welche Möglichkeiten kennen Sie, sofern es Ihnen nicht gelingt, rechtzeitig einen Hafen oder einen geschützten Ankerplatz zu erreichen, einen Sturm abzuwettern?

Voraussetzung für das Abwettern eines Sturmes ist ausreichend freier Seeraum und tiefes Wasser.
Folgende Möglichkeiten bieten sich an: Beiliegen, Ablaufen vor der Sturmfock, Lenzen vor Topp und Takel, ggf. mit ausgebrachten Trossen, Liegen vor Treibanker.

Segeln in strömendem Gewässer

122 O O
Woran können Sie in einem betonnten Fahrwasser die Strömungsverhältnisse erkennen?

An schwimmenden Seezeichen. Hinter diesen bildet sich eine Wirbelzone, die Aufschluß über die Stromrichtung gibt. Mit einiger Erfahrung lassen sich aus der Schräglage der Seezeichen auch Rückschlüsse auf die Stromstärke ziehen.

123 O
Wie wirkt sich ein mitlaufender Strom auf die Fahrt eines Segelfahrzeuges aus?

Bei mitlaufendem Strom ist die Fahrt über Grund um den Betrag der Stromstärke größer als die Fahrt durchs Wasser.

124 O O
Wie können Sie in einem strömenden Gewässer unter Zuhilfenahme eines Seezeichens die Stromstärke feststellen?

Durch Schätzung des Stromes an der Tonne.

125 O O
Was haben Sie zu beachten, wenn Sie in strömendem Gewässer segeln und der Kurs Ihres Bootes einen Winkel zur Stromrichtung bildet?

Daß der Kurs des Bootes durchs Wasser bleibt, der Kurs über Grund durch Stromrichtung und -stärke aber erheblich beeinflußt wird.

Verhaltensweisen der Berufsschiffahrt

126 O O
Weshalb muß sich der Segelsportler als Verkehrsteilnehmer mit den Manövriereigenschaften und daraus folgenden Verhaltensweisen der Handelsschiffe, insbesondere im Bereich der Küstenfahrt, vertraut machen?

Nur wenn er die Problematik der Manövriereigenschaften großer Fahrzeuge, insbesondere im für tiefgehende Schiffe seichteren Küstenbereich, kennt, kann er die zwangsläufigen Verhaltensweisen dieser Fahrzeuge abschätzen und sein Verhalten als Schiffsführer danach einrichten.

127 O O
Welche Wassertiefenlinie ist ganz allgemein für Handelsschiffe bereits eine Gefahrenlinie?

Je nach Tiefgang des Schiffes die 20-m-Linie. Für tiefgehende und beladene Fahrzeuge u. U. auch schon die 30-m-Linie.

128 O O
In welchem Abstand müssen allgemein größere Handelsschiffe als Kurshalter bereits das „Manöver des letzten Augenblicks" einleiten, wenn ausweichpflichtige Fahrzeuge nicht eindeutig zu erkennen geben, daß sie ihrer Ausweichpflicht nachkommen?

In Abhängigkeit von Schiffstyp, -größe und -geschwindigkeit allgemein in einem Abstand von 3 bis 2 sm.

129 O O O
Wie reagiert ein größeres, in Fahrt befindliches Handelsschiff auf plötzliche Ruderlage, und weshalb ist dieses ganz allgemein gültige Verhalten für Sie als Schiffsführer von besonderer Bedeutung?

Ein in Fahrt befindliches, großes Fahrzeug reagiert auf plötzliche Ruderlage infolge seiner Trägheit mit erheblicher Verzögerung. Hierbei schert das Heck entgegen der beabsichtigten Richtungsänderung aus, so daß ein anderes Fahrzeug, das sich der ursprünglichen Kurslinie des großen Fahrzeuges in geringem Abstand nähert, dadurch gefährdet werden kann. Ich bin deshalb verpflichtet, wie es guter Seemannsbrauch erfordert, beabsichtigte Manöver rechtzeitig und eindeutig auszuführen und zu große Annäherung an solche Fahrzeuge zu vermeiden.

130 O O
Wie lautet die allgemein gehaltene Formel zur Bestimmung der annähernden Drehkreisdurchmesser gängiger Handelsschiffstypen, und weshalb ist diese Kenntnis für Sie als Schiffsführer von Bedeutung?

Der Drehkreisdurchmesser gängiger Handelsschiffstypen entspricht etwa der 3- bis 5fachen Schiffslänge. Diese Kenntnis kann mir als Schiffsführer die Einschätzung bestimmter Verhaltensweisen erleichtern und für meine Entscheidungen eine wertvolle Hilfe sein.

131 O O
Obwohl Stoppstrecken und Stoppzeiten von Handelsschiffen von einer Reihe unterschiedlicher Faktoren abhängig und daher schwer einzuschätzen sind, kann für die Stoppstrecken eine allgemeingültige Formel angenommen werden. Wie lautet sie?

Die Notstoppstrecken von Handelsschiffen dürfen allgemein von „voll-voraus" auf „voll-zurück" mit der 5- bis 10fachen Schiffslänge angenommen werden.

132 O O
Weshalb wird es für den Ausguck auf einer relativ hohen Brücke eines Handelsschiffes mit abnehmender Distanz zu einem voraus befindlichen Sportfahrzeug immer schwieriger, dieses Fahrzeug klar auszumachen?

Weil das Sportfahrzeug aufgrund der großen Augenhöhe des Beobachters mit abnehmender Distanz nicht mehr über die Kimm aufragt und dann, besonders bei ungünstigen Sichtverhältnissen, nur noch schwer auszumachen ist.

133 O O O
Welche Faktoren können die Erkennbarkeit einer kleinen Segelyacht von einer über 20 m hohen Brücke eines Schiffes aus stark beeinträchtigen, und welche Folgerungen sollten Sie als Schiffsführer aus dieser Erkenntnis ziehen?

Eine voraus befindliche kleinere Segelyacht ragt für den Ausguck eines Handelsschiffes bei einer Augenhöhe von 25 m bereits in einem Abstand von 3 sm nicht mehr über die Kimm. Bei ungünstigen Sichtverhältnissen infolge von Dunst, Reflexion des Sonnenlichtes oder stärkerem Seegang kann die Erkennbarkeit des kleineren Fahrzeugs sehr stark beeinträchtigt werden. Aus Sicherheitsgründen ist deshalb so zu navigieren, daß derartige Situationen vermieden werden.

2. Wetterkunde

Grundbegriffe

Begriffe, die der Wetterbeschreibung dienen

134 O O
Aus welchen Unterlagen kann man sich über die Empfangsmöglichkeiten für Wetterberichte (Stationen, Frequenzen und Zeiten) informieren?

„Jachtfunkdienst",
Faltblatt des DHI („Wetter- und Warnfunk"),
„Nautischer Funkdienst" (Band III).

135 O O
Welche Informationen bringt ein Seewetterbericht?

Starkwind- oder Sturmwarnungen, Wetterlage, Vorhersagen für 12 Stunden, weitere Aussichten, Stationsmeldungen.

136 O O
Wodurch wird das Druckgefälle in einer Wetterkarte sichtbar?

Durch die Isobaren. Je enger sie liegen, desto größer ist das Druckgefälle und desto stärker der Wind.

Instrumentenkunde

137 O O
Warum ist ein Barograph einem Barometer vorzuziehen?

Er zeigt den Verlauf und die Tendenz der Druckänderung, nicht nur den augenblicklichen Luftdruck an.

Wetterentwicklung

138 O
Nördlich Ihres Standortes zieht ein Tief von SW nach NE.
Wie verhält sich der Wind?

Der Wind ist rechtdrehend, z. B. südlicher Wind dreht auf SW und W.

139 O
Der Wetterbericht meldet für Ihr Fahrtgebiet westl. Ostsee „rückdrehenden Wind".
Welche Situation kann gegeben sein?

Man befindet sich auf der linken Seite der Zugrichtung eines Hochs oder Tiefs.

140 O O
Wie verhält sich auf der Nordhalbkugel der Wind zwischen einem Hoch und einem Tief?

Er strömt rechtsherum aus dem Hoch aus und linksherum in das Tief ein.

141 O O
Wie kann man auf der Nordhalbkugel aufgrund der Windrichtung sofort auf die Lage eines Tiefs schließen?

Wenn man mit dem Rücken zum Wind steht, so liegt das Tief links, etwas vorlicher als querab.

142 O O
Wodurch entsteht am Tage der Seewind?

Das Land erwärmt sich schneller als die See, und die über ihm liegende Luft steigt auf. Als Folge kommt es am Boden zu einer Kompensationsströmung, wobei der Wind von der See zum Land strömt.

143 O O
Erklären Sie das Entstehen des Landwindes!

Nachts kühlt sich das Land stärker ab als das Wasser. Es bildet sich ein Hoch über Land, aus dem der Wind in das Tief über dem Wasser strömt.

144 O O
Warum verstärkt sich örtlich der Wind in engen Durchfahrten und an Kaps?

Die Strömung wird abgelenkt und beschleunigt (Düsenwirkung). Es entsteht ein örtlich höheres Druckgefälle.

145 O
Was versteht man unter einer Front?

Die vordere Grenze einer Luftmasse in der Bewegungsrichtung.

146 O O
Wodurch entsteht eine Warmfront?

Heranströmende Warmluft trifft auf eine davor ruhende Kaltluft und gleitet auf.

147 O O
Welche Windverhältnisse sind beim Durchzug einer Kaltfront zu erwarten?

Schnelles Rechtdrehen des Windes (Ausschießen), Auffrischen mit Böen aus W bis NW.

148 O O O
Welches sind die Kennzeichen einer Trogbildung?

Kein Anstieg des Luftdrucks oder Luftdruckfall nach Durchzug einer Kaltfront, Rückdrehen des Windes nach dem vorhergehenden Ausschießen. Schwere Stürme im Trog.

149 O O
In welchen Maßeinheiten werden Windgeschwindigkeiten angegeben?

Nach der Beaufort-Skala, in m/s und in Knoten.

150 O O
Wie kündigt sich allgemein eine Gewitterbö an, und wann fällt diese ein?

Wenn sich aus einer gewaltigen, drohenden Gewitterwolke nach unten oft korkenzieherartige Wolkenfetzen ausziehen, deutet dies auf das Herannahen einer Bö hin. Mit dem Einfallen ist zu rechnen, wenn die Wolke über den Beobachter zieht.

151 O O O
Welches allgemeingültige Wolkenbild zeigt den Durchzug einer Warmfront an, und welches Wetter ist dabei zu erwarten?

Nach der Ankündigung durch Höhenwolken verdichtet sich die Bewölkung zunehmend, und nach einiger Zeit beginnt es zu regnen. Dabei sind dann sehr tief treibende Wolkenfetzen erkennbar.
Beim Durchzug der Front (evtl. Flaute) wird allgemein ein frischer Westsüdwest wehen. Der Durchzug der Warmfront dauert mehrere Stunden.

152 O O O
Welches allgemeingültige Wolkenbild zeigt den Durchzug einer Kaltfront an, und welches Wetter ist dabei zu erwarten?

Der Durchzug der Kaltfront wird von den hoch aufgetürmten, typischen Gewitterwolken gekennzeichnet, die heftige Regenschauer mit starken Böen mit sich bringen. Die Luft wird dabei merklich frisch und klar, es weht meistens ein frischer Nordwest. Der Durchzug der Kaltfront dauert etwa eine Stunde.

153 O O
Wann ist die Gefahr von heftigen Böen vorbei?

Wenn unterhalb der Böenwolke die Sicht frei und der Himmel klar wird.

154 O O
Womit ist zu rechnen, wenn nach dem Durchzug schlechten Wetters und kurzem Aufklaren der Wind zurückdreht bei gleichzeitigem erneutem Fallen des Luftdrucks?

Daß in kürzerer Zeit mit noch wesentlich schlechterem Wetter zu rechnen ist (Troglage).

3. Motorenkunde und Manöver unter Motor

Motorenkunde

155 O O O
Wozu dient das Wendegetriebe, und welche Funktion kann es zusätzlich noch übernehmen?

Das Wendegetriebe ermöglicht die Umkehr der Drehrichtung der Propellerwelle zum Rückwärtsfahren und ein Auskuppeln. Zusatzfunktion: Herabsetzung der Drehzahl durch Untersetzung.

156 O O
Weshalb sollen Füllstutzen, Tankbelüftung und Absperrventil einer Tankanlage geerdet sein?

Um die Explosionsgefahr infolge statischer Entladung zu vermeiden.

157 O O O O
Welche Sicherheitsmaßnahmen sind vor dem Tanken zu treffen?

1. Alle offenen Feuer aus.
2. Keine elektrischen Schalter betätigen.
3. Luken schließen.
4. Bei Kunststoffbooten: Kein Personenverkehr zwischen Boot und Tankstelle. Einfüllstutzen vorher erden.

158 O O O O
Welche Sicherheitsmaßnahmen sind vor dem Anlassen des Motors zu treffen?

1. Motorraum lüften.
2. Kraftstoff und Schmieröl kontrollieren.
3. Kraftstoff- und Kühlwasserventile öffnen.
4. Getriebe auskuppeln.

159 O O
Worauf haben Sie nach dem Anlassen des Motors zu achten?

Auf Kühlwasserdurchlauf, Öldruck und Ladekontrolle (Amperemeter), auf Motorgeräusche und Auspuffgase.

160 O
Was ist beim Aufladen von Batterien (Bleiakkumulatoren) an Bord zu beachten?

Es ist erforderlich, daß der Batterieraum wegen der beim Aufladen entstehenden Gase ausreichend belüftet ist (Explosionsgefahr).

161 O
Wie können Sie einen Dieselmotor abstellen, wenn die vorgesehene Abstellvorrichtung ausgefallen ist?

Durch luftdichtes Verschließen des Luftansaugrohres.

162 O
Was sind allgemein erste Anzeichen einer Störung der Motorenanlage?

Ungewöhnliche und fremde Motorengeräusche.

163 O O O
Der Dieselmotor Ihres Schiffes startet normal, bleibt aber nach kurzer Laufzeit stehen. Welche möglichen Fehler, die Sie selbst überprüfen bzw. beheben können, könnten die Ursache hierfür sein?

Verstopfte Luftfilter, verstopfter Kraftstoffilter oder Lufteinschlüsse im Kraftstoffleitungssystem.

164 O O O O
Der Dieselmotor Ihres Schiffes startet nicht. Welche möglichen Fehler, die Sie selbst überprüfen bzw. beheben können, könnten die Ursache hierfür sein?

Zu geringe Anlaßdrehzahl (entladene Batterie), kein Dieselkraftstoff im Tank, klemmender Stoppzug, verstopfte Kraftstoffleitung, verstopfte Kraftstoffilter, Luft im Kraftstoffleitungssystem, ungeeigneter Kraftstoff, falsche Bedienung der Kaltstarthilfe.

165 O O O O
Der Dieselmotor Ihres Schiffes startet schlecht. Welche möglichen Fehler, die Sie selbst überprüfen bzw. beheben können, könnten die Ursache hierfür sein?

Zu geringe Anlaßdrehzahl (entladene Batterie), klemmender Stoppzug, verstopfte Kraftstoffleitung, verstopfte Kraftstoffilter, verstopfter Luftfilter, Luft im Kraftstoffleitungssystem, ungeeigneter Kraftstoff, verstopfte Auspuffanlage (Staudruck).

166 O O O O
Der Dieselmotor Ihres Schiffes startet normal, erreicht aber nur eine mangelhafte Leistung. Welche möglichen Fehler, die Sie selbst überprüfen bzw. evtl. beheben können, könnten die Ursache hierfür sein?

Verstopfte Kraftstoffleitung, verstopfter Kraftstoffilter, verstopfter Luftfilter, Luft im Kraftstoffleitungssystem, verstopfte Tankentlüftung, ungeeigneter Kraftstoff, verstopfte Auspuffanlage (Staudruck), Überhitzung.

167 O O O
Die Auspuffgase Ihres Dieselmotors haben eine starke Schwarzfärbung. Welche möglichen Fehler, die Sie selbst überprüfen bzw. beheben können, könnten die Ursache hierfür sein?

Verstopfter Luftfilter, ungeeigneter Kraftstoff, verstopfte Auspuffanlage (Staudruck), Überkühlung (schadhafter Thermostat).

168 O O O
Die Auspuffgase Ihres Dieselmotors haben eine starke Blau- oder Weißfärbung. Welche möglichen Fehler, die Sie selbst überprüfen können, könnten die Ursache hierfür sein?

Zähflüssiges Schmieröl, undichte Zylinderkopfdichtung, Unterkühlung.

169 O O O
Das Anzeigegerät zeigt bei laufendem Motor einen zu geringen Öldruck an. Nennen Sie einige der möglichen Ursachen!

Zähflüssiges Schmieröl, zu geringer Ölstand, schadhaftes Anzeigegerät, verstopfter Ölfilter, verstopftes Ölsieb in der Ölwanne.

170 O O O O
Der Dieselmotor Ihres Schiffes setzt aus. Nennen Sie einige der möglichen Ursachen, die Sie selbst überprüfen können!

Klemmender Stoppzug, verstopfte Kraftstoffleitung, verstopfte Kraftstoffilter, verstopfter Luftfilter, Luft im Kraftstoffleitungssystem, verstopfte Tankentlüftung, Überhitzung.

171 O O O
Das Anzeigegerät zeigt bei laufendem Motor einen zu hohen Öldruck an. Nennen Sie die möglichen Ursachen hierfür!

Zähflüssiges Schmieröl, schadhaftes Anzeigegerät, klemmendes Überdruckventil (geschlossen).

172 O O O O
Der Dieselmotor Ihres Schiffes wird zu heiß. Nennen Sie einige der möglichen Ursachen hierfür, die Sie evtl. selbst feststellen können!

Verstopfter Luftfilter, verstopfte Auspuffanlage, undichte Zylinderkopfdichtung, klemmende Kolben, schadhafter Thermostat, verstopftes Kühlsystem, loser Keilriemen, schadhafte Wasserpumpe, zu geringer Kühlwasserstand (Zweikreiskühlung).

173 O O
Weshalb darf bei laufender Drehstromlichtmaschine *nie* die Batterie abgeklemmt werden?

Weil dadurch Spannungsschwankungen in der Anlage verursacht und die Transistoren im Regler zerstört werden.

174 O O
Weshalb müssen Sie die Kabel der Drehstromlichtmaschine markieren, bevor Sie diese zu irgendeinem Zweck abklemmen?

Ein Umpolen der Kabel zerstört Dioden und Transistoren.

175 O O
Weshalb dürfen Sie die Anschlüsse der Drehstromlichtmaschine zwecks Prüfung auf Stromfluß *nie* erden?

Weil dadurch die Transistoren des Reglers unabhängig von der Dauer des Kurzschlusses zerstört werden.

176 O O
Weshalb müssen Keilriemen regelmäßig auf Verschleiß und richtige Spannung überprüft werden?

Ein verschlissener oder lockerer Keilriemen verursacht ein Durchschlüpfen der Riemenscheibe, wodurch die Lichtmaschine nicht mit der benötigten Drehzahl angetrieben wird. Ein zu straff gespannter Keilriemen belastet die Lager der Lichtmaschine zu stark und verkürzt deren Lebensdauer.

177 O O
Nach dem Starten des Dieselmotors erlischt die Warnleuchte der Ladekontrolle (auch bei höherer Drehzahl im Leerlauf) nicht. Was kann die Ursache sein?

Anschlüsse (an Regler, Lichtmaschine und Batterie), Keilriemen, Regler oder Lichtmaschine defekt.

178 O O
Die Warnlampe der Ladekontrolle leuchtet bei Schalterstellung EIN nicht auf. Was kann die Ursache sein?

Warnlampe, Anschlüsse (an Regler, Lichtmaschine und Batterie), Regler oder Lichtmaschine defekt. Batterie total leer oder defekt.

179 O
Die Warnlampe der Ladekontrolle leuchtet zeitweilig auf bzw. die Amperemeter-Nadel zittert bei scharf geladener Batterie ohne eingeschaltete Verbraucher. Was kann die Ursache hierfür sein?

Defekter Regler.

180 O
Ihre Batterien werden überladen (kochen), und das Amperemeter zeigt dauernd hohe Stromstärke an. Was kann die Ursache sein?

Defekter Regler.

181 O O O O
Was müssen Sie beim Betätigen des Anlassers unbedingt beachten?

1. Startknopf oder -schalter fest andrücken bzw. drehen und bei gestartetem Motor sofort loslassen.
2. Startet der Motor nicht sofort, den Motor kurz ruhen lassen vor dem erneuten Startversuch.
3. Die Batterie nicht durch andauerndes Starten entleeren, sondern Störung suchen.
4. Bei laufendem Motor niemals den Anlasser betätigen.

182 O O
Weshalb muß der Luftfilter des Motors sorgfältig gewartet werden?

Die sorgfältige Wartung des Luftfilters ist von ausschlaggebender Bedeutung für den störungsfreien Betrieb und die Lebensdauer des Motors.

183 O
Wo finden Sie Angaben über die Zeitabstände für die Erneuerung des Kraftstofffilters?

In der Betriebsanleitung des betreffenden Motors.

184 O O
Weshalb läßt sich ein Dieselmotor, wenn der Tank leergefahren und dann wieder gefüllt wird, nicht ohne weiteres starten, und was ist zu tun?

Weil dadurch im Kraftstoffleitungssystem Luft eingeschlossen ist. Die Anlage muß nach dem Tanken entlüftet werden.

185 O O
Wann muß die Kraftstoffanlage eines Dieselmotors entlüftet werden, und worauf ist vor dem Starten zu achten?

Nach jeglicher Montage an der Kraftstoffleitung zwischen Tank und Einspritzpumpe oder wenn der Tank leergefahren wurde, ist die Anlage zu entlüften. Jeder Versuch, den Motor zu starten, bevor die Anlage entlüftet und die Einspritzpumpe befüllt ist, ist zu unterlassen.

186 O
Wo finden Sie Angaben über die Entlüftung eines Dieselmotors?

In der Betriebsanleitung des betreffenden Motors.

187 O O O
Wie können Sie während der Fahrt die Funktionsfähigkeit der Maschinenanlage überwachen?

Durch laufende Kontrolle der Anzeigegeräte für Öldruck, Temperatur und Ladekontrolle. Überwachung der Seewasserkühlung (Filter/Kühlwasseraustritt) und das Abhören auf gleichmäßigen, ruhigen Lauf des Motors. Plötzlich auftretende, fremdartige Geräusche sind sofort zu überprüfen.

Manöver unter Motor

188 O O
Weshalb ist die Kenntnis der Propellerdrehrichtung für das Manövrieren unter Motor von Bedeutung?

Da der „Radeffekt" das Heck nach der einen oder anderen Richtung zur Seite zieht und diese Tatsache beim Manövrieren berücksichtigt werden muß.

189 O O
Wie kann man einen Sturm unter Motor abwettern?

Langsam gegen Wind und See anlaufen oder Diagonalkurs von ca. 45° gegen die See steuern, wenn die Seegangsverhältnisse zu grob werden.

190 O O O
Sie steuern ein Fahrzeug mit rechtsdrehendem Propeller und wollen vor Buganker mit dem Heck zur Pier anlegen. Durch welche Maßnahmen können Sie das Wegdrehen des Bugs bei Fahrt achteraus verhindern?

Durch einen kurzen, kräftigen Schub voraus bei Backbord-Ruderlage oder bei Fahrt achteraus durch ein kurzes Einrucken in die Ankerkette, die zu diesem Zweck kurzzeitig nicht weiter gefiert werden darf.

4. Rechtskunde, Verbandsrecht

191 O O
Welche Bedeutung hat der Internationale Bootsschein?

Der Internationale Bootsschein enthält alle wichtigen Daten über Schiff, Motor und die Anschrift des Eigners. Er dient als Schiffsausweis und befreit Mitglieder des Deutschen Segler-Verbandes von der auf einigen Bundeswasserstraßen geltenden amtlichen Kennzeichnungspflicht.

192 O O
Weshalb soll auch auf Sportbooten ein Logbuch geführt werden?

Da in das Logbuch alle wichtigen Daten einer Reise eingetragen werden, kann es bei Schadens- und Streitfällen als Beweismittel verwendet werden. Außerdem dient es auch als Erfahrungsnachweis.

193 O O O
Welche Eintragungen gehören in das Logbuch?

Daten der Crew, alle Angaben über Wind und Wetter, Kurse, Fahrt, Strom, Segelführung, Lichterführung, wichtige Beobachtungen, Havarien und Unfälle.

194 O
Wo gilt der BR-Schein des Deutschen Segler-Verbandes?

Im 12-Seemeilen-Bereich.

195 O O
Wo gilt der BK-Schein des Deutschen Segler-Verbandes?

Gesamte Ostsee, Teile der Nordsee und das gesamte Mittelmeer im 30-Seemeilen-Bereich.

196 O O
Wo gilt der C-Schein des Deutschen Segler-Verbandes?

Im Küstenbereich und auf hoher See.

197 O O
Was enthält der Meßbrief, und wozu dient er?

Der Meßbrief enthält alle Daten über das Schiff und ist für die Teilnahme an Segelregatten erforderlich.

198 O O
Was bescheinigt der Flaggenausweis der Bundesrepublik Deutschland?

Der Flaggenausweis – Rechtslagebescheinigung – bescheinigt für nicht im Schiffsregister eintragungspflichtige Sportboote sowohl das Recht zur Führung der Bundesflagge als auch das Eigentum am Boot.

199 O O
Wo wird die Flagge der Kreuzer-Abteilung des Deutschen Segler-Verbandes gefahren, und wer darf sie führen?

In deutschen Gewässern unter der Steuerbordsaling, im Ausland unter der Backbordsaling. Sie darf nur von Mitgliedern der Kreuzer-Abteilung geführt werden.

200 O O
Welche Aufgabe hat die Kreuzer-Abteilung des Deutschen Segler-Verbandes?

Die KA des DSV unterhält eine Vielzahl von Stützpunkten mit einem nahezu weltweiten Service-Netz zur Betreuung der ihr angehörenden Fahrtensegler. Außerdem werden von ihr die Hafenhandbücher und alle für die Sportschiffahrt wichtigen Informationen, das In- und Ausland betreffend, veröffentlicht.

201 O
Nach welchen Richtlinien werden Segelregatten durchgeführt?

Nach den Internationalen Wettsegelbestimmungen.

202 O O
Was beinhalten die „10 Goldenen Regeln für Wassersportler"?

Die „10 Goldenen Regeln" beinhalten Hinweise für das Verhalten der Sportschiffer zum Schutz seltener Tiere und Pflanzen sowie zur Reinhaltung der Gewässer.

203 O O
Weshalb sollten Sie sich insbesondere im Wattengebiet von trockenfallenden, nicht bewohnten Zonen und Seehundbänken freihalten?

Weil diese oftmals Rastplätze für seltene Tiere sind und Seehunde, falls sie mehrfach vertrieben werden, diese Plätze nicht mehr aufsuchen.

5. Navigation

Terrestrische Navigation

Koordinatensystem

204 O O O
Was verstehen Sie unter dem „Nullmeridian"? Wodurch werden alle anderen Meridiane bezeichnet, und wie werden sie gezählt?

Der Nullmeridian ist der Längenhalbkreis, auf dem die Sternwarte von Greenwich liegt. Die anderen Meridiane werden durch den Winkel bezeichnet, den sie am Nordpol mit dem Nullmeridian bilden. Sie werden von 0° bis 180° jeweils nach Ost und West gezählt.

205 O O
Was verstehen Sie unter der geographischen „Breite" eines Ortes?

Die geographische Breite eines Ortes ist der Winkel am Mittelpunkt der Erdkugel zwischen der Äquatorebene und dem Erdradius des Ortes, polwärts gezählt von 0° bis 90°.

206 O O
Was verstehen Sie unter der geographischen „Länge" eines Ortes?

Die geographische Länge eines Ortes ist der sphärische Winkel an den Polen zwischen dem Nullmeridian und dem Ortsmeridian.

207 O O
Wie lang ist eine Meridiantertie, und wo findet dieser Wert praktische Anwendung?

Eine Meridiantertie ist 0,514 m lang, für die praktische Anwendung 0,5 m.
Sie ist die Bezugsgröße für das Relingslog.

208 O O O O
Welche Anforderungen muß eine Seekarte erfüllen?

1. Eine Kurslinie muß als Gerade eingetragen werden können.
2. Die Karte muß winkeltreu sein.
3. Die Karte muß flächenähnlich sein.
4. Entfernungen müssen leicht meßbar sein.

Nautische Veröffentlichungen

209 O O O
Was enthält die „Legende" einer Seekarte?

Die Legende einer Seekarte enthält allgemeine Angaben über den Maßstab, die Projektionsart, Höhen und Tiefen und ihre Bezugspunkte sowie sonstige wichtige Hinweise.

210 O O O
Was verstehen Sie unter dem „Kartennull" (KN) einer Seekarte, und auf welche Werte beziehen sich die Angaben für Seegebiete ohne wesentlichen Gezeiteneinfluß (Mittelmeer, Ostsee) und für Gezeitenreviere wie z. B. die Nordsee?

Das Kartennull ist die Bezugsebene für die Tiefenangaben, die für die Ostsee und das Mittelmeer dem mittleren Wasserstand entspricht und für die Nordsee dem mittleren Springniedrigwasser.

211 O O O
Welche Angaben enthält das Leuchtfeuerverzeichnis?

Das Leuchtfeuerverzeichnis enthält eine Beschreibung der Leuchtfeuer, Feuerschiffe und Leuchttonnen mit Feuerträger (als Tagmarken), Nebelschallzeichen und Nebelleuchten des See- und Küstengebietes, die im Untertitel angegeben sind. Der Anhang enthält Angaben über ortsfeste Signalstellen, die für die Schiffahrt von Bedeutung sind.

212 O O
Welche Angaben enthalten die Hafenhandbücher der Kreuzer-Abteilung des Deutschen Segler-Verbandes?

Alle für die Sportschiffahrt wichtigen Hinweise im entsprechenden Geltungsbereich. Insbesondere die Beschreibung der betreffenden Häfen.

213 O
Worauf haben Sie als Schiffsführer bezüglich der nautischen Karten und Bücher vor Antritt der Reise unbedingt zu achten?

Daß alle nautischen Unterlagen auf den neuesten Stand berichtigt sind.

Nautische Geräte

214 O
Welche Magnetkompaßart wird allgemein auf Yachten als Steuerkompaß verwendet?

Der Schwimmkompaß (Fluidkompaß).

215 OO
Worauf ist bei der Aufstellung einer Peilscheibe zu achten?

Die Peilscheibe muß mit ihrer 0°/180°-Linie mit der Kiellinie zusammenfallen oder parallel dazu verlaufen und so aufgestellt sein, daß auch bei Krängung ein freies Sichtfeld gewährleistet ist.

216 O O
Welche möglichen Fehlerquellen sind bei der Verwendung eines Handpeilkompasses zu beachten?

Kippfehler und mögliche Beeinflussung durch Schiffsmagnetismus. Die Verwendung ist daher auf Stahlschiffen u. U. problematisch.

217 O O O O
Woraus besteht ein Handlot? Wie ist seine Markierung, und wie wird es gehandhabt?

Ein Handlot besteht aus dem Lotkörper (Bleigewicht) mit einer Aushöhlung zur Aufnahme der Lotspeise. Die Leine ist in Abständen von 2 m mit farbigen Streifen markiert, schwarz, weiß, rot, gelb. Leder bei 10 m mit einem Loch, bei 20 m zwei Löcher usw.
Handhabung: Fahrt verringern, Lotkörper in Luv vorauswerfen und Tiefe feststellen, wenn Lotleine „auf-und-nieder" steht.

218 O O O
Wie arbeitet das Echolot?

Vom Sender des Echolots werden Ultraschallwellen zum Meeresboden gesendet, die von diesem reflektiert und vom Empfänger wieder aufgenommen werden. Die hierbei festgestellte Zeitspanne wird in Metern vom Gerät angezeigt.

219 O O O
Erklären Sie in Stichworten die Arbeitsweise des Patentlogs.

Mit dem Patentlog wird über eine nachgeschleppte Schraube die zurückgelegte Wegstrecke gemessen, die an einem Anzeigegerät in Seemeilen angegeben wird. Nach der Formel

$$\text{Fahrt} = \frac{\text{Distanz in sm x 60}}{\text{Zeit in Minuten}}$$

läßt sich die „Fahrt durchs Wasser" in Knoten berechnen. Das Patentlog ist bei Geschwindigkeiten von weniger als 5 Knoten ungenau.

220 O O O
Erklären Sie in Stichworten das Relingslog.

Eine möglichst lange Strecke auf der Reling wird in Meter (= 2 Meridiantertien) abgemessen und markiert. Voraus in Lee wirft man einen schwimmfähigen Gegenstand (Stück Holz) über Bord und stellt die Sekunden fest, die das Schiff zum Durchlaufen der markierten Strecke benötigt. Nach der Formel

$$\text{Fahrt} = \frac{\text{Anzahl der Meridiantertien}}{\text{Zeit in Sekunden}}$$

erhält man die „Fahrt durchs Wasser" in Knoten. Das Relingslog ist bei Geschwindigkeiten über 5 Knoten ungenau.

Übungsaufgaben

Auf den folgenden Seiten sind die vom DSV veröffentlichten Übungsaufgaben mit Lösungen zusammengestellt. Sie enthalten alle in einer Prüfungsaufgabe vorkommenden Themen und Einzelaufgaben und geben Unterrichtenden und Führerscheinbewerbern einen besseren Überblick über die Anforderungen dieses Prüfungsteils.
Die den Übungsaufgaben anhängenden Lösungen sollen lediglich der eigenen Kontrolle dienen.
Alle in den Übungsaufgaben behandelten Rechnungsarten und Verfahren sind anteilig in die verschiedensten Prüfungsaufgaben eingearbeitet, die schon aus zeitlichen Gründen nur Teilbereiche enthalten können und jeweils mit anderen Daten und Vorgaben im Rahmen der abgegrenzten Lernziele einer ständigen Änderung unterliegen.

Die in den Karten- und Gezeiten-Aufgaben verwendeten Abkürzungen und Zeichen entsprechen dem DIN-Normblatt Nr. 13312 des Deutschen Instituts für Normung e. V. (DIN). (Bemerkung: z. T. neue Definitionen!)

Es bedeuten:

Abl	Deviation (Ablenkung)
Ah	Augeshöhe
Bb.	Backbord
BS	Beschickung für Strom
BV	Besteckversetzung
BW	Beschickung für Wind
BWS	Besch. für Wind und Strom
DdW	Distanz durchs Wasser
DSt	Betrag d. Stromversetzung
DüG	Distanz über Grund
E	Ost
F	Feuer
FD	Falldauer
FdW	Fahrt durchs Wasser
Fh	Feuerhöhe
F-Sch.	Feuerschiff
FüG	Fahrt über Grund
Fw	Fehlweisung
g.	gelb
gn.	grün
h	Stunde (Uhrzeit)
H	Höhe der Gezeit
HW	Hochwasser
HWH	Hochwasserhöhe
HWZ	Hochwasserzeit
KaK	Kartenkurs
kbl	Kabellänge
KdW	Kurs durchs Wasser
kn	Knoten
KN	Kartennull
KT	Kartentiefe
KüG	Kurs über Grund
LfV	Leuchtfeuerverzeichnis
λ	geographische Länge
m	Meter
MEZ	Mitteleuropäische Zeit
MgK	Magnetkompaß-Kurs
MgN	Magnetkompaß-Nord
MgP	Magnetkompaß-Peilung
min	Minute
Mw	Mißweisung
mwK	mißweisender Kurs
mwN	mißweisend Nord
mwP	mißweisende Peilung
N	Nord
NW	Niedrigwasser
NWH	Niedrigwasserhöhe
NWZ	Niedrigwasserzeit
NpZ	Nippzeit
O_b	beobachteter Ort
O_k	Koppelort
φ	geographische Breite
r.	rot
rwK	rechtweisender Kurs
rwN	rechtweisend Nord
rwP	rechtweisende Peilung
s	Sekunde
S	Süd
SD	Steigdauer
sm	Seemeile
SP	Seitenpeilung
SpV	Springverspätung
Stb.	Steuerbord
StG	Stromgeschwindigkeit
StR	Stromrichtung
TF	Tidenfall
TH	Tidenhub
TS	Tidenstieg
UTC	Universal Time Coordinated
w.	weiß
W	West
WT	Wassertiefe
ZUG	Zeitunterschied der Gezeit

Kartenaufgabe

Für diese Kartenaufgabe gilt eine **Mißweisung von −2°.** Die Ablenkungswerte sind aus der untenstehenden Deviationstabelle zu entnehmen. Soweit erforderlich, sind diese Werte auf Zehntelgrade zu interpolieren, dann bis einschließlich 0,4° ab- und ab 0,5° aufzurunden und als volle Gradzahlen in die Rechnung einzubringen.
Bei Peilungen mit Handpeilkompaß wird Ablenkung (Deviation) = 0 angenommen (MgP entspricht mwP).

Deviationstabelle
(nur für Übungsaufgaben)

MgK/mwK		Abl	MgK/mwK		Abl
000	−	1	180	+	1
010	±	0	190	±	0
020	+	1	200	−	1
030	+	2	210	−	2
040	+	2	220	−	2
050	+	3	230	−	3
060	+	3	240	−	4
070	+	4	250	−	5
080	+	5	260	−	5
090	+	5	270	−	6
100	+	5	280	−	6
110	+	4	290	−	5
120	+	4	300	−	4
130	+	3	310	−	4
140	+	3	320	−	3
150	+	2	330	−	3
160	+	2	340	−	2
170	+	1	350	−	2
180	+	1	360	−	1

Das Log dieser Yacht mißt die Fahrt durchs Wasser.
Auf dem Weg von Kiel zum Kleinen Belt stehen Sie mit einer Segelyacht um 17.25 Uhr auf 54°28,0′N, 010°15,0′E und setzen Kurs auf die Tonne 3 des Kiel-Flensburg-Weges (54°39,3′N, 010°08,3′E) ab (Log: Tageszähler auf 0).

1 a) Welches Schiffahrtszeichen liegt in umittelbarer Nähe der Ausgangsposition?
b) Beschreiben Sie die Tonne nach den Angaben, die der Seekarte zu entnehmen sind.

2 Wie lautet der Kartenkurs (KaK), den Sie der Seekarte entnehmen?

3 Welcher Magnetkompaß-Kurs (MgK) wäre zu steuern, wenn mit einer Beschikkung für Wind und Strom nicht zu rechnen ist? (Ganze Rechnung aufschreiben.)

4 Welche Distanz ist bis zur Wegetonne 3 zurückzulegen?

5 Wann würde die Wegetonne 3 bei einer Fahrt von 5,0 kn erreicht werden?

Der Rudergänger kann jedoch bei Nordwind die Tn. 3 nicht anliegen und nur einen MgK von 320° halten, wobei wegen des Windeinflusses eine Versetzung der Yacht angenommen werden muß und deshalb mit einer Beschickung für Wind (BW) von 10° zu rechnen ist. Strom wird nicht festgestellt.

6 Welcher Kurs ist aufgrund der angegebenen Beschickungsgrößen (ab Position 17.25 Uhr) in die Karte einzutragen?

Um 18.07 Uhr stehen Sie zwischen den grünen Spitztonnen 1 (mit Kegeltoppzeichen) und 3 in der Stollergrundrinne.

7 Nach welchem System des maritimen Betonnungssystems ist die Stollergrundrinne betonnt?

8 Wie bezeichnet man die Stollergrundrinne nach den Begriffsbestimmungen der Seeschiffahrtsstraßen-Ordnung?

9 Wo stehen Sie um 19.00 Uhr, d. h. 1 h 35 min nach Verlassen der Ausgangsposition, bei einer Fahrt von 5,0 kn?

Um 19.10 Uhr loten Sie (bei unverändertem Kurs) 10,0 m Wassertiefe. Gleichzeitig peilen Sie bei anliegendem MgK von 320° das südliche Hochhaus beim Yachthafen Damp mit einer Seitenpeilung (SP) in 025°.

10 Wie lautet die rechtweisende Peilung des südlichen Hochhauses von Damp?

11 Wie lauten die Koordinaten des beobachteten Standortes (O_b) um 19.10 Uhr?

Um 19.10 Uhr wenden Sie und können einen Kurs von 044° am Kompaß (MgK) halten, wobei mit BW von 11° zu rechnen ist (Strom wird nicht angenommen).

12 Welcher Kurs ist aufgrund der angegebenen Beschickungsgrößen in die Karte einzutragen?

Um 20.14 Uhr, Logge 14,0 sm, dreht der Wind auf NNW. Sie können auf MgK = 024° anluven, wobei mit BW von 7° zu rechnen ist. Zu diesem Zeitpunkt peilen Sie das Leuchtfeuer Schleimünde in SP = 290°, um 20.50 Uhr, Logge 17,0 sm, peilen Sie es in SP = 263°. Bei beiden Peilungen liegt MgK = 024° an. Log = 5 kn.

13 Wie lautet der KdW (= KaK)?

14 Wie lauten die rechtweisenden Peilungen (rwP)?

um 20.14 Uhr um 20.50 Uhr

15 Nennen Sie die Koordinaten des O_b um 20.50 Uhr!

Kompaß beobachten

Um 20.56 Uhr stehen Sie auf 54°38,9′N, 010°13,4′E und steuern weiterhin MgK = 024°. Seit kurzem ist ca. 60° an Steuerbord voraus eine noch unter der Kimm liegende Lichterscheinung eines Leuchtfeuers zu beobachten, dessen Kennung mit Blz. (2) w. 20s einwandfrei bestimmt werden kann.

16 Um welches Leuchtfeuer handelt es sich?

17 Wie groß wäre der Abstand vom Feuer (Feuerhöhe 39 m), wenn es aus 2 m Augeshöhe in der Kimm erscheinen würde (vgl. Tafel auf S. 75)?

Um 21.32 Uhr erscheint das Feuer in der Kimm. Es wird mit dem Handpeilkompaß in 082° gepeilt.

18 Wie lautet die rwP?

19 Nennen Sie die Koordinaten des O_b um 21.32 Uhr!

20 Nennen Sie die Koordinaten des gekoppelten Ortes (O_k) um 21.32 Uhr!

21 Wie groß ist die Besteckversetzung (BV) seit 20.50 Uhr?

22 Bestimmen Sie den Strom nach Richtung und Stärke!

23 Welcher Kurs über Grund (KüG) wurde seit 20.50 Uhr gelaufen?

24 Welche Fahrt über Grund (FüG) ergibt sich?

In Nr. 23 wurde der KüG ermittelt, der seit 20.50 Uhr gelaufen wurde. Dieser ermittelte KüG und der nach den Angaben bei Nr. 13 gesteuerte KdW lassen Schlüsse auf einen vorhandenen Strom zu, der bei der Fortsetzung der Fahrt zu berücksichtigen ist.

25 Wie groß ist die Beschickung für Strom (BS)?

26 Welches Vorzeichen erhält BS auf diesem Kurs?

Der Wind flaut ab. Da der Strom weiterhin in Richtung Südost setzt, beschließen Sie, das Klördyb, etwa 1,5 sm östlich von Marstal, anzusteuern.

27 Welche Distanz ist bis zur Ansteuerungstonne zurückzulegen?

28 Welchen MgK müssen Sie steuern, bei weiterhin geschätzter BS = 7° und BW = 3°?

29 Um 24.00 Uhr führen Sie kurz nacheinander zwei Magnetkompaß-Peilungen (MgP) über Ihren Steuerkompaß aus. Anliegender MgK jeweils 037°.

Lf. Vejsnæs Nakke in MgP = 345°.
Lf. Keldsnor in MgP = 108°.

Wie lauten die rwP?

30 Nennen Sie die Koordinaten des O_b um 24.00 Uhr!

31 Wie lautet der Kurs über Grund seit der letzten Kursänderung?

Der Wind frischt auf (aus NNW), deswegen setzen Sie Kurs auf die südlichste Leuchttonne DW 25 des Tiefwasserweges Großer Belt (etwa 3,9 sm SSO-lich vom Lf. Keldsnor) ab und ermitteln einen Kartenkurs von 122°. Log: 6 kn.

32 Welche Distanz ist zurückzulegen?

33 Beschreiben Sie die Tonne!

34 Welchem System des maritimen Betonnungssystems gehört die Tonne an?

In der Marstal-Bucht wird kein Strom mehr angenommen. Bedenken Sie, ob mit einer BW zu rechnen ist. BW kann vernachlässigt werden, da der NNW-Wind schräg von Bb. achtern kommt und eine Segelyacht dann eine sehr geringe Abdrift haben wird.

35 Welchen MgK müssen Sie steuern?

Sie passieren die Tonne DW 25 und setzen Kurs auf die W-Tonne des Albue Flak ab.

36 Welcher Kurs wird der Karte entnommen (KaK)?

Auf diesem Kurs haben Sie (Sie queren den Großen Belt!) mit Strom 170°, 1,2 sm/h gerechnet. Der Wind ist rückdrehend (mit Tendenz zu NW) (Log = 5 kn).

37 Wie lautet der KdW?

38 Welche FüG ergibt sich?

39 Welchen MgK müssen Sie steuern? (BW = 3°)

40 Nach 30 Minuten dreht der Wind nördlicher, so daß Sie nur noch einen MgK = 035° halten können. Welcher KüG (= KaK) ergibt sich bei BW = 5° (Log: 5 kn)? (Strom unverändert)

41 Wie groß ist die Fahrt über Grund?

42 Um Albuen zu erreichen, muß gekreuzt werden. Sie wenden auf der 6-m-Linie vor dem Küstenverlauf. Das Boot läuft 045° am Wind. Welcher MgK kann mit Wind von Steuerbord (Bb.-Bug) gesegelt werden (Log: 5 kn)?

Die „Höhe am Wind" bezieht sich immer und ausschließlich auf den rwK! (Winkel zwischen Richtung des wahren Windes und rwK)
Bei einer möglichen „Höhe am Wind" von z. B. 45°, die diese Yacht laufen kann, unterscheiden sich also die rwK auf den Kreuzkursen um 90°.
In vorstehender Rechnung muß sich dementsprechend mit Wind von Stb. (Bb.-Bug) ein MgK von 311° ergeben.

43 Ermitteln Sie den Kurs über Grund mit Wind von Steuerbord (Bb.-Bug)!

44 Ermitteln Sie die Fahrt über Grund mit Wind von Steuerbord (Bb.-Bug)!

45 Auf welcher Position müssen Sie bei unverändertem Wind und Strom wenden, um jetzt die N-Tonne von Albue Flak ohne weitere Kreuzschläge zu erreichen?

46 Sie wollen die Wendeposition durch Peilung des Albuen Feuers (Glt. w/r/gn. 8s) mit dem Handpeilkompaß ermitteln. Welche MgP muß erreicht sein?

47 Wie groß ist die Distanz bei direktem Kurs von der Tonne DW 25 zur N-Tonne Albue Flak?

48 Wie groß ist die auf den Kreuzkursen zurückzulegende Distanz über Grund von der Tonne DW 25 bis zur N-Tonne Albue Flak?

Lösungen der Kartenaufgabe

1 a) Anst.-Tn. Stb.-Seite des Fahrwassers Kieler Förde

1 b) Grüne Leucht-Heultonne 1 mit Kegel-Toppzeichen, Spitze oben, und grünem Funkelfeuer

---

2 **KaK = 341°**

3

rwK	=	341°	Rechnung ↓
Mw	=	– 2°	
mwK	=	343°	
Abl	=	– 2°	
MgK	=	**345°**	

oder

MgK	=	**345°**	Rechnung ↑
Abl	=	– 2°	
mwK	=	343°	
Mw	=	– 2°	
rwK	=	341°	

---

4 **DüG = 11,9 sm**

5

Benötigte Zeit $= \frac{11{,}9 \times 60}{5}$

= rd. 143 min

= 2 h 23 min

Abfahrtszeit	=	17 h 25 min
Segelzeit	=	2 h 23 min
Ankunftszeit	=	**19 h 48 min**

6

MgK	=	320°	Rechnung ↓
Abl	=	– 3°	
mwK	=	317°	
Mw	=	– 2°	
rwK	=	315°	
BW	=	– 10°	
KdW	=	**305°**	

---

7 **Lateralsystem**

---

8 **Fahrwasser**

9

Zeitpunkt	19.00
– Abfahrtszeit	17.25
= Zeitunterschied	01.35
=	95 min

$d = \frac{95 \times 5{,}0}{60} = 7{,}9\,\text{sm}$

O_k um 19.00: φ = 54°32,5′N

λ = 010°03,8′E

10

SP	=	025°	Rechnung ↓
rwK	=	+ 315°	
rwP	=	**340°**	

---

11 O_b um 19.10: φ = 54°33,0′N

λ = 010°02,6′E

12

MgK	=	044°	Rechnung ↓
Abl	=	+ 2°	
mwK	=	046°	
Mw	=	– 2°	
rwK	=	044°	
BW	=	+ 11°	
KdW	=	**055°**	

13

MgK	=	024°	Rechnung ↓
Abl	=	+ 1°	
mwK	=	025°	
Mw	=	– 2°	
rwK	=	023°	
BW	=	+ 7°	
KdW	=	**030°**	

14

um 20.14:

SP	=	290°	Rechnung ↓
rwK	=	023°	
rwP	=	**313°**	

um 20.50:

SP	=	263°	Rechnung ↓
rwK	=	023°	
rwP	=	**286°**	

---

15 O_b um 20.50: φ = 54°38,5′N

λ = 010°12,9′E

---

16 Leuchtfeuer **Keldsnor**

---

17 **d = 15,9 sm**

18

mwP	=	082°	Rechnung ↓
Mw	=	– 2°	
rwP	=	**080°**	

---

19 O_b um 21.32: φ = 54°41,2′N

λ = 010°16,3′E

---

20 O_k um 21.32: φ = 54°41,6′N

λ = 010°15,9′E

---

21 **BV = 150°, 0,5 sm**

---

22 **StR = 150°**

StG = 0,7 sm/h

---

23 **KüG = 037°**

---

24 **FüG = 4,7 kn**

25 **BS = 7°**

26 **Plus (+)**

27 **DüG = 13,8 sm**

28

KüG	=		047°	Rechnung ↓
BS	=	+	7°	
KdW	=		040°	
BW	=	+	3°	
rwK	=		037°	
Mw	=	–	2°	
mwK	=		039°	
Abl	=	+	2°	
MgK	**=**		**037°**	

oder

MgK	**=**		**037°**	Rechnung ↑
Abl	=	+	2°	
mwK	=		039°	
Mw	=	–	2°	
rwK	=		037°	
BW	=	+	3°	
KdW	=		040°	
BS	=	+	7°	
KüG	=		047°	

29

Lf. Vejsnæs Nakke

MgP	=		345°	Rechnung ↓
Abl	=	+	2°	
mwP	=		347°	
Mw	=	–	2°	
rwP	**=**		**345°**	

Lf. Keldsnor

MgP	=		108°	Rechnung ↓
Abl	=	+	2°	
mwP	=		110°	
Mw	=	–	2°	
rwP	**=**		**108°**	

30 **O_b um 24.00: φ = 54°47,1′N**
λ = 010°26,5′E

31 **$KüG_b$ = 045°**

32 **DüG = 12,9 sm**

33 **Leuchttonne,**
Farbe: Schwarz mit einem breiten waagerechten gelben Band;
Toppzeichen: zwei schwarze Kegel übereinander, Spitzen voneinander;
Feuer: schnelles Funkelfeuer mit Gruppen von drei schnellen Funkeln, weiß;
Wiederkehr: 5 Sekunden.

34 **Die Tonne gehört dem Kardinalsystem an.**

35

rwK	=		122°	Rechnung ↓
Mw	=	–	2°	
mwK	=		124°	
Abl	=	+	4°	
MgK	**=**		**120°**	

oder

MgK	**=**		**120°**	Rechnung ↑
Abl	=	+	4°	
mwK	=		124°	
Mw	=	–	2°	
rwK	=		122°	

36 **KaK = 030°**

37 **KdW = 021°**

38 **FüG = 4 kn**

39

KüG	=		030°	Rechnung ↓
BS	=	+	9°	
(aus Stromdreieck)				
KdW	=		021°	
BW	=	+	3°	
rwK	=		018°	
Mw	=	–	2°	
mwK	=		020°	
Abl	=	+	1°	
MgK	**=**		**019°**	

oder

MgK	**=**		**019°**	Rechnung ↑
Abl	=	+	1°	
mwK	=		020°	
Mw	=	–	2°	
rwK	=		018°	
BW	=	+	3°	
KdW	=		021°	
BS	=	+	9°	
KüG	=		030°	

40

MgK	=		035°	Rechnung ↓
Abl	=	+	2°	
mwK	=		037°	
Mw	=	–	2°	
rwK	=		035°	
BW	=	+	5°	
KdW	=		040°	
BS	=	+	10°	
(aus Stromdreieck)				
KüG	**=**		**050°**	

41 **FüG = 4,1 kn** (Stb.-Bug)

42

KüG	=		290°	Rechnung ↓
BS	=	–	10°	
(aus Stromdreieck)				
KdW	=		300°	
BW	=	–	5°	
rwK	=		305°	
Mw	=	–	2°	
mwK	=		307°	
Abl	=	–	4°	
MgK	**=**		**311°**	

oder

MgK	**=**		**311°**	Rechnung ↑
Abl	=	–	4°	
mwK	=		307°	
Mw	=	–	2°	
rwK	=		305°	
BW	=	–	5°	
KdW	=		300°	
BS	=	–	10°	
(aus Stromdreieck)				
KüG	=		290°	

43 **$KüG_k$ = 290°**

44 **FüG = 4,1 kn** (Bb.-Bug)

45 **Wendeposition: φ = 54°48,6′N**
λ = 010°51,3′E

46

mwP/ MgP	**=**		**069°**	Rechnung ↑
Mw	=	–	2°	
rwP	=		067°	

47 **d = 13,1 sm**

48 **DüG = 18,6 sm**

Gezeitenaufgaben

Die untenstehenden Auszüge dienen nur Übungszwecken

1 Wann tritt am 13. Mai morgens bei Helgoland das Hochwasser ein?

2 Wann tritt am 15. Juni abends bei Munkmarsch das Niedrigwasser ein?

3 An welchen Tagen im Juni ist bei Helgoland Springzeit? (Vgl. Auszug aus Tafel 1a auf Seite 105.)

4 Ist am 16. Juni bei Helgoland Spring-, Mitt- oder Nippzeit?

5 Wann treten am 27. Mai bei Hooge das Morgenhochwasser und das folgende Niedrigwasser ein?

6 Wie lange ist am Nachmittag des 3. Juni im Hafen Hörnum Ebbe?

7 Wann ist am 1. Mai bei Helgoland Flut?

8 Wie groß ist der mittlere Tidenhub im Hafen Pellworm?

Helgoland

Tag	Mai				Tag	Juni			
	HW		NW			HW		NW	
	Uhr	Uhr	Uhr	Uhr		Uhr	Uhr	Uhr	Uhr
1 F	10.21	22.38	4.37	17.03	1 M	11.40	23.59	6.01	18.27
2 S	11.19	23.33	5.38	18.02	2 D 0	- -	12.29	6.55	19.19
3 S	- -	12.09	6.32	18.54	3 M	0.49	13.14	7.43	20.07
					4 D	1.37	13.59	8.28	20.55
4 M 0	0.23	12.54	7.21	19.41	5 F	2.27	14.47	9.15	21.45
5 D	1.08	13.36	8.05	20.25	6 S	3.18	15.36	10.01	22.36
6 M	1.54	14.19	8.49	21.10	7 S	4.08	16.24	10.46	23.24
7 D	2.42	15.04	9.33	21.58					
8 F	3.31	15.50	10.18	22.46	8 M	4.59	17.12	11.32	- -
9 S	4.20	16.37	11.01	23.35	9 D 1	5.52	18.05	0.13	12.23
10 S	5.13	17.29	11.48	- -	10 M	6.47	19.03	1.05	13.20
					11 D	7.47	20.07	2.02	14.23
11 M 1	6.11	18.31	0.29	12.45	12 F	8.50	21.12	3.05	15.30
12 D	7.19	19.43	1.33	13.54	13 S	9.51	22.13	4.08	16.34
13 M	8.33	20.59	2.47	15.14	14 S	10.44	23.05	5.04	17.29
14 D	9.46	22.07	4.03	16.28					
15 F	10.44	23.00	5.06	17.25	15 M	11.30	23.50	5.52	18.17
16 S	11.28	23.43	5.51	18.08	16 D	- -	12.12	6.35	19.00
17 S	- -	12.06	6.29	18.48	17 M 2	0.30	12.49	7.15	19.38
					18 D	1.07	13.23	7.50	20.13
18 M	0.23	12.44	7.08	19.28	19 F	1.41	13.58	8.24	20.48
19 D 2	1.00	13.18	7.45	20.04	20 S	2.17	14.34	8.58	21.24
20 M	1.34	13.49	8.16	20.36	21 S	2.54	15.08	9.31	21.59
21 D	2.04	14.20	8.45	21.06					
22 F	2.36	14.51	9.15	21.37	22 M	3.32	15.46	10.07	22.40
23 S	3.09	15.24	9.46	22.11	23 D	4.14	16.29	10.49	23.26
24 S	3.45	15.59	10.18	22.47	24 M	5.02	17.19	11.37	- -
					25 D 3	5.55	18.12	0.17	12.30
25 M	4.24	16.39	10.55	23.30	26 F	6.52	19.13	1.11	13.29
26 D 3	5.10	17.27	11.42	- -	27 S	7.55	20.21	2.11	14.37
27 M	6.07	18.28	0.24	12.42	28 S	9.03	21.31	3.19	15.49
28 D	7.15	19.41	1.30	13.56					
29 F	8.30	20.55	2.45	15.13	29 M	10.10	22.37	4.28	16.59
30 S	9.41	22.02	3.57	16.24	30 D	11.13	23.39	5.34	18.05
31 S	10.44	23.03	5.02	17.28					

0 : Neumond 1 : Erstes Viertel 2 : Vollmond 3 : Letztes Viertel

Mitteleuropäische Sommerzeit

Gezeitenunterschiede gegen Helgoland

Ort	HW	NW
	h min	h min
Lister Tief		
Ansteuerungstonne	+ 1 47	-
List - West	+ 1 56	+ 1 36
List	+ 2 46	+ 2 08
Munkmarsch	+ 2 50	+ 2 10
Hindenburgdamm - Nord	+ 2 55	-
Westerland	+ 0 53	+ 1 13
Vortrapptief		
Amrum		
Kniepsand	+ 1 35	+ 1 25
Odde	+ 1 58	-
Hörnumtief		
Hörnum - Odde	+ 1 54	+ 1 19
Hörnum, Hafen	+ 2 17	+ 1 38
Rantumer Bucht	+ 2 33	+ 2 33
Steenack	+ 2 27	+ 1 42
Nösse	+ 2 32	-
Hindenburgdamm - Süd	+ 2 33	-
Föhrer Ley Nord	+ 2 31	+ 2 31
Norderaue		
Amrum, Amrum - Hafen (Wittdün) .	+ 1 34	+ 1 30
Föhr, Wyk	+ 2 16	+ 2 00
Föhrer Ley Süd	+ 2 34	+ 2 43
Südwesthörn	+ 2 37	-
Dagebüll	+ 2 27	+ 2 24
Süderaue		
Hooge	+ 1 38	+ 1 41
Strand Nord	+ 2 00	+ 2 06
Schlüttsiel	+ 2 06	+ 2 14
Schmaltief, Ansteuerungstonne . . .	+ 0 42	-
Rummelloch	+ 1 27	+ 1 36

Lösungen zu Gezeitenaufgaben

1 **Helgoland 1. HWZ (13. 5.) 08.33 Uhr**
Da Helgoland Bezugsort ist, kann die gesuchte HWZ dem Tidenkalender bzw. hier dem Auszug direkt entnommen werden.

2 Helgoland	2. NWZ	(15. 6.)	$18^h\ 17^{min}$
ZUG für Munkmarsch			$+\ 2^h\ 10^{min}$
Munkmarsch	**NWZ abends**		$\mathbf{20^h\ 27^{min}}$

Aus dem Tidenkalender bzw. hier den Auszügen werden beim Bezugsort Helgoland die NWZ, beim Anschlußort Munkmarsch der Zeitunterschied der Gezeit für NW entnommen und beide addiert.

Mittlerer Tidenhub und mittleres Hochwasser (in Metern)

Ort	MTH	MHW gegen NN	MHW gegen KN
Schleswig – Holstein			
Helgoland	2,4	0,8[1]	2,5
Lister Tief			
List West	1,7	0,7	1,8
List	1,8	0,8	1,8
Westerland	1,7	0,7	1,8
Hörnumtief			
Hörnum, Hafen	2,0	0,9	2,1
Rantumer Bucht	2,1	1,0	2,2
Steenack	2,2	1,0	2,3
Nösse	2,2	1,1	2,3
Föhrer Schulter	2,4	1,2	2,4
Norderaue			
Amrum, Hafen (Wittdün)	2,6	1,2	2,7
Föhr, Wyk	2,8	1,2	2,9
Föhrer Ley Nord	2,7	1,1	2,8
Dagebüll	2,9	1,3	3,1
Süderaue			
Hooge, Anleger	2,8	1,3	2,9
Gröde, Anleger	3,1	1,4	3,3
Schlüttsiel	3,2	1,5	3,3
Rummelloch	2,8	1,3	2,9
Norderhever			
Süderoog	2,9	1,3	3,1
Pellworm, Hafen	3,3	1,5	3,5
Nordstrand, Strucklahnungshörn	3,3	1,5	3,5
Arlauschleuse	3,5	1,6	3,7
Butterloch	3,3	1,6	3,5
Der Strand, Süd	3,3	1,5	3,5

* : Werte unbekannt
[1] : Gegen Helgoländer Null

3 **Springzeit bei Helgoland ist am 5. und 20. Juni. Zur Springzeit werden außerdem noch die jeweils vorhergehenden und folgenden 1 bis 2 Tage gerechnet.**
Neumond und Vollmond finden nach Tidenkalender am 2. und 17. Juni statt. Die Springverspätung bei Helgoland beträgt nach Tafel „Gezeitengrundwerte der europäischen Bezugsorte" (S. 105) 2 Tage und 22 Stunden, aufgerundet also 3 Tage. Springzeit bei Helgoland ist also am 5. und 20. Juni sowie an den vorhergehenden und folgenden 1 bis 2 Tagen.

4 **Am 16. Juni ist bei Helgoland Mittzeit.**
Die Springverspätung bei Helgoland beträgt nach Tafel „Gezeitengrundwerte der europäischen Bezugsorte" (S. 105) 2 Tage und 22 Stunden, aufgerundet also 3 Tage. Wird die Springverspätung vom 16. Juni abgezogen, so ergibt sich der 13. Juni. Nach Tidenkalender liegt dieser Tag in der Mitte zwischen dem ersten Viertel des Mondes am 9. Juni und dem Vollmond am 17. Juni. Am 16. Juni ist daher bei Helgoland Mittzeit.

5 Helgoland	1. HWZ	$06^h\ 07^{min}$
ZUG für Hooge		$+\ 1^h\ 38^{min}$
Hooge Morgenhochwasser		$\mathbf{07^h\ 45^{min}}$
Helgoland	2. NWZ	$12^h\ 42^{min}$
ZUG für Hooge		$+\ 1^h\ 41^{min}$
Hooge nachfolgendes Niedrigwasser		$\mathbf{14^h\ 23^{min}}$

6 Helgoland	2. HWZ	$13^h\ 14^{min}$
ZUG für Hörnum, Hafen		$+\ 2^h\ 17^{min}$
Hörnum, Hafen	2. HWZ	$15^h\ 31^{min}$
Helgoland	2. NWZ	$20^h\ 07^{min}$
ZUG für Hörnum, Hafen		$+\ 1^h\ 38^{min}$
Hörnum, Hafen	2. NWZ	$21^h\ 45^{min}$

Ebbe von 15.31 bis 21.45 Uhr = $\mathbf{6^h\ 14^{min}}$

7 Helgoland am 1. Mai
Flut von 04.37 (NWZ) bis 10.21 (HWZ) = 5 h 44 min
und
von 17.03 (NWZ) bis 22.38 (HWZ) = 5 h 35 min

8 **3,3 m**
Der mittlere Tidenhub kann der Tafel „Mittlerer Tidenhub und mittleres Hochwasser" des Tidenkalenders bzw. hier dem Auszug entnommen werden.

Anhang Teil 3: Amtlicher Fragenkatalog Sportbootführerschein See

Zeichenerklärung

Hinweis O 1 Punkt erreichbar
O O 2 Punkte erreichbar
O O O 3 Punkte erreichbar

Darstellung der Lichter

Rundumlicht

Festes Licht, sichtbar über einen begrenzten Horizontbogen

Festes Licht, sichtbar über einen begrenzten Horizontbogen, vom Beobachter abgekehrte Richtung

Funkellicht, sichtbar über den ganzen Horizont

Festes Licht, sichtbar über drei begrenzte Horizontbögen

Darstellung der Schallsignale

▬ 1 langer Ton

● 1 kurzer Ton

Glockenschlag

Rasches Läuten der Glocke

Rasches Schlagen des Gongs

Gesetzeskunde

Allgemeines

1 O O O
Wo gelten allgemein die Kollisionsverhütungsregeln (KVR)?

Die Kollisionsverhütungsregeln gelten auf der Hohen See und auf den mit dieser zusammenhängenden, von Seeschiffen befahrbaren Gewässern, soweit nicht örtliche Sondervorschriften Vorrang haben.

2 O O O
Wo gilt die Seeschiffahrtsstraßen-Ordnung (SeeSchStrO)?

Die Seeschiffahrtsstraßen-Ordnung gilt im Hoheitsgebiet der Bundesrepublik Deutschland auf den Seeschiffahrtsstraßen. Die Begrenzungen sind in der Seeschiffahrtsstraßen-Ordnung festgelegt.

3 O O
Welche Vorschrift gilt, wenn eine Bestimmung der Seeschiffahrtsstraßen-Ordnung mit den Kollisionsverhütungsregeln im Widerspruch steht?

Die Seeschiffahrtsstraßen-Ordnung.

4 O
Wer ist auf einem Fahrzeug für die Befolgung der strom- und schiffahrtspolizeilichen Vorschriften verantwortlich?

Der Fahrzeugführer und jeder sonst für die Sicherheit Verantwortliche.

5 O O
Was ist zu tun, wenn vor Antritt der Fahrt nicht feststeht, wer Fahrzeugführer ist?

Wenn nicht feststeht, wer Fahrzeugführer ist und wenn mehrere Personen zum Führen eines Fahrzeuges berechtigt sind, dann haben sie vor Antritt der Fahrt zu bestimmen, wer verantwortlicher Fahrzeugführer ist.

6 O
Wie hat sich ein Fahrzeugführer zu verhalten, der infolge des Genusses alkoholischer Getränke oder anderer berauschender Mittel in der sicheren Führung des Fahrzeuges behindert ist?

Er darf das Fahrzeug nicht führen.

7 O O O
Wann ist ein Fahrzeug in Fahrt?

Wenn es weder vor Anker liegt noch an Land festgemacht ist noch auf Grund sitzt.

8 O O
Wann gilt ein Segelfahrzeug als Maschinenfahrzeug?

Wenn es mit Maschinenkraft fährt, auch wenn es gleichzeitig unter Segel ist.

9 O
Wie lang ist die Dauer eines kurzen Tones (●)?

Etwa 1 Sekunde.

10 O
Wie lang ist die Dauer eines langen Tones (▬)?

Etwa 4 bis 6 Sekunden.

11 O O
Was verstehen Sie unter dem Begriff „Manöver des letzten Augenblicks"?

Ist der Kurshalter dem Ausweichpflichtigen aus irgendeinem Grund so nahe gekommen, daß ein Zusammenstoß durch Manöver des Letzteren allein nicht vermieden werden kann, so muß der Kurshalter so manövrieren, wie es zur Vermeidung eines Zusammenstoßes am dienlichsten ist.

12 O O O
Wann gelten Sie als Überholer?

Wenn ich mich einem anderen Fahrzeug aus einer Richtung von mehr als 22,5 Grad achterlicher als querab (Bereich des Hecklichtes) nähere. Im Zweifelsfalle habe ich mich als Überholer zu betrachten.

13 O O
Was verstehen Sie unter dem Begriff „manövrierunfähiges Fahrzeug"?

Ein Fahrzeug, das wegen außergewöhnlicher Umstände nicht wie vorgeschrieben manövrieren und daher einem anderen Fahrzeug nicht ausweichen kann.

14 O O
Was verstehen Sie unter dem Begriff „manövrierbehindertes Fahrzeug"?

Ein Fahrzeug, das durch die Art seines Einsatzes behindert ist, so wie vorgeschrieben zu manövrieren und daher einem anderen Fahrzeug nicht ausweichen kann.

15 O O
Was verstehen Sie unter dem Begriff „verminderte Sicht"?

Sichteinschränkung durch Nebel, dickes Wetter, Schneefall, heftige Regengüsse oder ähnliche Umstände.

16 O O O
Welche Maßnahmen müssen Sie bei verminderter Sicht treffen?

1. Es muß mit sicherer Geschwindigkeit gefahren werden.
2. Es müssen Nebelsignale gegeben werden.
3. Es müssen Positionslichter eingeschaltet werden.
4. Es muß Ausguck gegangen werden.

17 O
Welche Seite wird als die Luvseite bezeichnet?

Die dem Wind zugekehrte Seite.

18 O
Welche Seite wird als die Leeseite bezeichnet?

Die dem Wind abgekehrte Seite.

19 O
Wann müssen Sie Positionslaternen an Bord haben?

Sie müssen ständig mitgeführt werden.

20 O O
Wann müssen die Lichter von Fahrzeugen geführt oder gezeigt werden?

Von Sonnenuntergang bis Sonnenaufgang sowie bei verminderter Sicht.

21 O
Welcher Zeitraum gilt als „am Tage"?

Von Sonnenaufgang bis Sonnenuntergang.

22 O
Welcher Zeitraum gilt als „bei Nacht"?

Von Sonnenuntergang bis Sonnenaufgang.

23 O
Was sind Positionslaternen?

Es sind Laternen, die zur Lichterführung nach den KVR und der SeeSchStrO verwendet werden müssen.

24 O O
Welche Vorschriften regeln die Ausrüstung, Anordnung und Anbringung der Positionslaternen auf Fahrzeugen?

1. Die KVR.
2. Die SeeSchStrO.

25 O
Was für Laternen dürfen Sie nur als Positionslaternen verwenden?

Nur solche Laternen, deren Baumuster vom DHI zur Verwendung auf der Hohen See oder auf Seeschiffahrtsstraßen zugelassen sind.

26 O O O
Was verstehen Sie unter dem Begriff „Verkehrstrennungsgebiet"?

Es sind Schiffahrtswege, die durch Trennlinien oder Trennzonen in Einbahnwege geteilt sind und jeweils nur in Verkehrsrichtung rechts befahren werden dürfen.

27 O O
Was verstehen Sie unter dem Begriff „in Sicht befindlich"?

Fahrzeuge gelten nur dann als einander in Sicht befindlich, wenn jedes vom anderen optisch wahrgenommen werden kann.

28 O O O
Wie haben Sie allgemein Ihre Geschwindigkeit einzurichten?

Ich muß stets mit einer Geschwindigkeit fahren, die es erlaubt, durch geeignete und wirksame Maßnahmen einen Zusammenstoß zu vermeiden, und die es ermöglicht, daß ich unter den gegebenen Verhältnissen mein Fahrzeug auf einer angemessenen Strecke aufstoppen kann (sog. sichere Geschwindigkeit).

29 O
Was ist bei der Benutzung von Laternen, Leuchten und Scheinwerfern zu beachten?

Sie dürfen nicht blenden und dadurch die Schiffahrt gefährden oder behindern.

Kollisionsverhütungsregeln (KVR)

30 O O O
Sie sehen folgendes Fahrzeug: Was ist das für ein Fahrzeug?

Maschinenfahrzeug in Fahrt von weniger als 50 Meter Länge.

31 O O O
Sie sehen folgendes Fahrzeug: Was ist das für ein Fahrzeug?

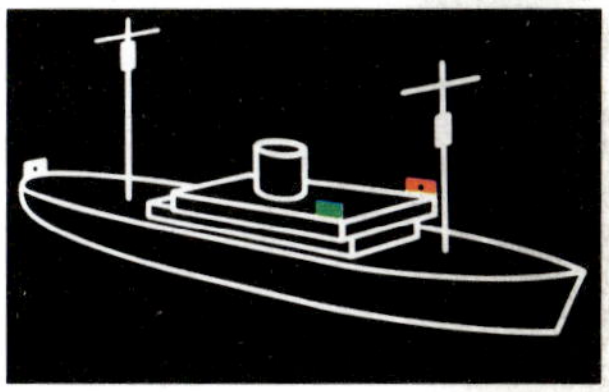

Maschinenfahrzeug in Fahrt von 50 und mehr Meter Länge.

32 O O O
Sie sehen folgenden Schleppverband:
1. Was ist das für ein Schleppverband?

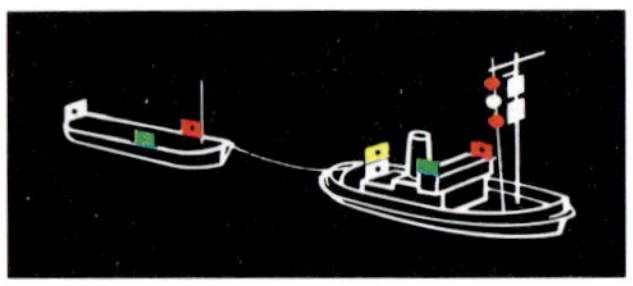

1. Schleppverband in Fahrt von 200 Meter Länge oder weniger.

2. Was bedeutet es, wenn das schleppende Fahrzeug zusätzlich drei Rundumlichter senkrecht übereinander – das obere und untere rot, das mittlere weiß – führt?

2. Der Schleppverband kann nicht vom Kurs abweichen.

33 O O O
Sie sehen folgenden Schleppverband:
1. Was ist das für ein Schleppverband?

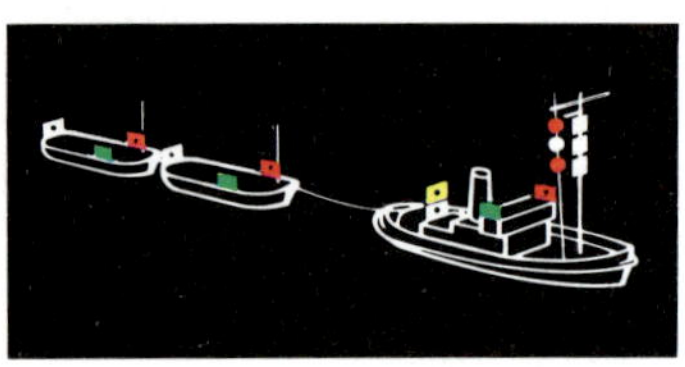

1. Schleppverband in Fahrt von mehr als 200 Meter Länge.

2. Was bedeutet es, wenn das schleppende Fahrzeug zusätzlich drei Rundumlichter senkrecht übereinander – das obere und untere rot, das mittlere weiß – führt?

2. Der Schleppverband kann nicht vom Kurs abweichen.

34 O O
Welche Lichter führen geschleppte Fahrzeuge?

Seitenlichter rot und grün und ein weißes Hecklicht.

35 O O
Was bedeutet es, wenn jedes Fahrzeug eines Schleppverbandes einen schwarzen Rhombus führt?

Schleppverband von mehr als 200 Meter Länge.

36 O O
Sie sehen folgendes Fahrzeug:
Was ist das für ein Fahrzeug?

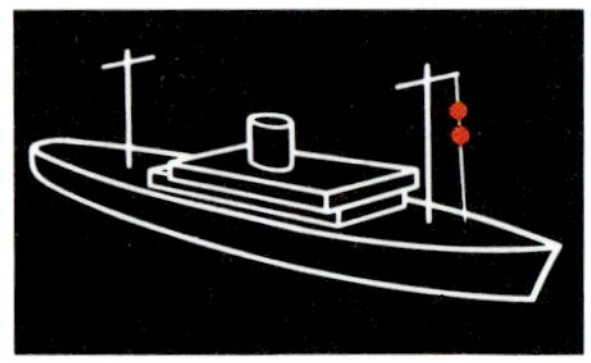

Ein manövrierunfähiges Fahrzeug ohne Fahrt durchs Wasser.

37 O O
Sie sehen folgendes Fahrzeug:
Was ist das für ein Fahrzeug?

Ein manövrierunfähiges Fahrzeug mit Fahrt durchs Wasser.

38 O O
Sie sehen folgendes Fahrzeug:
Was ist das für ein Fahrzeug?

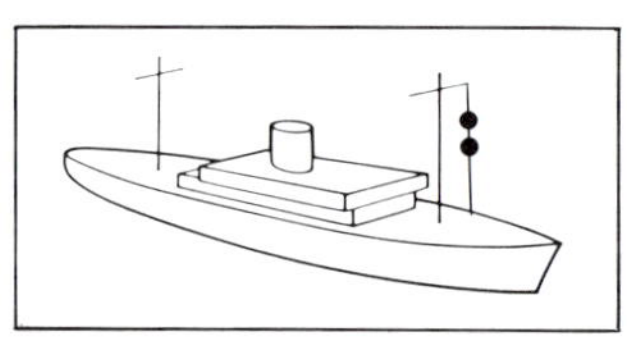

Ein manövrierunfähiges Fahrzeug.

39 O O
Welche Signalkörper haben Sie zu führen, wenn Ihr Fahrzeug von 12 und mehr Meter Länge manövrierunfähig ist?

Zwei schwarze Bälle senkrecht übereinander.

40 O O O
Welche Lichter haben Sie zu führen, wenn Ihr Fahrzeug von 12 und mehr Meter Länge manövrierunfähig ist?

1. Zwei rote Rundumlichter senkrecht übereinander.
2. Mit Fahrt durchs Wasser zwei rote Rundumlichter senkrecht übereinander und zusätzlich die Seitenlichter und das Hecklicht.

41 O O
Sie sehen folgendes Fahrzeug:
Was ist das für ein Fahrzeug?

Ein manövrierbehindertes Fahrzeug ohne Fahrt durchs Wasser.

42 O O
Sie sehen folgendes Fahrzeug:
Was ist das für ein Fahrzeug?

Ein manövrierbehindertes Fahrzeug mit Fahrt durchs Wasser von 50 und mehr Meter Länge.

43 O O
Sie sehen folgendes Fahrzeug:
Was ist das für ein Fahrzeug?

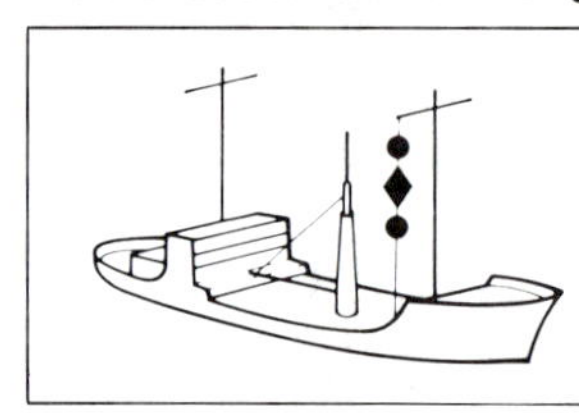

Ein manövrierbehindertes Fahrzeug.

44 O O O
Sie sehen folgendes Fahrzeug:
Was ist das für ein Fahrzeug?

Ein Grundsitzer von weniger als 50 Meter Länge.

45 O O
Sie sehen folgendes Fahrzeug: Was ist das für ein Fahrzeug?

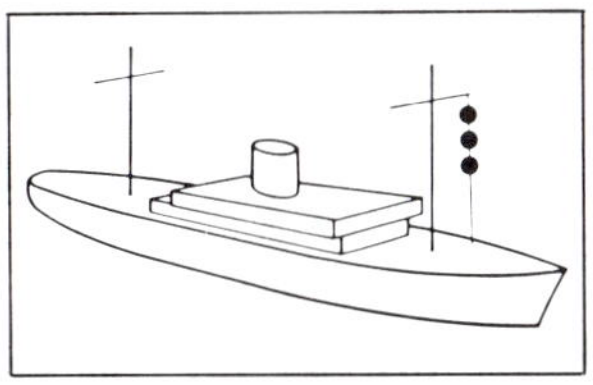

Ein Grundsitzer.

46 O O O
Sie sehen folgendes Fahrzeug: Was ist das für ein Fahrzeug?

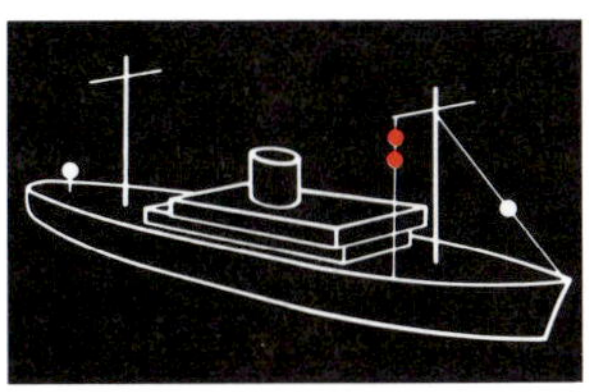

Ein Grundsitzer von 50 und mehr Meter Länge.

47 O O
Sie sehen folgendes Fahrzeug: Was ist das für ein Fahrzeug?

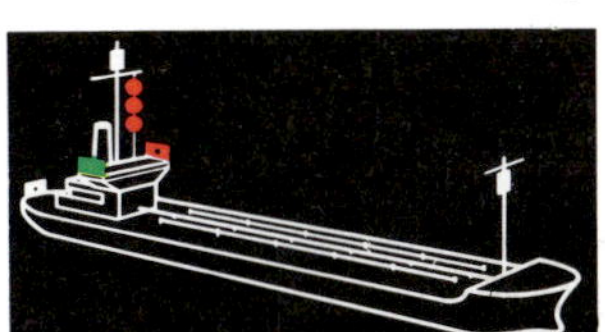

Ein tiefgangbehindertes Fahrzeug von 50 und mehr Meter Länge (Wegerechtschiff).

48 O O
Sie sehen folgendes Fahrzeug: Was ist das für ein Fahrzeug?

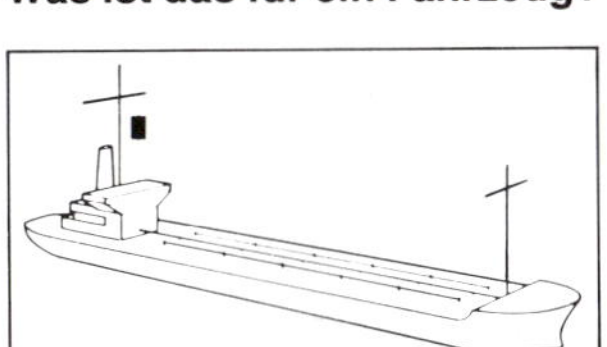

Ein tiefgangbehindertes Fahrzeug (Wegerechtschiff).

49 O O O
Sie sehen folgendes Fahrzeug: Was ist das für ein Fahrzeug?

Ein fischender Trawler (Fischereifahrzeug) bei Fahrt durchs Wasser von 50 und mehr Meter Länge.

50 O O
Sie sehen folgendes Fahrzeug: Was ist das für ein Fahrzeug?

Ein fischendes Fahrzeug, das nicht trawlt (z. B. Treibnetzfischer).

51 O O O
Sie sehen folgendes Fahrzeug: Was ist das für ein Fahrzeug?

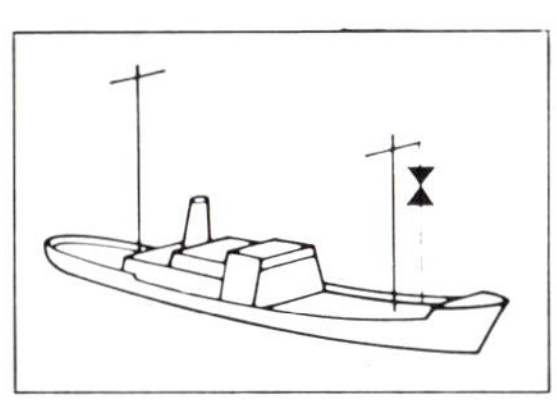

Ein fischender Trawler (Fischereifahrzeug) oder ein fischendes Fahrzeug, das nicht trawlt, von 20 und mehr Meter Länge.

52 O O O
Sie sehen folgendes Fahrzeug: Was ist das für ein Fahrzeug?

Ein fischender Trawler oder ein fischendes Fahrzeug, das nicht trawlt, von weniger als 20 Meter Länge.

53 O O
Welche Fahrzeuge führen nur Seitenlichter rot und grün und ein weißes Hecklicht?

Segler, Ruderboote und geschleppte Fahrzeuge.

54 O
Was für eine Laterne kann ein Segelfahrzeug von weniger als 20 Meter Länge anstelle der Seitenlichter und des Hecklichtes führen?

Eine Dreifarbenlaterne.

55 O O
Welche Lichter darf ein Fahrzeug unter Ruder führen oder zeigen?

Es darf die Seitenlichter und das Hecklicht führen. Andernfalls ist ein weißes Licht gebrauchsfertig zur Hand zu halten, das rechtzeitig gezeigt werden muß, um einen Zusammenstoß zu verhüten.

56 O O
Welchen Signalkörper muß ein Fahrzeug unter Segel, das gleichzeitig mit Maschinenkraft fährt, führen?

Einen schwarzen Kegel, Spitze unten.

57 O O O
Welche Lichter kann bzw. muß ein Maschinenfahrzeug in Fahrt von weniger als 7 Meter Länge, dessen Höchstgeschwindigkeit 7 Knoten nicht übersteigt, führen? Tragen Sie die Lichter unter Angabe der Farben und Sichtwinkel ein, geben Sie an, in welcher Mindesthöhe das Topp- oder Rundumlicht über den Seitenlaternen geführt werden muß und geben Sie ferner an, welche Erleichterung anstelle der beiden Seitenlaternen zulässig ist.

1. kann:

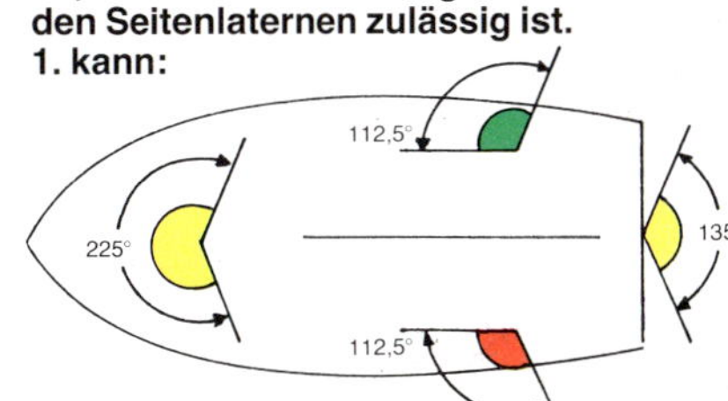

2. muß, soweit möglich:

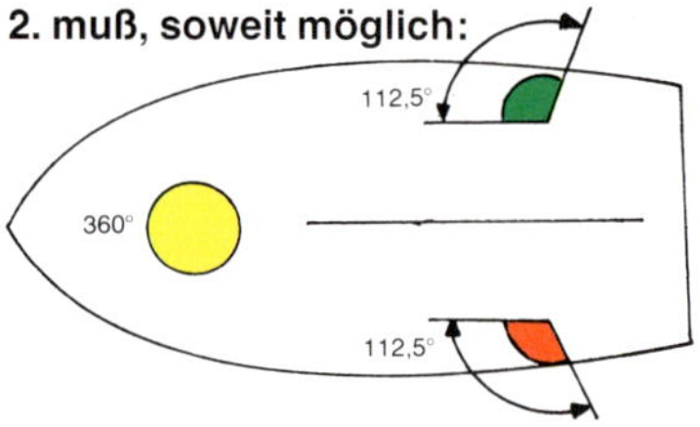

3. muß mindestens:

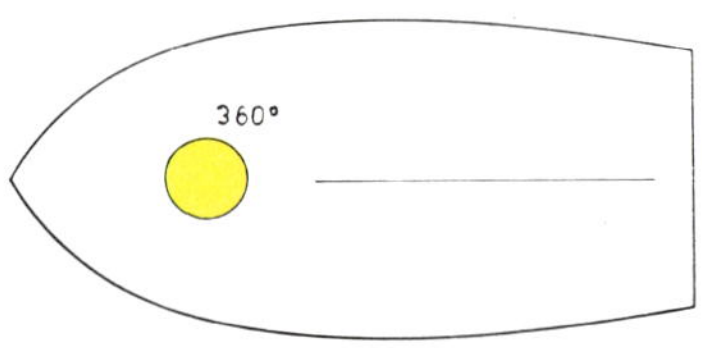

Das Topp- oder Rundumlicht muß mindestens 1 m höher als die Seitenlaternen geführt werden. An Stelle der beiden Seitenlaternen kann eine Zweifarbenlaterne geführt werden.

58 O O O

Welche Lichter kann bzw. muß ein Maschinenfahrzeug in Fahrt von weniger als 12 Meter Länge führen?
Tragen Sie die Lichter unter Angabe der Farben und Sichtwinkel ein, geben Sie an, in welcher Mindesthöhe das Topp- oder Rundumlicht über den Seitenlaternen geführt werden muß und geben Sie ferner an, welche Erleichterung anstelle der beiden Seitenlaternen zulässig ist.

1. kann:

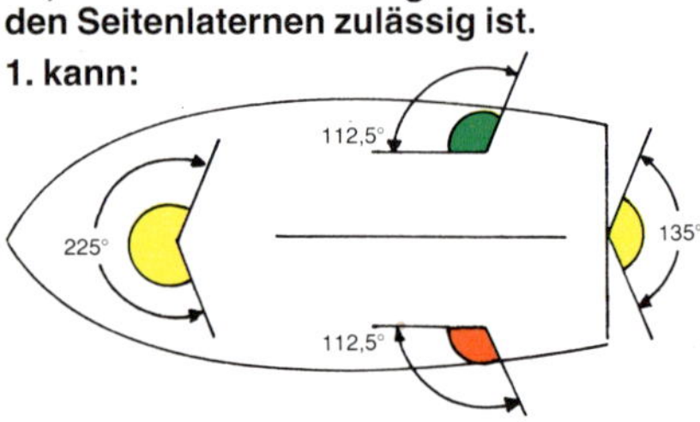

2. muß mindestens:

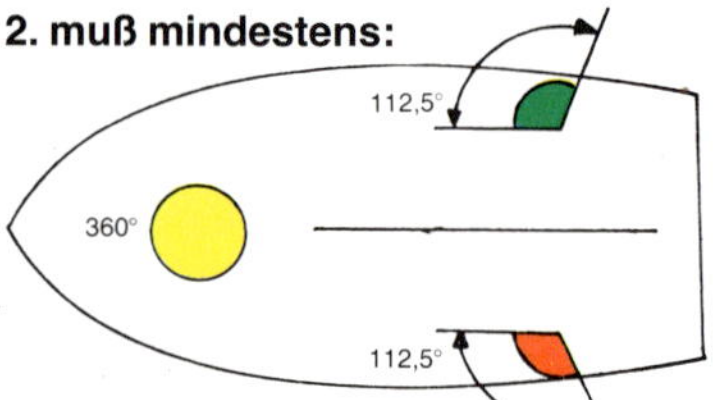

Das Topp- oder Rundumlicht muß mindestens 1 m höher als die Seitenlaternen geführt werden. An Stelle der beiden Seitenlaternen kann eine Zweifarbenlaterne geführt werden.

59 O O O

Welche Lichter muß ein Maschinenfahrzeug in Fahrt von 12 und mehr, jedoch weniger als 20 Meter Länge führen?
Tragen Sie die Lichter unter Angabe der Farben und Sichtwinkel ein, geben Sie an, in welcher Mindesthöhe das Topplicht über dem Schandeckel geführt werden muß, und geben Sie ferner an, welche Erleichterung anstelle der beiden Seitenlaternen zulässig ist.

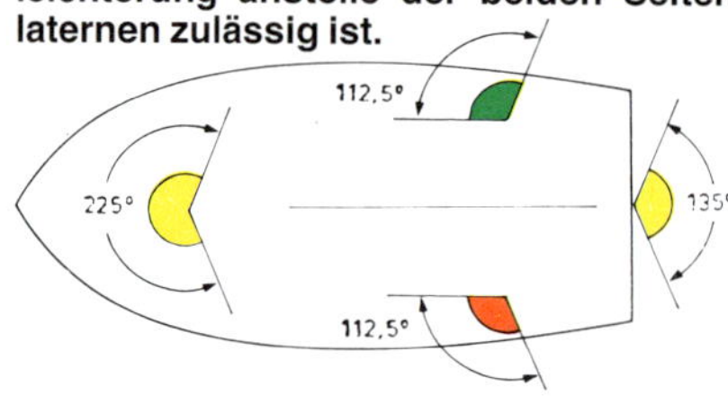

Höhe des Topplichtes über dem Schandeckel: mindestens 2,50 m.
An Stelle der beiden Seitenlaternen kann eine Zweifarbenlaterne geführt werden.

60 O O O

Welche Lichter muß ein Maschinenfahrzeug in Fahrt von 20 und mehr, jedoch weniger als 50 Meter Länge führen?
Tragen Sie die Lichter unter Angabe der Farben und Sichtwinkel ein und geben Sie ferner die Mindesthöhe des Topplichtes über dem Schiffskörper an.

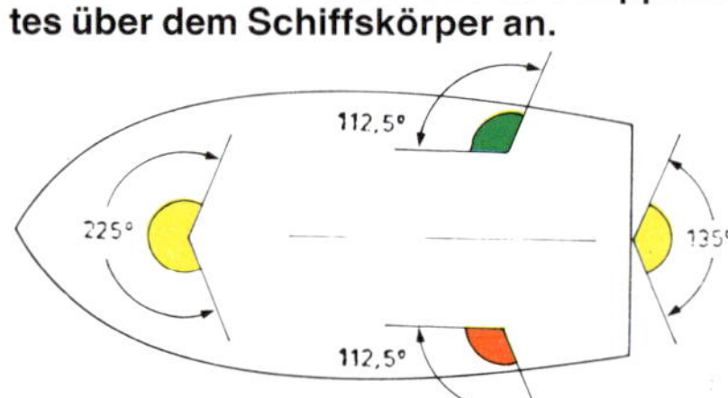

Höhe des Topplichtes über dem Schiffskörper mindestens 6 Meter oder in einer der Breite des Fahrzeugs mindestens gleichkommenden Höhe, es braucht jedoch nicht höher als 12 Meter angebracht zu sein.

61 O O

Was für ein Licht muß ein Ankerlieger von weniger als 50 Meter Länge führen?

Ein weißes Rundumlicht.

62 O O

Sie sehen folgendes Fahrzeug:
Was ist das für ein Fahrzeug?

Ein vor Anker liegendes Fahrzeug von 50 und mehr Meter Länge.

63 O O

Was für einen Signalkörper muß ein Ankerlieger führen?

Einen schwarzen Ball.

64 O O

Sie hören bei verminderter Sicht mindestens alle zwei Minuten einen langen Ton mit der Pfeife (▬).
Welches Fahrzeug gibt dieses Signal?

Ein Maschinenfahrzeug, das Fahrt durchs Wasser macht.

65 O O

Sie hören bei verminderter Sicht mindestens alle zwei Minuten zwei aufeinanderfolgende lange Töne mit der Pfeife. (▬ ▬).
Welches Fahrzeug gibt dieses Signal?

Ein Maschinenfahrzeug in Fahrt, das seine Maschine gestoppt hat und keine Fahrt durchs Wasser macht.

66 O O O

Sie hören bei verminderter Sicht mindestens alle zwei Minuten drei aufeinanderfolgende Töne mit der Pfeife, und zwar lang, kurz, kurz (▬ ● ●).
Welche Fahrzeuge geben dieses Signal?

1. Ein manövrierunfähiges Fahrzeug in Fahrt.
2. Ein manövrierbehindertes Fahrzeug in Fahrt oder vor Anker.
3. Ein tiefgangbehindertes Fahrzeug in Fahrt.
4. Ein Segelfahrzeug in Fahrt.
5. Ein schleppendes oder schiebendes Fahrzeug in Fahrt.
6. Ein fischendes Fahrzeug in Fahrt oder vor Anker.

67 O O
Sie hören bei verminderter Sicht mindestens alle zwei Minuten vier aufeinanderfolgende Töne mit der Pfeife, und zwar lang, kurz, kurz, kurz (▬ ● ● ●). Welche Fahrzeuge geben dieses Signal?

Ein geschlepptes Fahrzeug oder das letzte bemannte Fahrzeug eines Schleppverbandes in Fahrt.

68 O O
Was für ein Schallsignal muß ein Segelfahrzeug von 12 und mehr Meter Länge bei verminderter Sicht geben?

Mindestens alle zwei Minuten drei aufeinanderfolgende Töne mit der Pfeife, und zwar lang, kurz, kurz (▬ ● ●).

69 O O
Welches Schallsignal muß ein Fahrzeug von weniger als 12 Meter Länge bei verminderter Sicht geben, wenn es die sonst vorgeschriebenen Schallsignale nicht geben kann?

Mindestens alle zwei Minuten ein kräftiges Schallsignal, das mit den vorgeschriebenen nicht verwechselt werden kann.

70 O O
Sie hören bei verminderter Sicht mindestens jede Minute 5 Sekunden lang rasches Läuten der Glocke: Welches Fahrzeug gibt dieses Signal?

Ein Fahrzeug vor Anker von weniger als 100 Meter Länge.

71 O O
Sie hören bei verminderter Sicht jede Minute etwa 5 Sekunden lang rasches Läuten der Glocke und unmittelbar danach ungefähr 5 Sekunden lang rasch den Gong schlagen. Welches Fahrzeug gibt dieses Signal?

Ein Fahrzeug vor Anker von 100 und mehr Meter Länge.

72 O O
Welches zusätzliche Schallsignal darf jeder Ankerlieger bei verminderter Sicht geben, um einem sich nähernden Fahrzeug seinen Standort anzuzeigen?

Kurz, lang, kurz (● ▬ ●).

73 O O O
Sie hören bei verminderter Sicht mindestens jede Minute 3 Einzelschläge der Glocke, darauf 5 Sekunden lang rasches Läuten der Glocke und anschließend wieder 3 Einzelschläge der Glocke. Was ist das für ein Fahrzeug?

Ein Grundsitzer von weniger als 100 Meter Länge.

74 O O O
Sie hören bei verminderter Sicht mindestens jede Minute 3 Einzelschläge der Glocke, darauf 5 Sekunden lang rasches Läuten der Glocke, anschließend wieder 3 Einzelschläge der Glocke und dann ungefähr 5 Sekunden lang rasch den Gong schlagen. Was ist das für ein Fahrzeug?

Ein Grundsitzer von 100 und mehr Meter Länge.

75 O O O
Wann besteht die Möglichkeit der Gefahr eines Zusammenstoßes?

Wenn die Fahrzeuge sich einander nähern und die Peilung zu dem anderen Fahrzeug sich nicht oder nur unwesentlich verändert. Im Zweifelsfalle ist die Gefahr als bestehend anzunehmen.

76 O O O
Zwei Segelfahrzeuge nähern sich auf der Hohen See oder außerhalb des Fahrwassers so, daß die Möglichkeit der Gefahr eines Zusammenstoßes besteht. Welches Fahrzeug muß dem anderen ausweichen, wenn sie den Wind nicht von derselben Seite haben?

Es muß dasjenige Fahrzeug ausweichen, das den Wind von Backbord hat.

77 O O O
Zwei Segelfahrzeuge nähern sich auf der Hohen See oder außerhalb des Fahrwassers so, daß die Möglichkeit der Gefahr eines Zusammenstoßes besteht. Welches Fahrzeug muß dem anderen ausweichen, wenn sie den Wind von derselben Seite haben?

Es muß das luvwärtige Fahrzeug dem leewärtigen Fahrzeug ausweichen.

78 O O O
Wie hat sich ein Segelfahrzeug auf der Hohen See oder außerhalb des Fahrwassers zu verhalten, wenn es mit dem Wind von Backbord ein Segelfahrzeug in Luv sichtet und nicht mit Sicherheit feststellen kann, ob das andere Fahrzeug den Wind von Backbord oder von Steuerbord hat, und die Möglichkeit der Gefahr eines Zusammenstoßes besteht?

Es muß ausweichen.

79 O O
Wie müssen sich zwei Maschinenfahrzeuge verhalten, die sich einander auf entgegengesetzten oder fast entgegengesetzten Kursen nähern, um die Möglichkeit der Gefahr eines Zusammenstoßes zu vermeiden?

Jedes Fahrzeug muß seinen Kurs nach Steuerbord ändern.

80 O O
Welches von zwei Maschinenfahrzeugen, deren Kurse einander so kreuzen, daß die Möglichkeit der Gefahr eines Zusammenstoßes besteht, ist ausweichpflichtig?

Dasjenige Fahrzeug muß ausweichen, welches das andere an seiner Steuerbordseite hat.

81 O
Wie hat sich ein Maschinenfahrzeug auf der Hohen See oder außerhalb des Fahrwassers gegenüber einem Segelfahrzeug zu verhalten, wenn die Möglichkeit der Gefahr eines Zusammenstoßes besteht?

Das Maschinenfahrzeug muß ausweichen.

82 O
Wie hat sich ein Maschinenfahrzeug auf der Hohen See oder außerhalb des Fahrwassers gegenüber einem manövrierunfähigen Fahrzeug zu verhalten, wenn die Möglichkeit der Gefahr eines Zusammenstoßes besteht?

Das Maschinenfahrzeug muß ausweichen.

83 O
Wie hat sich ein Maschinenfahrzeug auf der Hohen See oder außerhalb des Fahrwassers gegenüber einem manövrierbehinderten Fahrzeug zu verhalten, wenn die Möglichkeit der Gefahr eines Zusammenstoßes besteht?

Das Maschinenfahrzeug muß ausweichen.

84 O
Wie hat sich ein Maschinenfahrzeug auf der Hohen See oder außerhalb des Fahrwassers gegenüber einem fischenden Fahrzeug zu verhalten, wenn die Möglichkeit der Gefahr eines Zusammenstoßes besteht?

Das Maschinenfahrzeug muß ausweichen.

85 O
Wie hat sich ein Segelfahrzeug auf der Hohen See oder außerhalb des Fahrwassers gegenüber einem manövrierunfähigen Fahrzeug zu verhalten, wenn die Möglichkeit der Gefahr eines Zusammenstoßes besteht?

Das Segelfahrzeug muß ausweichen.

86 O
Wie hat sich ein Segelfahrzeug auf der Hohen See oder außerhalb des Fahrwassers gegenüber einem manövrierbehinderten Fahrzeug zu verhalten, wenn die Möglichkeit der Gefahr eines Zusammenstoßes besteht?

Das Segelfahrzeug muß ausweichen.

87 O
Wie hat sich ein Segelfahrzeug auf der Hohen See oder außerhalb des Fahrwassers gegenüber einem fischenden Fahrzeug zu verhalten, wenn die Möglichkeit der Gefahr eines Zusammenstoßes besteht?

Das Segelfahrzeug muß ausweichen.

88 O O
Sie sehen folgendes Fahrzeug:
Wie verhalten Sie sich gegenüber diesem Fahrzeug?

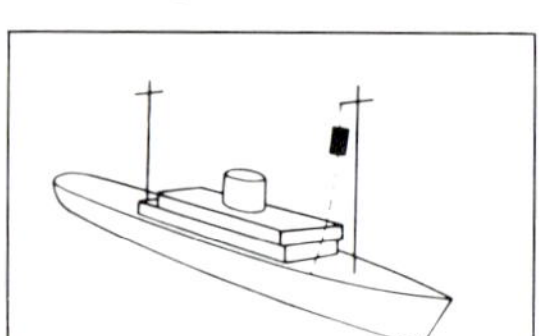

Ich muß ausweichen und darf die sichere Durchfahrt des Fahrzeuges (Wegerechtschiff) nicht behindern.

89 O O
Sie sehen folgendes Fahrzeug:
Wie verhalten Sie sich gegenüber diesem Fahrzeug?

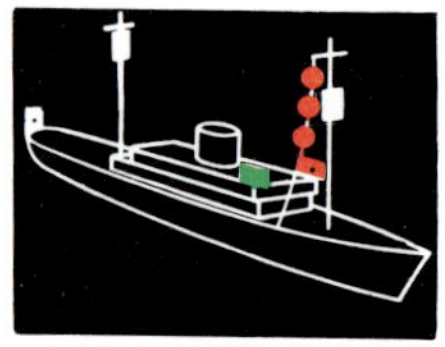

Ich muß ausweichen und darf die sichere Durchfahrt des Fahrzeuges (Wegerechtschiff) nicht behindern.

90 O O
Wie verhalten Sie sich gegenüber einem ausweichpflichtigen Fahrzeug?

Kurs und Geschwindigkeit sind beizubehalten.

91 O O
Wie müssen die Ausweichmanöver durchgeführt werden?

Ausweichmanöver müssen rechtzeitig und entschlossen durchgeführt werden.

92 O
Wie hat sich ein überholendes Fahrzeug zu verhalten?

Das überholende Fahrzeug hat auszuweichen.

93 O O O
Wie haben Sie sich zu verhalten, wenn Sie vorlicher als querab das Nebelsignal eines anderen Fahrzeuges hören?

Ich muß meine Fahrt auf das für die Erhaltung der Steuerfähigkeit geringstmögliche Maß verringern. Erforderlichenfalls ist jegliche Fahrt wegzunehmen und in jedem Fall mit äußerster Vorsicht zu manövrieren, bis die Gefahr eines Zusammenstoßes vorüber ist.

94 O O O
Wie verhalten Sie sich als Kurshalter, wenn Sie feststellen, daß ein anderes Fahrzeug seiner Ausweichpflicht nicht nachkommt?

Ich behalte zunächst Kurs und Geschwindigkeit bei und gebe mindestens 5 kurze Töne. Im letzten Augenblick muß ich so manövrieren, daß ein Zusammenstoß vermieden wird.

95 O
Welche Bedeutung hat folgendes von Maschinenfahrzeugen gegebene Schallsignal:
ein kurzer Ton (●)?

Kursänderung nach Steuerbord.

96 O
Welche Bedeutung hat folgendes von Maschinenfahrzeugen gegebene Schallsignal:
zwei kurze Töne (● ●)?

Kursänderung nach Backbord.

97 O
Welche Bedeutung hat folgendes von Maschinenfahrzeugen gegebene Schallsignal:
drei kurze Töne (● ● ●)?

Antrieb läuft rückwärts.

98 O
Welche Bedeutung hat folgendes Schallsignal:
mindestens fünf kurze, rasch aufeinanderfolgende Töne (● ● ● ● ●)?

Ein Ausweichpflichtiger wird auf seine Ausweichpflicht aufmerksam gemacht.

99 O O O
Wie müssen Sie in Verkehrstrennungsgebieten fahren?

1. Der allgemeinen Verkehrsrichtung der Einbahnwege folgen und außer bei Ausweichmanövern keine Kursänderung von mehr als 10° zur allgemeinen Verkehrsrichtung vornehmen.
2. Klar Abstand von den Trennlinien und Trennzonen halten.
3. Das Ein- und Auslaufen sollte nach Möglichkeit nur an den Enden erfolgen; bei seitlichem Ein- oder Auslaufen hat dies in möglichst kleinem Winkel (max. 10°) zu erfolgen.

100 O O O
Was ist hinsichtlich des Querens der Einbahnwege von Verkehrstrennungsgebieten zu beachten?

1. Das Queren ist möglichst zu vermeiden.
2. Falls gequert werden muß, hat dies möglichst mit der Kielrichtung im rechten Winkel zur allgemeinen Verkehrsrichtung zu erfolgen (max. 10° Abweichung).
3. Die Kielrichtung des querenden Fahrzeugs muß auch dann einen rechten Winkel zur allgemeinen Verkehrsrichtung bilden, wenn das Fahrzeug durch Wind und Strom versetzt wird.

101 O O O
Sie fahren in einem Verkehrstrennungsgebiet auf dem Einbahnweg in der allgemeinen Verkehrsrichtung.
1. **Nach welchen Regeln müssen Sie in diesem Bereich fahren und ausweichen?**
2. **Wie haben Sie sich als Maschinenfahrzeug in einem Einbahnweg gegenüber einem Maschinenfahrzeug zu verhalten, das den Einbahnweg von Steuerbord kommend quert, wenn die Möglichkeit der Gefahr eines Zusammenstoßes besteht?**
3. **Wie haben Sie sich als Segelfahrzeug beim Queren eines Verkehrstrennungsgebietes gegenüber einem Maschinenfahrzeug zu verhalten, das auf einem Einbahnweg in der allgemeinen Verkehrsrichtung fährt?**

1. Nach den Kollisionsverhütungsregeln.
2. Ich muß ausweichen.
3. Ich darf die sichere Durchfahrt eines Maschinenfahrzeuges auf dem Einbahnweg nicht behindern.

102 O O
Wie hat sich ein Fahrzeug von weniger als 20 Meter Länge oder ein Segelfahrzeug in Verkehrstrennungsgebieten zu verhalten?

Es darf die sichere Durchfahrt eines dem Einbahnwege folgenden Maschinenfahrzeuges nicht behindern.

103 O O O
Sie sehen folgendes Fahrzeug:
1. **Was ist das für ein Fahrzeug?**
2. **Wie müssen Sie an diesem Fahrzeug vorbeifahren?**

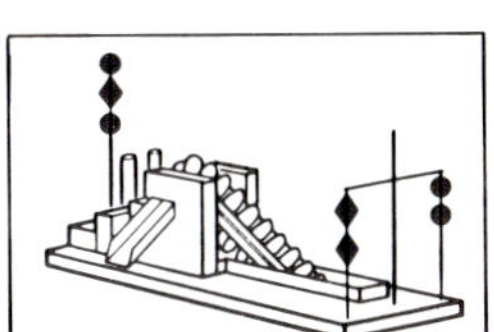

1. Ein manövrierbehindertes Fahrzeug, das baggert oder Unterwasserarbeiten ausführt und dabei die Schiffahrt behindert.
2. An der Seite, an der sich zwei schwarze Rhomben senkrecht übereinander angeordnet befinden.

104 O O O
Sie sehen folgendes Fahrzeug im Fahrwasser:
1. **Was ist das für ein Fahrzeug?**
2. **Wie müssen Sie an diesem Fahrzeug vorbeifahren?**

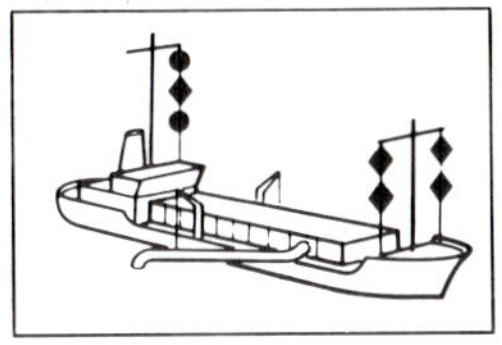

1. Ein manövrierbehindertes Fahrzeug, das baggert oder Unterwasserarbeiten ausführt und dabei die Schiffahrt behindert.
2. An der Seite, die in Fahrtrichtung rechts liegt.

105 O O O
Sie sehen folgendes Fahrzeug:
1. **Was ist das für ein Fahrzeug?**
2. **Wie müssen Sie an diesem Fahrzeug vorbeifahren?**

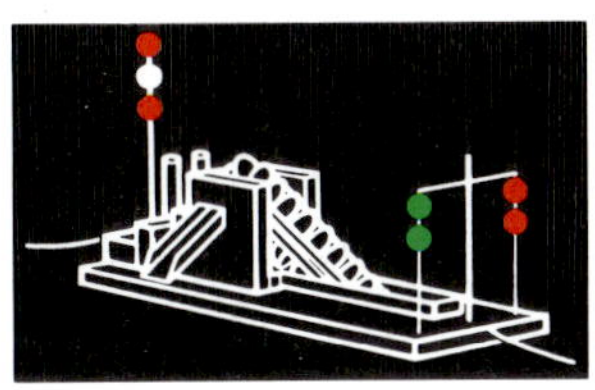

1. Ein manövrierbehindertes Fahrzeug, das baggert oder Unterwasserarbeiten ausführt und dabei die Schiffahrt behindert.
2. An der Seite, an der sich 2 grüne Rundumlichter senkrecht übereinander angeordnet befinden.

106 O O O
Sie sehen folgendes Fahrzeug im Fahrwasser:
1. **Was ist das für ein Fahrzeug?**
2. **Wie müssen Sie an diesem Fahrzeug vorbeifahren?**

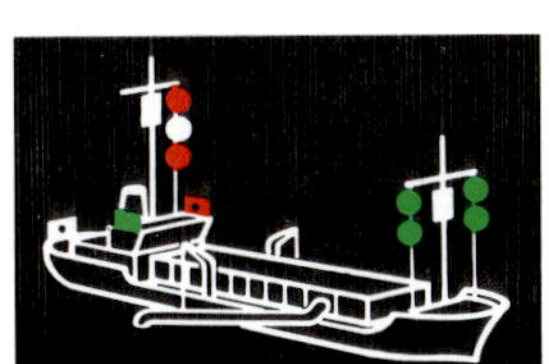

1. Ein manövrierbehindertes Fahrzeug in Fahrt von 50 und mehr Meter Länge, das baggert oder Unterwasserarbeiten ausführt und dabei die Schiffahrt behindert.
2. An der Seite, die in Fahrtrichtung rechts liegt.

107 O
Sie sehen auf einem Fahrzeug folgende Flagge:
Was bedeutet dieses Signal?

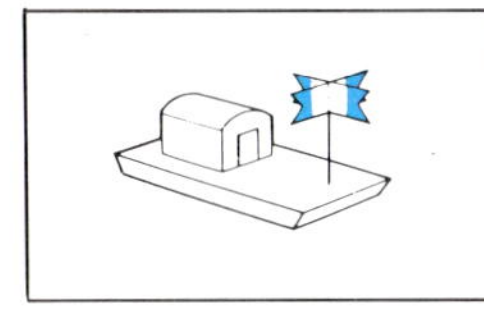

Taucherarbeiten.

Seeschiffahrtsstraßen-Ordnung (SeeSchStrO)

108 O O
Wo können örtliche Sondervorschriften zusätzlich zur Seeschiffahrtsstraßen-Ordnung (SeeSchStrO) festgelegt sein?

In den Bekanntmachungen der Wasser- und Schiffahrtsdirektionen.

109 O O O
Wie lautet die Grundregel der Kollisionsverhütungsregeln (KVR) und Seeschiffahrtsstraßen-Ordnung (SeeSchStrO) für das Verhalten im Verkehr?

Jeder Verkehrsteilnehmer hat sich so zu verhalten, daß die Sicherheit und Leichtigkeit des Verkehrs gewährleistet ist und daß kein anderer geschädigt, gefährdet oder mehr, als nach den Umständen unvermeidbar, behindert und belästigt wird. Er hat insbesondere die Vorsichtsmaßregeln zu beachten, die Seemannsbrauch oder besondere Umstände des Falles erfordern.

110 O
Sie sehen folgendes Fahrzeug:
Was ist das für ein Fahrzeug?

Fahrzeug des öffentlichen Dienstes bei Erfüllung polizeilicher Aufgaben.

111 O
Sie sehen Leuchtkugeln mit weißen Sternen.
Was bedeutet dieses Signal?

Ausreichend Abstand halten wegen militärischer Übungen von Fahrzeugen der Bundeswehr und des Bundesgrenzschutzes.

112 O O O
Was sind Fahrwasser im Sinne der Seeschiffahrtsstraßen-Ordnung (SeeSchStrO)?

Wasserflächen, die
1. durch Schiffahrtszeichen begrenzt oder gekennzeichnet sind oder,
2. soweit nicht begrenzt oder gekennzeichnet, aber für die durchgehende Schiffahrt bestimmt sind.

113 O
Welches ist – außer in Wattgebieten – die Steuerbordseite eines Fahrwassers?

Es ist die Seite, die ein von See kommendes Schiff an seiner Steuerbordseite hat.

114 O O
Sie sehen folgendes Fahrzeug: Was ist das für ein Fahrzeug?

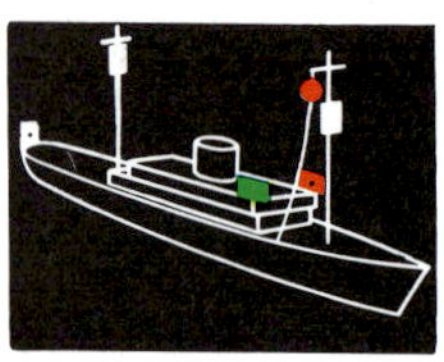

Ein Fahrzeug in Fahrt von 50 und mehr Meter Länge, das bestimmte gefährliche Güter befördert, oder ein nicht entgaster Tanker.

115 O O
Sie sehen folgendes Fahrzeug: Was ist das für ein Fahrzeug?

Ein Fahrzeug, das bestimmte gefährliche Güter befördert, oder ein nicht entgaster Tanker.

116 O O O
Welche Lichter muß ein Fahrzeug unter Segel von weniger als 12 Meter Länge oder ein Fahrzeug unter Ruder auf der Seeschiffahrtsstraße führen, wenn es die nach den Kollisionsverhütungsregeln (KVR) vorgeschriebenen Lichter nicht führen kann?

Ein weißes Rundumlicht.

117 O O O
Wie muß sich ein Maschinenfahrzeug von weniger als 7 Meter Länge auf Seeschiffahrtsstraßen verhalten, wenn es die nach den Kollisionsverhütungsregeln (KVR) vorgeschriebenen Lichter nicht führen kann?

Es darf in der Zeit, in der die Lichterführung vorgeschrieben ist, nicht fahren, es sei denn, daß ein Notstand vorliegt.

118 O O O
Wie muß sich ein Fahrzeug unter Segel von weniger als 12 Meter Länge oder unter Ruder auf Seeschiffahrtsstraßen verhalten, wenn es nicht mindestens ein weißes Rundumlicht führen kann?

Es darf in der Zeit, in der die Lichterführung vorgeschrieben ist, nicht fahren, es sei denn, daß ein Notstand vorliegt.

119 O O O
Wie muß sich ein Fahrzeug auf Seeschiffahrtsstraßen bei einem Notstand verhalten, wenn es die vorgeschriebenen Lichter nicht führen kann?

Es ist eine elektrische Leuchte oder eine Laterne mit einem weißen Licht ständig gebrauchsfertig mitzuführen und rechtzeitig zu zeigen, um einen Zusammenstoß zu verhüten.

120 O
Was für ein Licht müssen Sie auf einem Sportboot setzen, wenn Sie festgemacht haben und keine ausreichende Beleuchtung vom Ufer her vorhanden ist?

Ein festes weißes Licht mittschiffs an der Fahrwasserseite.

121 O
Welches Schallsignal müssen Sie, wenn es die Verkehrslage erfordert, beim Einlaufen in andere Fahrwasser und Häfen und beim Auslaufen aus ihnen geben?

Einen langen Ton.

122 O O
Sie hören folgendes Schallsignal:
(▬ ● ● ● ● ▬ ● ● ● ●)
2 Gruppen von je einem langen und vier kurzen Tönen.
Was bedeutet dieses Schallsignal?

Allgemeines Gefahren- und Warnsignal.

123 O O
Wann ist das „Allgemeine Gefahren- und Warnsignal“ zu geben?

Wenn ein Fahrzeug ein anderes Fahrzeug gefährdet oder durch dieses selbst gefährdet wird.

124 O O O
Sie hören in jeder Minute mindestens fünfmal hintereinander mit jeweils 2 Sekunden Zwischenpause einen kurzen und einen langen Ton.
(●▬●▬●▬●▬●▬ 2 s ●▬●▬●▬●▬●▬ usw.)
1. Was bedeutet dieses Schallsignal?
2. Wie haben Sie sich zu verhalten?

1. Bleib-weg, Gefahr durch bestimmte gefährliche Güter.
2. Sofort den Gefahrenbereich verlassen, Feuer und Zündfunken möglichst vermeiden (Explosionsgefahr).

125 O O O
Wie haben sich die Fahrzeuge zu verhalten, die
1. in das Fahrwasser einlaufen,
2. das Fahrwasser queren,
3. im Fahrwasser drehen,
4. ihre Anker- und Liegeplätze verlassen?

Sie haben die Vorfahrt der im Fahrwasser fahrenden Fahrzeuge zu beachten.

126 O O
Was haben Sie beim Drehen im Fahrwasser zu beachten?

Die übrigen im Fahrwasser fahrenden Fahrzeuge haben Vorfahrt und dürfen nicht gefährdet oder behindert werden.

127 O O
Was haben Sie beim Queren des Fahrwassers zu beachten?

Die im Fahrwasser fahrenden Fahrzeuge haben Vorfahrt und dürfen nicht gefährdet oder behindert werden.

128 O
Wo muß im Fahrwasser grundsätzlich gefahren werden?

So weit wie möglich rechts.

129 O
Was muß ein Fahrzeug, das außerhalb des Fahrwassers fährt, durch seine Fahrweise klar erkennen lassen?

Es muß klar erkennbar sein, daß das Fahrwasser nicht benutzt wird.

130 O
Nach welchen Regeln muß außerhalb des Fahrwassers ausgewichen werden?

Nach den Kollisionsverhütungsregeln (KVR).

131 O O O
Wo ist das Überholen verboten?

1. In der Nähe von in Fahrt befindlichen nicht freifahrenden Fähren.
2. An Engstellen.
3. In unübersichtlichen Krümmungen.
4. In Schleusenbereichen.
5. An Stellen und innerhalb von Strecken, die durch Überholverbotszeichen gekennzeichnet sind.

132 O
Sie sehen folgendes Sichtzeichen: Was bedeutet dieses Sichtzeichen?

Überholverbot für alle Fahrzeuge.

133 O
Wo muß ein wartepflichtiges Fahrzeug vor einer Brücke, einem Sperrwerk oder einer Schleuse anhalten?

Das wartepflichtige Fahrzeug muß in ausreichender Entfernung oder, wenn ein Halteschild vorhanden ist, vor diesem anhalten.

134 O
Wo darf ein wartepflichtiges Fahrzeug vor einer Brücke, einem Sperrwerk oder einer Schleuse nicht festmachen?

Es darf nicht festmachen an den Leitwerken und Abweisedalben.

135 O O
Wo darf Wasserski gelaufen werden?

1. Außerhalb des Fahrwassers, aber nicht auf Flächen, auf denen es von der Schifffahrtspolizeibehörde durch Bekanntmachung verboten ist.
2. Im Fahrwasser nur in Bereichen, die durch die blaue Tafel mit dem weißen Symbol eines Wasserskiläufers bezeichnet sind, oder in den besonders bekanntgemachten Abschnitten.

136 O
Wann darf kein Wasserski gelaufen werden?

Bei Nacht und bei verminderter Sicht.

137 O O
Wie haben sich Wasserskiläufer und ihre Zugboote zu verhalten?

Sie haben allen anderen Fahrzeugen auszuweichen. Beim Begegnen mit anderen Fahrzeugen haben sich die Wasserskiläufer im Kielwasser ihrer Zugboote zu halten.

138 O O O
Wo ist Ankern verboten?

Insbesondere:
1. Im Fahrwasser.
2. An engen Stellen und in unübersichtlichen Krümmungen.
3. Im Umkreis von 300 Meter von schwimmenden Geräten, Wracks und anderen Schiffahrtshindernissen, von Kabeltonnen sowie von Stellen für militärische und zivile Zwecke.
4. Vor Hafeneinfahrten, Anlegestellen, Schleusen und Sielen sowie in den Zufahrten des NOK.
5. Innerhalb von Fähr- und Brückenstrecken.
6. 300 Meter vor und hinter Ankerverbotszeichen.

139 O O O
Wo dürfen Sie mit Ihrem Fahrzeug nicht anlegen bzw. nicht festmachen?

Insbesondere:
1. An Sperrwerken, Strombauwerken, Leitwerken, Pegeln, festen und schwimmenden Schiffahrtszeichen.
2. An engen Stellen und in unübersichtlichen Krümmungen.
3. Vor Hafeneinfahrten und an Anlegestellen, die nicht für Sportboote bestimmt sind.
4. Innerhalb von Fähr- und Brückenstrecken.
5. An Stellen, die durch die Sichtzeichen „Festmache- und Liegeverbot" gekennzeichnet sind.

140 O
Wie versuchen Sie eine Beeinträchtigung der Schiffahrt zu vermeiden, wenn für Ihr Fahrzeug die Gefahr des Sinkens besteht?

Das Fahrzeug ist so weit wie möglich aus dem Fahrwasser zu bringen.

141 O
Wie haben Sie die Schiffahrt zu warnen, wenn Ihr Fahrzeug gesunken ist?

Stelle des gesunkenen Fahrzeugs behelfsmäßig kennzeichnen und die Schiffahrtspolizeibehörde benachrichtigen.

142 O
Während welcher Zeit dürfen Sportfahrzeuge ohne Lotsen den Nord-Ostsee-Kanal durchfahren?

Von Sonnenaufgang bis Sonnenuntergang, bei sichtigem Wetter.

143 O O
Bei welchem Signal dürfen Sportfahrzeuge ohne Lotsen von den Kanalreeden in die Schleusen des Nord-Ostsee-Kanals einfahren?

Wenn ein weißes unterbrochenes Licht gezeigt wird.

144 O O
In welchen besonderen Vorschriften ist die Durchfahrt durch den Nord-Ostsee-Kanal geregelt?

Im Abschnitt „Ergänzende Vorschriften für den Nord-Ostsee-Kanal" der SeeSchStrO und in der Bekanntmachung der WSD Nord zur SeeSchStrO.

145 O O
Sie sehen folgende Schiffahrtszeichen in der Lübecker Bucht:
1. Was bedeuten diese Schiffahrtszeichen?
2. Wie haben Sie sich zu verhalten?

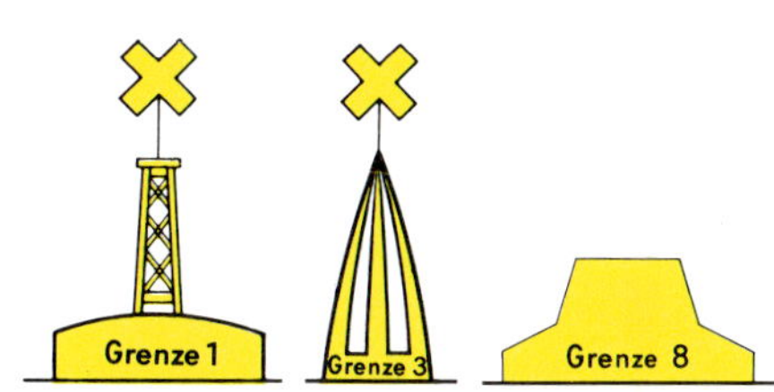

1. Grenze zur DDR.
2. Deutlich Abstand halten von der Grenzlinie (Broschüre des BVM beachten).

146 O
Sie sehen an Land folgendes Sichtzeichen:
Was bedeutet dieses Sichtzeichen?

Begegnungsverbot.

147 O
Sie sehen an Land folgendes Sichtzeichen:
Was bedeutet dieses Sichtzeichen?

Die Geschwindigkeit durch das Wasser in km/h, die nicht überschritten werden darf; hier 12 km/h.

148 O
Sie sehen folgendes Sichtzeichen:
Was bedeutet dieses Sichtzeichen?

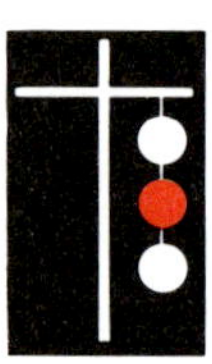

Schutzbedürftige Anlage, Sog und Wellenschlag vermeiden.

149 O
Sie sehen folgendes Sichtzeichen:
Was bedeutet dieses Sichtzeichen?

Schutzbedürftige Anlage, Sog und Wellenschlag vermeiden.

150 O
Sie sehen an Land folgendes Sichtzeichen:
Was bedeutet dieses Sichtzeichen?

Sog und Wellenschlag vermeiden.

151 O O
Sie sehen folgendes Sichtzeichen:
Was bedeutet dieses Sichtzeichen?

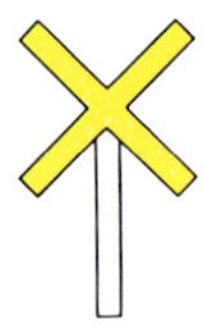

Geschwindigkeit von 8 km/h, die innerhalb eines Mindestabstandes von 300 Meter von der jeweiligen Uferlinie nicht überschritten werden darf.

152 O
Sie sehen folgende Tonne:
Was bedeutet diese Tonne?

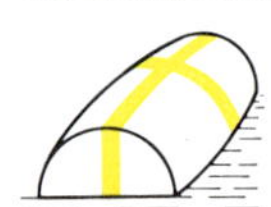

Gesperrt für Maschinenfahrzeuge wegen Badebetriebes.

153 O
Welche Höchstgeschwindigkeit dürfen Sie vor Stellen mit erkennbarem Badebetrieb – außerhalb des Fahrwassers – in einem Abstand von 300 Meter und weniger vom Ufer nicht überschreiten?

8 km/h (4,3 sm/h) Fahrt durchs Wasser.

154 O
Sie sehen folgendes Sichtzeichen:
Was bedeutet dieses Sichtzeichen?

Mindestabstand in Metern, der vom Aufstellungsort der Tafel (hier 40 m von der in Fahrtrichtung rechten Seite) an eingehalten werden muß.

155 O
Sie sehen folgendes Sichtzeichen:
Was bedeutet dieses Sichtzeichen?

Halt vor diesem Zeichen, solange die Durchfahrt nicht freigegeben ist.

156 O O
Sie sehen folgendes Sichtzeichen:
Was bedeutet dieses Sichtzeichen?

Ankerverbot 300 Meter vor und hinter diesem Zeichen.

157 O O
Sie sehen folgende Tonne:
Was bedeutet diese Tonne?

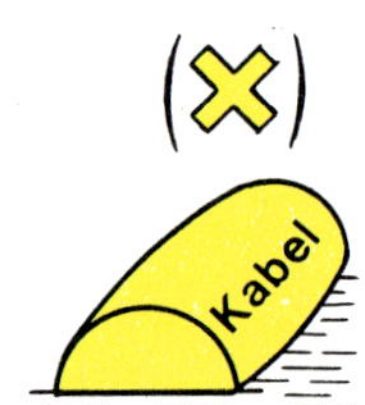

Kennzeichnung von Kabeltrassen.

158 O
Sie sehen folgendes Sichtzeichen:
Was bedeutet dieses Sichtzeichen?

Festmacheverbot.

159 O
Sie sehen folgendes Sichtzeichen:
Was bedeutet dieses Sichtzeichen?

Liegeverbot.

160 O O
Sie sehen folgendes Sichtzeichen:
Was bedeutet dieses Sichtzeichen?

Das in der Zusatztafel angegebene Schallsignal – ein langer Ton – ist zu geben.

161 O
Sie sehen folgendes Sichtzeichen:
Was bedeutet dieses Sichtzeichen?

Ende einer Gebots- oder Verbotsstrecke.

162 O
Sie sehen folgende Tonne:
Was bedeutet diese Tonne?

Warngebiet für militärische und zivile Zwecke.

163 O O
Woran können Sie erkennen, daß ein militärisches Warngebiet wegen Schießübungen für die Schiffahrt gesperrt ist?

An bestimmten Tag- und Nachtsignalen, die nach der Schiffahrtspolizeiverordnung der WSD Nord für militärische Sperr- und Warngebiete gesetzt werden.

164 O
Sie sehen folgende Schiffahrtszeichen:
Was bedeuten diese Schiffahrtszeichen?

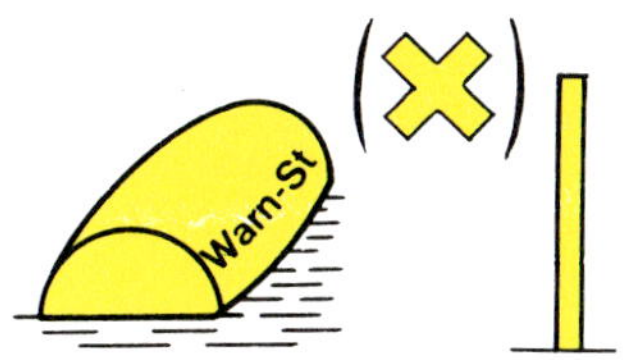

Warnstelle für militärische und zivile Zwecke.

165 O
Sie sehen folgende Schiffahrtszeichen:
Was bedeuten diese Schiffahrtszeichen?

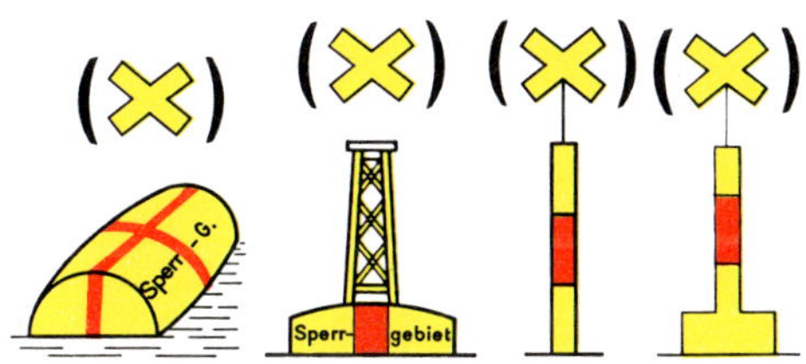

Sperrgebiet. Befahren verboten.

166 O
Sie sehen folgende Flagge:
Was bedeutet dieses Flaggensignal?

Das Gebot „Anhalten" durch Fahrzeuge des öffentlichen Dienstes.

167 O
Sie sehen folgendes Lichtsignal: einmal kurz, einmal lang, zweimal kurz
(● ▬ ● ●).
Was bedeutet dieses Signal?

Es wird von Fahrzeugen des öffentlichen Dienstes gegeben und bedeutet: „Anhalten!"

168 O
Sie hören folgendes Schallsignal: kurz, lang, kurz, kurz (● ▬ ● ●).
Was bedeutet dieses Signal?

Es wird von Fahrzeugen des öffentlichen Dienstes gegeben und bedeutet: „Anhalten!"

169 O O
Sie sehen folgendes Sichtzeichen:
Was bedeutet dieses Sichtzeichen?

Sperrung der Seeschiffahrtsstraße.

170 O O
Sie sehen folgendes Sichtzeichen:
Was bedeutet dieses Sichtzeichen?

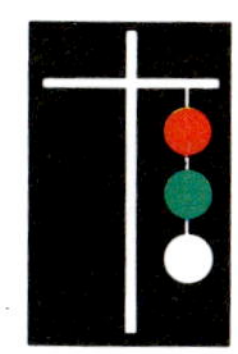

Sperrung der Seeschiffahrtsstraße.

171 O O
Sie sehen folgendes Sichtzeichen:
Was bedeutet dieses Sichtzeichen?

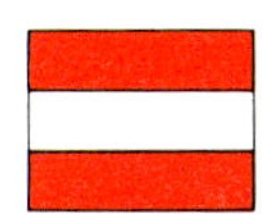

Sperrung einer Teilstrecke der Seeschiffahrtsstraße.

172 O O
Sie hören auf der Seeschiffahrtsstraße zwei Gruppen von je drei langen Tönen:
(▬ ▬ ▬)
(▬ ▬ ▬)
Was bedeutet dieses Signal?

Sperrung der Seeschiffahrtsstraße.

173 O O
Sie sehen an Brücken, Sperrwerken oder Schleusen folgende feste Lichter:
Was bedeutet dieses Sichtzeichen?

Brücke, Sperrwerk oder Schleuse geschlossen. Durchfahren oder Einfahren verboten.

174 O O
Sie sehen an Brücken, Sperrwerken oder Schleusen folgende feste Lichter:
Was bedeutet dieses Sichtzeichen?

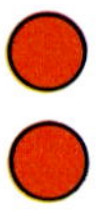

Diese Anlage ist dauernd gesperrt.

175 O O
Sie sehen an einer Brücke folgende Tafeln:
Was bedeuten diese Sichtzeichen?

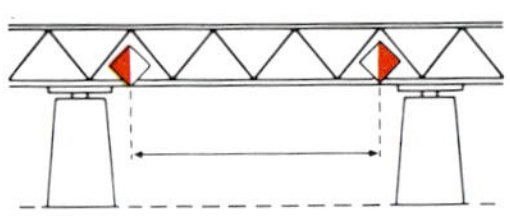

Die Brückenöffnung darf nur innerhalb des durch die beiden Tafeln begrenzten Raumes durchfahren werden. Dies gilt nicht für kleine Fahrzeuge (Fahrzeuge von weniger als 12 m Länge).

176 O
Sie sehen folgendes Sichtzeichen:
Was bedeutet dieses Sichtzeichen?

Fährstelle, freifahrende Fähre.

177 O
Sie sehen folgendes Sichtzeichen:
Was bedeutet dieses Sichtzeichen?

Fährstelle, nicht freifahrende Fähre.

178 O O
Sie sehen folgendes Sichtzeichen:
Was bedeutet dieses Sichtzeichen?

Außergewöhnliche Schiffahrtsbehinderung.

179 O O
Sie sehen folgendes Sichtzeichen:
Was bedeutet dieses Sichtzeichen?

Außergewöhnliche Schiffahrtsbehinderung.

Bezeichnung der Fahrwasser

180 O
Sie sehen folgende Tonne:
Was bedeutet diese Tonne?

Ansteuerungstonne, Fahrwassermitte.

181 O
Sie sehen folgende Tonne:
Was bedeutet diese Tonne?

Ansteuerungstonne, Steuerbordseite des Fahrwassers.

182 O
Sie sehen folgende Tonne:
Was bedeutet diese Tonne?

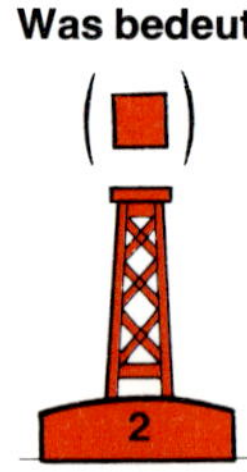

Ansteuerungstonne, Backbordseite des Fahrwassers.

183 O
Sie sehen folgende Schiffahrtszeichen: Welche Seite des Fahrwassers bezeichnen diese Schiffahrtszeichen?

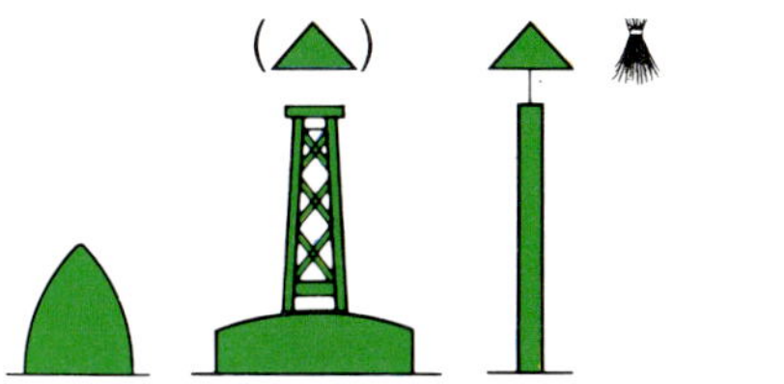

Die Steuerbordseite des Fahrwassers.

184 O
Sie sehen folgende Schiffahrtszeichen: Welche Seite des Fahrwassers bezeichnen diese Schiffahrtszeichen?

Die Backbordseite des Fahrwassers.

185 O
Welche Beschriftung tragen die Tonnen an der Backbordseite eines Fahrwassers?

Fortlaufende gerade Nummern – von See beginnend oder nach festgelegter Richtung –, gegebenenfalls mit einem angehängten kleinen Buchstaben.

186 O
Welche Beschriftung tragen die Tonnen an der Steuerbordseite eines Fahrwassers?

Fortlaufende ungerade Nummern – von See beginnend oder nach festgelegter Richtung –, gegebenenfalls mit einem angehängten kleinen Buchstaben.

187 O
Sie sehen folgendes feste Schiffahrtszeichen: Welche Seite des Fahrwassers bezeichnet dieses Schiffahrtszeichen?

Die Steuerbordseite des Fahrwassers.

188 O
Sie sehen folgendes feste Schiffahrtszeichen: Welche Seite des Fahrwassers bezeichnet dieses Schiffahrtszeichen?

Die Backbordseite des Fahrwassers.

189 O
Sie sehen folgendes feste Schiffahrtszeichen: Welche Seite des Fahrwassers bezeichnet dieses Schiffahrtszeichen?

Die Backbordseite des Fahrwassers.

190 O O O
Sie sehen folgende Tonne: Was bedeutet diese Tonne?

Steuerbordseite des durchgehenden Fahrwassers, Backbordseite des abzweigenden Fahrwassers.

191 O O O
Sie sehen folgende Tonne: Was bedeutet diese Tonne?

Backbordseite des durchgehenden Fahrwassers, Steuerbordseite des einmündenden Fahrwassers.

192 O O
Was bedeuten folgende Abkürzungen:
1. Hl-Tn. Ubr. (2)r.?
2. Blz.(2)gn.?
3. Ubr.w/r/gn. 12 sm?
4. Blk.?
5. Gl-Tn.?
6. Lt-F.?

1. Heultonne mit unterbrochenem Feuer Gruppe 2 rot.
2. Blitzfeuer Gruppe 2 grün.
3. Unterbrochenes Feuer mit weißem und rotem und grünem Sektor, Nenntragweite 12 sm.
4. Blinkfeuer.
5. Glockentonne.
6. Leitfeuer.

193 O
Welche Kennung und Farbe haben die Feuer der Leuchttonnen an der Steuerbordseite des Fahrwassers?

Grünes Blitzfeuer, grünes Funkelfeuer oder grünes unterbrochenes Feuer.

194 O
Welche Kennung und Farbe haben die Feuer der Leuchttonnen an der Backbordseite des Fahrwassers?

Rotes Blitzfeuer, rotes Funkelfeuer oder rotes unterbrochenes Feuer.

195 O
Welche Kennung und Farbe hat das Feuer der Leuchttonnen in der Mitte des Fahrwassers?

Glt. oder Ubr.; Farbe: Weiß.

Bezeichnung der Gefahrenstellen

196 O O
Sie sehen folgende Schiffahrtszeichen: Was bedeuten diese Schiffahrtszeichen?

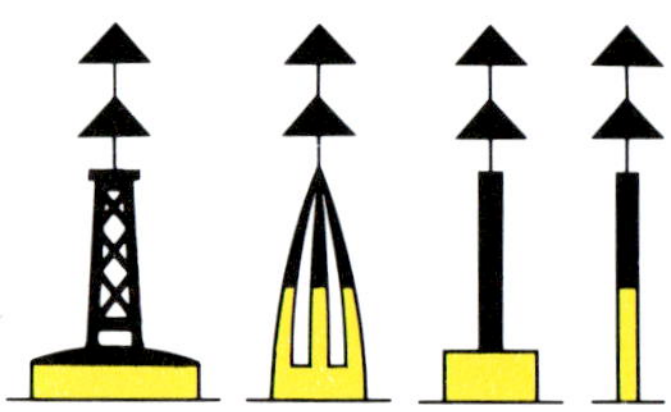

Südlich der Tonne befindet sich eine allgemeine Gefahrenstelle, die nördlich der Tonne passiert werden muß.

197 O O
Sie sehen folgende Schiffahrtszeichen: Was bedeuten diese Schiffahrtszeichen?

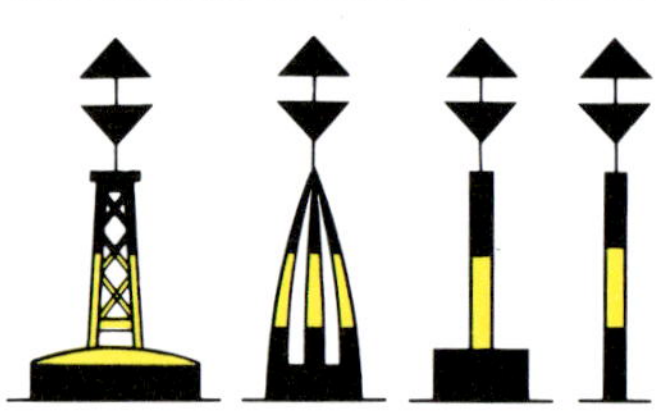

Westlich der Tonne befindet sich eine allgemeine Gefahrenstelle, die östlich der Tonne passiert werden muß.

198 O O
Sie sehen folgende Schiffahrtszeichen: Was bedeuten diese Schiffahrtszeichen?

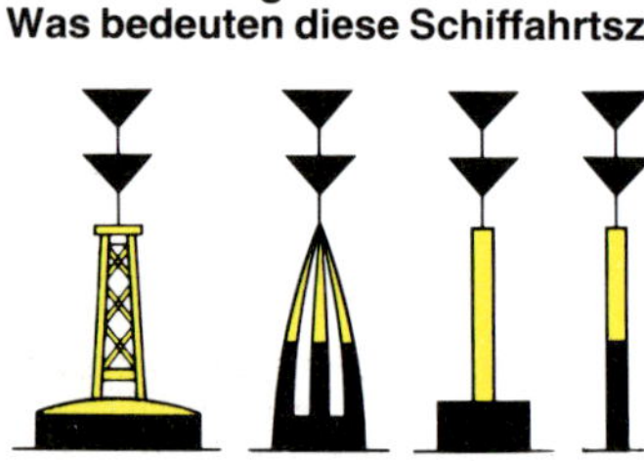

Nördlich der Tonne befindet sich eine allgemeine Gefahrenstelle, die südlich der Tonne passiert werden muß.

199 O O
Sie sehen folgende Schiffahrtszeichen: Was bedeuten diese Schiffahrtszeichen?

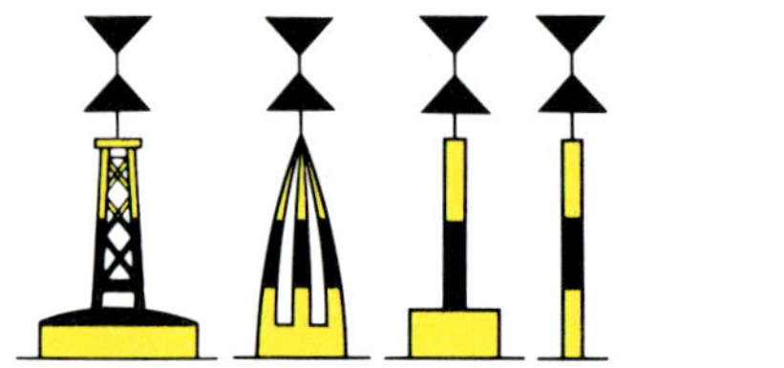

Östlich der Tonne befindet sich eine allgemeine Gefahrenstelle, die westlich der Tonne passiert werden muß.

200 O O
Sie sehen das Feuer einer Leuchttonne mit folgenden Kennungen:

oder

Was bedeuten diese Kennungen?

Südlich des Feuers befindet sich eine allgemeine Gefahrenstelle, die nördlich des Feuers passiert werden muß.

201 O O
Sie sehen das Feuer einer Leuchttonne mit folgenden Kennungen:

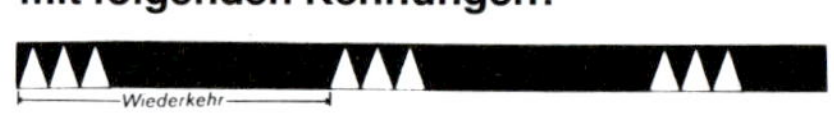

oder

Was bedeuten diese Kennungen?

Westlich des Feuers befindet sich eine allgemeine Gefahrenstelle, die östlich des Feuers passiert werden muß.

202 O O
Sie sehen das Feuer einer Leuchttonne mit folgenden Kennungen:

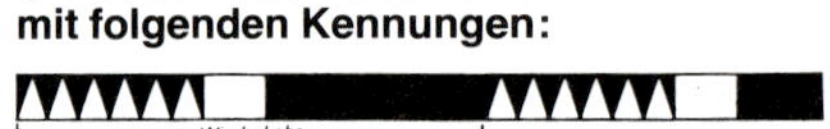

oder

Was bedeuten diese Kennungen?

Nördlich des Feuers befindet sich eine allgemeine Gefahrenstelle, die südlich des Feuers passiert werden muß.

203 O O
Sie sehen das Feuer einer Leuchttonne mit folgenden Kennungen:

oder

Was bedeuten diese Kennungen?

Östlich des Feuers befindet sich eine allgemeine Gefahrenstelle, die westlich des Feuers passiert werden muß.

204 O O O
Sie sehen folgende Schiffahrtszeichen: Was bedeuten diese Schiffahrtszeichen?

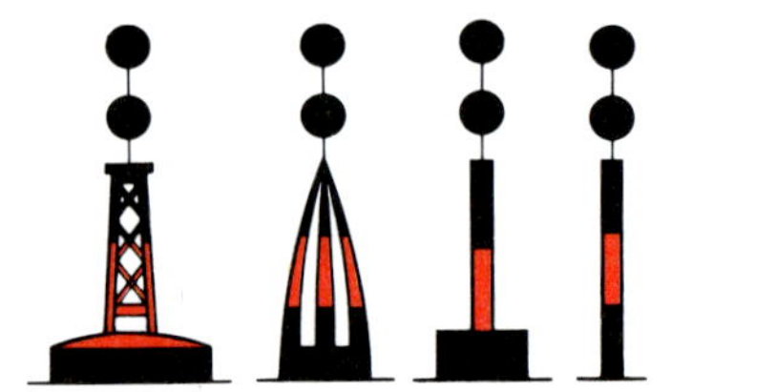

Die Tonne zeigt eine Einzelgefahrenstelle an, die an allen Seiten passiert werden kann.

205 O O O
Sie sehen folgende Schiffahrtszeichen nebeneinander: Was bedeuten diese Schiffahrtszeichen nebeneinander?

Die Tonnen zeigen an, daß sich nördlich von ihnen eine neue Gefahrenstelle befindet, die südlich der Tonnen passiert werden muß.

Befeuerung

206 O
Welche Farbe eines Festfeuers treffen Sie einlaufend in der Regel bei Hafeneinfahrten an der Steuerbordseite an?

Grün.

207 O
Welche Farbe eines Festfeuers treffen Sie einlaufend in der Regel bei Hafeneinfahrten an der Backbordseite an?

Rot.

208 O O
Was verstehen Sie unter einem Leitfeuer?

Ein Sektorenfeuer verschiedener Kennung und Farben (Leitsektor und Warnsektoren), das ein Fahrwasser, eine Hafeneinfahrt oder einen freien Seeraum zwischen Untiefen bezeichnet.

209 O O
Wie navigieren Sie mit Hilfe eines Leitfeuers?

Ich muß mit meinem Fahrzeug an der rechten Seite des durch den weißen Leitsektor gekennzeichneten Fahrwassers fahren.

210 O O
Wenn Sie von See kommend auf ein Leitfeuer zufahren und aus dem weißen Leitsektor in den roten Warnsektor kommen, nach welcher Seite müssen Sie den Kurs ändern?

Nach Steuerbord.

211 O O
Wenn Sie von See kommend auf ein Leitfeuer zufahren und aus dem weißen Leitsektor in den grünen Warnsektor kommen, nach welcher Seite müssen Sie den Kurs ändern?

Nach Backbord.

212 O O
Was verstehen Sie unter einem Richtfeuer?

Es besteht aus Unter- und Oberfeuer und bezeichnet die Richtung in einem Fahrwasser.

213 O O
Wie navigieren Sie mit Hilfe eines Richtfeuers?

Ich fahre rechts von der Richtfeuerlinie.

214 O O
Was verstehen Sie unter einem Quermarkenfeuer?

Es ist ein Sektorenfeuer und besteht aus zwei weißen Ankündigungssektoren und einem farbigen Kursänderungssektor.

215 O O
Wie navigieren Sie mit Hilfe eines Quermarkenfeuers?

Ich muß mit meinem Fahrzeug beim Übergang von dem weißen Ankündigungssektor in den folgenden farbigen Kursänderungssektor meinen Kurs ändern.

216 O O
Was verstehen Sie unter einem unterbrochenen Feuer?

Die Lichterscheinungen sind stets länger als die Verdunkelungen.

217 O O
Was verstehen Sie unter einem Blinkfeuer?

Die Lichterscheinungen sind stets kürzer als die Verdunkelungen. Ein Blink ist mindestens zwei Sekunden lang.

218 O O
Was verstehen Sie unter einem Blitzfeuer?

Die Lichterscheinungen sind stets kürzer als die Verdunkelungen. Ein Blitz ist weniger als 2 Sekunden, in deutschen Gewässern weniger als 1 Sekunde lang.

219 O O
Was verstehen Sie unter einem Funkelfeuer?

Schnell aufeinanderfolgende Lichterscheinungen (60 Lichterscheinungen in der Minute).

220 O O
Was verstehen Sie unter einem Gleichtaktfeuer?
Die Lichterscheinung und Verdunkelung ist von gleicher Zeitdauer.

221 O O O
Welche verschiedenen Kennungen von Leuchtfeuern gibt es?

Festfeuer, Blinkfeuer, Blitzfeuer, Funkelfeuer, unterbrochene Funkelfeuer, unterbrochene Feuer, Gleichtaktfeuer.

222 O O
Was verstehen Sie unter der Wiederkehr eines Leuchtfeuers?

Das ist der Zeitraum vom Einsetzen einer Taktkennung bis zum Einsetzen der nächsten gleichen Taktkennung.

Befahrensregelungen für Naturschutzgebiete und Nationalparke

223 O O
Wie haben Sie sich beim Befahren von Naturschutzgebieten und Nationalparken zu verhalten?
1. Pflanzen- und Tierwelt nicht mehr als unvermeidbar beeinträchtigen oder stören.
2. Befahrensregelungen (örtliche Befahrensverbote, zeitliche Befahrensbeschränkungen, festgesetzte Höchstgeschwindigkeiten und dergleichen) beachten.

Navigation

224 O O
Welche amtlichen nautischen Veröffentlichungen geben Aufschluß über die für das Fahrtgebiet benötigten Angaben?

Seekarten, Leuchtfeuerverzeichnisse, Seehandbücher, Gezeitentafeln. Atlas der Gezeitenströme, Nautischer Funkdienst, Nachrichten für Seefahrer, Bekanntmachung für Seefahrer.

225 O O
Welche Angaben enthalten die Nachrichten für Seefahrer (NfS) und die Bekanntmachungen für Seefahrer (BfS)?

Sie enthalten alle Veränderungen hinsichtlich Betonnung, Befeuerung, Wracks und Untiefen.

226 O O
Wo können Sie von den Bekanntmachungen für Seefahrer (BfS) Kenntnis erlangen?

An den dafür eingerichteten Aushangstellen (z. B. Hafenmeister, Schleusen, Wasserschutzpolizei).

227 O
Wo finden Sie Angaben über Signalstellen?

Im Leuchtfeuerverzeichnis.

228 O O
Wo finden Sie Angaben über Schiffahrtsangelegenheiten, insbesondere Hinweise auf Schiffahrtsvorschriften der Länder, deren Küsten, Häfen und Naturverhältnisse?

In den Seehandbüchern sowie den Hafenhandbüchern der Wassersportverbände.

229 O
Wovon sollten Sie sich vor Gebrauch einer Seekarte überzeugen?

Daß die Karte auf den neuesten Stand berichtigt ist.

230 O
Woran erkennen Sie, ob die Seekarte auf den neuesten Stand berichtigt ist?

An dem letzten amtlichen Berichtigungsdatum, das sich in der Regel an der linken Seite des unteren Kartenrandes befindet.

231 O
In welcher Maßeinheit werden in deutschen Seekarten die Tiefen angegeben?

In Meter und Dezimeter.

232 O
Wo finden Sie Angaben über die Zeichen und Abkürzungen in den deutschen Seekarten?

In der Seekarte Nr. 1.

233 O O
Wo finden Sie die für die Navigation wichtigen Beschreibungen der Seezeichen und Angaben über deren Befeuerung?

Im Leuchtfeuerverzeichnis, in den gültigen Seekarten.

234 O
Wo entnehmen Sie in der Seekarte die Seemeilen?

Am rechten oder linken Kartenrand in Höhe des Standortes.

235 O
Wie lang ist eine Seemeile?

1852 Meter.

236 O
Was verstehen Sie unter dem Geschwindigkeitsbegriff „Knoten“?

Das sind die in einer Stunde zurückgelegten Seemeilen.

237 O O O
Wie errechnen Sie die Zeit (in Minuten), die ein Fahrzeug benötigt, um eine bestimmte Distanz bei bekannter Geschwindigkeit abzulaufen?

$$\text{Zeit in min} = \frac{\text{Distanz in sm x 60 min/h}}{\text{Geschwindigkeit in sm/h}}$$

238 O O O
Wie errechnen Sie die Geschwindigkeit (in Knoten) eines Fahrzeuges bei bekannter Distanz (in Seemeilen) und Zeit (in Minuten)?

$$\text{Geschwindigkeit} = \frac{\text{Distanz x 60}}{\text{Zeit}}$$

239 O O
Was verstehen Sie unter einem rechtweisenden Kurs?

Es ist der Winkel zwischen rechtweisend Nord und der Rechtvoraus-Richtung des Fahrzeugs.

240 O O
Wie entnehmen Sie aus der Seekarte den Kartenkurs?

Durch Messen des Winkels zwischen rechtweisend Nord und der beabsichtigten Richtung des Weges über Grund.

241 O O
Was verstehen Sie unter dem mißweisenden Kurs?

Es ist der Winkel zwischen mißweisend Nord und der Rechtvoraus-Richtung des Fahrzeugs.

242 O O
Was verstehen Sie unter dem Magnetkompaßkurs?

Es ist der Winkel zwischen Magnetkompaß-Nord und der Rechtvorausrichtung des Fahrzeugs.

243 O O
Was verstehen Sie unter Mißweisung?

Es ist der Winkel zwischen rechtweisend Nord und mißweisend Nord.

244 O O
Was verstehen Sie unter Magnetkompaßablenkung?

Es ist der Winkel zwischen mißweisend Nord und Magnetkompaß-Nord.

245 O O
Woraus setzt sich die Magnetkompaßfehlweisung zusammen?

Es ist die Summe aus Magnetkompaßablenkung und Mißweisung.

246 O
Wo kann die Mißweisung und ihre jährliche Änderung entnommen werden?

Aus der dem Standort nächstgelegenen Kompaßrose oder den entsprechenden Angaben in der Seekarte.

247 O
Woraus entnehmen Sie die Ablenkung (Deviation)?

Aus der für das betreffende Schiff aufgestellten Ablenkungstabelle (Deviationstabelle).

248 O O O
Wie verwandeln Sie den rechtweisenden Kurs in den zu steuernden Magnetkompaßkurs?

Es wird zunächst das folgende einheitliche Grundschema hingeschrieben:

Magnetkompaßkurs	MgK	=
Ablenkung	Abl	=
mißweisender Kurs	mwK	=
Mißweisung	Mw	=
rechtweisender Kurs	rwK	=

Dann werden der rwK und die Beschikkungswerte Mw und Abl in die vorgesehenen Zeilen eingesetzt und der gesuchte MgK durch Rechnung von unten nach oben ermittelt.

249 O O O
Wie verwandeln Sie den Magnetkompaßkurs in den rechtweisenden Kurs?

Es wird zunächst das folgende einheitliche Grundschema hingeschrieben:

Magnetkompaß-Kurs	MgK	=
Ablenkung	Abl	=
mißweisender Kurs	mwK	=
Mißweisung	Mw	=
rechtweisender Kurs	rwK	=

Dann werden der MgK und die Beschikkungswerte Abl und Mw in die vorgesehenen Zeilen eingesetzt und der gesuchte rwK durch Rechnung von oben nach unten ermittelt.

250 O O
Was ist eine Peilung?

Das Feststellen der Richtung, in der man ein Objekt sieht.

251 O O
Wie erhalten Sie eine Standlinie?

Durch Peilung eines bekannten Objektes.

252 O O O
Was ist eine Kreuzpeilung?

Die Peilung zweier Objekte möglichst gleichzeitig.

253 O O O
Wie erhalten Sie mit Hilfe einer Kreuzpeilung Ihren Standort?

Indem ich die rechtweisenden Peillinien zweier Objekte in die Seekarte eintrage; ihr Schnittpunkt ist der Standort.

254 O O
Was verstehen Sie unter Stromversetzung?

Die Versetzung des Schiffes nach Richtung und Distanz, die durch Gezeiten- oder Meeresströmungen verursacht wird.

255 O O
Was verstehen Sie unter Windversetzung?

Die Versetzung des Schiffes nach Richtung und Distanz, die durch den Wind verursacht wird.

256 O O
Was verstehen Sie unter dem Koppelort?

Das ist der aus Kurs(en) und Distanz(en) unter Berücksichtigung aller vorhersehbaren Einflüsse, den Strom eingeschlossen, ermittelte Schiffsort.

257 O O O
Was müssen Sie bei der Aufstellung eines Magnetkompasses an Bord beachten?

1. Sein Steuerstrich muß mit der Kiellinie zusammenfallen oder parallel dazu verlaufen.
2. Der Kompaß muß gut ablesbar sein.
3. Die Nähe von Eisenteilen und elektrischen Geräten soll vermieden werden.

258 O
Was verstehen Sie unter Ebbe?

Das Fallen des Wassers vom Hochwasser zum folgenden Niedrigwasser.

259 O
Was verstehen Sie unter Flut?

Das Steigen des Wassers vom Niedrigwasser zum folgenden Hochwasser.

260 O
Was verstehen Sie unter einer Tide?

Der Teil der Gezeit zwischen einem Niedrigwasser und dem nächstfolgenden Niedrigwasser.

261 O
Was ist Niedrigwasser?

Der Eintritt des niedrigsten Wasserstandes beim Übergang vom Fallen zum Steigen.

262 O
Was ist Hochwasser?

Der Eintritt des höchsten Wasserstandes beim Übergang vom Steigen zum Fallen.

263 O
Wo finden Sie für einen bestimmten Ort die Angaben über Hoch- und Niedrigwasserzeiten und den Tidenhub?

In den Gezeitentafeln (Tidenkalendern).

264 O
Wie lange sind Gezeitentafeln gültig?

Nur für das Jahr, für das sie herausgegeben sind.

Manövrieren

265 O
Wie müssen Sie in engen Gewässern Ihre Fahrt einrichten?

Vorsichtig und langsam fahren; Sog und Wellenschlag vermeiden.

266 O
Warum soll ein kleines Fahrzeug nicht dicht an ein großes in Fahrt befindliches Fahrzeug heranfahren?

Es kann durch dessen Bug- oder Heckwelle kentern oder durch den Sog mit dem Fahrzeug kollidieren.

267 O
Warum soll man möglichst gegen Strom und Wind anlegen?

Weil sich das Fahrzeug dabei besser manövrieren läßt.

268 O
Wie verhalten Sie sich beim Begegnen mit anderen Fahrzeugen in einem engen Fahrwasser?

Nach rechts ausweichen. Geschwindigkeit herabsetzen, ausreichenden Abstand halten.

269 O O O
Welche Gefahren können entstehen, wenn ein größeres Fahrzeug Sie überholt?

Mein Fahrzeug kann durch Stau, Sog oder Schwell aus dem Kurs laufen, querschlagen, in flachen Gewässern auf Grund laufen; Gefahr des Überbordfallens.

270 O O
Wie ist ein Überholmanöver durchzuführen?

Zügig und im ausreichenden Abstand und nur dann, wenn die Verkehrslage es erlaubt.

271 O
Wie lang sollte eine Schleppleine bei starkem Seegang sein?

Mindestens 2- oder 3fache Wellenlänge.

272 O O O
Was ist zu beachten, wenn ein Sportboot geschleppt werden soll?

1. Die Schleppleine darf bei der Übergabe nicht in die Schraube gelangen.
2. Die Schleppleine ist den Seegangsverhältnissen anzupassen:
   Bei ruhiger See genügt eine kurze Schleppleine, bei starkem Seegang soll die Schleppleine mindestens 2- oder 3fache Wellenlänge haben.
3. Ein ruckartiges Steifkommen der Schleppleine ist zu vermeiden.
4. Die Schleppgeschwindigkeit darf nicht größer sein als die Geschwindigkeit, die der Anhang freifahrend bei Verdrängerfahrt erreichen kann.

273 O O
Wie vertäuen Sie Ihr Boot, wenn Sie längsseits geschleppt werden?

Durch 2 Querleinen (vorn und achtern je eine) sowie durch eine Vor- und eine Achterspring. Das Heck des schleppenden Fahrzeuges soll über das Heck des geschleppten Fahrzeuges hinausragen.

274 O
Wieviel Ankerkette bzw. -leine soll man normalerweise beim Ankern ausstekken?

Mindestens die dreifache Wassertiefe bei Kette oder fünffache bei Leine.

275 O O
Woran können Sie erkennen, ob der Anker hält?

Durch wiederholtes Peilen verschiedener Objekte. Der Schiffsort darf sich nicht wesentlich ändern.

276 O
Warum sollen Sie sich die Ankerpeilungen aufschreiben?

Um mit Kontrollpeilungen festzustellen, ob das Fahrzeug vertrieben ist.

277 O
Welches ist der günstigste Anlaufwinkel beim Anlegen in stromfreien Gewässern?

Ein möglichst spitzer Winkel.

278 O O
Welche äußeren Einflüsse können sich auf die Manövrierfähigkeit Ihres Bootes auswirken?

Wind, Seegang, Strom, Sog, Wassertiefe.

279 O
Was verstehen Sie unter einer rechtsdrehenden Schraube?

Sie dreht sich bei Vorwärtsgang der Maschine in Fahrtrichtung von hinten gesehen nach rechts.

280 O
Was verstehen Sie unter einer linksdrehenden Schraube?

Sie dreht sich bei Vorwärtsgang der Maschine in Fahrtrichtung von hinten gesehen nach links.

281 O
Nach welcher Seite dreht sich im allgemeinen das Heck im Rückwärtsgang bei einer rechtsdrehenden Schraube?

Nach Backbord.

282 O O
Warum ist beim Anlegemanöver bei Sportbooten mit rechtsdrehender Schraube die Backbordseite am günstigsten, und zwar ohne Berücksichtigung von Strom und Wind?

Weil bei Rückwärtsgang (Stoppen) das Heck nach dem Land hin dreht.

283 O O
Warum müssen Sie bei geringer Wassertiefe mit der Geschwindigkeit heruntergehen?

Das Heck kann sich absenken, die Steuerfähigkeit kann verlorengehen.

284 O O
Welche Geschwindigkeit müssen Sie in engen Gewässern wählen, in denen am Ufer festgemachte Fahrzeuge liegen?

Eine Geschwindigkeit, bei der gefährlicher Sog oder Wellenschlag vermieden wird.

285 O
Womit kann ein steuerunfähiges Sportboot mit dem Bug in den Wind gehalten werden?

Mit dem Treibanker.

Wetterkunde

286 O O
Was bedeutet folgendes Zeichen in der Wetterkarte:

Windrichtung und -stärke (Windpfeil): Nordwest 3, Bewölkungsgrad (Stationskreis): wolkenlos.

287 O
Welche Angaben liefert Ihnen die Beaufort-Skala?

Einheiten der Windstärke von 0 bis 12 und die Auswirkungen des Windes auf die See.

288 O
In welcher Maßeinheit wird der Luftdruck angegeben?

In Hektopascal (hPa).

289 O
Welche Schlüsse können Sie aus raschen Luftdruckänderungen ziehen?

Schnelle Wetteränderung.

290 O
Was bedeutet rasches Fallen des Luftdruckes?

In der Mehrzahl der Fälle Starkwind- oder Sturmgefahr.

291 O O
Was können Sie für eine Wetterentwicklung erwarten, wenn in unseren Breiten der Luftdruck um mehr als 1 Hektopascal in der Stunde fällt?

Es gibt Starkwind oder Sturm.

292 O O
Was bedeuten die um einen Hoch- oder Tiefdruckkern in der Wetterkarte abgebildeten Linien?

Linien, die Orte gleichen Luftdruckes miteinander verbinden (Isobaren).

293 O O
Erklären Sie folgende Abbildung:

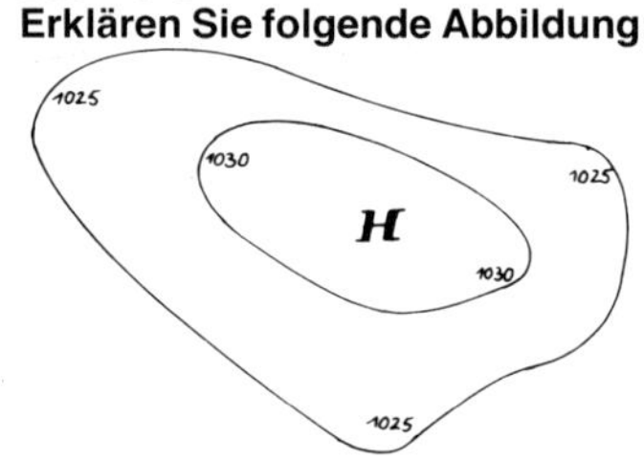

Hochdruckgebiet. Zahlenangaben an den Isobaren in hPa.

294 O O O
Erklären Sie folgende Abbildung:

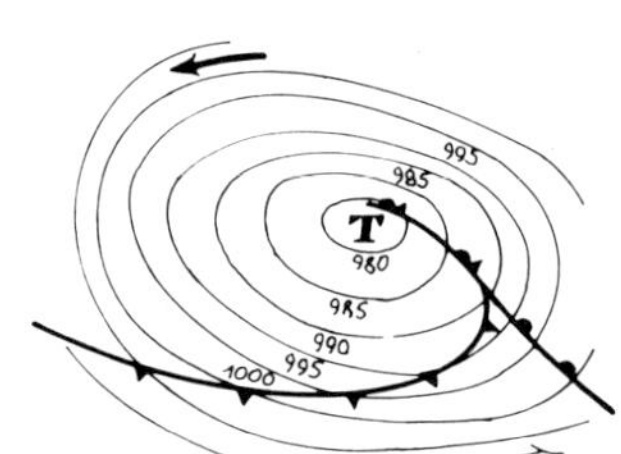

Tiefdruckgebiet auf Nordbreite mit Warm- und Kaltfront sowie Warmsektor, ferner Angaben über das Druck- und Windfeld im Bereich des Tiefs.

295 O O
Wie können Sie Wetterberichte erhalten?

Über Rundfunk, Fernsehen, Zeitung, Fernsprech-Ansagedienst der Deutschen Bundespost, Deutscher Wetterdienst-Seewetteramt, Küstenfunkstellen.

296 O
Für welche Windstärken wird eine Starkwindwarnung herausgegeben?

Für Windstärke 6 und 7 der Beaufort-Skala.

297 O
Für welche Windstärken wird eine Sturmwarnung herausgegeben?

Für Windstärke 8 der Beaufort-Skala und mehr.

298 O O
Was verstehen Sie unter Landwind und wann tritt er in der Regel auf?

Ablandiger Wind an der Küste von geringer Stärke, der meistens nur nachts auftritt.

299 O O
Was verstehen Sie unter Seewind und wann tritt er in der Regel auf?

Auflandiger Wind an der Küste, der örtlich auftritt, nachmittags seine größte Stärke (4 bis 5 Bft) erreicht und nachts wieder abflaut.

300 O O
Welche Zuggeschwindigkeit haben Tiefdruckgebiete in unseren Breiten?

Langsam ziehende Tiefs 5 bis 10 kn, normal ziehende Tiefs 15 bis 20 kn, rasch ziehende Tiefs etwa 20 bis 40 kn.

301 O O
Was verstehen Sie in amtlichen Wetterberichten unter „schwachem Wind"?

Wind bis zur Stärke 3 der Beaufort-Skala.

302 O O
Was verstehen Sie in amtlichen Wetterberichten unter „mäßigem Wind"?

Wind der Stärke 4 der Beaufort-Skala.

303 O O
Was verstehen Sie in amtlichen Wetterberichten unter „frischem Wind"?

Wind der Stärke 5 der Beaufort-Skala.

304 O O
Was verstehen Sie in amtlichen Wetterberichten unter „schwerem Sturm", „orkanartigem Sturm", „Orkan"?

Wind der Stärke 10, 11 bzw. 12 der Beaufort-Skala.

305 O O
Sie hören im Wetterbericht die Meldung: Sturm aus Südwest rechtdrehend. Was bedeutet das?

Der Sturm dreht in Richtung West (im Uhrzeigersinn).

306 O O
Sie hören im Wetterbericht die Meldung: Sturm aus Südost rückdrehend. Was bedeutet das?

Der Sturm dreht in Richtung Ost (entgegen dem Uhrzeigersinn).

307 O O
Woran erkennt man ein aufziehendes Gewitter?

1. Turmartige, mächtige Haufenwolken.
2. Ein eventuell vorhandener Wind schläft zunächst ein, frischt danach wieder auf und kommt aus anderer Richtung.
3. Aus einem auf Mittelwelle geschalteten Rundfunkgerät ertönen lange vor Gewitterausbruch starke Störgeräusche.

308 O O O
Welche Gefahren kann ein Gewitter mit sich bringen?

1. Böen bis Orkanstärke.
2. Winddrehungen.
3. Starke Regenfälle mit erheblich verminderter Sicht.
4. Hagelschlag.
5. Blitzschlag.

309 O O O
Wie verhalten Sie sich bei Gewittergefahr?

1. Hafen oder zumindest Landschutz aufsuchen.
2. Gegebenenfalls Segel stark reffen, besser ganz wegnehmen.
3. Sonstige Maßnahmen wie in schwerem Sturm ergreifen (z. B. alle Gegenstände seefest laschen, Rettungsweste und Sicherheitsgurt anlegen).
4. Funkanlagen abschalten.
5. Möglichst keine Metallteile berühren.
6. Position ermitteln und in die Seekarte eintragen.

Sicherheit

310 O O O
Welche Sicherheitsmaßnahmen treffen Sie vor dem Auslaufen?

Wetterbericht einholen, Kraftstoff-, Öl- und Wasservorrat vervollständigen, Überprüfung insbesondere der Rettungsmittel.

311 O O
Was soll ein Bootsführer unternehmen, wenn er durch schlechtes Wetter oder andere Umstände länger als vorgesehen aufgehalten wird?

Die Angehörigen verständigen, um aufwendige Suchaktionen zu vermeiden.

312 O O
Was soll ein Bootsführer unternehmen, wenn er Grund zur Annahme haben muß, daß er vermißt wird und dadurch eine Suchaktion ausgelöst worden ist?

Die Seenotleitung Bremen der Deutschen Gesellschaft zur Rettung Schiffbrüchiger und Angehörige benachrichtigen.

313 O O O
Welche Sicherheitsmaßnahmen sind beim Tanken zu treffen?

1. Motor abstellen.
2. Alle offenen Feuer aus.
3. Keine elektrischen Schalter betätigen.
4. Vor und während des Tankens alle nicht betroffenen Räume verschließen, nach dem Tanken alle Räume lüften.
5. Bei Vergaserkraftstoff zwecks Vermeidung elektrostatischer Entladung die auf den Einfüllstutzen gelegte Zapfpistole mit der bloßen Hand berühren.

314 O O O
Welche Sicherheitsmaßnahmen treffen Sie auf See vor Eintritt von schwerem Wetter (Starkwind, Sturm)?

1. Alle Öffnungen vor Wassereinbruch sichern. Lose Gegenstände festzurren.
2. Rettungswesten und Sicherheitsgurt mit Sorgleine anlegen, diese in Augbolzen, Strecktau oder Laufleine einhaken und andere Rettungsmittel bereithalten.
3. Unter Umständen Schutzhafen anlaufen.

315 O O O
Warum ist Flüssiggas gefährlich?

Es bildet mit Luft ein explosionsfähiges Gemisch. Flüssiggas ist schwerer als Luft und geruchlos.

316 O O O
Wo sollen die Gasbehälter einer Flüssiggasanlage gelagert werden?

1. Möglichst an Deck, geschützt vor Sonneneinstrahlung.
2. Sonst in einem besonders abgeschlossenen Raum für Gasbehälter, der in Bodenhöhe eine Öffnung nach außenbords hat.

317 O O
Was ist vor Inbetriebnahme einer Flüssiggasanlage zu prüfen?

Es ist zu prüfen, ob alle Leitungen und Anschlüsse dicht sind.

318 O O
Was ist zu beachten, wenn die Flüssiggasanlage außer Betrieb gesetzt wird?

Alle vorhandenen Absperrventile sind zu schließen.

319 O O O
Was gehört zu der Sicherheitsausrüstung?

Für jede Person eine ohnmachtsichere Rettungsweste mit Signalpfeife, Rettungsring mit Wurfleine, Rettungsfloß, Anker mit Kettenvorläufer und Leine, Kompaß, Fernglas, Radarreflektor, Lenzpumpe, Eimer, Ösfaß, Signalhorn oder Trillerpfeife, Riemen oder Paddel, Bootshaken, Taschenleuchte, Feuerlöscher, Treibanker, Erste-Hilfe-Kasten, Notsignale und Sturmstreichhölzer, Sicherheitsgurt mit Leine und Karabinerhaken.

320 O O
Wie oft müssen Sie Ihr aufblasbares Rettungsfloß und Ihre aufblasbare Rettungsweste warten lassen?

Mindestens alle 2 Jahre.

321 O
Welche Löschmittel dürfen Sie keinesfalls bei einem Brand in der elektrischen Anlage einsetzen?

Wasser und Schaum.

322 O O
1. Welche Feuerlöscher sind für Sportboote zweckmäßig?
2. Wie oft müssen Sie einen Feuerlöscher überprüfen lassen?

1. ABC-Pulverlöscher, für Motorräume auch Halonlöscher.
2. Mindestens alle 2 Jahre.

323 O O O
Was ist zu tun, wenn es am Motor brennt?

1. Kraftstoffzufuhr abstellen und Motor mit möglichst hoher Drehzahl weiterlaufen lassen.
2. Bei leicht zugänglichen Motoren Brandstelle mit Löschdecke oder nasser Wolldecke abdecken oder Brand mit Pulver- oder Halonlöscher bekämpfen.
3. Bei schwer zugänglichen Motoren in geschlossenen Motorräumen Lüftungsöffnungen verschließen und Löschmittel aus Pulver- oder Halonlöscher durch Spalt am Zugang in den Raum eingeben.

324 O O O
Welche Maßnahmen ergreifen Sie, um einen Brand wirksam zu bekämpfen?

1. Luftzufuhr vermeiden.
2. Feuerlöscher erst am Brandherd in Tätigkeit setzen.
3. Das Feuer möglichst von unten bekämpfen.

325 O O
Was ist beim Aufladen von Batterien (Bleiakkumulatoren) an Bord zu beachten?

Es ist erforderlich, daß der Batterieraum wegen der beim Aufladen entstehenden Gase ausreichend belüftet ist (Explosionsgefahr).

326 O O
Wie verhalten Sie sich nach einem Zusammenstoß?

1. Erste Hilfe leisten.
2. So lange am Unfallort bleiben, bis ein weiterer Beistand nicht mehr erforderlich ist.
3. Vor Weiterfahrt alle erforderlichen Schiffsdaten austauschen.

327 O O
Welche Gesetze und Verordnungen enthalten Vorschriften über das Verhalten nach einem Zusammenstoß?

Das Seeunfalluntersuchungsgesetz, die Verordnung über die Sicherung der Seefahrt und die Seeschiffahrtsstraßen-Ordnung.

328 O O
Was ist sofort zu tun, wenn jemand über Bord gefallen ist?

Mann-über-Bord-Manöver ausführen, gut Ausguck halten, Rettungsring zuwerfen.

329 O O O
Wie können Sie nach einem Mann-über-Bord-Manöver eine erschöpft im Wasser treibende Person möglichst schnell und sicher an Bord bekommen?

1. Leinenverbindung zwischen Boot und Person im Wasser herstellen.
2. Leinenbuchten über die Bordwand hängen, wenn vorhanden, Badeleiter herunterklappen bzw. ausbringen.
3. Mit dem Großbaum und der Großschot oder über eine Badeleiter oder mit Hilfe von Rettungsmitteln Person an Bord holen.

Notsignale

330 O O
Wann dürfen Notsignale gegeben werden?

Wenn Gefahr für Leib oder Leben der Besatzung und daher die Notwendigkeit zur Hilfe besteht.

331 O O O
Welche Notsignale können gegeben werden?

1. Knallsignale in Zwischenräumen von ungefähr 1 Minute.
2. Dauerton eines Nebelsignalgerätes.
3. Raketen oder Leuchtkugeln mit roten Sternen oder rote Handfackeln.
4. SOS durch Telegrafiefunk, Licht- oder Schallsignale.
5. Mayday durch Sprechfunk.
6. Flaggensignal NC.
7. Ball über oder unter Flagge.
8. Flammensignal.
9. Orangefarbenes Rauchsignal.
10. Langsames Heben und Senken der seitlich ausgestreckten Arme.
11. Signale einer Seenotfunkboje.
12. Seewasserfärber.

332 O
Sie sehen auf See Raketen oder Leuchtkugeln mit roten Sternen oder eine rote Fallschirm-Leuchtrakete oder eine rote Handfackel.
Was bedeuten diese Signale?

Seenotfall.

333 O
Sie hören von einem Schiff anhaltendes Ertönen eines Nebelsignalgerätes.
Was bedeutet dieses Signal?

Seenotfall.

334 O
Sie hören oder sehen folgendes Morsesignal: Dreimal kurz, dreimal lang, dreimal kurz (● ● ● ▬ ▬ ▬ ● ● ●).
Was bedeutet dieses Signal?

Seenotfall (SOS).

335 O
Sie hören über Seefunksprechgerät: Mayday, mayday, mayday.
Was bedeutet dieses Signal?

Seenotfall.

336 O
Sie sehen ein Schiff, das folgendes Flaggensignal gesetzt hat:
Was bedeutet dieses Signal?

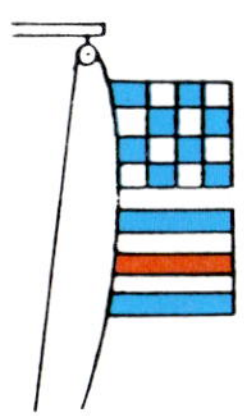

Seenotfall.

337 O
Sie sehen auf einem Schiff folgendes Signal:
Was bedeutet dieses Signal?

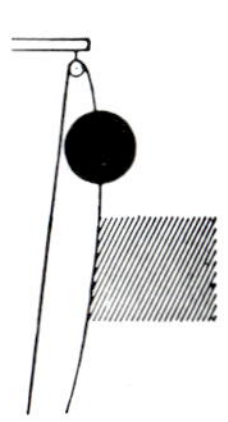

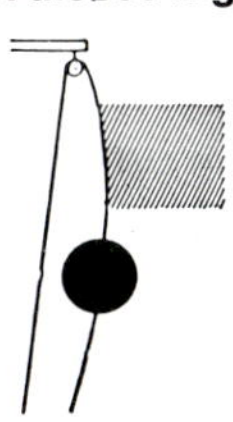

Seenotfall.

338 O
Sie sehen auf einem Schiff ein orangefarbenes Rauchsignal.
Was bedeutet dieses Signal?

Seenotfall.

339 O
Sie sehen auf einem Schiff eine Person stehen, die ihre seitlich ausgestreckten Arme wiederholt langsam auf und ab bewegt.
Was bedeutet dieses Signal?

Seenotfall.

340 O
Warum dürfen Seenotsignale nur bei einem Seenotfall verwendet werden?

Weil bei ihrer Anwendung der gesamte Seenotrettungsdienst an der Küste alarmiert wird.

341 O O
Welches Seenotsignal können Sie mit einer Leuchte geben?

● ● ● ▬ ▬ ▬ ● ● ● (SOS).

342 O O O
Wie verhalten Sie sich bei Hilfeleistung durch einen Hubschrauber?

1. Fahrzeug in den Wind legen.
2. Soweit möglich, Antennen, Stagen usw. entfernen.
3. Rettungsschlinge mit dem Zugpunkt nach vorn über den Kopf unter die Arme streifen.
4. Anweisungen der Hubschrauberbesatzung Folge leisten.

Kartenaufgaben

Die Kartenaufgaben (Fragen 343–362) sowie ihre Lösungen befinden sich bei den jeweiligen Kartenausschnitten, die diesem Buch nach Seite 251 beigelegt sind.

Zur Sportbootführerscheinprüfung

Zulassung zur Prüfung

Die Zulassung zur Prüfung ist auf einem Formblatt bei einem der folgenden gemeinsamen Prüfungsausschüsse des Deutschen Motoryachtverbandes (DMYV) und des Deutschen Segler-Verbandes (DSV) zu beantragen:

Prüfungsausschüsse für die Prüfung zum amtlichen Sportbootführerschein

Koordinierungsausschuß des DMYV und des DSV
Gründgensstraße 18
2000 Hamburg 60, Tel. (040) 6320090

1. Prüfungsausschuß **Aurich,**
Vors.: Dieter Böse (Frl. Wilms)
Geschäftsstelle: Rolfskamp 6
2950 Leer/Ostfriesland, Tel. (0491) 62009
Mo.–Fr. 9.00–13.00 und 17.00–19.00 Uhr.

2. Prüfungsausschuß **Berlin,**
Vors.: Dr. Wolfgang Oelschläger
Geschäftsstelle: Königsberger Straße 3 a
1000 Berlin 45, Tel. (030) 7737171
Mo.–Fr. 8.00–9.30, 12.30–15.00 und nach 18.00 Uhr

3. Prüfungsausschuß **Bodensee,**
Vors.: Klaus-Jürgen Glee
Geschäftsstelle: Lindenweg 7
7758 Meersburg, Tel. (07532) 9460
Mo.–Sa. 8.00–11.00 Uhr

4. Prüfungsausschuß **Bremen,**
Vors.: Hans-Günter Oltmann
Geschäftsstelle: Worpsweder Straße 56
2800 Bremen, Tel. (0421) 355811
Mo.+Do. 18.00–20.00 Uhr

5. Prüfungsausschuß **Düsseldorf,**
Vors.: Peter Klöckner
Geschäftsstelle: Holzstraße 1
4000 Düsseldorf 1, Tel. (0211) 393494
Mo.–Fr. 9.00–13.00 Uhr

6. Prüfungsausschuß **Flensburg,**
Vors.: Werner Ross
Geschäftsstelle: Philosophenweg 1
2392 Glücksburg, Tel. (04631) 7204
Mo.–Fr. 9.00–12.00 Uhr

7. Prüfungsausschuß **Hamburg,**
Vors.: Kurt Meuthien
Geschäftsstelle: Beim Schlump 2
2000 Hamburg 13, Tel. (040) 4101441
Mo.–Do. 8.00–13.00 Uhr.

8. Prüfungsausschuß **Hannover,**
Vors.: Gerhard Kallmeyer
Geschäftsstelle: Hildesheimer Straße 409
3000 Hannover, Tel. (0511) 861209,
Mo.–Fr. 9.00–12.00 Uhr, 14.00–19.00 Uhr

9. Prüfungsausschuß **Kiel,**
Vors.: Gerhard Schröder
Geschäftsstelle: Kleiner Eiderkamp 5
2300 Kiel-Schulensee, Tel. (0431) 651820
Mo., Di. und Do. 16.00–18.00 Uhr

10. Prüfungsausschuß **Lübeck,**
Vors.: Karl-Heinz Lellesch
Geschäftsstelle: Weidenweg 2b
2406 Stockelsdorf, Tel. (0451) 494013
Mo.–Fr. 9.00–12.00 Uhr, 18.00–20.00 Uhr

11. Prüfungsausschuß **München,**
Vors.: Wolfgang Neumann
Geschäftsstelle: Untertaxetweg 134
8035 Gauting, Tel. (089) 8505529,
Mo.–Fr. 9.00–13.00 Uhr

12. Prüfungsausschuß **Wiesbaden,**
Vors.: Rudolf Thoelen
Geschäftsstelle: Moritzstraße 28
6200 Wiesbaden, Tel. (06121) 301928
(Vorwahl ab 1990: 0611)
Mo.–Fr. 9.00–13.00 Uhr

Der **Prüfungsantrag** muß enthalten:
- ein Lichtbild (Halbprofil ohne Kopfbedeckung, 38 x 45 mm),
- ein ärztliches Zeugnis über ausreichendes Hör-, Seh- und Farbunterscheidungsvermögen des Bewerbers auf einem Vordruck,
- ein Führungszeugnis bzw. eine Erklärung, daß die Erteilung eines Führungszeugnisses gem. § 28 Abs. 5 Bundeszentralregistergesetz beantragt worden ist,
- eine Erklärung, ob dem Bewerber die Fahrerlaubnis für Sportboote bereits einmal entzogen worden ist, und
- bei 16- bis 18jährigen Bewerbern die Zustimmung des gesetzlichen Vertreters.

Zur Prüfung wird man erst zugelassen, wenn diese Unterlagen, die nicht älter als 6 Monate sein dürfen, vollzählig vorliegen.

Die Prüfung

Die Prüfung besteht aus einem theoretischen und einem praktischen Teil. Sie wird regelmäßig an einem Tag abgenommen.

Die **theoretische Prüfung** wird schriftlich und mündlich durchgeführt. Im schriftlichen Teil muß der Bewerber innerhalb von 75 Minuten 31 aus dem amtlichen Katalog ausgesuchte Fragen bearbeiten. Die Fragen werden unterschiedlich bewertet: Bei richtiger Beantwortung können jeweils 1, 2 oder 3 Punkte erzielt werden. Insgesamt sind maximal 66 Punkte erreichbar. Erreicht der Kandidat
- 55 Punkte oder mehr, so hat er die theoretische Prüfung bestanden. Die mündliche Prüfung entfällt in aller Regel;
- weniger als 55 Punkte, aber mehr als 43 Punkte, so ist eine mündliche Prüfung erforderlich;
- 43 Punkte oder weniger, so hat er die Prüfung nicht bestanden.

Die mündliche Prüfung erstreckt sich auf den im Fragenkatalog enthaltenen Stoff, doch werden keine Fragen gestellt, die im schriftlichen Teil falsch beantwortet wurden.

In der **praktischen Prüfung** soll der Bewerber zeigen, ob er die zur sicheren Führung eines Sportbootes erforderlichen Kenntnisse hat und anwenden kann. Es werden folgende Fähigkeiten geprüft:
- Steuern nach Schiffahrtszeichen, anderen Objekten oder nach Kompaß.
- Manövrieren (Ablegen, Anlegen, Festmachen, Wenden auf engem Raum, „Mann über Bord"-Manöver mit Hilfe eines treibenden Gegenstandes).
- Wichtige Knoten (Achtknoten, halber Schlag, zwei halbe Schläge, Kreuzknoten, einfacher Schotstek, doppelter Schotstek, Palstek und Feuerwehrstek, Belegen von Enden).
- Anlegen einer Rettungsweste.

Kommandosprache

Es handelt sich hier um die vom Deutschen Segler-Verband aufgestellte Kommandotafel. Sie soll der klaren und eindeutigen Verständigung zwischen Schiffsführung und Crew auf Yachten dienen. Sie ist gedacht als Richtlinie für den praktischen Segelunterricht in Segelschulen und Clubs und kann in dieser Form auch bei Prüfungen für einen der DSV-Segelscheine verlangt werden.

Kommandotafel

Manöver		**Kommando**	**Rückmeldung**
Segelsetzen		Fock/Großsegel/Alle Segel klar zum Setzen!	Fock/Großsegel/Alle Segel ist/sind klar zum Setzen!
		Heiß Fock/Großsegel/die Segel!	
Segelbergen		Fock/Großsegel/Alle Segel klar zum Bergen!	Fock/Großsegel/Alle Segel ist/sind klar zum Bergen!
		Klar bei Fock-/Großfall!	Fock-/Großfall ist klar!
		Hol nieder Fock/Großsegel!	
Dirken		Klar bei Dirk! An-/Abdirken!	Dirk ist klar!
Segelbedienung	Anluven	Hol an die Schoten/Großschot/Fockschot!	
		Neuer Kurs: Halber Wind!/Am Wind!	
		Fest die Schot/Schoten!	
	Abfallen	Fier auf die Schoten/Großschot/Fockschot!	
		Neuer Kurs: Halber Wind Am Wind!	
		Fest die Schot/Schoten	
		Fock an Backbord/Steuerbord!	
	Aufschießen	Klar zum Aufschießen!	Schoten sind klar!
		Schoten los!	

Manöver		**Kommando**	**Rückmeldung**
Segelbedienung	Wenden	(Hol an die Schoten!)	
		Klar zum Wenden!	Fock ist klar!
		Ree!	
		Über die Fock!	
		Neuer Kurs: . . .	
	Halsen	Klar zum Halsen! (Fier auf die Schoten!)	Fockschot ist klar! Großschot ist klar!
		Hol dicht Großschot!	
		Rund achtern!	
		Über vorn!	
		Fier auf die Großschot!	
		Hol an die Schoten!	
		Neuer Kurs: . . .	
	Schiften	Klar zum Schiften des . . .!	. . . -Schot ist klar!
		Hol dicht . . . -Schot!	
		Über . . . -Segel!	
		Fier auf . . . -Schot!	
	Reffen	Klar zum Reffen!	
		Klar bei Großfall!	Großfall ist klar!
		Lose auf Großfall!	Ist klar zum Reffen!
		. . . -Törns reffen!	Ist gerefft!
		Dicht Großfall!	
Ruderführung		Backbord-/Steuerbordruder!	Backbord-/Steuerbordruder!
		Hart Backbord/Steuerbord!	Hart Backbord/Steuerbord!
		Komm auf!	Aufkommen!
		Mittschiffs!	Mittschiffs!
		Recht so!	Recht so! . . . Grad!
		Stütz!	Stütz!
		Kurs zwei drei Null!	Kurs zwei drei Null! Zwei drei Null liegen an!
		Neuer Kurs zwei drei Null!	
		Nach Backbord/Steuerbord auf zwei drei Null gehen!	Nach Backbord/Steuerbord auf zwei drei Null gehen!
			Zwei drei Null liegen an!

Manöver		Kommando	Rückmeldung
Ablegen	Vom Steg	Klar zum Ablegen über Backbord-/ Steuerbordbug!	
		Klar bei Vor-/Achterleine!	Vor-/Achterleine ist klar!
		Klar bei Vor-/Achterspring!	Vor-/Achterspring ist klar!
		Los die . . . Leine/Spring!	. . . Leine/Spring ist los!
		Alle Leinen los und ein!	Alles ist los und ein!
		Fock/Großsegel back an . . .!	
		Über die Fock/das Groß!	
	Von der Boje	Klar zum Loswerfen!	Ist klar zum Loswerfen!
		Klar bei Vorleine!	Vorleine ist klar!
		Hol dicht Vorleine!	Vorleine ist dicht!
		Fock/Großsegel dicht an . . .-Bord!	
		Los die Vorleine!	Vorleine ist los! Vorleine ist ein!
		Über die Fock/das Groß!	
Anlegen	Am Steg (gegen den Wind)	Klar zum Anlegen an Backbord/ Steuerbord!	
		Klar zum Bergen der Fock!	
		Klar bei Fockfall!	Fockfall ist klar!
		Hol nieder Fock!	
		Klar zum Aufschießen!	
		Klar bei Großschot!	Großschot ist klar!
		Großschot los!	Großschot ist los!
		Klar bei Vor-/Achterleine, Vor-/Achterspring!	. . . ist klar!
		. . . Leine/. . . Spring an Land!	
		. . . Leine/. . . Spring langsam festhalten!	
		Boot so festmachen!	Boot so festmachen!
		Großsegel bergen!	
		Alles aufklaren!	
	An der Boje (gegen den Wind)	Klar zum An-die-Boje-gehen! Weitere Kommandos etwa wie zuvor . . .	Abstand ... m! Mehr Bb./Stb.! Boje ist gefaßt! Boot ist fest!

Manöver		**Kommando**	**Rückmeldung**
Anlegen	Am Steg (vor dem Wind)	Großsegel klar zum Bergen!	Großsegel klar zum Bergen!
		Klar bei Dirk!	Dirk ist klar!
		Andirken! Klar bei Großfall!	Großfall ist klar!
		Klar zum Aufschießen!	
		Nach . . .-Bord in den Wind gehen!	
		Hol nieder Großsegel!	Hol nieder Großsegel!
		Weiter drehen bis vor den Wind!	Weiter drehen bis vor den Wind!
		Großsegel auftuchen und bezeisen!	
		Fock an . . .-Bord!	Fock an . . . -Bord!
		Fock klar zum Bergen!	Fock ist klar zum Bergen!
		Klar bei Fockfall!	Fockfall ist klar!
		Klar zum Anlegen an Backbord/ Steuerbord!	Klar zum Anlegen an . . .
		Hol nieder Fock!	Hol nieder Fock!
		Klar bei Achterleine! Klar bei Vorspring!	Klar bei Achterleine Klar bei Vorspring!
		. . . -Leine/. . . -Spring an Land!	. . . -Leine/. . . -Spring an Land!
		Boot langsam aufstoppen!	
		Vorleine/Achterspring an Land!	Vorleine/Achterspring an Land!
		Boot so festmachen!	Boot so festmachen!
		Alles aufklaren!	
Ankermanöver		Die Kommandos richten sich nach den zu fahrenden Manövern. Das bedeutet, daß es zu einer Folge von Kommandos kommt, wie sie etwa bei den Manövern: Wenden Anluven Abfallen Aufschießen Segelbergen Segelsetzen Halsen u. ä. angewendet werden.	
Boje über Bord; im Ernstfall: Mann über Bord		Das/die Manöver werden eingeleitet durch den Ruf: „Boje über Bord“ im Ernstfall „Mann über Bord“. Danach ergibt sich eine Folge von Kommandos, die sich nach den zu fahrenden Manövern richtet (siehe oben).	

Sachverzeichnis

Literaturhinweis

A. Bark, Segelführerschein A+R, Pullach bei München 1988

A. Bark, Terrestrische Navigation – Übungen und Aufgaben, Bielefeld 1988
Bringt das, was im vorliegenden „Segelführerschein BR“ zu kurz kommen mußte: Kartenübungen sowie komplette Aufgaben und Lösungen zur terrestrischen Navigation.

Krauß-Meldau, Wetter und Meereskunde für Seefahrer, Berlin, Heidelberg, New York 1973
Standardwerk für die Berufsschiffahrt

Overschmidt/Gliewe, Sportbootführerschein Binnen, Segel/Motor
6. Auflage von Führerschein A für Segler 1990

Seemannschaft, Ein Handbuch für den Yachtsport
Bielefeld 1989
Ein „Muß“ für jeden Segler, schlechthin das Standardwerk für den Yachtsport – angefangen vom Binnensegeln bis zum Hochseesegeln.